项目可行性研究与评估丛书

项目经济性分析与评价

王 勇 王兆阳 编著

中国建筑工业出版社

图书在版编目（CIP）数据

项目经济性分析与评价/王勇等编著. —北京：中国建筑工业出版社，2016.8
（项目可行性研究与评估丛书）
ISBN 978-7-112-19579-4

Ⅰ.①项… Ⅱ.①王… Ⅲ.①基本建设项目-经济分析 Ⅳ.①F282

中国版本图书馆 CIP 数据核字（2016）第 154391 号

　　本书基于项目管理中资源投入的视角和大市场观念，分全部资源要素投入与常规资源要素投入两类情况，提出了进行项目全资源要素投入经济性分析的基本思路，介绍了常规有限资源要素条件下进行项目投入与产出效果经济性分析论证的原理，所阐明的判断项目经济上是否有利（或可行）的分析与评价方法及精选的案例可供有关人员在实践中借鉴和参考。

责任编辑：李　慧　丁洪良　李　阳
责任设计：王国羽
责任校对：李欣慰　姜小莲

项目可行性研究与评估丛书
项目经济性分析与评价
王　勇　王兆阳　编著
*
中国建筑工业出版社出版、发行（北京西郊百万庄）
各地新华书店、建筑书店经销
北京科地亚盟排版公司制版
北京市书林印刷有限公司印刷
*
开本：787×1092 毫米　1/16　印张：19¾　字数：476 千字
2016 年 10 月第一版　2017 年 11 月第二次印刷
定价：45.00 元
ISBN 978-7-112-19579-4
（29099）

前　　言

　　项目管理是迄今为止人类在管理领域发现和总结出来的效率最高和效益最好的一种重要的现代管理模式，在国家建设和各种管理活动及人们的生活中有着特别重要的地位和作用。项目前期管理作为项目全过程管理的基础具有特殊意义。在一定的市场需求条件下，正确的分析与评价项目的经济效果是做好项目前期管理可行性论证的核心内容和关键环节。

　　作为项目可行性研究与评估丛书之一，本书由项目的市场需求产生且需一定资源约束条件入手，针对拟建（或运营）项目在资源上投入与产出效果间经济关系的合理性问题，按照所投入资源要素量的不同，依大市场观念下的资源视角，分项目整体即：全部资源要素投入和常规资源要素投入两种情况，首次在业界提出了基于全要素资源投入条件下分析项目经济性的基本思路，并选择理论上业已成熟的典型常规资源要素投入条件下的项目经济性问题，具体、深入地分析了投入项目的有限资源与所获产出的效果在经济上是否有利（或可行）的各种情况，就其中客观存在着的内部规律，全面、系统、集中、详尽地阐明了在项目前期对有关投入产出效果进行经济性分析与评价的基本原理，介绍了开展项目可行性经济论证的主要思路和具体方法。

　　本书按市场经济对项目管理需合理配置资源要素的要求，脉络延用六章的结构，由浅入深、从宏观到微观，分门别类地解读了当今投资领域有关项目经济性分析的基本理论。其中，首章从大市场角度，基于项目观点及项目管理与项目经济性分析和评价的理念，综合全面地阐述了学界有关全部资源要素投入和常规资源要素投入两类不同条件下项目经济性分析与评价的主要思路和基本方法体系，初步探讨了以环境因素为代表的非常规资源要素外部影响给项目在投资和运营中经济上产生的费用转变为内部化投入成本的基本思路和处理方法，以为后续有关社会效果等非常规资源要素的外部影响给项目在经营过程将带来的投入成本，在问题的认识与内部化解决方法上提供参照。二～六章则完全依人们习惯的市场观念，按常规有限资源要素投入条件下进行典型投资项目经济性分析的传统方法，系统详尽地阐明了投资领域有关项目可行性分析与评价的具体原理。重点解读了现行市场条件下，项目投入的常规资源要素有无确定性和随时间发生变化、是否考虑分析项目经济性问题时国家在宏观和企业（或投资人）在微观等层次和角度上的差异，区分人们所需研究与具体分析评价内容的综合性深浅程度的不同等情况，结合有关实务性案例深入介绍了项目经济性分析与评价的具体要求。

　　本书编写过程中，我们参阅了国内外众多著述和有关文献，在此谨向各位作者和出版者致以深深地谢意！对在咨询和录入过程中提供了多方面关心和帮助的相关单位（部门）及领导与朋友们表示衷心的感谢！

　　限于能力与学识水平，虑及精力和视角上的差异，全书对有关重点内容的抽象提炼和观点把握仅是管窥的一家之言，权作初研成果与心得体会供参考，但凡有与其他专家学者意见相左的敬请见谅；难免存在的疏漏、错误和不妥之处，也请有关专家和读者批评指正。

目　　录

第一章 投资项目经济性分析与评价概述

【本章摘要】按照市场经济中项目管理要求资源要素应合理配置的观点，本章从大市场角度为了奠定后续各章有关操作理论的基础，依据大处着眼，小处入手、层次有别的原则，从理论上高度系统地分类简要地解读了当今投资领域有关项目经济性分析的基本理论。其关键节点均基于项目及项目管理与项目经济性分析和评价等概念的介绍，提纲挈领地阐述了学术界关于全部资源要素投入和常规资源要素投入两类不同条件下项目经济性分析与评价的主要思路和基本方法体系，初步探讨了环境因素所代表的非常规资源要素外部影响给项目投资或运营在经济上产生的成本如何内部化处理有关问题的基本思路和主要方法，为进一步探索和完善社会效果等其他非常规资源要素外部影响给项目投入带来的成本内部化问题提供了参考和借鉴。

第一节 项目与项目的经济性论证简介

【本节摘要】作为来源于市场需求的项目，在项目管理的实践中，人们发现，在市场需求资源（即目标）一定（或确定）的情况下，如能再确认其他构成项目资源约束的物质技术与环境等影响因素条件的数量及其市场价值或价格，则该拟投资建设项目的经济性效果就可通过分析其投入与产出的关系获得最终的评价，从而判断其有利或可行与否。本节为此就项目与项目管理、项目经济性及其论证等有关项目经济性分析与评价的基础性问题做了系统、全面的阐述。

一、项目的概念与内涵

项目一般指人们所说的临时性、一次性的活动，泛指一个特殊的目的（目标）明确的将被完成的有限任务。广义的项目是指在一定时间内满足一系列特定目标的多项相关工作（或动作）的总称，即围绕某一目的和给定标准即目标——目的性标准或标准化目的而要在某种条件下做的事情；狭义的项目是指目标载体（即有目的或特定性质的事）在一定资源约束条件下所完成的一次性任务（责任和义务）。这里的目标载体即那些有目的性要求或将此要求能按某种标准或达成程度体现于发展过程中的事物，而其中的一定资源常包含时间、空间、人力、资金、技术、信息和物力条件等基本要素。

一般而言，项目内涵具有目的（标）性、任务性、约束性、一次性和表现形式的多样性等几大特征。

1. 目标性

项目由成果性目标（如预期的项目结束后所形成的"产品"或"服务"）和约束性目标（如费用限制或进度要求）两类具体目标构成其总目标。前者是明确的项目终极目的，可在项目实施过程中被分解为项目的功能性要求，是项目实施全过程的主导目标；而后者是项目实施过程中必须遵循的条件（常常被视为限制条件），是实现成果性目标的客观条件和人为约束——资源的统称，由此才成为项目管理的主要目标。而项目的总目标实际是多维空间的一个点，如图1-1所示。

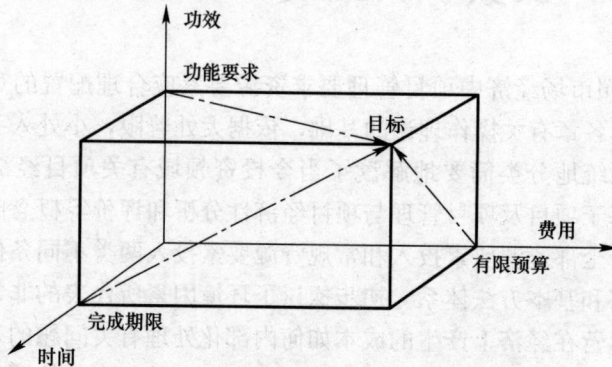

图 1-1 项目的多目标属性及其关系

2. 任务性

作为有责任和义务去做到或完成的事情，每一个项目的特殊性使得不存在两个完全相同的项目，即目标不同的两个项目肯定不同，而目标相同的两个项目也各有其特殊性。例如，同一设计在同一地点只能建设唯一的工程项目；否则就是两个或两个以上的项目。一般而言，不同程度的用户化是目标载体的意义所在，是所有项目的特点，且建设项目通常较开发项目更程序化一些。

3. 约束性

任何项目都要受到资源条件的约束和限制。这些资源涉及的内容极为广泛，但最基本的还是人、财、物、时空（时间和空间）、信息五大约束条件。其中，作为项目管理工作，在具体的实施过程中往往直接以质量、进度和费用作为限制和约束其实现管理目标的三大基本管理资源标准的基本要素。

4. 一次性

即某些著作中所说的"临时性"，是指针对某一项目整体具有在其单一进行（实施）过程中不再重复使用资源的特殊规定性。这是由上述任务性中的特殊性和约束性中时间资源的限制条件所决定的。因为在不同时间条件下完成的，即使是同一目标要求的项目也不可能再是原来有限资源约束条件下完全相同的那个项目了，总是会存在这样或那样的差异，而使之成为两个项目。例如建设工程项目中经常遇见的同一目标项目的拟建、在建、复（翻）建、续建、改建、扩建等项目，按目标要求每做一次，从时间上看实际都是在做一个新的项目。

5. 表现形式的多样性

项目的外在表现千奇百怪、多种多样，可以任何形式出现。大到人类登月、探索外太空，小到开个生日聚会、吃顿好点的饭菜等有目标和资源约束的一次性事（任）务均可看作或转化为项目。其中有些是人们业已习惯且自觉进行的，有些则是人们不熟悉且需认真对待的。正如美国项目管理专业资质认证委员会主席保罗·格里斯（Paul Grace）所言：

"在当今社会中，一切都是项目，一切也将成为项目。"

此外，项目还有其他一些特征，如唯一性、成果性、约束性、多目标性、由产生到消亡（历经启动、开发、实施、结束全过程）的生命周期属性和进行过程中与其他工作或项目相互作用的相互依赖性与冲突性等。

二、项目的分类

根据不同的原则和标准可对项目表现形式做出不同的分类。如按层次的不同可分为宏观、微观和中观项目；按行业的不同可分为建筑项目、农业项目、服务项目、电子项目等。

1. 工程项目和非工程项目

这是按项目知识体系的要求，以一次性项目的不同性质为区分的基础，以不同性质项目所在行业为中心，从划分标准的范围最大化，而将属于不同性质、不同行业的项目进行的两大类划分。由工程项目和非工程项目可得项目的各种表现类型，如工程类建筑业的施工项目、房地产开发项目，非工程类的教学项目、科研项目等。每种类型的项目都有其自身在管理上的特点。为突出代表性，本书均以形成固定资产的工程建设项目为例来加以说明。

2. 投资项目与工程建设项目

考虑到项目的经济性——即其价值问题，我们还可以从广义上按照资源投入的形式不同，将项目划分为有资金（或货币）性资源投入的投资项目和与之相对应的非资金（或货币）性资源投入的非投资项目。如形成固定资产的工程建设项目通常就被认为属于前一类投资项目。从狭义上，将投资项目特指为投入一定资金（或货币）、以获取预期效益为目的、在规定的期限内和特定的物质技术条件下为实现某项开发目标而实施规划投资、政策措施及组建机构等内容的一整套经济技术的系列活动，是一个属于工程项目管理范畴的、独立的整体活动。在项目管理中，有重要基础性作用的工程项目，就是在一定以资金或货币形式为主的资源约束下为创造独特工程产品而进行一次性努力的投资项目。

虽然从现代项目管理的观点看来，几乎由任何目标载体所形成的具有资源约束性的一次性任务都可被视为项目或投资项目（二者仅区别于资源投入与产出的形式中价值形态的表达不同），事实上，二者的区别并非绝对，只是在人们有按需要是否强调货币资金这一特定标准的差异时才有意义。即使如此，如需深究，也总是可以把原来非货币资金资源的各种投入按照一定的标准（或其体系）转化成资金（或货币）性资源投入来判断项目投入资源的价值量的。从这个意义上说，所有的项目（包括可以转化为项目的原来属于非项目的事务）其实都是投资项目。如此一来，进行投资项目的（可行性）分析，特别是搞好其中的经济性分析就有了特别重要的意义——分析所揭示的项目经济性方面的一般规律往往具有普遍的适用性。而此研究与分析的难点恰恰在于有关构成项目约束条件的资源的价值该如何用某种标准化的货币（或资金）来定量表达的问题。为规范起见，本书所论述的投资项目主要指作为固定资产投资兴建的工程建设项目，简称建设项目。它以形成固定资产为明确的实体目标，按照规划、决策、设计、施工、投产、经营等一系列规范的程序和规定的建设工期，实现投资目标预算和质量标准的要求。

三、产品、项目及其来源

商品是用做交换的劳动产品，市场是用于交换商品（产品）的场所和满足需求的交换平台与交换关系的总和。所谓项目来源，即项目为何物的问题，在那些不了解项目概念及其自身内涵要求是什么的人眼中，项目要么是幸得天上偶然掉下来的，要么是上级领导指定或给定（或争取来）的，要么是自己想做（有需要）的才叫项目。至于为什么是项目就不甚了解了。实际上，按照项目本身的定义——在一定资源约束条件下，围绕特定目标完成的一次性任务的事（务）就应该是项目。故而可知，项目既不是天然存在的，也不会凭空形成，一定是在后天由于实际存在的客观需要，为满足特定需求（即市场）的目的而在资源有限的条件下要做的事情中产生和形成的。

分析上述有关产品或商品与（市场）需求的关系和项目概念及其内涵的特点，可以看出，任何产品都是由目标（的）所附着的载体在一定资源约束条件下以一次性出现的形式所表达的项目产生（或生产）出来的。换句话说，凡有项目的地方必有产品（即满足需求的载体），反之亦然。可见，在一定条件下，应该说项目和产品互为各自的表达方式，但二者并非完全等同。通常，项目由有市场需求（目标）的要满足和可满足的载体——产品引出，是制造或生产、形成产品的过程，而产品则是项目存在和发展的最终成果，或者说项目本身即是某种类型（形式）的产品。总之，在社会主义市场经济条件下，市场需求作为基础性资源决定着项目的生存与发展，项目有无市场和能否实现市场需求管理的目标是项目存在或是可行与否的前提条件和关键所在，是项目立项与发展的根据，投资项目及其管理活动必定要以市场为中心，项目的生命力只能来自投资者对市场需求进行管理的正确认识与把握。

四、项目管理与项目化管理

1. 项目管理的概念与内涵

人们为了提高做事的效率和效益，常常将要做的一次（或临时）性、有资源条件限制的目的性标准（或程度）化事情，通过某种方式抽象转化为项目后再按其自身规律进行的有序管理活动称为项目管理。现代项目管理是贯穿于项目整个生命周期、运用既有规律和经济学的科学理论与方法以项目为对象，对项目进行计划、组织、指挥、控制和协调，以实现项目立项时所确定的目标的一种管理方法。相对于一般可重复而不受资源限制来完成的事务性非项目的活动（事项）而言，所谓项目管理本质上是通过一个临时（一次）性的专门柔性组织来实现对项目全过程进行系统、有效、动态管理和对项目目标的综合协调与优化。

能够成为项目管理业务的活动，通常是那些技术上较复杂、工作量较繁重、不确定性因素很多的一次性任务或项目。所以实际工作中的项目管理，常常是以项目经理负责制为基础，按垂直结构的任务而非平行结构的职能组织起来的目标管理。其主要任务（日常的项目管理活动）通常是围绕项目计划、项目组织、质量管理、费用控制和进度控制五项内容展开。

目前，项目管理已发展到由时间、知识和保障三要素构成的三维管理时期，即把整个项目生命周期划分为由若干阶段进行阶段管理的时间维管理，针对项目生命周期各个不同阶段采用和研究不同管理技术、方法进行的知识维管理，以及对项目人、财、物、技术、信息等进行的保障维管理。本书主要介绍以时间维管理为基础，把整个项目生命周期划分为前期、中期和后期三个阶段进行管理的项目（见图 1-2）中，在其前期（图中 C+D 阶段）以市场需求管理为目的，来形成项目概念与规范的可行性分析论证的有关要求。图 1-3

中的①给出的是另一种项目前期阶段划分的情况，其中所表示的项目决策阶段即传统意义上的项目前期（个别专家将项目设计准备阶段与评估阶段合并归纳为前期）。

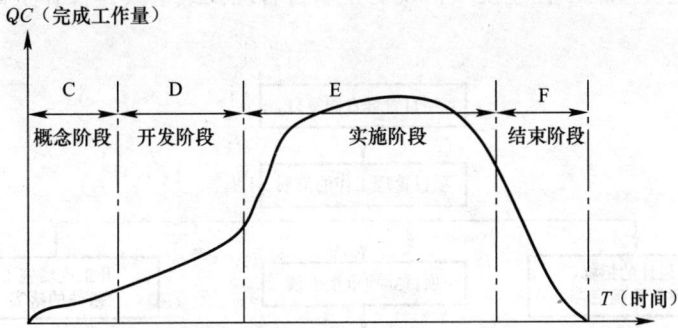

图 1-2　项目生命周期的主要阶段

项目评估阶段	设计准备阶段	设计阶段	施工建设阶段	竣工验收移交	保修运营维护
项目前期①	项目前期②	项目中期		项目后期①	项目后期②
项目决策阶段	项目实施阶段				项目运营阶段

图 1-3　工程建设项目全过程管理与全过程项目生命周期的关系

项目管理通常涉及五大基本要素：①资源要素——项目实施最根本的保证；②需求要素；③目标要素，包括基本需求和期望需求所引出的目标；④组织要素，其柔性和组织结构对于项目管理会产生一定的影响；⑤项目环境要素，包括政治和经济、自然和社会环境、文化和意识及规章和标准等。

2. 项目管理的七大特点

①管理对象为项目或能被当作项目来管理（简称项目化管理的作业）；②管理的全过程都贯穿着系统工程的思想（把项目视为一个完整的、可依据"整体—分解—综合"的系统论原理将其分解为若干责任单元，由责任者分别按要求完成目标后再汇总成最终成果的系统，且在其完整的生命周期过程中，部分对整体极为重要）；③管理的组织无论是时间上（具有临时性）、结构上（柔性可变），还是职能上强调其协调与控制所体现的特殊性；④管理体制是一种基于团队管理的个人负责制；⑤管理方式是一种多层次的目标管理；⑥管理的要点在于创造和保持一种能使项目顺利进行的环境；⑦管理的方法、工具和手段具有开放性和先进性。

3. 项目管理的核心技术、基本任务与主要流程

在现代项目管理中，实现对项目有效管理的关键与核心技术要求是：识别需求与项目构思，做以市场需求分析为基础，能形成项目概念与相关要求的可行性分析为主的项目论

5

证，确定了目标后的项目启动和对项目在具体方面进行的有关范围、进度、费用、质量、采购、沟通与变更等的管理、验收与评价等活动。图 1-4 和表 1-1 以现代项目管理的典型代表——形成固定资产的工程建设项目说明了项目管理模式中具体操作上的主要流程与基本任务。

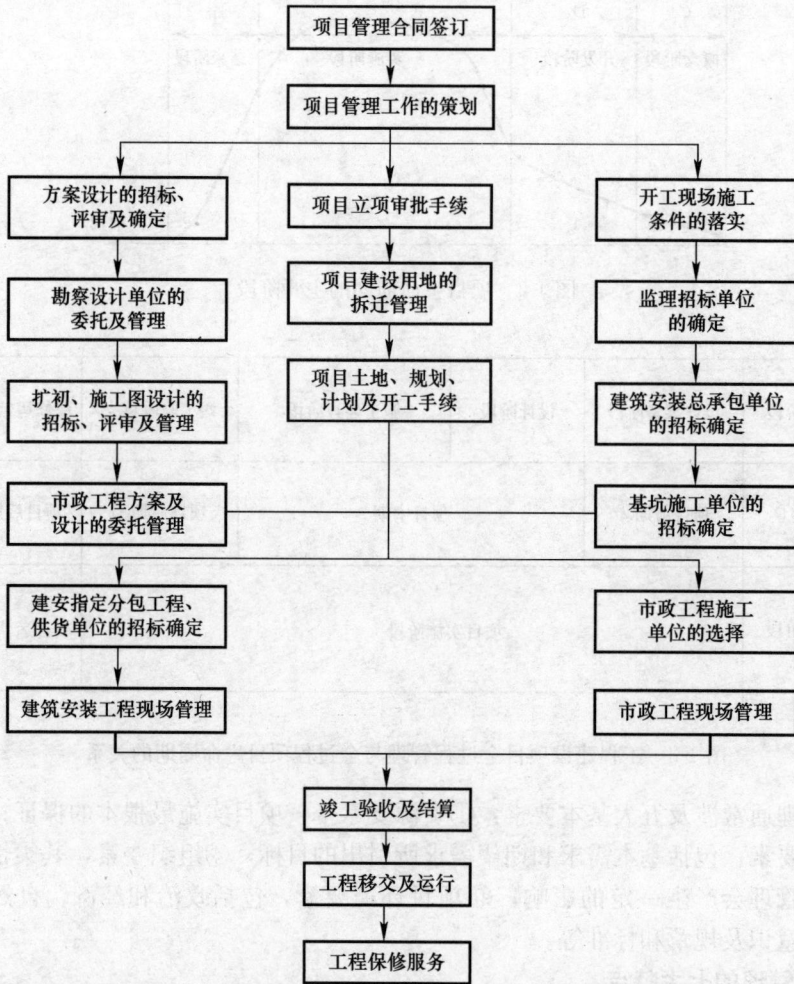

```
                    ┌─────────────────┐
                    │  项目管理合同签订  │
                    └─────────────────┘
                             │
                    ┌─────────────────┐
                    │ 项目管理工作的策划 │
                    └─────────────────┘
```

方案设计的招标、评审及确定	项目立项审批手续	开工现场施工条件的落实
勘察设计单位的委托及管理	项目建设用地的拆迁管理	监理招标单位的确定
扩初、施工图设计的招标、评审及管理	项目土地、规划、计划及开工手续	建筑安装总承包单位的招标确定
市政工程方案及设计的委托管理		基坑施工单位的招标确定
建安指定分包工程、供货单位的招标确定		市政工程施工单位的选择
建筑安装工程现场管理		市政工程现场管理

```
                    ┌─────────────────┐
                    │  竣工验收及结算   │
                    └─────────────────┘
                             │
                    ┌─────────────────┐
                    │  工程移交及运行   │
                    └─────────────────┘
                             │
                    ┌─────────────────┐
                    │  工程保修服务     │
                    └─────────────────┘
```

图 1-4　以形成固定资产为主的工程建设项目管理的主要流程

　　通常，工程建设领域的项目管理，以合同管理为核心，以投资管理、进度管理和质量管理这三大目标的实现为目的，通过目标规划与动态的目标控制，按照使项目总体目标——即市场需求管理的任务尽可能好的得以实现的总体思想要求，根据项目在生命周期内的基本运作规律，遵循上述项目主要工作流程和基本工作任务的模式进行项目管理活动，力图完成项目管理过程所追求的目标。主要涉及的项目管理工作有四个：①前期以市场需求分析为基础、以形成项目概念与相关要求的可行性（特别是其中的经济性分析）研究为核心，开展项目报批（立项）与论证及其相关事务性的管理工作；②项目设计阶段与施工准备阶段的管理；③中期建设施工阶段的管理；④中后期项目的竣工验收、交接、保修管理和后期作为新项目实施的运行、维护管理。

内容与程序 ＼ 周期与阶段		前期		中期	后期
		前期①C	前期②C+D	实施阶段 E	结束阶段 F
		概念阶段 C	开发阶段 D		
主要工作	1	明确要求、策划项目	确定项目组主要成员	建立项目组织	最终产品的完成
	2	调查研究、收集数据	项目最终产品的范围界定	建立与完善项目联络渠道	评估与验收
	3	确立目标	实施方案研究	建立项目工作包,细化各项技术需求	清算最后账务
	4	进行可行性分析与研究	项目质量标准的确定	建立项目信息控制系统	项目后评估
	5	明确合作关系	项目的资源保证	执行项目工作分解结构的各项工作	文档总结
	6	确定风险等级	项目的环境保证	获得订购物品及服务	资源清理
	7	拟订战略方案	主计划的制定	指导/监督/预测/控制:范围、质量、进度和成本	转换产品责任书
	8	进行资源测算	项目经费及现金流量的预算	解决实施中的问题	解散项目组
	9	提出组建项目组方案	项目的工作分解结构		
	10	提出项目建议书	项目政策与程序的制定		
	11	获准进入下一阶段	风险评估		
	12		确认项目有效性		
	13		提出项目概要报告、获准进入下一阶段		

　　本书以图 1-2 和图 1-3 的阶段划分为依据,在表 1-1 中概括描述了项目生命周期三个阶段的主要工作内容,图 1-4 给出了各阶段工作内容的基本关系与主要流程。全书研究和介绍的是前期以市场需求分析为基础、以形成项目概念与相关要求的可行性研究为核心,开展项目经济性分析论证的有关内容。

4. 项目化管理

　　通常,在项目管理中存在两个基本的管理层次:①作为一般项目管理范畴的项目管理;②作为企业层次的项目管理,即所谓的项目化管理,或称企业化项目管理等。前者关注的重点是单个项目如何通过计划、安排与控制等管理活动实现项目目标,满足利益相关者的需求,以获得项目的成功,其管理的重点是建立项目管理的操作手册,利用方法和工具设计相关流程、建立标准模板等;而后者则是在按项目进行管理的主导思想的指引下,在更高的层面上关注企业所有项目目标的实现,故其管理的重点是建立项目管理的组织架构和项目经理职业化发展与制度体系。

　　所谓项目化管理,通俗地说,就是把管理对象(要做的事或事务)当成(或转化为)项目来进行的管理活动。即项目化管理是把所要管理的对象或所涉及的内容,按照项目管理的一般规律和特点，在明确项目目标的前提下，通过履行项目计划、设置项目组织形成（如可采用树状、矩阵型或网络型三种典型的项目组织形式）和执行项目评价与控制职能，创造和保持一种被管理对象或内容能够顺利运行的环境，从而有效达成目标的管理活动。

项目管理与项目化管理的关系，区别主要在于对资源约束的刻画程度不同与过程管理的强度有异；相同的则是都可以在做事达成目标的过程中有效地提高对资源的利用效率和提升对事务的管理效益。所以，项目管理与项目化管理在一定条件下可实现相互转化。

项目化管理使许多繁复的业务工作内容（如多项目管理等）更加规范和高效。目前，项目化管理在实际工作中应用较多的是企业项目化管理，也叫按项目管理（项目的方式管理）（Management by Projects，MBP）或企业项目管理（Enterprise Project Management，EPM），是一种以长期性组织为对象的管理方法和模式，它是伴随着项目管理方法在诸如政府部门等长期性组织中的广泛应用而逐步形成的。早期基于项目型公司提出的项目化管理概念，是指管理整个企业范围内的项目（着眼于企业层次总体战略目标的实现）对企业中的诸多项目实施管理。实际上，企业项目管理已成为不局限于企业组织的一种长期性组织管理方式的代名词，是一种以"项目"为中心的长期性组织管理方式，其主导思想是"按项目进行管理"，其核心是基于项目管理的组织管理体系。企业项目管理或项目化管理可使长期性组织的管理由原来的面向职能和过程的管理转变为面向项目（对象）的管理。它正在成为项目管理发展到组织层级的一种高级管理模式。总之，企业项目管理、按项目管理、多项目管理、企业化项目管理或企业项目化管理等都应视为动态角度的企业项目化管理。本书介绍的作为项目时间维所划分的前期管理的可行性分析或其中的经济性论证工作，也可以按照项目化管理的方法进行规范以加强管理，提高其在整个工程建设过程中作为项目管理的效率。

五、项目周期及前期管理与可行性分析论证工作

1. 项目周期

项目周期是一个投资项目从提出设想起，经立项、决策、开发、建设、施工等活动，至项目竣工投产为止所进行的生产活动和总结评价的全过程。一个完整的投资项目周期从项目开始规划到项目完成，一般需要经过七个工作阶段，即项目设想阶段、项目初选阶段、项目准备阶段、项目评价与决策阶段、项目实施阶段、项目投产经营阶段和项目评价总结阶段等。这些阶段是相互联系并遵循一定逻辑程序不断发展的渐进过程，各阶段的工作又相互衔接和相互制约，上一阶段工作作为下一阶段工作的基础和先导，下一阶段的工作又成为上一阶段工作的延续和发展。一个项目的结束往往会导致一个新项目的开始，从而使项目周期的内容不断更新（图1-5）。

2. 项目前期管理

这是项目全过程管理中，通常以投资决策前的投资前期为主（也有不少实际工作者是以正式进入施工阶段为界，将此前所有项目管理环节所涉及的活动内容，如目标设计与可行性分析论证、投资决策、签约设计和计划、施工准备等都算在一起）的项目前期各环节的管理活动。此时期内最重要的工作内容，见图1-6和图1-7，就是进行基础的项目论证，从而为正确的投资决策提供来自市场和实际资源约束的前期研究成果（如可行性分析和项目评价报告等），之后才可能进行合同签约、工程设计和施工准备等工作。

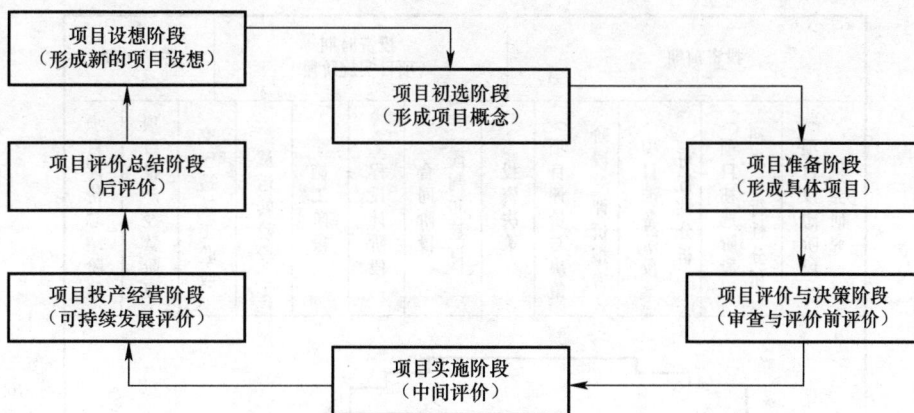

图 1-5 项目周期示意图（一）

项目管理从全过程看可基本划分为前、中、后三期，从投资的角度看，项目周期的过程通常可分为投资前期、投资时期和生产时期三个时期。每个时期又可按内容与要求的不同划分成若干个工作阶段。投资前期可再细分分成项目设想、项目初选、项目准备和项目评价与决策四个具体的工作阶段；投资时期是指项目实施阶段；生产时期可划分成项目投产经营和项目评价总结两个具体的工作阶段。其中的每个工作阶段均包含许多不同的工作和活动，如项目实施阶段主要有谈判和签订合同、工程项目设计、施工安装和试车投产等工作和活动。每个阶段的各项工作活动形成了一个循序渐进的工作过程，在这一过程中项目逐渐形成。图 1-6 表明了项目建设全过程中各个时期开展的工作及其相互关系，其中，"投资决策"和"交（竣）工验收"是各个时期的分界线。

3. 项目可行性分析与论证（评价）

在图 1-3 中，对项目前期①所代表的（工程）项目前期管理活动实施的需求管理工作，最重要的是对有关构成项目所涉各种资源及其约束性进行的可行性分析或在此基础上再做的重点问题研究，即所谓项目评估，通称为项目论证。所谓在前期对（投资）项目做的可行性分析与评价（也即项目论证或可行性分析）实际是围绕构成项目的资源约束条件中有关市场需求、物质技术状况、项目经济上值得与否、社会效果和环境效益的情况等五大主要方面存在问题展开的调查分析和具体研究，目的是判断项目在需求基础、实现条件、经济价值、社会效果与环境影响等对策的合理性，以使投资者或项目管理人能够获得将拟议中原来存在于人们头脑里作为愿望或概念的项目变成真实、可靠和可信的方案。其中，市场是前提和基础，物质技术条件是手段，经济性是项目存在的关键和核心，而社会效果和环境效益情况则是现代社会进行项目建设和投资必须兼顾的重要影响因素。

有关项目论证——可行性分析与评价的基本工作内容与流程参见图 1-7，本书介绍的即是流程中心环节的第三步骤，经济性分析这一具体内容的工作是项目论证的核心要求。对于项目论证中的项目评估工作，在实际操作中为能更有效准确地给投资者或项目管理者提供（经营）决策的依据，还可按项目评估在不同阶段所起的不同作用，进一步分为前期的项目（预）评估、实施阶段的项目跟踪评估和项目完成后的项目后评估以突出项目评估的意义。此三类不同效果的评估对项目投资与经营决策所产生影响的作用是不一样的，图 1-8 给出了项目论证与评估和项目决策相互之间关系的示意。本书仅研究项目前期作为可行性分析论证所涉及的项目（前）评估中的经济性分析与评价决策问题。

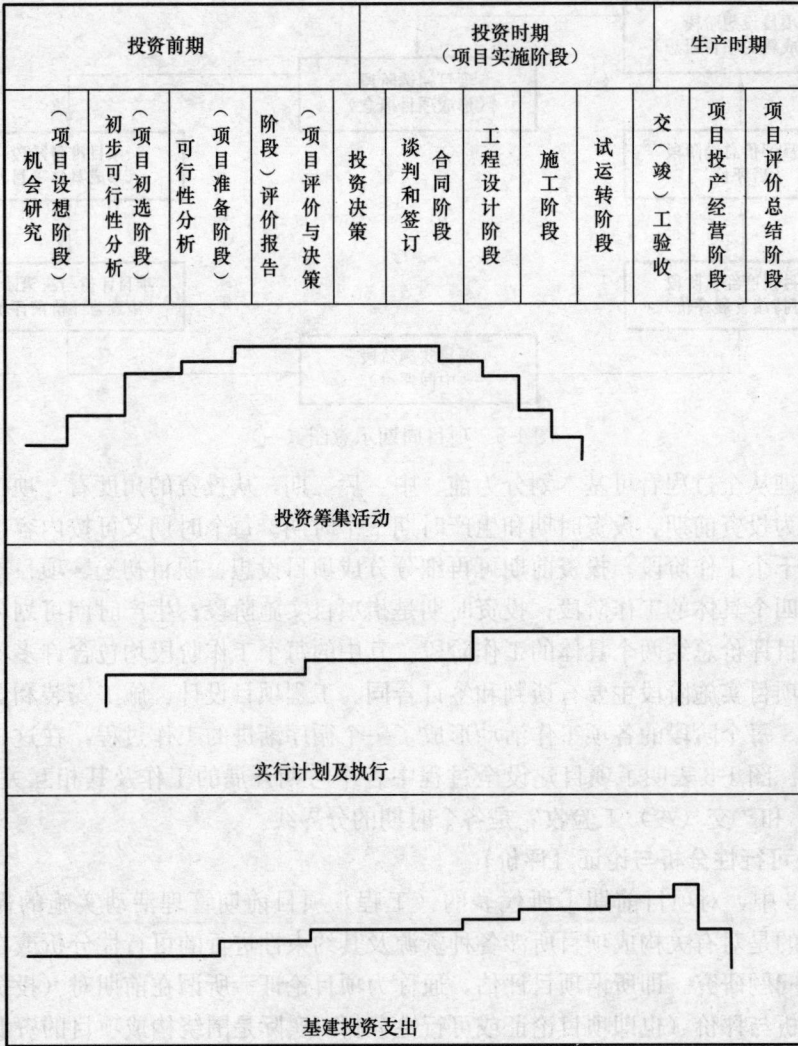

图 1-6　项目周期示意图（二）

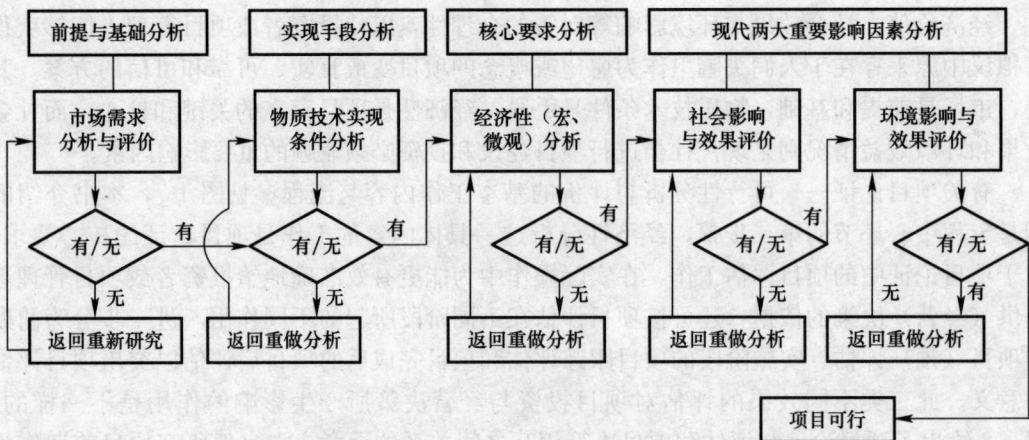

图 1-7　现代投资项目可行性分析论证的基本过程

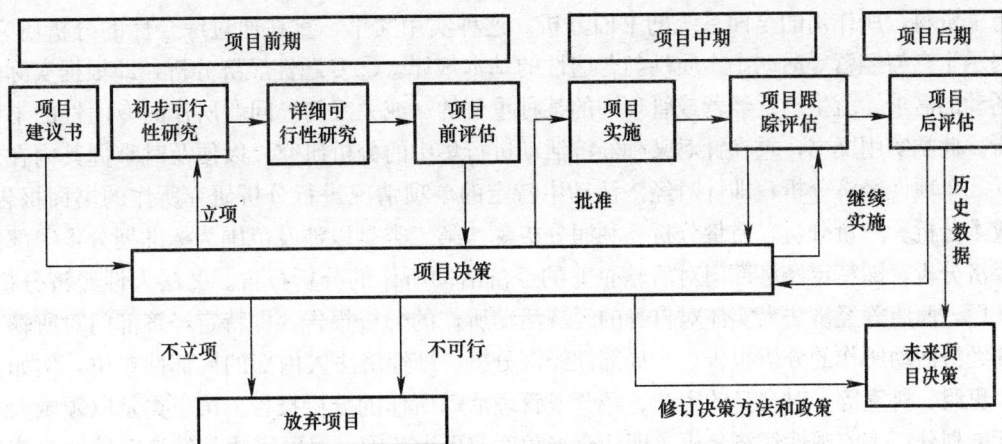

图 1-8 项目周期各阶段分析论证（评估）与决策之间的关系

六、项目与项目管理中的经济性分析与论证简介

1. 项目的经济性及其分析与论证概述

（1）有关经济与项目经济性的基本概念及其内涵与实质。作为具有"经世济民"含义的经济（Economy）一词，其概念在广义上通常泛指人们于有限的资源认识边缘范围内，如何获得最大的利益的一种艺术。按照现代经济理论的观点，经济可定义为是价值的创造、转化与实现；人类经济活动就是创造、转化、实现价值，满足人类物质文化或精神文化生活需要的活动。由于项目及其管理活动符合这些内涵要求，所以项目与项目管理也就具备了自身特有的经济性。这里所谓的项目的经济性，按照项目定义内涵特点中最重要与关键的资源约束性要求，在目标载体一次性任务的有关规定下，项目经济性的实质可刻画为构成项目所需（或所涉及）的有限资源于市场上如何将资源的有用性通过人的劳动转换资源为资产（即项目或产品）以体现该项资产（也即所涉资源）的使用价值或是其在实现交换价值的过程中所表现出来的有用劳动部分的价值——即市场价格。实际工作和生活中，人们为便于操作和管理，通常将项目的经济性限定在狭义的范围内，特指工程（项目）从规划、勘察、设计、施工到整个产品使用寿命周期内的成本和消耗的费用，即具体的表现为人们为实现项目目标而在设计成本、施工成本、使用成本三者之和方面所付出的代价（市场竞争价格）。

在现代（项目）管理中，对项目进行的经济（性）分析（Economic Analysis）是指按照西方经济学中所采取的有关分析方法体系，借助于生产者利益优化模型进行的边际效率分析，其结果是在对人们的活动水平上进行有关不同层次、范围、内容等财务方面的核算，如计算现金流量、核定资产平衡状况以及编制现金流平衡表等。考虑到经过项目经济性分析后的项目对拟建项目在投资决策方面特殊的理论性证明的支撑作用和依据性意义，因此对项目所做的经济分析在不同层次、范围和内容等方面再进行的分析研究过程又被称为项目的经济性论证。

（2）经济性分析的基本类型。通常，经济性分析与论证按照不同的划分依据可以有多种表达形式。第一类是以内容性质为标准划分：①综合性经济分析，又称"全面性经济分析"或"系统性经济分析"。它是对特定部门或单位在特定时期的经济活动，根据各项经济指标

11

和有关资料，所作出的全面系统的书面分析。这种实用文书，重在通过综合性的分析研究，以揭示生产与经营等活动中本质性与普遍性的基本规律。②专题性经济分析，即根据实际经济活动的需求，就生产、经营或管理中的某种重要的（或关键的）问题所作的专门性的书面分析。此类实用文书，重在针对某种经济活动进行集中的分析研究，以便及时掌握其内在规律。③单项性经济分析，即针对经济活动中特定的单项情况进行分析研究所作的书面报告，如成本分析、产量分析、质量分析、利润分析等。第二类是以涉及范围为标准划分：①部门性经济分析，即特定经济部门对所辖企业的经济活动所作的分析报告。②法人性经济分析，即工厂、商店等经济法人实体对自身的经济活动所作的分析报告，即特定经济部门对所辖企业的经济活动所作的分析报告。③局部性经济分析，即经济法人内部的局部性单位，例如车间、班组、科室等，对自身的生产、经营或管理活动所作的分析报告。第三类是以领域大小为标准划分：①宏观性经济分析，即从全局角度或更大范围，对国家或某经济区域的经济活动所作的纵横分析。②微观性经济分析，即从一个局部或某一门类的角度，对特定的具体经济活动所作的具体分析。此外，还可按照其他标准把经济分析划分为其他类型。例如，以时间为标准，可分为定期性经济分析和不定期经济分析；以分析者为标准，可分为群众性经济分析、专业人员经济分析和单位性经济分析等。

（3）项目的经济性分析与论证。根据项目及其论证的定义与内涵，结合上述有关经济分析的表述可见，（投资）项目的经济性分析是从形成项目的各种约束条件中就其所涉及的各类拟在市场上转化为资产的资源的价值与效果情况——能否和在多大程度上实现其交换（使用）价值（即价格），根据一定的标准和依据（即方法体系）进行的有关项目在经济方面合理性（即可行与否）的研究，以从经济角度获得项目是否值得投资（或进行建设）的判断和基于现实对项目在资源约束条件下预先围绕目标要求于未来经营管理提供的有效、可靠方案的过程。因此，项目的经济性分析是综合上述各类经济分析或其中几种经济分析的一种有特定内涵的专项经济分析项目论证，更是一个高度综合的项目经济性分析过程。

2. 经济性分析的作用

作为经济性分析一般形式的经济分析在人们管理事物中，特别是在企业经营决策、保证生产经营活动有效、评价企业经济效益和显示企业运用经济规律的情况方面起着重要的作用。

第一，经济分析是企业经营决策的基础。工业企业在生产经营过程中，为实现预定的生产经营目标，要作出一系列战略性或战术性的决策。决策是为未来行动确定目标，并从两个以上可行方案中优选一个较为满意的方案并予以实施的过程。企业生产经营活动的各个领域（人、财、物、供、产、销）、各个环节、各个层次（高层、中层、基层），都存在着如何正确决策的问题。高层决策解决企业经营方向等全局性的，以及与外部环境有密切联系的长远性、战略性的重大问题；中层决策是在战略决策作出后，确保在某一时期内完成某些特定任务的战术性决策；基层决策解决日常业务中的具体问题，以实现战术目的。决策贯穿于生产经营过程的始终，经营决策成功与否，关系到企业的成败兴衰，因此，它是经营管理的核心问题。经营管理水平高的企业，决策正确将会进一步提高经济效益；管理效率高的企业，决策失误将会造成更加严重的损失。企业经营决策正确与否，固然和决策者的素质有关，同时也和信息的及时、准确、全面程度及决策分析的质量有关。经济分析所提供的信息，是经科学地吸收、筛选和运用各种核算数据，并结合各种非计量因素互相印证补充，因此，就其信息质量而言，可靠性强，有助于决策者分析形势，作出判断，发出指令，从而使决策水平大大提高。决策分析就是运用专门方法，对各种可行方案进行测算、比较和研究，权衡利弊，扬长避短，从中选择出满意方案的活动。

第二，经济分析是人们有效进行生产经营活动的重要保证。现代化大生产，工艺技术复杂，劳动分工严格，协作联系广泛，企业在生产经营活动中，外部环境和内部条件瞬息万变，影响因素错综复杂并相互渗透，计划执行过程随时可能受阻，需要强化计划、组织、指挥、控制和协调的管理职能，确保生产经营的有效性。经济分析是企业经营管理的重要组成部分。经济分析工作，通过对信息数据的系统分析，可找出差距，挖掘潜力，制订改进措施，因而具有总结过去、控制现在、指导未来的功能。如在计划执行全过程中，控制标准是以计划、定额、指标为基础制订的，开展经济分析，定期反馈脱离控制标准所形成的偏差程度，一方面，可以分析产生偏差的原因，拟订纠正偏差的措施；另一方面，又为修订和完善控制标准提供依据。科学合理的控制标准，使企业生产经营全过程置于有效控制之下，这样，生产经营的有效性就有了保证。

第三，经济分析是评价企业经济效益的科学方法。企业生产经营活动中，投入与产出的比较称为经济效益。任何企业，总是力图以一定的投入，取得最多的产出。企业是经济组织，提高经济效益是企业一切工作的中心。经济分析实务和经济分析理论，自始至终贯穿着提高经济效益这条主线。通过经济分析可以从耗费、占用、成果等一系列指标的相互联系中，从企业所处的经济环境中，从企业生产经营活动的过去、现在及其发展趋势分析中，正确评价企业在提高经济效益方面已经达到的水平、存在的主要问题，并指出今后生产经营活动的方向。对企业的生产经营进行全面、全员、全过程的管理，是一项系统工程，企业经济活动错综复杂，如何权衡经济效益，需要借助经济分析的科学方法。各种经济活动的发生，对企业经济效益是产生积极的影响，还是产生消极的影响，影响程度如何，都需要进行经济分析。某一项经济活动，如果从局部考察可能认为有利，但从整体考察可就不一定有利。

第四，经济分析是企业运用经济规律的情况显示。企业是商品经济运行的主体。企业的全部活动受经济规律的支配，企业必须按照经济规律的要求来组织生产经营活动。借助于经济分析中的定性分析、定量分析、因果分析等方法，查明企业生产经营过程发展变化的情况、原因、趋势和结果，衡量企业生产经营活动的实绩，总结经验教训，找出差距，挖掘潜力，拟订对策，从而保证企业生产经营活动符合经济规律的要求，更加自觉地运用经济规律，努力提高经济效益。

3. 投资项目经济性分析论证的意义

在对投资实践活动进行考察的过程中，人们常常会发现这样一种情况：不少人因不懂得或不肯花费少量的资金（论证费用）进行有关投资项目建设前期以经济性为主的可行性分析论证，而是依靠良好的愿望想当然、凭感觉、拍脑袋办事情，结果造成决策失误，带来重大的经济损失和极坏的社会影响。其实，进行项目的经济性分析论证，是投资者在拟建项目决策前必不可少、自觉与否都需理性面对的一项最为基础性的项目管理工作（参见图1-9和前述各图）。事实上，对于投资人或项目的经营管理者而言，只有在对项目自觉认真地进行了以市场需求为基础、经济性分析的理性价值判断为核心的科学论证后，无论结果如何，即使证明拟投资的项目不可行或不能投资（上马），在项目管理上的这点花费都是非常值得的。因为对拟建项目以经济性为主的分析论证工作不仅将避免盲目决策可能造成的更大浪费和损失，还会以极少量的投入（经济代价）间接地获取到可观的未受损失的经济效益和社会与环境效益；反之，则必然要承受因盲目决策所带来的恶果。实际工作和生活中，这样的例子不胜枚举。其中缘由简要说明如下。

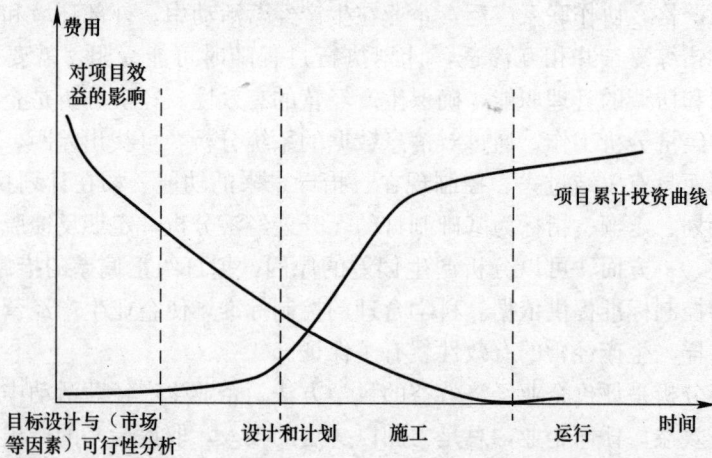

图 1-9　项目累计投资与需求管理活动关系及其影响曲线图

　　图 1-9 以项目各阶段累计投资及其在项目前期的管理活动中相互影响关系的曲线，给出了在项目前期，对投资项目进行经济性分析与论证工作的必要性及其在项目全（过程）生命周期管理活动中的重要地位的直观表达。由图可知，这些曲线有两个重要特点：在项目前期进行的以经济性分析为核心的可行性评价论证工作等管理活动花费最少，按国家规定通常不超过投资总额的 1‰~3‰，；但该项活动对整个项目效益的影响最大，稍有失误就会导致项目的失败，产生不可挽回的损失，虽然项目的主要投入表现在项目全过程管理的施工阶段，但此阶段的工作对整个项目效益的影响却相对较小。因此，项目前期对拟投资项目进行的以经济性分析为重点的管理活动，特别是就其中是否值得动用资源投入情况进行的分析论证工作，其效果的好坏对投资成败有着决定性的影响，在项目管理中有着特殊的重要性，具有不可替代的基础性和依据性作用；科学决策与投资项目前期必须进行的经济性分析论证间客观存在着一种具有内在、本质和必然联系的规律。

第二节　项目经济性分析与评价的基本原理

　　【本节摘要】 本节基于大市场观点，就学界有关项目全部资源要素投入和常规资源要素投入两类不同条件下的由投入和产出所表达的经济性问题，突破常规资源约束条件下传统思维模式分析的视域限制，从对资源的认识与表达入手，按照大处着眼，小处入手，宏微兼顾、层次有别，由浅入深、由一般到具体的分类原则，提纲挈领地创新构建起了进行有关项目经济性全面综合分析与评价的新思路方法体系——包涵全资源要素和常规资源要素两种投入情况在内的现代项目经济性分析论证的基本思路与一般模式，并从理论上将后续各章的基本要点高度凝练和系统综合地概括于表 1-3 所示的分析框架中，简要清晰地阐明了项目在以资源要素投入为核心的经济条件下判断投入产出关系是否合理有利的经济性分析与评价的基本原理，有效扩展和完善了项目经济性分析理论研究的内涵，拓宽了项目经济性分析的领域和研究的范围。

一、概述

鉴于项目经济性分析特指是对有关形成项目的各种约束条件所涉及的各类资源在转化为市场交换时的资产（项目）的价值与效果，按方法体系进行的经济上（即交换价值）合理与否的研究，是一种从经济角度获得项目是否值得投资（或进行建设）的判断和基于现实条件预计项目在未来经营中有效、可信和可靠管理方案的过程。因此，有关项目的经济性论证，所涉及的主要问题也就转换为对形成项目的各种资源及其转化为资产的价值表达形式与效果的分析和研究。具体而言，主要涉及以下几方面的基本问题。

1. 投入项目资源要素的构成与项目的经济性分析

根据项目构成要素的特点中资源约束性的内在规定，任何项目都受到形成项目的资源条件的约束和限制。这些作为项目可资利用、并在市场交换中要转化为资产、但却在使用中往往受到约束和限制的有限资源，其所涉内容虽极为广泛，但最基本的还是人、财、物、时空与信息五大主要类型。考虑到项目的经济性是构成项目所需（或所涉及）的有限资源于市场上通过人的劳动如何将资源的有用性转换为具有价值与使用价值的资产（项目或产品）以体现该项资产（也即所涉资源）的使用价值或在实现其交换价值的过程中所表现出来的有用劳动部分的价值——即市场竞争价格，故而，对项目进行的经济性分析，实际上变成了人们对项目所要利用的资源在市场上转换为资产（即项目）的过程中存在着的一个能否和在多大程度上、以何种形式实现其有用性价值（或价格）转化的认识问题。

一般来说，从方便程度和可操作性上，人们习惯于按照传统的项目与项目管理观点，通常只对项目要管理的人、物、事三类情况或其综合性要求的资源性约束条件中前三大要素人、财、物的表达形式及其价值量的选择问题进行研究（即进行所谓的项目经济性分析），并已形成了较为完整成熟的项目经济性分析评价的基本模式和方法体系；而对那些表现为环境与社会影响的时空与信息等的后两大要素资源，人们往往缘于其自身价值在市场交换或交易过程中表达形式的特殊性与刻画方面的难度，则常常忽略了它们在项目（管理）中的重要约束作用。但是随着社会经济的不断发展和科技的日益进步，人们正在逐渐认识和不断发掘有限的时空与信息等限制性资源条件对项目的巨大约束作用和影响效果，并开始重视这两大资源要素在项目及其管理过程中所产生和发展出的深刻意义。

2. 各种资源要素的选择与价值形态的表达

在人们通过项目实现以资源形式向资产转化的过程中，有关资源的选择与价值形态的刻画与表达都是有一定约束的，通常在项目管理中，分别针对管人、管物和管事以及兼具人、物、事综合管理的要求，人们对资源要素的认识习惯于按照人、财、物、时空与信息的顺序进行排列。

（1）人力资源问题。作为各资源要素中最核心、最有活力和能动性、最具积极和主动意义的要素是人，它是产生和形成并最终完成项目的关键性要素。在市场经济条件下，该要素通常以人力资源（或用工）数量的多少及劳动力的价格（薪酬或工资）等形式表现出来。

（2）财力资源问题。项目中的财力资源要素主要指在形成和实施与完成项目过程中，需要和能够把握与控制的货币资金或可以转化为货币资金的具有价值形态的有价值款项（钱）和货物价值量的多少，是项目经济性分析中最重要的基本价值（性）体现，也是对其他资源要素进行经济性分析所最终要转换和达成的目标性结果与根本依据，否则就很难进行项目经济效果与价值的判断，因此能否实现项目各种资源要素在市场上的价值转化就成为进行项目经济性分析的关键和难点所在。

（3）物力资源问题。物力资源要素通常是指在构成项目的资源中是否存在实物形态物品（如机械设备、房屋、土地等）和非实物形态（如无形资产的技术与专利、企业品牌与商誉等）的资产，该要素在资源约束中虽然本身具有基础性作用，也是项目能否在物质技术条件下实现其功能与作用的重要标志，但在运用过程中如果必要的物力条件在项目管理中已经存在，则可作为有价值的资源直接计入项目的投入，否则常常需先要通过一定数量与价值量的具有价值形态的有价钱（款）货（物）在市场上的转换（即在无实物或无形资产时往往要通过货币资金的购买）来获得或再通过项目管理过程的生产制作来实现其有效的表达。

（4）时空与信息等其他资源问题。时间和空间与信息资源要素，主要是指在构成具体项目或在项目管理过程中常常以一定市场（需求）、自然生态与社会的环境及其对项目或其间相互的影响效果等非价值形态的现象来表达，并涉及在一定范围内沟通和连接、传递各个资源要素状况的信息，这些资源是人们过去从事项目和项目管理中重视不够甚至忽视的，而今在强调项目要绿色、和谐、可持续管理要求情况下往往具有一票否决效果、处于极为重要地位的社会与环境资源影响等因素。这些要素作为缘于项目或项目管理过程中发生和发展而来的外部成本（代价）和产出（效益），往往因其在现实生活中非价值形态和实物形态有限的可衡量性，成为目前项目经济性分析中最难进行价值判断的几大约束性资源要素，是当今项目与项目管理真正的难点所在，由此带给完整的项目经济性分析（包括项目环境影响与社会效果经济性分析在内）巨大的缺憾。以现代工程项目为例，当今成熟的工程建设项目管理，事实上就是用具体的质量、进度和费用三大工作标准——即以人、财、物等常规基本资源要素而未考虑时空与信息等其他资源要素为依据来衡量和约束项目管理活动，体现其运作效果的经济性。

3. 项目经济性分析与论证的实质与分类

通过上述项目的经济性与资源约束的关系的形成及资源在转换为资产过程中价值表达问题的说明，可以看出对项目进行的经济性分析与论证，本质上是人们对利用了资源的项目在各种约束条件下将其有用性在市场上转化为资产过程中所产生的价值和满足需求的有用（效）性是否合理与可行（或有效）做出的判断，其转化过程方案的表达结论（即项目论证报告或可行性分析与研究或评估报告）可以作为对项目进行投资的依据。

因此，进行项目经济性分析与论证的关键在于两点：①解决好确立有关项目投入所涉及资源在转化为资产过程中对其中交换价值有用性所形成的价格及其形态的表达标准问题。②解决好判断有关价值量大小的具体方法问题。故而，对现代项目进行的经济性分析，人们按照在市场上是否能将不同价值形态的有关资源以一定的标准转化成可比较衡量、可进行交换的资产为依据，将项目的经济性分析与论证划分为对包括直接和间接的五大类资源全要素进行的经济性分析与对项目所直接涉及资源仅做（人、财、物等）常规要素进行经济性分析的两个不同层次的分析论证。按照所分析内容中资源要素含量的不同，项目的经济性分析主要有可直接用资产形式来进行比较分析的项目资源常规要素的经济性分析，和与全部资源中包括有不能直接用资产的价值量来进行衡量、但含有资源量论证效果的项目资源全要素的经济性分析两大类。在具体分析项目经济性的操作过程中，人们为便于对项目在实现资源向资产转化的效果进行比较判断，往往更多地习惯于将投入项目的各种资源与作为项目形成后所产出的资产以相同的价值形态进行直接对比，即将产出与投入人为地构成如图 1-10 所示的系统性关系——效益，从而将要进行的关于项目经济性的分析转化为所谓的项目的（经济）效益分析。

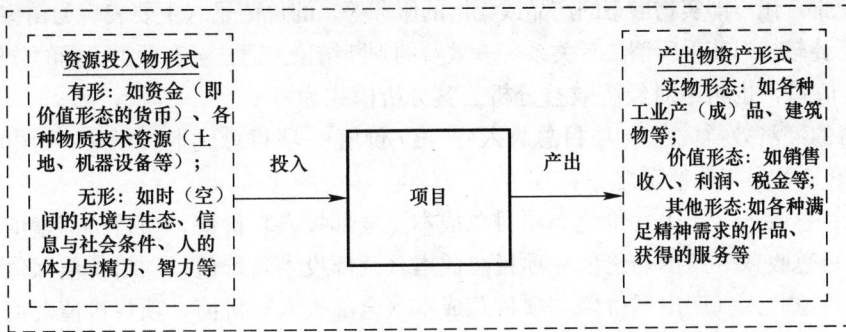

图 1-10 项目经济性分析的资源投入与产出关系效益示意

在当今时代前者作为直接性常规资源要素项目的经济性分析实际是人们对项目习惯进行的传统、成熟且模式化的经济分析，而后者的资源全要素经济性分析因含有较多间接和不确定因素，则是在研究潜力上目前刚刚开启尚存诸多问题，更有待人们积极探索以期尽快填补发展空间，而使之成为完整全面充分的项目经济性分析论证。

考虑到实际投资生活和工作的需要，鉴于目前有关投资项目经济性分析理论存在的局限性，本书作为项目经济性分析的完整理论著述，根据理论的成熟情况不同，从第二章起将围绕"项目资源常规要素经济性分析"为中心，系统介绍传统、成熟、模式化常规资源要素条件下项目经济性分析的有关理论。而把在整个项目管理界尚处于早期研究探讨阶段，有诸多问题待解的项目资源全要素经济性分析论证中间接资源要素分析部分的内容，仅在本章的第三节里对其中人们的研究目前已有初步成果的一些主要观点略做抛砖引玉的简述，为今后进一步全面深入研究的铺垫。

二、现代项目经济性分析论证的基本思路与一般模式

1. 项目经济性分析论证的基本思路

在对现代项目进行管理的实践中，人们进行有关项目经济性的分析论证，其基本思路历经由粗到细、从简到繁、由初级到高级、由局部到整体的演变发展。在此，仅依人们的习惯，如图 1-9 所示的项目经济性的实质是关于资源投入与所转化资产的产出关系所表达的效益为核心，简要介绍按常规与非常规两种不同资源约束条件下，人们进行项目经济性分析论证的基本思路与主要模式。

（1）项目在直接性投入常规资源要素条件下经济性分析的主要思路与论证模式。在项目管理开始的最初阶段，人们只关心项目自身整体的经济性，即投资建设的项目只从其整体产出的资产的总价值量对比其所直接投入常规性要素资源（人、财、物等）总资产价值量之间的关系，看是增加，相等，还是减少，以便得出项目投资在市场上价值表现的价格是增值、保值还是贬值的经济性判断。在常规资源要素条件下进行的项目经济性分析，因为有关资源在市场上转化为资产的价值或价格时路径明确、方法可行，价值量便于比较和判断，故经过几十年的发展已形成了到目前十分成熟的论证模式。其基本思路是，在一个拟议的项目已确定

的情况下（项目立项后），通过对项目进行的经济性可行性分析，即将该拟建项目所涉及的有关人、财、物等要直接投入的常规资源性资产分门别类地考查（或按一定标准转化为）其当前市场认可的竞争价格，然后加总作为项目资源（主要表现为原材料、燃料、资金、人力等）价值总的投入（即总成本或总代价/费用），之后与同一市场上项目建成后在未来一定时期（项目经营期）内全部产出（即实物形态的产品或无形的服务等）的价值量（主要表现为销售收入、税金等）进行比较，以获得所谓二者关系——效益的判断结论。通常会有两类不同的分析模式：

1) 差值式，也叫绝对经济效益分析。其分析模式为：

项目的经济效益(△) ＝ 项目总收入（产出）价值 － 项目总成本（全部投入）价值

其结论是下列三种情况之一：

① 项目总收入（产出）价值＞项目总成本（全部投入）价值，项目价值增值；

② 项目总收入（产出）价值＝项目总成本（全部投入）价值，项目价值保值；

③ 项目总收入（产出）价值＜项目总成本（全部投入）价值，项目价值贬值。

2) 比值式，也叫相对经济效益分析。其分析模式为：

$$项目的经济效益 (\eta) = \frac{项目总收入（产出）价值}{项目总成本（全部投入）价值}$$

其结论是下列三种情况之一：

① 项目总收入（产出）价值÷项目总成本（全部投入）价值＞1，项目价值增值；

② 项目总收入（产出）价值÷项目总成本（全部投入）价值＝1，项目价值保值；

③ 项目总收入（产出）价值÷项目总成本（全部投入）价值＜1，项目价值贬值。

此种分析的思路简洁清晰，模式简单明了，极易操作和便于判断，因此，自形成以来便极为流行，已经成为项目经济性分析的主要模式。

（2）项目在资源全要素条件下经济性分析的基本思路与主要论证模式。

进入 21 世纪，鉴于前述项目的经济性分析其主要思路与论证模式均是基于对直接投入的常规资源要素条件进行的，而此资源约束条件往往未考虑与项目形成和发展有关的其他难以转化为资产的间接投入资源（主要是时间和空间与信息条件）的限制。因此，在现代社会人与自然、人与社会相关性加剧且日益一体化的情况下，尤其是经济社会发展已进入到按科学发展观要求项目管理必须和谐、绿色、生态与可持续的时期，人们对项目资源经济性分析要求在充分考虑直接和间接资源全要素投入条件下进行的呼声越来越高，因而需要对项目在常规资源要素条件下经济性分析的主要思路与论证模式进行补充、修正和完善，从而初步大胆创新出了关于项目在资源全要素投入条件下进行经济性分析研究的最新基本思路与主要论证模式。这也是迄今为止构思最为完整、思路日见清晰，但有关非常规资源要素转化为价值的途径和方式尚待进一步探讨确认，以最终形成和完善的资源全要素投入条件下的项目经济性论证分析模式。

与项目在常规资源要素投入条件下经济性分析的主要思路与论证模式相比，在资源全要素投入条件下进行的项目经济性论证分析模式中的公式表达及结论基本相同，只是资源要素的投入增加了非常规的时间和空间与信息等资源内容，因此亟须完善和有待深入研究的重点将主要落在有关非常规的时间和间接投入的空间与信息资源等约束性条件如何转化为市场认可的资产问题上。即把对以生态环境和社会影响等时间和空间与信息资源形式表达的非常规约束性资源在市场上转化为项目在投入与管理中有具体可衡量价值的资产，以便在项目管理的全过程中充分完整地考虑这些资源与常规资源共同在某一具体项目中的经济性（效果），有效避免此前在常规资源约束条件下因缺少非常规性资源考量进行的项目经济性分析往往造成需做资源缺失的补救或资源遗漏的弥补等项目维持进展性问题。

目前，人们探索解决上述问题，即有关非常规时空（间）与信息资源等约束性条件转化为市场认可的资产的基本思路主要有两条：一是不断深化对这些非常规性间接投入资源的资产（化）性质的认识；二是重点放在突出对其在转化过程中价值衡量标准的把握。经过近年来的不断研究，目前已取得了解决这方面问题的一些初步成果。其主要思路是把由于项目在常规资源要素投入条件下所未考虑（兼顾）到的因其他资源要素投入而产生的外部成本（如由环境生态与社会和市场等付出的代价）内部化——即将之转化为在项目建立时和管理过程中就必须预先为未来将于项目后期产出的（主要是环境和社会等）不利效果进行治理和预防而可能要发生费用（代价或成本）的基本投入。如此一来，人们进行的项目经济性分析才具有了全过程、全资源要素投入和完整性的意义，这对于投资者和项目管理所涉方方面面的人员从全局高度和总体概念上正确认识和把握投资项目的经济性都将产生重要的作用，特别是在各级政府推进科学、和谐、绿色、生态与可持续发展的项目投资管理过程中将有着特殊重要的地位和意义。

可以想见，未来对项目在资源全要素投入条件下进行的经济性分析，其基本模式应与常规资源条件下的经济性分析模式类似，但一定是至少附加了常规资源要素投入以外的其他资源（如生态环境与社会影响等）要素作为投入影响因素的综合性、全方位、全要素投入的经济分析。鉴于创新的资源全要素条件下项目经济性分析的完整理论尚在探索与建立的过程之中，有关问题——特别是诸如市场、信息与环境和社会等资源在项目建设与运营管理中对最终实现产出（资产）的影响和投入等，学界研究还处于探讨阶段，因此对这部分有关问题的认识将在本章第三节略做初步说明。在此，仅以现已成熟的常规要素投入条件下项目经济性分析的理论为基础，重点介绍其有关模式和方法体系。

2. 现代项目常规要素条件下经济性分析论证的主要模式

现代项目管理经历了几十年的实践总结和研究与发展，以常规资源要素投入（即人们习惯于易实现资产化的人、财、物等）条件下进行的有关经济性分析为基础，研究论证项目经济性的基本模式已形成了一整套系统、完善、科学、规范、成熟的方法体系。其主要的形制及其特点可以按照范围和权属与操作过程的不同概括为（如图1-11所示）两个层次和三大步骤。

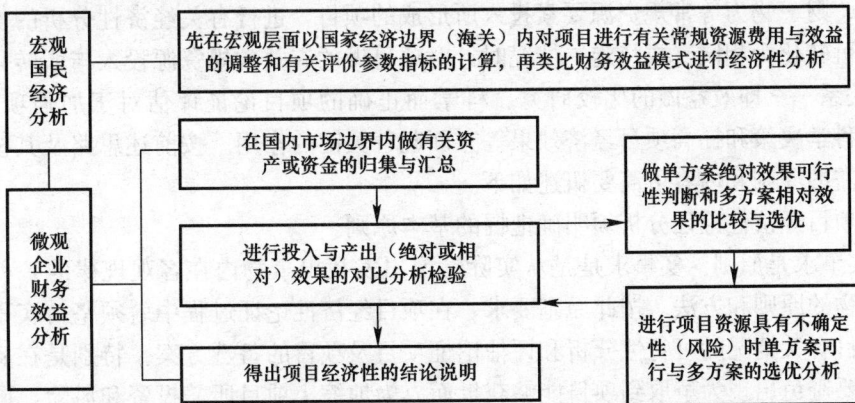

图1-11　常规资源要素条件下项目经济性分析的基本模式

（1）两大分析层次

这是按照投资（或项目管理）者权属范围的不同，分别站在投资者（或项目自身）与各级政府两个层面来对项目在不同范畴内经济效果及其影响进行的分析。通常，把站在微观、具体市场层面（即国内市场边界以内），以投资者（或项目自身）也即从企业财务角度对项目进行的狭义经济性分析称为项目的财务效益分析或评价。而把站在宏观、整个地区经济层面（即最终以国家经济边界（海关）为限）、从国家或地方政府角度对项目进行的广义经济性分析称为项目的国民经济分析或评价。

（2）三大基本分析步骤构成的可操作程序。

1）对各种直接投入的资源做财务基础数据的经济性分析，首先从拟建项目所涉资源可转化为资产或资金的归集开始进行所谓的资产或资金的清理，即将与项目有关的资源按照一定的价值形态与标准（如特定的货币资金形式和资金的时间价值）统一转换为具有相同形态和特有价值量、便于进行比较判断的资产，以汇聚为项目投入的资金来源，便于对项目管理过程中各个用途资金资源的具体安排，即形成财务上所谓的资金来源与应用账表。

2）按照一定的分析原则和比较依据（即判断准则，简称判则），对项目在进行建设和管理过程产生的效果（即产出）也按照上述特定的货币资金形式和基于相同时点资金的时间价值标准，统一转换为未来具有相同形态的特有价值量，再把前述汇总的资金来源（这里是指实际投入）的总量与此（未来具有相同形态特有价值量的）产出进行绝对效果或相对效果的对比分析（即所谓"检验"），即为经济效益分析。这是进行项目全部经济性分析中最为关键、也是最为重要与核心的环节。

其中，在上述项目经济性分析的效益判断过程中，有两项重大技术是进行科学分析时最为重要的评估分析内容：第一，按照一定的比较原则和具体标准的要求进行不同层次、不同阶段之间单一方案可行与否或多个方案的比较与选优（即从优秀或满意方案中进行的筛选），第二，对拟议中的项目在各种资源约束性条件具有不确定或风险情况下对单一方案可行与多个方案比选后进行的进一步分析论证，以期能使项目在资源约束条件发生变化的情况时具有更好的适应性。

3）对项目经济可行的方案通过比较和选择，最终作出有关项目经济性分析的结论与说明。

3. 现代项目常规资源要素投入条件下进行经济性分析与论证的（基本）原则与主要内容

以人、财、物力等常规资源要素投入所形成的项目，进行有关经济性分析的实质是在价值形态可转化为相同（或特定）情况时，对项目做的有关常规资源投入与所转化的资产（产出）关系——即效益做的比较研究。科学而正确的项目论证评估对于加强项目管理，实现项目科学决策和提高项目经济效果等方面起着关键的作用。按前述思路及其模式，有关论证所需的原则和内容可简要概述如下。

（1）项目经济性论证分析须明确把握的基本原则。

1）实事求是原则。实事求是是从实际情况出发找出事物内在客观规律的一种正确认识客观事物的原则和方法。按此原则要求，在项目经济性论证过程中就须坚持实事求是原则进行项目有关情况的可行性分析和评估论证项目及项目的备选方案。特别是在实际论证工作中，要避免出现为争取到项目能够获批而人为地缩小项目所需投资和风险，同时夸大项目所能带来的经济、社会、环境效益以待项目批准后进一步追加投资的"钓鱼工程"项目，或某些人为应付国家有关规定程序或屈从某种压力，而在项目论证分析中故意不实事求是、不真实反映（或隐瞒）实情、甚至做虚假的项目评估，将项目在经济上可行与否的分析论证搞成了"可批性研究"等违背项目分析论证（评估）实事求是原则的情况发生。为此，要坚持科学态度、采用科学方法和遵循科学规范的程序，才能保证项目可行性分析论证的客观公正。这里，坚持科学态度要求项目可研论证人员深入实际，对项目本身及其各种（主要是常规）资源条件（如项目的技术成熟程度和市场需求与发展变化情况、项目的运行支持条件与环境和社会影响情况等）需要做出周密、认真、深入地调查了解和客观中肯地分析，以全面系统地掌握可靠充足的项目信息与资料。采用科学的方法是指在项目论证（特别是经济性分析）中必须使用国内外实践证明行之有效的诸如净现值等指数性判断的经济评价法、敏感性分析的项目风险评估法和技术预测的评估法等项目评估论证方法。遵循科学与规范的程序是指项目论证与评估要按照一定的程序（如图1-6～图1-10所示）进行，以便从过程控制上保证项目评估的实事求是原则。

2）客观公正原则。这是遵循实事求是原则中客观和公正的前提条件。其中的客观是指项目论证与评估要尊重客观实际，不能具有主观随意性和自以为是，否则就不可能实事求是；同时，公正要求参与项目评估论证的人员所持立场必须公正，在分析和评价中不能够受权威或利益的干扰，既不屈从于权威的任何压力而违心地进行项目可行性分析与评估，也不能出于私心和小团体的利益而放弃项目评估论证应持的公正立场。只有坚持客观公正的原则，人们进行的项目的经济性论证与评估才能为项目决策者提供客观、科学和公正的支持和依据。因此，要求论证评估人员在项目经济性分析论证过程中，要坚持出于公心、坚持尊重事实和恪守职业道德，不论是为项目业主（投资人）还是项目承包商甚或项目贷款银行做论证分析工作都须坚持尊重事实的原则，既不能只采信项目相关利益主体提供的数据和资料，也不能自己凭想当然进行评估论证。坚持出以公心就要求项目论证人员在项目评估论证中不能掺杂任何徇私的行为，而须从国家和组织利益的高度出发去开展项目论证工作，既不能因自身利益而做不客观的评价，也不能屈服于压力去做不公正的评估。而且坚持客观公正原则不仅是一个操作者的工作方法问题，更是一个事关评估人员职业道德的大问题。

3）成本效益原则。这是要求任何项目的经济分析论证工作都须从资源利用的经济性即成本和效益两方面进行全面评估。因为，单纯强调或过度突出一个项目的效益而忽视项目的成本，或单纯强调或过度突出一个项目的利（好处）而弱化一个项目的弊（坏处）和风险，这都是十分片面的，都有违实事求是和客观公正的原则。由前述项目经济性的实质都是利用资源于项目中转化为具体资产的过程里有关投入与产出关系和效果的表达。因而任何项目的效益都是以成本为前提和代价的。只有认真比较和衡量项目的成本和效益两方面情况才能客观评价和判断一个具体项目的经济效果。因此，可以说该原则是项目论证尤其是经济性分析评价的根本原则，因为任何人类的社会活动最终都要以较小的成本（资源耗费的代价）去获取更大的效益（产出）。项目的经济性分析论证即是人们在开展一项大的社会或生产活动前所做的成本与收益的分析判断，故须坚持全面衡量成本与效益两个方面的原则和效益（产出）必须大于项目成本的原则。任何一个项目是否可行最终是以能否通过该项目取得经济效益及其经济效益的高低作为评价和判断标准的。无论何种项目分析论证都须坚持这一原则。考虑到项目的成本和效益必然涉及微观和宏观两个方面，因此任何一个项目的分析论证都须坚持全面评价项目的微观与宏观成本与效益的原则。其中，微观方面即是站在企业或项目自身（如投资人或项目业主或项目承包商）角度，进行的成本和效益——即企业财务效益分析与评价，宏观方面则是站在国家或地方政府层面，考虑整个国民经济的成本和效益——即做有关国民经济分析与评价。任何单纯强调项目的微观或宏观成本和效益的项目评估论证都是错误的，因为这样有可能会造成项目总体成本和效益评价的失真或片面，以致作出错误的项目（投资）决策。在我国，当处理微观和宏观两方面的经济性分析的成本效益评价结论相互矛盾的二者间关系时，国家要求的是项目最终的取舍决策应以宏观的国民经济成本和效益分析评价结论为准，即不允许为了某个组织的私利而损害国家利益的项目出现。故在坚持项目经济性分析论证的成本效益原则中，还须强调项目微观成本效益最终必须服从项目宏观成本效益的原则，即在投资项目决策中必须放弃那些微观成本效益好而宏观成本效益差的项目。

4）系统性原则。所谓系统是指由若干个要素组成的相互联系又相互制约、为实现同一目标而存在的有机集合体。该集合体具有目标性、集合性、相关性、开放性（即存在于一定物质环境中的系统要与外部环境产生物质、能量、信息等的联系），是否随时间变化的动态或静态特征的状态性，以及系统适应环境变化程度的适应性六大基本特征。任何一个项目就是这样一个由诸多相互关联、相互制约的子系统或要素构成的整体性系统。考虑到任何一个项目都有自己的环境和外部条件，都与社会的各种技术经济条件发生着广泛而深入的联系。因此，要评估一个项目的好坏和可行与否就必须坚持系统性原则，必须全面分析评价一个项目的各个方面及与之相关的各种环境条件。所以系统性原则也就是整体性原则，既有在保证项目整体利益时兼顾其中局部利益的原则，又有内部条件和外部条件相结合的原则。系统性原则要求基于项目成本效益做进一步全面系统分析论证项目各个方面并综合评价项目各方面的情况，最终给出一个项目的整（总）体评价。如在一个项目的经济性分析论证中必须涉及的在不同阶段、不同环节和内容上项目的市场需求管理情况及其技术实现的可行性、经济可行性、运行条件与环境和社会影响的可行性等多个方面。

实践中，在进行项目经济可行性分析与论证时坚持系统性原则，要求可研分析论证人员在考虑项目的评估问题时须有系统的观念，即要有系统地考虑问题、系统地收集信息、系统地确定评价指标体系和系统地综合评价项目各个方面的思想——即要有系统分析的思想。若无此观念就易出现片面评价论证项目的问题——不是过分强调项目的收益或好处而忽略了项目风险，就是过分突出了项目的坏处或评价分析了项目的技术与经济可行而遗漏了对项目环境和社会影响效果的评价。而这些都是会导致错误的项目（投资）决策所不能允许的。因此，为决策提供科学依据必须进行系统分析。系统分析的目的和要解决的问题通常可归纳为国外常称做"5W1H"的内容，如表1-2所示。而进行项目经济性系统分析论证的主要操作可抽象为如图1-12所示的由六大步骤构成的流程化基本程序。

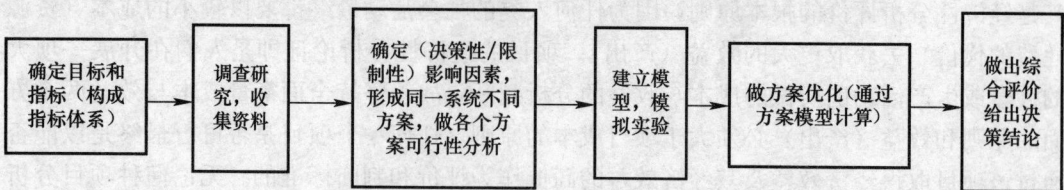

图1-12　基于系统性原则进行项目经济性分析论证的基本流程

解决的问题	对解决问题的说明（简释）	相应的英文与缩写	
目的	为什么	Why	W
对象	做什么	What	W
地点	何处做	Where	W
时间	何时做	When	W
主体（人）	谁去做	Who	W
方法	怎么做	How	H

5）比较择优原则。该原则要求任何项目的经济性评价论证过程都应该包括对于多个项目备选方案进行比较分析和优化选择的工作。作为支撑项目决策工作的经济性分析与论证评价，虽其广义属于项目决策范畴，但必须为狭义的项目决策提供可供"抉择"的"方案"，故而使项目论证分析过程不再只是对于单个项目方案的分析评价，而应是对多个项目备选方案的分析评价和对于各个项目备选方案的优化工作。即使是一些小且相对较为确定的项目也应该有是"干"还是"不干"两种项目方案进行必要的分析与评价，才能为项目决策提供支持。而对于项目备选方案的选择也包括了两方面内容，①项目方案本身的不断优化，这是在项目论证中随着项目信息增多和对于项目认识的深入而对各个项目备选方案的不断修订和改进，它将为项目决策人提供优化后的各种"方案"。②各备选方案的比较和优选。这是对最终的项目备选方案所做的评价分析与比较排序，以给项目论证分析人员提供有关各个"方案"优劣的信息，供其进行选择。所以在项目分析论证中必须坚持这种比较择优的基本原则，必须提供多个项目备选方案的评价信息及其优先序列信息。

6）规范化原则。该原则是指整个项目分析论证所使用的方法和程序应符合统一规范的基本原则。这包括在项目经济性论证分析中使用国家或地方政府以及组织机构自身的各种规范化的分析评价方法、规范化的评价参数和指标以及规范化的项目可行性分析论证的评价程序和步骤三个方面。其中，任何组织机构使用的项目经济性分析与评价的规范化方法都需参照相关权威部门发布的具体方法和规定。如国内建设项目评价就须参照国家发展改革委员会和原建设部发布的《建设项目经济评价方法与参数（第三版）》中规定的方法进行。且任何组织机构的项目评价法还须符合国家和地方政府的相应法律和规定（如任何项目的财务分析评价就须依据国家现行的财税法律和规定进行，决不允许违反这些法律和规定）。在实际操作中，对于规范化的项目经济性评价参数和指标来说，第一，要求任何项目的分析论证都须采用相对规范的统一评价指标进行评价分析；第二，则要求任何项目的评价分析都要使用国家或地方主管部门发布或规定的评价参数，如国际上通用的项目评价规范指标 NPV（项目净现值）和 IRR（项目内部收益率）就是这种规范的指标，而国家物价部门发布的物价上涨指数和劳动力价格指数等就是这种规范的参数。至于项目分析论证的规范程序是指项目评价所必须包括的各个环节和步骤，如国家规定的项目决策程序就包括项目立项和项目批准两阶段。所以国内在前期的项目论证工作，通常就包含为项目立项服务的前（预）评价阶段和为项目批准服务的详细评价两个阶段。

7）动态评价原则。所谓动态评价原则也即随着时间发展而变化的时效性原则，是指包括项目经济性分析评价须考虑项目投资的货币时间价值和评价工作过程本身须坚持随时间变化动态滚动两方面的原则。通常当一个项目生命周期和运营周期的时间跨度较大时，对项目经济上的可行性论证就必须按照动态性考虑其时间效果来进行分析，而不能只做静态的项目论证分析。此动态评价的主要内容是全面考虑货币的时间价值，即资金的机会成本或利息。在项目经济性论证分析中考虑资金时间价值的原则一般需采用对于项目生命周期甚至运营周期各个时点的现金流量进行贴现，再计算有关项目的动态评价指标。事实上，人们在项目论证中坚持动态评价原则还要求随着人们不断获得更多的项目信息和对项目有了更为深刻的认识，因而对于项目的评价也要深化，这也同样形成了一种动态的过程。在项目评价中要联系项目的具体实际、结合项目的特点进行评价论证。因为不同行业、同一部门和不同专业领域的项目也会因项目的时间变迁和外界环境与其他条件的变化而不同，所以任何项目经济性的分析论证与评价都应遵循项目动态评价的时效性原则，都须从实际出发和发展变化出发，重视被论证项目的特点和发展变化情况，做好动态评价。

（2）项目经济性分析论证的基本内容。如前所述，对一个常规资源要素投入条件下确定的项目进行经济性分析论证，无论是站在宏观层面做国民经济分析还是微观层面做企业财务效益分析，其核心的内容都是判断项目利用各种外部资源以转化为项目及其产出（产品）——资产的效果与能力（即价值量）大小的。因此，项目经济性分析评价的内容都是针对项目在系统地从资源向资产转化过程中出现的如图 1-11 所示的两个层次和三个不同阶段的具体内容进行的。

两个不同层次经济性分析的具体内容。①确定标准。首先是界定资源与资产的标准，即将项目要利用的各种资源及其产出的资产，在规定或选取好相同的价值形态（如都用法定货币人民币）后，前者按照定性的标准，后者则以具体的价值量为根据进行划分；②在宏观和微观两个层面、按照资源使用性质与效果的不同划分出不同的费用和效益标准，即将有关资源和资产的不同利用效果按同一价值形态在企业市场边界的财务表达中分别表示为各种具体资产价格，如各种劳动力成本的工资多少钱、设备和土地（及厂房等）的购买费用多少钱，这些由市场竞争获得的成本标准，和以产品销售收入和利润多少钱款等所表达的效益标准。而在国民经济评价中则表达为基于企业财务已划分的成本和效益边界在确定费用和效益的国民经济（海关）标准后进行相应边界的调整和确认，以获得在资源稀缺情况下宏观上最符合实际的诸如影子价格、影子工资、影子汇率和土地的影子价格等进行国民经济评价分析用的通用参数标准。

三个不同阶段经济性分析论证的主要内容。第一阶段是在进入项目系统前的时期，其分析研究的对象主要是外部资源的获取与归化，即要将项目所需资源收集齐全并转化为同一类型价值形态，以便后续分析时可进行比较。如常规资源中的人、财、物力等资源，要将原来定性表达的资源量转化为用价值形态有具体确定价值量表达的概念。即将可利用人数的多少，土地的多少和机器设备的多少与资金的多少等资源情况，统一转化为是多少时间内价值量为多少的资产。如多少人工作多少时间的工资，生产多少产品所需的多少钱款的原材料和燃料费用等。第二阶段是在资源进入项目系统后，做转化过程中有关分析参数的选择与计量问题。其主要内容有二：一是按照动态或静态两种状态分别选择进行定量价值计算的参数，通常在所投入常规资源条件下以形成固定资产为主的项目其财务静态分析指标多选择投资回收期、利润率、利税率和资产负债率、流动与速动比率等，而动态指标则主要选取动态投资回收期、内部收益率、净现值或净现值率等指标；国民经济分析的动态指标常选择经济内部收益率、经济净现值和经济净现值率及经济换汇或节汇成本等。二是根据转换模型（公式）进行具体的指标计算，以确定各种资源在项目实施过程中转化为资产的具体价值。第三阶段是根据项目已算得的有关指标的具体价值量情况，在项目的产出端对其产出效益与投入资源的价值量，依据经济性判断的准则（即可行与否标准）进行项目投入与产出经济性具体转化效果的最终确认。其间分析研究的主要内容，①按照前述所选指标的不同先选择相应的判则；②在宏观或微观领域要分别构造和选定进行具体分析比较的转化模式，如微观分析时建立和选择可做项目经济性分析的数学模型——外部条件确定情况下的盈亏平衡模式，或不确定条件下的概率（敏感性）与风险分析模式等；③进行具体指标与判则的逐一比较分析和筛选，并得出有关项目经济性分析的结论。

4. 现代项目常规资源要素投入条件下经济性分析与论证的主要方法体系

根据项目在前期从提出到论证可行各个阶段的不同，因各阶段的分析论证任务和目标不一样，所以每个阶段都各有自己的专业评价分析方法，由此构成了项目可行性分析论证的完整方法体系。汇总归纳起来，有关内容可具体概括为以下几类主要方法（见表1-3）。

常规资源约束条件下项目经济性分析的主要方法体系 表1-3

序号	原则/方法分类	基本方法	主要作用	常用操作方法		主要指标与判则
1	分析项目资源总量与来源价值的方法	项目投资估算法	形成为后续经济分析论证项目的资源价值总量与来源的价值形态的资金总构成框架概念	固定资产投资额	生产规模指数法估算 分项比例估算法 资金周转率法 单位面积综合指标估算法单元指标估算法	如：生产规模算式，等 $x = y \left(\dfrac{C_2}{C_1} \right)^{0.6} C_{\mathrm{F}}$
				流动资金（产）	①投资额扩大指标估算法、②分项指标估算法	①以销售收入、经营成本、总成本费用和固定资产投资总额等为基数计算流动资金占其中的比率，②为国际上通用的分项定额估算法
		资金筹措分析法	分析筹资结构、资金成本、筹资风险、数量、投放时间安排与计划	筹资方案比较分析法		不考虑受赠时按自有资金和借贷资金构成两类不同资金筹措方案
						说明资金来源与资金使用各情况
2	论证项目经济性分析依据的主要方法	财务基础数据分析法	获得项目总投资及资金筹措、成本费用、销售收入及税金、利润总额及分配和贷款还本付息方面的数据	编制财务基础数据三大类估算表		固定资产投资和流动资金估算的投资使用计划与资金筹措表，即资金来源与运用表
						项目投产后生产成本、销售收入、税金、利润估算的损益表
						项目建设/生产期内资金流动/偿债能力还本付息表或资产负债表

序号	原则/方法分类	基本方法	主要作用		常用操作方法	主要指标与判则	
3	在项目所需投入常规资源价值量确定情况下分层次经济性分析方法	微观层面企业财务效益分析法	把项目作为一独立系统，从反映项目在建设与生产期内某一时点（或时段）上各年现金流入、流出活动情况，判断项目是否可行		现金流量分析法	$NCF = \sum_{t=0}^{n} (CI-CO)_t$ $NCF \geq 0$ 保本/盈利，可行； $NCF < 0$ 亏损，舍去（不可行）	
			以非折现值的年度资金流量为当年数值简易分析项目是否可行		静态分析法 动态分析法	静态法不算资金时间价值，算现金流量时只选一典型（如项目达到正常设计产能的生产年份）净现金流量或取年均值	
			如实反映资金实际运行情况、全面体现工程项目整个寿命期内经济活动和经济效益			动态法考虑资金占用时间的长短和资金时间价值，用（反映）折现现金流量的有关指标进行动态分析	
			方便计算各项财务效益评价指标，对比分析评价标准或基准值，按相关判则规定，判断项目盈利能力、清偿能力、外汇平衡等财务状况，分析决定项目的财务利弊与可行性		财务基本报表分析法	反映项目盈利能力的现金流量表和损益表	
						考察项目外汇平衡情况的财务外汇平衡表	
						反映项目清偿能力的资金来源与运用表	
						投资估算表、成本费用表、销售收入与税金等报表构成系列辅助报表	
		宏观层面国民经济分析法	基于财务效益分析用费用与效益方法，从国家边界对项目分析其经济效果并做出国家有限资源合理配置及项目所作贡献性评价		用有无对比法识别项目费用、效益，用影子价格法估算各费用、效益，用现金流量分析法、报表分析，用经济内部收益率、经济净现值等指标进行定量经济效益判断	调整/确定拟分析评价项目的经济费用和效益范围与数值，编制有关基本报表，计算分析经济效益指标并评价，按有关评价指标（参数）判则，做出与财务分析类似的比选/取舍	
4	在项目所需投入常规资源价值量不确定情况下经济性分析的方法	盈亏平衡分析（量本利或 BEP 分析）	通过计算盈亏平衡点（BEP），研究项目经营过程中产量、成本和利润三者间对市场需求变化适应能力的平衡关系	基于一定时期和一定产销量范围内产量等于销量、产品销售单价、销售收入所依据的单位可变成本均保持不变分析	线性盈亏平衡分析（生产成本及销售收入与产量或销售量间呈线性函数关系）	计算有关平衡分析的保本点产量、保本价格、最低生产能力和最低销售收入等评价分析指标，以判断项目是否实现或达到盈亏平衡	高于 BEP（平衡）点，赢利，项目可行
					非线性盈亏平衡分析（基于生产成本及销售收入与产量或销售量间呈非线性函数关系）		等于 BEP（平衡）点，可保本，项目可行
							低于 BEP（保本）点，亏损，项目不可行

序号	原则/方法分类	基本方法	主要作用	常用操作方法	主要指标与判则		
4	在项目所需常规资源价值量不确定情况下经济性分析的方法	不确定性（敏感性）分析	动态考察不确定因素的变化，测定和确认其敏感程度与临界承受力，了解项目风险程度	基于确定性分析评价指标、选不确定性因素、计算分析敏感度系数及其变化临界值、绘图表、确定敏感因素、选应对方案	两种分析法	敏感性分析表	把敏感性因素按一定比例变动所引起评价指标变幅的数据列表
						敏感性分析图	用曲线表明评价指标达到临界点时允许某因素极限变化情况
					按分析因素多少分类	单因素敏感线分析	
						多因素敏感面（体）分析	
		概率与风险分析	识别建设运营项目中主要潜在风险因素、揭示风险来源、判别风险程度、提出应对规避风险策略	做风险识别与等级划分，四措施防范风险	风险回避		
					风险控制		
					风险转移		
					风险自担		
			用概率定量分析预测不确定和风险因素对经济评价指标的影响	期望值法	确定若干不确定或风险因素后，计算项目净现值的期望值及其累计概率、估算指标分布概率		
		概率分析		决策树法	分阶段用图示说明有关方案概率、成本、收益之数状图，以直观进行概率分析		
5	对项目进行多方案综合比选与总评价的方法	比较原则	需求上、消耗费用上、价格上、时间上4方面可比	范围上先微观后宏观比选	多方案选优	有明显资金限制时用净现值率法选大者为优	
			单方案内或多方案间价值等同化处理后可比	动静态分析以动态为主		最小费用法（费用现值或费用年值法）选小者为优	
			可替代方案要不漏、不多、选准	绝对与相对效果检验以相对效果检验标准为主		用动（静）态投资回收期指标	
		选优原则	按方案可行性、效益性、改善性、战略性原则处理好四大关系	局部最优与全局最优；静态最优与动态最优；单目标最优与多目标最优；最优方案与满意方案间		差额投资内部收益率法可选	
						不同计算期方案应换算到相同时点或时段做比选	产出效益与产品产量应一致

序号	原则/方法分类	基本方法	主要作用	常用操作方法	主要指标与判则
5	对项目进行多方案综合比选与总评价的方法	多方案决策法	判断单方案项目可行与否	只做各方案绝对效果检验，通过者即为可行方案	$NPV(NPVI) \geqslant 0$ 可行，反之舍去；$IRR \geqslant i_c$（或 i_0）可行，反之舍去；$P'_t(P_t) \leqslant P'_c(P'_0)$ 可行，反之舍去
			多方案项目做选优（满意）方案处理	先做单方案绝对效果检验，基于通过后的单方案，依判则再做相对效果检验和诸方案选优	通过绝对效果检验的方案要计算 ΔIRR，再判断各方案 ΔIRR 及其投资额与 i_c（或 i_0）的关系；且 $\Delta IRR > i_c(i_0)$ 时，选 P_{max} 方案为优；$0 \leqslant \Delta IRR < i_c(i_0)$ 则反向选择 P_{tmin} 的方案为优
			四类决策与取舍方法	确定型决策法；不确定型决策法；风险决策法；多阶段决策分析法	确定型盈亏分析法；风险型盈亏分析法；敏感性分析法；动态规划法、决策树法

（1）对投入项目资源总量与来源进行价值分析的方法——项目投资估算与资金筹措分析法。该法是在做经济性指标分析前对有关投入项目资源的价值总量进行以定性为主，定量为辅的计算和汇总，以表达各种投资于项目的有关常规资源财务基本数据的收集与整理情况，目的是形成便于后续经济分析论证时项目资源价值总量及其来源的以价值形态的资金构成总体框架（俗称资金盘子）的概念，解决项目投资总额（或总投资）与资金的来源（筹措）方面的资源价值度量问题。具体而言，一方面要通过定量计算分别求得固定资产的动态与静态投资部分的资源价值量，解决投资估算中固定资产投资额的表达问题，其主要方法有：生产规模指数法、分项比例估算法、资金周转率法、单位面积综合指标估算法和单元指标估算法；而要解决投资估算中流动资金（产）投资额的问题，主要方法有扩大指标估算法和分项指标估算法两种。前者常以销售收入、经营成本、总成本费用和固定资产投资总额等为基数来计算流动资金占其中的比率，后者作为国际上通用的分项定额估算法，一般利用流动资金等于流动资产减去负债的原理，经分解流动资产和流动负债的具体构成来得到流动资金当年的增加额。另一方面，通过定性与定量相结合的筹资方案比较分析法，就项目的资金来源与使用的各个方面，按照筹资常规结构、资金成本、筹资风险和数量及投放时间的安排与计划等分析判断项目资金筹措方案的可行性。

（2）对项目经济性分析的依据进行论证的主要方法——财务基础数据分析法。财务基础数据是指与项目直接相关的各种资源投入和产出数据的通称。运用该法对项目财务基础数据进行的有关测算与分析，可获得项目总投资及资金筹措、成本费用、销售收入及税金、利润总额及分配和贷款还本付息等五方面的数据，再经汇总列表可编制形成三大类财务基础数据估算表：①有关固定资产投资和流动资金估算的投资使用计划和资金筹措表；②反映项目投产后生产成本、销售收入、税金和利润估算的损益表等；③反映项目建设期和生产期内资金流动和偿债能力的，（如根据前两大类估算结果综合计算得到的）还本付息表或资产负债表。以使人们直观地获得对项目资源价值量的流入与流出情况的判断。其中，以项目投资、成本及销售收入的估算为核心，按一定顺序衔接的各表可构成图 1-13 所示的相互关系图。

固定资产投资估算表

流动资金投资估算表

投资使用计划和资金筹措表

固定资产折旧估算表

固定资产还本付息估算表

总成本费用估算表

原材料能源成本估算表

损益表（利润估算表）

无形资产及递延资产摊销估算表

销售收入及税金估算表

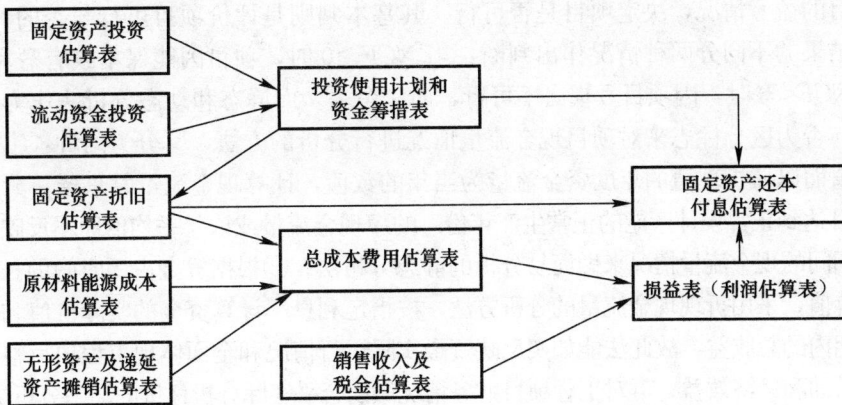

图1-13　财务基础数据各估算表及其相互关系

项目财务基础数据测算与分析，遵循合法性、真实性、准确性和可比性（即计算方法和口径与现行财务制度一致、时间和范围上收益与费用的计算口径一致）"四性"的原则，基于资金按时间价值规律可把发生于不同时间的费用和收益转化为同一时点或同期的费用和收益——进行资金时间价值及其等值计算，以确保投入产出的测算是在同一时间的标准基础上具有同质可比性的前提条件下进行的。因此，其常用的方法是先按投入项目的成本费用与产出的销售收入和税金的不同，再按利润总额与固定资产投资贷款还本付息分两步分别进行计算。

其中，前者用于估算反映项目经营过程资源消耗的成本费用时，要先根据总成本费用构成方法的不同——即按制造成本法构成费用还是按费用要素划分成本费用或是按其他成本构成的费用三种情况来具体分析有关内容再估算具体费用。后者则在估算与分析反映项目销售收入和税金的情况时，对销售收入的估算，通常主要考虑产品销售量、销售单价（含口岸价、计划价、市场价和自定价四种可选价格）与销售收入三种情况，再按算式经简单计算得到；在项目的产品种类较多时要分别计算每种产品的年销售收入后再做汇总以求得总销售收入；而对销售税金及附加的分析和估算重点在搞清税种、税率及计税额。至于有关项目利润总额和固定资产投资贷款还本付息情况的测算与分析，对项目投产后的利润，除按销售利润、利润总额和税后利润三层次分别依算式估算外，重点搞好所得税（含企业和个人所得税）的处理与税后利润的分配顺序。且在估算国内（外）贷款利息时，应先搞清还本付息资金的来源再按建设期和投产期的不同，可分别按等额利息法、等额本金法、等额摊还法、一次性偿付法或偿债基金法等5类还款方式（有关算式及其相互关系等详情见本书后续的有关章节）选用有关算式估算出国内（外）的贷款利息。通过在项目经济性可行与否的分析中起承上启下关键作用的财务基础数据测算与分析，可为项目的财务效益分析提供必需的财务基础数据，对项目下一步进行财务效益和国民经济效益的分析提供支撑性基础依据。

（3）在项目所需投入常规资源价值量确定情况下的不同层次经济性分析方法。

1）对项目在微观层面进行经济性分析的方法——即从投资者或企业自身角度对工程项目进行的企业财务效益分析法。该法通常有现金流量分析法、静态和动态分析法及财务报表分析法三种基本方法。其中，现金流量分析法是把项目作为一个独立系统，通过反映项目在建设期与生产期内在某一时点（或极短的时段）上各年现金流入和流出的活动情况，即工程项目生命周期内各年货币的流入与流出价值量差额的净现金流量（$NCF = \sum_{t=0}^{n} (CI\text{-}CO)_t$），来判断项目的盈亏情况，决定项目是否可行。其基本判则是评价项目可行与否的判断标准，具体可按结果的不同分两种情况作出判断：当 $NCF \geq 0$ 时，项目因能保本或有盈利而可行；反之，当$NCF < 0$ 时，因项目亏损必不可行，而应舍去。而静态和动态分析法作为考虑资金时间价值与否为区分标志来对项目现金流量情况进行分析的方法，又分为两种：①不计算资金时间价值而以非折现值的年度资金流量为当年的数值，计算现金流量时只选一典型的（常以工程项目达到正常设计产能的正常生产年份）的净现金流量或取年平均值而不反映工程项目整个寿命期间的现金流量情况来做简易分析的静态分析法；②根据资金占用时间的长短，考虑资金时间价值，采用折现现金流量的分析方法，按指定利息率计算资金的实际价值和工程项目整个寿命期内的总收益，故此法能如实反映资金实际运行情况和全面体现工程项目整个寿命期内的经济活动和经济效益，可对工程项目财务情况做出合乎实际分析评价的动态分析法两大类。

进行财务效益论证的基本报表分析法，主要是根据和利用能够反映项目清偿能力的资金来源与运用表、资产负债表、考察项目外汇平衡情况的财务外汇平衡表和为编制这些报表所需的一系列辅助报表（如投资估算表、总成本费用表、销售收入与税金表）等四类报表，通过计算各项财务效益评价指标，与评价标准或基准值做对比分析，按照相关判则的规定，对项目的盈利能力、清偿能力和外汇平衡等财务状况做出判断，来分析决定项目在财务上的利弊与可行性的方法。由于项目财务效益分析的最终目的是全面了解项目的财务能力，任何单一的项目财务效益指标不可能完成这一任务，所以必须综合考虑诸多指标。为此，根据是否考虑资金时间价值和指标性质与财务分析目的的不同、人们构建了完整的财务效益分析指标体系。主要有静态分析指标和动态分析指标，时间性，价值性和比率性指标以及盈利能力、清偿能力和外汇平衡能力三类指标，各类指标共同构成完整的财务分析指标体系。综合起来这些指标主要有属于财务分析的静态清偿能力指标——借款偿还期、资产负债率、流动比率、速动比率，和属于外汇平衡能力的指标——财务外汇净现值、财务换汇成本和其他指标等。再就是属于时间性分析指标的投资回收期、借款偿还期；属于价值性指标的财务净现值及属于比率性指标的财务内部收益率、投资利润（税）率等（参见表1-4）。

项目财务效益分析主要指标体系 表1-4

序号	指标状态	指标目的性分类		具体指标		指标特性
1	静态分析指标	其他盈利能力指标		资本金利润率		比率性指标
2				投资收益率		
3				投资利润（税）率		
4		清偿能力指标	财务比率指标	资产负债率		
5				流动比率		
6				速动比率		
7				借款偿还期		时间性指标
8	动态分析指标			静态投资回收期（P_t）		
9				动态投资回收期（P_t'）		
10		盈利能力指标		财务净现值（$FNPV$）	全投资财务净现值	价值性指标
11					投资各方财务净现值	
12					自有资金财务净现值	
13				财务净现值（率）指数（$FNPVR$ 或 $FNPVI$）		
14				财务内部收益率（$FIRR$ 同时为比率性指标）		
15		外汇平衡能力指标		财务外汇净现值		
16				财务换汇成本		

30

且在对投资项目进行的经济性论证中，须特别重视评价项目可行与否的三大基本财务分析指标 $FNPV$、$FIRR$ 和 P'_t（P_t）的有关应用要求与判断标准——财务净现值（$FNPV$）是一个关于项目在计算期内按设计或给定的资金时间价值率，即折（贴）现率将项目各年的净现金流量折算成期初的现值后所求得的项目现金流入与流出的代数和的概念，即 $FNPV = \sum_{t=0}^{n} (CI - CO)_t (1 + i_c)^{-t}$ 中，当 $FNPV \geqslant 0$ 时，说明项目可按基准收益（折现率为 i_c 或 i_0）水平收回投资或在收回投资的基础上获得收益，故项目可行；否则项目因不经济（$FNPV < 0$，无收益时）而不可行，应该舍去；财务内部收益率（$FIRR$）是一个关于项目计算期内各年净现金流量的现值之和为零时的折现率，即 $\sum_{t=0}^{n} (CI - CO)_t (1 + FIRR)^{-t} = 0$ 所表达的非给定资金时间价值率的概念，因其反映了项目投资可望达到的最大收益情况（即投资报偿或报酬率），是项目本身盈利能力的反映，其经济含义为财务内部收益率作为投资方案占用资金的补偿与回收能力，故而其值越高说明项目方案的财务特性就越好。因此，该指标常被投资者视为判断项目经济性有益与否最重要的指标。故在将 $FIRR$ 与基准收益（折现率为 i_c）进行比较时，对单一方案（$FIRR \geqslant i_c$）项目可行；反之（$FIRR < i_c$）项目就不可行；而在多方案比选时还应考虑差额内部收益率与基准收益率之间的关系才能依据判则标准做具体的判断。另需注意的是由 $FIRR$ 定义式获得具体 $FIRR$ 指标值的基本方法，除不宜用的解高次方程法外，常用的是逐次逼近的插值法（也叫线性内插法或试差/算法）来近似求解可得到 $FIRR$ 的值（相关内容详细情况参见本书有关章节）；动（静）态的投资回收期（P'_t 或 P_t）在是否考虑资金时间价值情况下，是按项目以净收益收回全部固定资产投资和流动资金投资所需时间来区分动（静）态指标的。其值的计算静态按项目投产后各年净收益是否相等，有 $P_t = \dfrac{P（期初投资额的加总数）}{A（每年的净收益）}$（相等时）和 $P_t =$（累计净现金流量开始出现正值年份数 -1）$+$ 上年累计净现金流量的绝对值/当年净现金流量（不等时）；动态投资回收期 P'_t 是在资金时间价值率一定（如给定了贴现率或折现率），且累计净现金流量为零（现金的流入与流出相等或称首次实现了保本不盈不亏）情况下确定达到此时间点所需花费的时间长度，即项目投资现金流量表中累计净现金流量由负值变为零的时点。该指标的评价标准与方法是将求出的项目投资回收期（P'_t 或 P_t）与项目所属行业的基准投资回收期（静态的 P_c 或 P_0 和动态的 P'_c 或 P'_0）进行比较。在单一方案时当 P_t（或 P'_t）$\leqslant P_c$ 或 P_0（或 P'_c 或 P'_0）时项目可行；否则，项目不可行。在多方案比选时，选择各可行单方案中若干 P_t（或 P'_t）里最小的，即 P_{tmin}（或 P'_{tmin}）为最优。

2）对项目在宏观层面进行经济性分析的基本方法——即从国家或地方政府角度对工程项目进行的国民经济评价法。该方法是在项目财务效益分析的基础上采用费用与效益分析的路径，在突破了国内市场边界的情况下，于国家间更大范围内综合运用影子价格、影子汇率、影子工资和社会折现率等参数，计算分析项目需要国家或地方政府在经济上要付出的代价和对国家或地方的贡献来考察项目投资行为的经济合理性与宏观可行性的，其基本原理与方法与前者类似。宏（微）观两层面的经济性论证共同构成完整的项目经济性中的效益分析。通常进行项目国民经济分析的基本操作方法有六步骤：①在财务效益分析基础上做的——以国家海关为经济边界，先调整和确定所要分析评价项目的经济费用和效益的范围与数值，再编制经济分析评价的基本报表，后进行经济效益指标的计算和分析评价，最终按照有关国民经济分析评价指标的判别准则，做出与项目财务分析相类似的比选和取舍。②直接进行国民经济分析论证的评价操作——即要求根据项目提供的产出物的性质识别和确定是否属于外贸货物，再按定价原则和项目产出物的种类、数量及逐年增减情况确定产出物的影子价格，计算项目的直接效益。③用货物的影子价格、影子工资、影子汇率、社会折现率和土地的影子费用等参数直接进行项目的投资估算（包括对流动资金的估算）。④根据生产经营的实物消耗和各种货物的影子价格、影子工资与影子汇率等参数计算经营费用。⑤识别项目的间接效益与间接费用。⑥编制有关报表。最后计算相应的技术经济指标并进行可行与否的判断。

（4）在项目所需投入常规资源价值量不确定情况下经济性分析的方法。

考虑到项目所需投入常规资源价值量有可能发生变化或波动、具有不确定性的情况，此时进行的项目经济性分析主要有盈亏平衡分析、不确定的敏感性分析和概率与风险分析三种基本方法。

1）所谓盈亏平衡分析（也叫量本利分析或 BEP 分析）是通过计算项目的盈亏平衡点（BEP 点），就项目对市场需求变化的适应能力研究分析项目经营过程中产量、成本和利润三者间的平衡关系。作为不确定性分析的基础，盈亏平衡分析是对建设项目进行考虑变动因素后所做的第一步后续分析，依据假定产品产量与销售收入和总成本两者均呈线性（或其中一个为非线性）、在一定时期和一定产销量范围内产量等于销量、产品销售单价和销售收入所依据的单位可变成本均保持不变三个基本前提，按照生产成本及销售收入与产量（或销售量）之间关系所呈的线性或非线性的函数性质可分为线性和非线性两种盈亏平衡分析。其原理是通过计算平衡分析中有关保本点产量、保本价格、最低生产能力和最低销售收入等评价分析的指标，判断项目是否实现或达到盈亏平衡。具体操作可通过图解或求解数学方程式两种方法按照确定盈亏平衡点的表达、求出具体的线（或非线）性盈亏平衡点数值的思路进行。只是非线性盈亏平衡分析求解的是联立方程组，得出的是图像上因非线性相交的多个盈亏平衡交点（所谓开门点和关门点的值）。该方法因所假定前提的可能性往往不大，且所用数据不易在正常生产年份选定和只能对各不确定因素分析其盈利水平，而不能分析其对项目经济效益指标和投资方案影响的敏感性程度，故实践中存在很大的局限性。

2）所谓不确定性分析即敏感性分析，是一种动态情况下对投入项目的有关常规资源（或资产）价值量会发生不确定变化进行分析。作为在决定一个项目投资效益的许多不确定因素中，要测定其中一个或几个不确定性因素变化时对项目投资效益影响程度的一种动态分析方法，敏感性分析侧重于对最敏感的关键因素（不利因素）及其敏感程度进行分析，以研究和判断项目的常规资源项如投资、成本、价格、产量与工期等主要变量发生变化时，导致对项目经济效益主要分析评价指标发生变动将产生影响的敏感程度，以确定相对于某个项目的指标在其外部条件发生不利变化时的承受能力。进行不确定性分析一般可起到分析和确立敏感性因素和不敏感性因素、了解项目风险程度、明确影响决策诸要素间关系、分析项目临界承受力四方面的作用。分析项目敏感性的具体方法主要有六步操作过程——在项目确定性分析的基础上，通过确定分析对象即评价项目用的经济效益指标、选定不确定性因素、计算和分析敏感度系数（即 $E = \Delta A / \Delta F$，E 为评价指标变化率 ΔA 相应于不确定因素变化率 ΔF 的敏感度系数）和项目允许不确定因素向不利方向变化极限值的临界值，绘制敏感性分析图和分析表，再利用绝对或相对测定法确定敏感性因素，最后进行方案选择，找出敏感性因素及其最大变动幅度，进而分析和预测项目主要不确定因素的变化对项目内部收益率、净现值等各种评价指标的影响，分析项目经济效益指标对各个确定性因素的敏感程度，据此确定评价指标对该因素的敏感程度，判断项目对其变化的承受能力——项目承担风险的能力。其中：表达项目对某种因素敏感程度的方法主要有两种，①把敏感性因素按一定比例变动时引起评价指标发生的变幅用数据列表显示出来的列表法；②用曲线表明评价指标达到临界点（如内部收益率等于基准收益率）时，允许某个因素变化的最大幅度（即极限变化，若超过此极限，项目不可行）情况的敏感性分析图。可选做不确定性因素应分析对象的参数和指标，通常有资源（资产）类的产品价格、产品产量（生产负荷）、主要原材料或动力价格、建设投资、汇率、固定资产投资、建设工期等因素和作为分析考察效益影响程度的经济指标净现值、折现率、还本期与内部收益率等；项目敏感性分析的形式按所分析因素的多少一般分为单因素敏感性分析和多因素（含双因素或三因素等）敏感性分析两种基本类型，且基础和重点也最常用的是单因素敏感性分析。

3）所谓项目的概率与风险分析，其中风险分析是基于对项目市场预测、技术方案、工程方案、融资方案和社会影响与环境评价论证存在初步风险分析，再综合分析和识别拟建项目在建设和运营中潜在的主要风险因素、揭示风险来源、判别风险程度、提出项目规避风险对策、降低风险损失的过程；而防范风险一般有风险回避、风险控制、风险转移和风险自担四种措施。至于项目风险的概率分析法则是使用概率统计技术来研究预测不确定因素和风险因素对项目经济性评价指标影响的一种定量分析方法。对大型的重要骨干项目，一般在经济效益分析时均须从项目特点和实际需要出发，在有条件情况下进行概率分析。概率分析法通常采用期望值法和决策树法两种方法进行。所谓期望值法是在确定一个或两个不确定因素或风险因素（如投资、收益）后，经由计算项目净现值的期望值及净现值大于或等于零时的累计概率——即需借助历史统计资料和评价人员的丰富经验，以先验概率（各种数据可能出现的频率）为依据，估算每个不确定因素可能出现的概率；再通过蒙特卡洛（Monte-Carlo）模拟法进行估计和推算项目分析评价指标（如内部收益率）的概率分布，然后按特定算式求取变量的期望值及其与期望值的平均偏离程度的方差和均方差，最终为项目决策提供依据的方法。所谓决策树法，是一种分析问题时运用数状图形之名直观性进行概率分析的图解方法。通常对某一决策点而言其各个可行方案（即决策树要考察的相关方案）都分成许多阶段，后面阶段的损益状况完全依赖于前一阶段的状况，即每个方案就像树枝一样出于同一根部又有许多分支皆如树枝般表现于图上，此法将方案的因果关系形象地表示出来，同时又可将方案有关的概率、成本、收益等资料显示于图上，从而使决策的制定过程变成了像在树上剪枝一样简明而便捷，故常称为"剪枝法"。该法主要用于对各方案的状态、概率和收益的情况进行比选，为决策者选择最优方案提供依据，通常特别适用于项目多阶段的决策分析。

（5）对项目进行多方案综合比选与总评价的方法。

项目多方案综合比选方法是就项目投入的常规资源，进行了上述诸多单项经济性分析论证并做了有关多方案比选后对项目经济性方案所需作出的综合性决策的方法，即是对符合一定标准的满意或最佳经济性方案做出最后取舍的原则。而项目经济性总评价，即项目方案经济性的综合分析评价，这是项目经济性评价论证全过程的最后环节，是对拟建项目进行经济性分项分析后就各单项评价结果所做系统分析研究的总结，是项目经济性全部分析评价工作结束前从总体上判断项目财务和经济的可行性进而提出结论性意见和建议的工作。能有效作出决策的方法通常都基于投资项目多方案比选分析的比较和选优两大基本原理。

这里比较原理中的"比较"是指对项目单方案内或多方案间进行的科学比较，一般应符合几大基本原则：在能实事求是反映事物本质且相互可替代方案不漏、不多和选准，比选过程须遵循需求上、消耗费用上、价格上和时间上四方面具有可比性，对有差别的单方案内或多方案间一些不能直接对比的指标须做计算修正的价值等同化过程的可比性处理以达到单方案内或多方案间具备可比性的要求。方案比选的主要依据通常是各类投资方案的经济效果，其基本思路与方法有三原则：①在范围上，先做企业财务微观与国民经济宏观之间不同层面的经济效果分析，且以国民经济宏观分析的结论为主做出取舍；②在处理项目方案的静态经济分析与动态经济分析间的关系时应结合两者情况以动态经济分析为主；③要按照方案的多少根据单方案绝对经济效果与多方案相对经济效果之间的关系，基于通过了绝对效果检验的若干单方案还应以合乎相对效果检验的标准（即以相对经济效果的检验效果为主）来作出取舍。

所谓选优原理是根据方案的可行性、效益性和改善性与战略性四项优选原则，就如何正确处理其中涉及的局部最优与全局最优、静态最优与动态最优、单目标最优与多目标最优、最优方案与满意方案间存在的四方面内在关系在考虑取舍时提出的具体要求。一般规定是在局部最优的基础上，应协调好两者既有一致性也有不一致性、数量上既有叠加性也有非叠加性的情况；在不考虑资金时间价值时选出的静态最优方案往往非最优方案，两者评价结果不同时应以动态方案最优的结果为准；考虑到优化方法不同，实际分析时常把多目标用一定手段转变为一假定的单目标后再优化，当出现优化结果不一致时常以比单目标优化更全面的多目标优化结果为准；方案选优本应选出最佳，但因实际情况复杂及各种其他条件的约束性会使最终选择的往往只能是相对满意方案而非最优方案，此为更符合实情的评价分析结果。

在常规资源投入条件下，对项目现金流量进行投资方案经济性多方案综合比选决策的基本方法与判则，一般应进行绝对或相对两种效果的检验与分析。因单方案与多方案所使用的绝对或相对效果检验分析存在内在关系，其区别在于前者给出了项目方案生命周期内取得的超出目标盈利的余额收益现值，而后者给出的则是项目方案生命周期内每年的平均（等额）余额收益。要注意单方案项目只需做绝对效果检验，即通常依据净现值或净年值指标在经济上是否有利的标准、较多使用净现值法和净年值法、仅需满足绝对效果检验要求作出取舍的决策即可，即只接受指标值大于或等于零的项目方案（即可行）；反之，均应拒绝（即不可行，该舍去）。而对多方案进行比选时，应特别注意以下两种情况的处理：①当互斥方案的生命周期相等时，要在每个单方案已通过绝对效果检验（即舍去了未通过方案）的基础上，通常选择指标值大于或等于零的方案；再做相对效果检验时选择指标值最大的方案为最优。②在考虑资金有无约束条件的分析时，可分别用4种方法解决问题：若有明显资金限制情况下最宜采用简便的净现值率法比选多方案。因该法的核心指标——净现值率（净现值指数）是反映单位投资所能获得超额收益的方案净现值与方案投资总额的现值比率，进行多方案比选时的判则与净现值法相同，又有效弥补了净现值法不能准确反映方案投资利用率低的不足；若使用动（静）态投资回收期指标进行分析，其判则均要求做比较时应小于或等于基准的动（静）态投资回收期，项目可行；否则就不经济；对于使用最小费用法（费用现值或费用年值法）进行比选的情况，应始终坚持费用最小的方案为最优的原则；对多方案项目通常仅可只选其一的互斥方案比选时，常用差额投资内部收益率法进行评价，以免直接采用受现金流量分布影响大的内部收益率法比选时，有可能致使净现值法或净年值法比选后得出不同结论的情况发生。其判则是在淘汰单方案内部收益率小于基准收益率的方案后，先分别算得两两方案间的差额投资内部收益率（ΔIRR）后，将求得的指标值按大小排序再与基准收益率（i_c 或 i_0）比较，即需判断各方案的 ΔIRR 及其投资额 P 与 i_c（或 i_0）的关系方可作出取舍。即：在 $\Delta IRR > i_c$（或 i_0）时，选择和保留投资额大 $P_{\max}$ 的方案为最优（大者最大）；在 $\Delta IRR \leqslant i_c$（或 i_0）时，选择和保留投资额小 $P_{\min}$ 的方案为最优（小者最小）。

在对投资方案比选方法的实际选择上，除上述一般方法外还有两种特殊情况须注意比选方法的选择与处理：①不同方案间的计算期（应换算到相同时点或时段上进行比选）；②产出效益与产品产量的一致性。具体操作时的重点是对产量不同的多方案可比性处理和质量不同的多方案可比性处理：在产量差别不大的多方案间比选时，必须把投资额和年经营费用的绝对值换算为相对值，即转化为单位产品投资额和单位产品年经营费用后才能直接相比；在产量差别显著的多方案间比选时，应使用价值等同化（即要在做了资金时间价值的等值换算后）进行折算处理；至于质量不同方案间的比选，则往往要进行使用效果系数的修正。

通过上述简要说明，可见有关项目在投入常规资源约束条件下如何进行经济性分析的主要方法体系已完整清晰地呈现出来（相关情况汇总如表1-3所示）。为免重复，有关项目分析论证的具体操作方法、程序和比较标准与判则等具体内容见后面各章的详细说明，此不赘述。

第三节　项目经济性论证中有关外部成本内部化问题简介

【本节提要】本节介绍了作为项目在全资源要素投入条件下进行完整经济性分析以弥补常规资源直接投入在分析上存在的局限的重要内容，探讨了目前尚处起步研究阶段、远未成熟的理论问题——将非常规资源（在此以环境为代表）的有关外部因素的间接投入给投资项目在建设和运营过程中所带来的经济影响如何在项目投资前转化为投资总额一部分的基本思路与主要方法。为此，基于顾客价值的视野先分析评价项目前期各论证阶段外部因素所对应的市场价值或价格——即其中存在的经济性关系，再探讨以环境因素为代表的外部影响对项目在建设和运营过程中所间接产生经济影响的成本如何内部化的问题，提出了分析解决此外部（环境）因素等资源的间接投入（即外部成本）转变为内部投资总额的评价思路与主要方法。其中，先通过各种方法将外部环境要素总投入的量进行基本价值或价格确认再联系项目所实现的产出效益以判断内部化成本占项目总投入成本的比重，这为后续做的有关其他非常规外部资源（如社会效果等）要素对项目经济性影响即间接投入的研究，特别是内部化转变的有效实现有着重要的参考和借鉴作用。

由于此前研究的内容已比较系统地介绍了有关项目在投入的常规资源是有直接约束条件下的经济性分析与论证问题，但随着社会经济的快速发展，项目在非常规资源约束条件下外直接约束条件投入资源的经济性分析论证的问题越发突出，其主要表现为按照常规资源约束条件完成的可行项目的投资建设，若不考虑其对非常规资源如环境与社会及信息等的间接依赖或消（损）耗，则项目运行后有些结果就必然带来经常是由全社会和整个人类来承担的对这些资源的破坏或造成的损失，且这样一些损害由于是因项目本身在常规性资源约束条件下经原经济性分析论证得出的，未包含非常规资源条件于其中，因而无法化解由此产生的当今出现的各种日益严重的环境与社会等方面的问题，而往往会带来在项目建成和运行过程中需对所造成损害的更多远超项目常规资源直接投入所产生效益的经济式补偿或缺失。为此，要保证项目经济性论证的完整、充分和全面、客观，就要求把按常规资源约束条件下做的项目经济性分析扩展到其他非常规的生态、环境、社会和市场与信息等资源要素中，考虑这些资源要素在直接或间接进入和实施项目过程中所产生的影响效果，达成现代项目在投入资源全要素约束条件下进行完整经济性论证分析的最终目的。

针对项目投入中非常规资源在转化为有关资产时难以实现价值定量的问题，长期以来人们一直在探索解决问题的具体思路和方法。经过不断的实践与理论研究，目前初步找到的可解决该类问题的一种基本思路是在项目前期的经济性分析中，把原来存在于常规资源外的其他非常规外部资源，通过适当条件的约束和限定，由一定的途径，使其能够转变为在进入项目时的内部成本，即所谓外部非常规资源间接投入内部化的解决方法。即将这些原为外部非常规资源要素的影响情况看成对项目由间接而非直接的投入费用或成本，并设法在分析论证过程中使之能够内部化——即转化为项目最初投入时总成本的一部分，以解决在项目实施与运营过程的中后期阶段，因为在做项目常规资源要素条件经济分析时存在全资源要素直接投入研究方面的某些缺陷或不足所带来的资源缺口问题和对有关不利后果的补偿问题。从而实现完整意义上在全资源要素投入（影响）情况下对项目进行的综合经济性（效果）的可行性分析论证。在此，限于篇幅仅阐明其中最为基础和关键的项目论证各环节对应外部资源价值的关系和以环境资源要素为代表的非常规资源外部成本在间接投入时如何实现内部化的思路与方法问题，关于其他非常规资源要素在投入项目前作为外部间接成本转化为内部费用的经济性问题则可据以借鉴类推。

一、项目论证中各分析环节的经济性与相应外部资源价值的对应关系简介

作为界定项目非常规资源对项目外部影响的经济性分析的基础和依据，正确认识和把握项目论证过程各环节所对应的外部资源与资产之间转换关系的价值表达及其属性具有十分重要的关键作用。

1. 从市场角度发现的项目论证价值

随着市场经济的发展，为适应不同环境的需要，以获取市场竞争的相对优势进而占领市场为目的，在项目建设或运营前，对拟建项目通过有关拟投入资源各方面的综合分析，研究项目是否可行及如何以最小的投入获得最佳经济效果的科学论证，对于判断拟建项目的可行程度、制定实施方法，并在项目运营产生最终产品后，通过顾客满意环节来检验项目有了十分重要的现实意义。"顾客价值"概念就此应运而生，即项目存在的意义在于顾客的价值认同，是顾客价值"让渡"（转移）给项目（即投资者所要把握的目标性需求载体）的结果。其中原理缘于对一般企业以往项目实现全过程的路径分析（见图1-14和图1-15）。

图1-14（a）中的项目，只在初拟时单纯通过对投入的传统常规资源要素做可行性论证就有项目的产（品输）出，而不考虑顾客价值实现（即顾客需求满足程度）的情况，其

最终结果导致成功与引发失败皆有可能。果真如此不但可能使企业或项目无法获得预期甚至更高的收益，更可能令企业或项目陷入危机。而在项目实施后再去考虑顾客价值问题时，因项目实施已付出较大成本，一旦失败也会给投资人或项目实施方和利益相关者造成较大的损失。事实上，随着市场竞争的日益激烈，"卖方市场"已转变为"买方市场"，顾客的地位越来越高，加强对顾客价值的研究大势所趋。因而将顾客价值的研究提前至项目前期的可行性分析阶段既可行也非常必要，图 1-14 的（b）给出的优化形式表明，因项目前期论证过程投入资金相对于项目整体投入状况较少，故可考虑将顾客价值的实现与否这一环节并入项目论证之中，在项目论证阶段就开始顾客价值的研究，能大幅降低因前期市场调研不足导致的项目失败的风险，从而提高项目的市场经济性，体现出顾客价值融入项目可行性论证过程的重要意义。研究项目可行性论证与顾客价值的联系目的是通过项目可行性论证最终发现和找出顾客价值所在，并通过项目产品的推出继而达成企业既定甚至更高的绩效；而现代企业绩效的形成在于从顾客价值出发来进行企业各项资源的分配，继而实现因顾客满意→顾客忠诚→企业有财务绩效→企业投资绩效递进的良性发展过程。若其中每个环节都能够基本实现，则一个理想状态下的关系可归纳为如图 1-15 所示的过程。

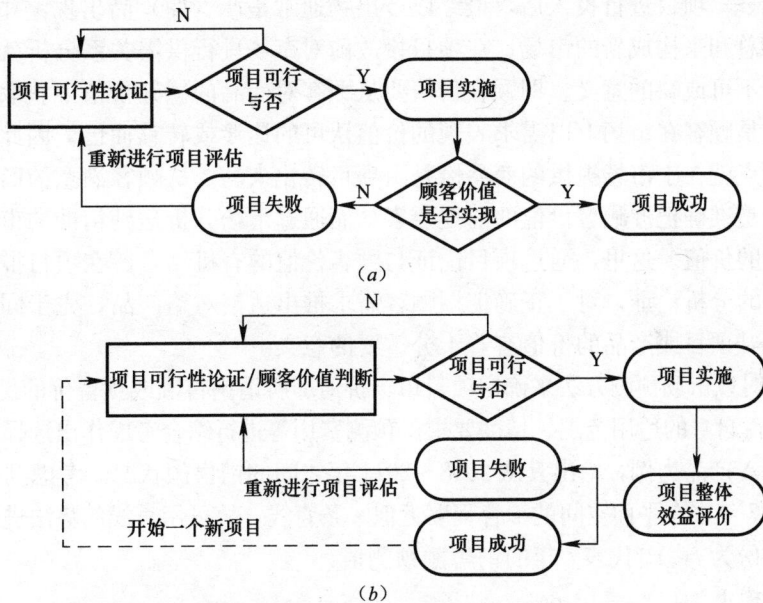

（a）

（b）

图 1-14　项目从一般论证至成功的基本流程与优化简图
（a）基本流程；（b）优化简图

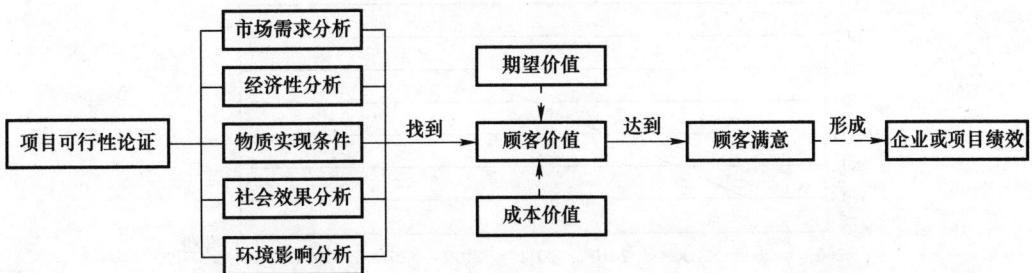

图 1-15　理想状态下项目论证过程形成企业或项目绩效基本路径示意

在此，从顾客价值出发创造产品和服务的新价值链所发现顾客价值，属于项目投入前做可行性论证中的市场资源要素分析，且项目可行性论证的最终目的同顾客价值的探究一样，均为推出适销对路的产品和服务，以满足市场、顾客、企业、社会、环境等的多方面需求。因而二者的有机结合是社会主义市场经济条件下推出项目的必然要求，且此结合因顾客最终将让渡其所认可的价值给予企业（或项目）而必然带来更加事半功倍的效果。有鉴于此，可将前期项目在资源全要素情况下就市场、经济、技术、环境和社会五方面的论证与顾客价值的基本关系作出进一步的简要说明。

2. 做好市场要素资源分析是把握顾客价值的前提

项目作为满足一定需求的载体源于各种需求形式表现的市场，任何项目都要以人们的需求导向为前提和基础。要进行市场分析须涵盖多项内容，其方法主要有定性研究和定量预测两类。在此以市场供求分析为例进行说明。一个项目无论可行程度如何，其关键是要保证投资效益最大化。且项目的最终目的是为了满足需求。若无法带来由顾客需求所反映让渡价值转化来的投资效益，无论技术方案如何可行，也毫无意义。项目的产出物通常是产品或服务，一切商品交换关系的总和称为市场。其中目标市场作为资源要素在以满足需求的载体形式——项目进行投入后，最终以产出物通常是产（商）品出现，并再以新的商品交换关系的总和来构成新的市场，在项目投放前对市场进行供需关系分析就有了作为顾客价值认可性不可或缺的意义。即顾客价值要从顾客对商品的感知价值中获取，企业或项目的价值不过是顾客在市场上以需求表现的价值认可的让渡或转移而已。因此，顾客价值与市场的联系点就在于市场提供的商品恰是由项目转化来的。从顾客满意的商品角度进行市场需求分析是准确把握顾客价值的前提要素，而通过市场分析达到精准的市场定位能有效地把握顾客的价值。这里，通过项目论证与顾客价值的有机结合，在项目推出或拟建前做好有关市场的分析论证，对于正确把握顾客需求推出适销对路产品，先于同业竞争对手打开市场，提升项目或产品的价值有着十分重要的意义。

实际分析时以市场预测方法来确定项目市场价值即所谓销售额或预售价的例子很多，这往往需根据项目自身的适用范围、精度要求、预测费用等进行综合考虑作出选择。图1-16以某项目生产的 A 产品为例，给出其从 2008～2014 年之间的销售额状况。考虑到 A 产品的销售额统计曲线 7 年来在平面空间的拟合程度近似一条直线，故可用直线趋势法进行预测。

即，设年份为 t，Y_t 代表 t 年的销售额预测值，

则，预测模型为：$Y_t = a + bt$

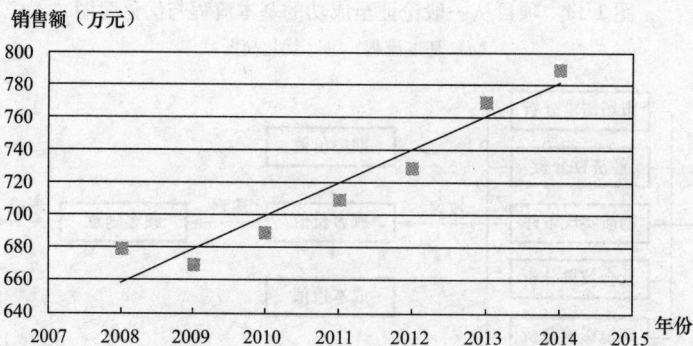

图 1-16　A 产品 2008～2014 年销售情况统计

38

式中 a，b 是预测模型参数，a 是拟合直线在 y 轴的截距，b 是拟合直线的斜率（市场资源的预测变动比率），根据历史数据算出 a，b 的值后，即可对将来项目的 A 产品在未来目标市场上的销售额做出大致的估计。

在项目投资过程中，企业或投资人做出经营决策前，对目标市场做过如此这般的市场预测，有助于对目标市场的资源在未来转化为有关资产后的价值状况做出正确判断，并最终做出科学决策以确定正确的投资和企业（或项目）经营目标。

3. 物质实现条件是顾客价值转化的必经之路

作为需求表现形式的项目用以实现顾客价值的基本载体，其本身是项目资源要素的一部分，是自身某些功能已实现了转化的有价值的资产。项目可行性分析论证中，以技术为核心的物质实现条件是将观念形态的项目目标转换成实际成果的物质载体，其表现形式多种多样。对于制造型企业，物质实现条件通常表现为产品生产的核心技术、生产设备的应用和工程设计方案等竞争能力的可行性；对于服务型企业，物质实现条件除了选址、市场、交通等条件，还需细化为企业提供的服务质量、方式和路程等。无论是以何种形式，项目的物质实现条件同顾客价值之间都有密切的关系。因为这一切物质条件的实现成果都需通过顾客最终感知的价值来反映，而且随着现在产品或服务化的程度越来越高，即使制造型企业（项目）的技术条件都必须包括物质和精神两方面，除了自身的实物产品属性，还包括售前、售中、售后的各方面的服务。对于一般的有形产品，其顾客使用价值基本稳定，如果要提升产品本身的顾客价值，除了节约成本，另一个途径就是在载体表达形式上，实现产品差异化，即使其产品完全贴合顾客需求，并为顾客提供尽量全面的使用信息以及细致周到的服务。特别是对于同质的产品或服务，由于产品概念不同，顾客在购买、使用及用后的每个阶段所获得的感知价值都有较大差异，这个时候，产品能否满足顾客的物质需求以及顾客精神的追求就成为成功的关键。因此，顾客价值在项目的物质实现条件方面也占据着非常重要的位置，合理有效的需求载体实现方式是顾客价值让渡的根本途径。

4. 项目的经济效益集中反映顾客因需求让渡的价值

由投入产出关系表现的项目经济效益是体现顾客价值的核心与关键所在，是实现全资源要素有效转化为资产的价值量度成果。这里的顾客既包括用户（需求方的消费者）也包括厂商（供应方或投资人），而经济效益包括企业（项目）的自身效益和国民经济效益。企业或项目的成功最终要靠企业或项目效益的形成，前述提及企业（项目）的效益可通过市场占有率、利润率等指标来量化表现，而顾客价值的提升能有效地促使这些指标的增长。因而顾客价值是企业或项目效益的根本来源。当顾客价值得到满足，企业（项目）的竞争优势得到体现，顾客会有意识地进行重复购买并对企业（项目）的口碑做正面反馈，带来更大的客流，推进企业或项目效益的提高。而企业或项目自身效益的提高又能为企业（项目）进一步发掘顾客价值提供更好的物质条件。企业（项目）和顾客（消费者）之间这种相关价值的有效让渡，还能有效推动国民经济水平的提高。以顾客价值为基础，进行项目论证直至最终形成企业或项目绩效的理念过程如图 1-17 所示。

从顾客的角度来说，顾客在购买产品或服务的过程中虽然付出了经济和精神上的花费，但是如果企业（项目）能创造极大的顾客价值，使顾客特殊的需求和偏好得到满足，则即使获取产品的代价偏高一些，顾客也愿意花费自己的资产（货币）去获取产品。而从企业或项目角度来看，尽管设法满足顾客价值的过程成本较高，但是若能做好这一环节的分析论证工作，企业（项目）的经济效益也将能得到有效地保证。

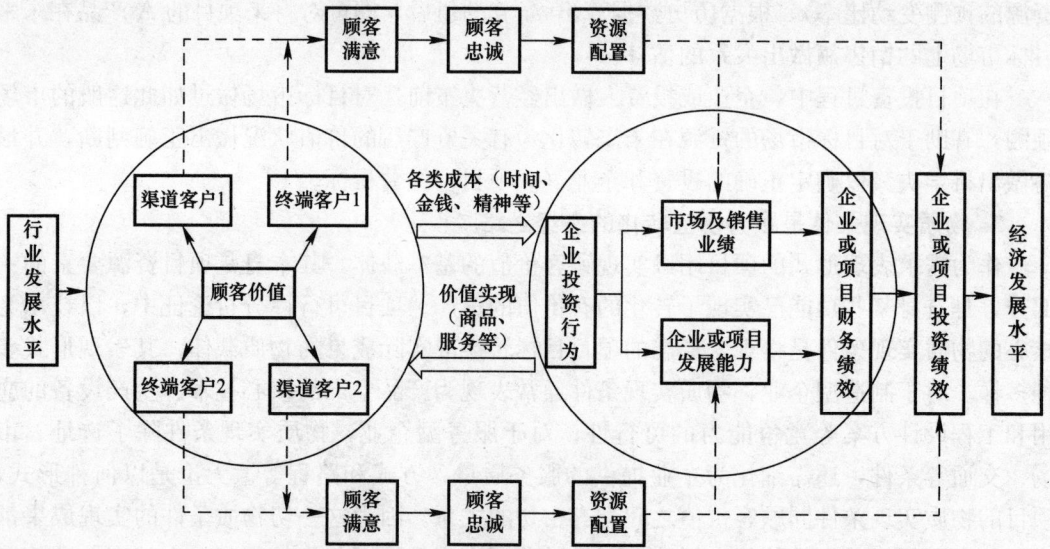

图 1-17 基于顾客价值的项目论证绩效形成机理

5. 社会效果评价体现顾客价值的社会影响

社会可持续平稳发展促进顾客价值的实现，社会影响及其效果是顾客价值在社会上的客观反映，本身具有价值。项目可行性论证中社会评价的目的是消除或尽量避免因项目实施对社会产生的消极影响即减少或降低那些不利于顾客价值让渡，使项目的内容和实施方案符合所在地区的社会发展规划、社会实际状况和目标人群的具体发展要求。社会是体现和发生交换过程中价值让渡的人文大环境，如果要使一切能让顾客认可的价值让渡能够顺利持续进行，就必须保持整个社会的安定、和谐和平稳发展，其中最为基础的工作就是致力于满足顾客以市场需求反映的价值，使大多数顾客的需求通过企业或项目提供的产品或服务这一载体得到满足，因此，社会安定平稳发展是促进顾客价值实现的催化剂，本身是社会上客观存在价值的反映。因为顾客作为项目中的关键利益相关者和目标受益人，必须确保他们能够理解并接受项目实施所带来的社会变化。最有效的方法之一就是令顾客直接参与到项目制定的过程中去，即将顾客的需求和偏好纳入项目可行性论证的范畴中去，这样才有可能制定出符合社会习俗和人们需求欲望的项目或产品（服务），减少或避免项目建设给社会带来的非正面价值。

6. 环境可持续是保证顾客价值实现的最低标准和必然要求

在全球化要求人与环境和谐共存的当今时代，项目全资源要素中直接或间接投入的环境因素的影响程度大，辐射范围广，不仅与项目的各个相关方有关，甚至会对全社会甚至人类的子孙后代产生难以估量的影响。如对服务型产业，环境方面牵涉到的可能只是选址、卫生等辐射范围较弱的问题，而对一般的生产制造型企业和各种重工业、特别是化工项目来说，环境问题则必然涉及大气污染、声污染和水污染等影响人们日常生活作息的重大原则性问题，有关环境资源要素与项目建设的关系一旦处理不好，将给人类社会的健康生活造成无法弥补的损害。因此，人们在论证项目的过程中，除了考虑物质技术、经济、市场和社会等方面的利益相关因素外，还须认识到，保持生态平衡的环境要求是项目最重要最基础的资源要素投入，其转化为资产进入项目的过程可以各种指标表示，只有致力于保护环境，维护生态良

40

性循环，才能实现人类社会的持续发展。反之，若环境要求得不到基本的保障，甚至由于人类一时的贪念给生态环境造成难以弥补的损害，那么项目本身的价值一定会降低。环境是顾客价值评估的最低要求，因为环境影响的不仅是一代人，更会影响到子孙后代的发展，因此保证环境的可持续发展是一件有益于人类自身的大事，必须得到所有投资者和项目经营与管理方的高度重视和全力配合。近年来，随着生态环境的不断恶化，国际上对环境的重视也达到了前所未有的高度，在一些重大项目中，我国政府甚至采取了评价环境影响因素的"一票否决"制度。

　　图1-18给出了某企业（项目）的环境影响评价工作的基本程序图。从图中可见，有关项目环境因素评价的内容已开始作为一项科学评估流程被广泛有序地应用于项目评估论证中，且由环境因素评价的第一步至最后一步都有公众参与这一点可以看出，作为环境感知效果的顾客价值与环境因素的关系密不可分，直接决定着环境因素作为投入项目的资源转变成最后产出品（资产）的价值。因此在环境调研和分析过程中，必须确保顾客价值的体现——既要体现出环境影响的干系人的认知价值，同时也要注意找寻使顾客价值与项目建成后环保效果相一致的路径信息。

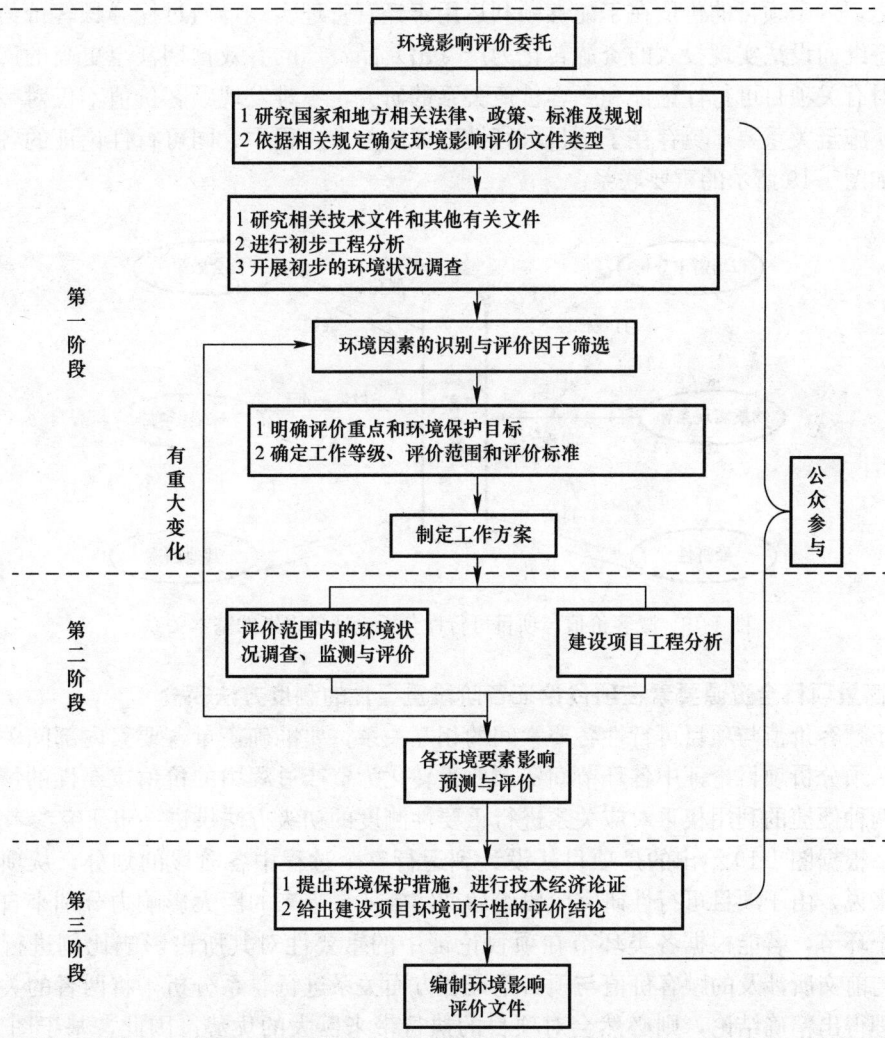

图1-18　某企业（项目）环境影响工作评价程序图

7. 全资源要素中其他因素对顾客价值也有一定影响作用

上述所及为项目传统论证中几个常用的关键资源转化为项目资产的因素，在实际的可行性分析论证中，根据具体项目的特点和发展状况，往往还会涉及其他一些方面的影响并要求做出分析论证。譬如制造业往往会牵涉到原材料和燃料、能源的供应问题；建筑业则须考虑到工程方案和施工的安全性因素；服务性行业则更多地需关注到选址的科学性和人员选聘的可行性等方面的因素。同样，这些因素同顾客价值之间的关系也有迹可循，其价值表达也可借鉴前述方法获得。首先，不论是什么行业，其最终的价值都要通过产品来体现，而产品的受众都是顾客，因此，在任何项目进行的过程中，将顾客的需求放在首位都是十分必要的；其次，企业（项目）的最终目的在于自身效益的实现，而企业效益的直接来源是顾客价值的提升，所以将顾客价值融入项目论证的各个方面十分必要；最后，将顾客价值从源头上与项目可行性研究融合，能够有效避免项目论证过程中的工作量冗余等情况的发生。综上，顾客价值与项目可行性论证所涉的各个方面因素都有密切的关系。

总之，一个项目的价值在于能够顺利运用于经营管理实践，通过探寻顾客价值可找到顾客满意继而设法实现投入的资源转化为产（出）品资产的有效预期甚至更高的回报的路径。从对有关项目可行性论证和顾客价值关系的研究，不难发现顾客价值不仅对一个项目的顺利实施至关重要，更存在于项目可行性论证的整个过程中，同可行性论证的各要素之间均有如图 1-19 所示的重要联系。

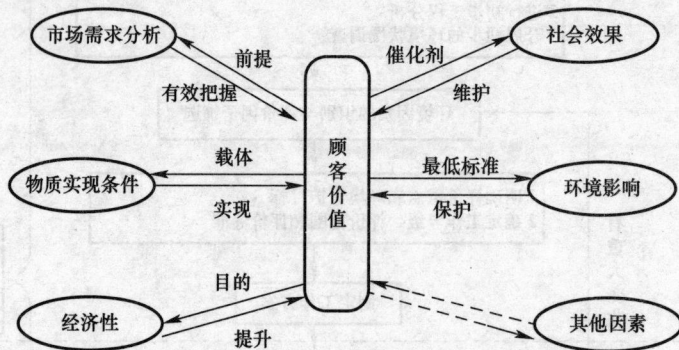

图 1-19　顾客价值与项目可行性分析论证各因素的基本关系

8. 衡量项目全资源要素在项目论证各阶段重要性的测度方法简介

基于顾客价值与项目可行性各要素间的相互关系，要准确衡量各要素内部间关系的孰轻孰重，须分析项目论证中各环节间资源要素转化为资产过程中的价值重要性的情况。这里介绍两种便捷的利用权重对应关系进行重要性测度的初级方法供进一步研究参考。

（1）根据图 1-19 给出的是项目从设计到运行整个过程中各阶段的划分，从项目论证的角度来说，由于项目可行性研究阶段给后期实施效果带来的巨大影响力分别来自项目论证的各个环节，若能根据各类环节在项目论证中的重要性对其所占影响比例进行大致划分，并与前文所涉及的顾客价值与项目论证各方面关系进行联系分析，将两者的关系通过量化处理得出精确结论，则必然会对项目的执行带来巨大的优势。因此，基于图 1-19 中各阶段的划分再加一重要评价指标，即项目论证中五个主要资源要素环节，通过对这些主要环节分别对应的阶段总数来衡量其重要性，则此五环节中若某环节所对应的阶段数越多，则表明该环节在项目论证中发挥的影响面越广，在探讨项目可行性与顾客价值关系时就需要得到进一步的重视。笔者设想在忽略图1-19中其他因素的权重情况下，可用表1-5给出项目论证五大资源要素所处基本环节分别对应的项目进行阶段。其中以"1"作为最大权重，低于"1"表示权重被分配。那么，标号为"1"的就表示该环节在对应阶段中发挥重要作用，未标号的表示该环节在对应阶段作用较小可忽略不计，最后再对各环节的对应阶段总数作出统计即可见各环节重要性。

项目论证各环节权重对应项目各阶段重要程度分析表　　　　　　　　　　表1-5

阶段〈／〉环节	目标设计与可行性研究	设计和计划	施工	运行	合计
市场分析	1	1	—	1	3
经济性分析	1	1	1	1	4
技术分析	1	—	1	—	2
社会分析	—	1			1
环境分析		—	1	1	3

　　由表1-5可见，各项合计中各环节的影响范围大小。根据合计数可较为直观地看出项目可行性论证各环节的重要性程度，在按其大小排序的划分法中存在着经济＞市场≈环境＞技术＞社会的内在规律，而在不同划分条件下，还会存在不一样的排序。其他的划分方法中还有可能通过数据测算给出量化表达的，限于篇幅仅以此方式抛砖引玉，便于论证人员对各个环节的重要性作出大致的判断。

　　（2）从项目论证过程在可行性分析不同阶段对结果影响程度的不同进行价值分析。考虑到现有的相关文献和论证工作安排对可行性分析不同阶段的相关资源（时间安排、资金分配等）分配情况作出过基本要求，通过这些既定的数据也能够对可行性论证中的各个环节在项目前期研究过程中各阶段所占的重要性比例作出基本界定。表1-6显示的是项目可行性论证中根据国家规定在各阶段开展研究工作的所需时间和费用的安排表。利用作为项目论证各阶段相对值的各项数据（注：此非绝对标准，在实际项目论证中，会因项目间复杂性、涉及的工作范围和难易程度等变量而产生较大不同，在此只作为一个基本参照），在假设总权重为1的情况下，分别按大项目和中小项目所对应的不同论证阶段的估算精度、分析费用和所需时间顺序—即序号作出权重分解，即分别计算出各阶段中费用和所需时间占可行性分析阶段总量的比重，并通过1：1的形式，将两组数据根据基本权重整合为如表1-7所示的项目论证各阶段指标评价值的计算表。

项目论证过程可行性分析各阶段工作时间及费用等安排　　　　　　　　表1-6

阶段	机会分析	初步可行性分析	详细可行性分析	评估与决策
工作性质	初步设想	项目初选	准备工作	评估项目
估算精度	±30%	±20%	±10%	±10%
分析费用（占总投资的百分比）	0.2%～1.0%	0.25%～1.25%	大项目 0.2%～1% 中小项目 1%～3%	—
所需时间（月）	1～3	4～6	8～12 或更长	—

项目规模	序号	权重	不同项目的指标评价值		指标评价值的平均值之和
			分析费用所占比重（%）	所需时间所占比重（%）	
大项目	1	0.213	0.308	0.118	0.213
	2	0.339	0.384	0.294	0.339
	3	0.448	0.308	0.588	0.448
中小项目	4	0.149	0.179	0.118	0.149
	5	0.259	0.224	0.294	0.259
	6	0.592	0.597	0.588	0.592

表 1-7 中，分别计算了大项目和中小项目的评价指标，由于在详细可行性分析阶段，中小项目分析费用所占的比重要比大项目所占比重高，在算出的权重里面，中小项目在第三阶段的权重也相对较高一些。这就表明，不管项目大小，在项目启动前夕都必须使用大量的时间和一定量的资金来对项目可行性进行详细论证。相对于项目整体而言，可行性论证阶段投入的资金量较少，但这些投入却对整个项目的实施与后期运行产生重大影响，避免了盲目投资带来的损失。

总之，对项目可行性论证在全资源要素投入情况下对各阶段所处环节的重要性程度的判断，在无现存成文资料可考时探索通过上述两种方法计算相关数据，能得出这些环节同顾客价值的对应关系，且定量方法的应用可直观表现出二者间的具体相关程度，这对项目投资与企业经营者准确把握顾客价值与项目可行性论证各要素间的轻重关系，促使项目建设各阶段资源的利用，搞好各方面与顾客价值的融合——即用投资建设和经营项目来体现顾客价值，都将产生积极的作用。

二、以环境影响为例解决项目外部非常规资源间接投入内部化问题的基本思路与方法

如前所述，在考虑全资源要素投入对项目经济性的影响中，环境因素是不容忽视地客观存在，是最直接参与和影响着项目经济效果的外部间接投入的资源要素，在此类非常规资源要素中具有很强的代表性，对其给项目经济性造成的影响和效果进行分析，找出其中的影响路径和价值表达方法对分析其他非常规资源要素影响项目经济性的效果有相当典型的意义。在此就项目环境影响分析中企业（项目）环境资源作为间接投入的外 P 成本内部化所代表的经济性分析思路与基本方法，简要介绍解决投资项目环境影响分析中有关成本内部化问题的初步研究成果。

1. 环境成本及其内部化的概念与内涵问题

环境成本是指人们为保护环境、实现人与自然生态等环境因素和谐相处或在项目建设过程中为实现与项目相关的有关环境因素与项目目标在项目与环境可持续统一过程中所需付出的代价或费用。环境成本内部化是经济学中为明确产权有效性使市场和包含环境在内的各种资源在转变为资产的过程中为使成本价格占经济性分析的主导地位，以消除外部影响来体现资源的稀缺性的经济分析概念。这是一些外部环境成本评估和内化这些资源的商品和服务的生产与消费成本。与公认的"污染者付费"原则相一致的环境成本内部化，其实质是外部不经济性的资源于包含投资在内的项目管理过程中作为某种资产的价值因发生

转移而实现的内部化，即从企业或项目自身角度来看待的外 P 环境影响效果被内化为企业或项目应付出的代价或费用，此时企业或项目作为社会生活的主要经济体，其在建设与经济生产过程中对环境造成的影响会最终传递到企业或项目的生产经营决策、表现于生产成本中，并由企业或项目自身去承受这部分费用和代价。因此，只有对项目外部环境成本进行核算使之内部化后，才能将环境成本反映在造成环境负面影响的污染企业或项目的成本核算里，以及将环境资源作为资产进入市场配置，如此才完成了环境成本内部化的流程。

这里需要进行内部化处理的外部环境，是指作为对项目产生影响的非常规资源中客观存在着具有不可控性与联系性和多变性的生态与自然地理环境、科学技术环境、政治法律环境、人口和社会文化环境以及经济环境等构成项目外部的要素集合体。对有关环境给项目带来的影响，为方便起见人们往往通过一些参数或标准予以测度。其中，人类通过某些手段测度并以一定形式和路径可以直接转化为资产来影响项目的，除了科学技术和经济等有投入产出效果的因素外，目前还发现和找到了测量气候变暖的温室气体效应的碳排放量、污染物指数、治理沙漠化或荒地程度的复绿（或复垦）率、排污与降噪等用以考核检查环境影响效果的标志性参数。

具体而言，主要分为以下两类情况。①传统上，以宏观的导致全球气候变暖的温室效应和土地沙漠化、空气污染和噪声污染程度等来定性描述环境影响的；或从微观上以预防和治理所花费用的确定经济价值量所表达的衡量指标与参数的集合。②微观层面的实际操作与应用中，为便于实施和具有可行的操作性，目前具体能定量表达的有宏观层面的如PM2.5（空气污染指数），碳排放交易权的市场价值或价格，局部地区的防治沙漠化和治理沙漠化的防沙治沙成本、荒地复垦或复绿成本、排污与治污费用等。其度量方法，宏观上主要形式为由政府出面直接以行政处罚的方式实施；微观上则以项目主体的当事方以碳排放量或其交易权的市场价值或价格、空气污染指数与污染程度的测定、土地沙漠化或其废弃（撂荒）后的复绿与复耕率或复种率算式、排污与治污的定性与定量计量，以及废弃物重复利用率、噪声污染中的降噪处理率等指标来具体刻画与定量表达。

2. 环境成本内部化的主要思路与相关方法

既然项目环境成本内部化的实质是要把人们在新建或运行项目所发生的，对有关环境产生的不利影响及其应对与处理（或恢复）效果所要花费的代价通过提前预估的方法定量计算和表达为前期项目投资总额的一部分（即构成项目建设在未来经营管理中环境保护与生态恢复的预防费用），因而要实现将那些影响项目的外部环境成本因素有效地内部化转变，就必须紧紧抓住环境成本是如何把原属项目外部客观存在的影响因素、但又会在拟建项目建设与运作时最终带来影响项目资源资产价值变化而须事前综合考虑为费用一部分的成本这一关键环节。目前综合解决此问题的基本思路可归纳为三种模式：①通过直接度量项目外部环境所造成污染的防治费用后再设法转变为建设项目投资总额中费用的一部分；②按照宏观防治与环境保护所发生的行政性指令恢复所需强制总费用与项目自身在地区经济生活中所处地位价值量占百分比，以一定比例进行计量征收后再转为项目总投资的一部分；③由项目主体或企业自身根据某些可交易环境市场上处理有关影响因素的费用直接进行预估，再汇总合计到拟建项目的投资总额里。此外，还有其他一些尚处于探索阶段的转化与处理思路不再赘述。

对项目影响进行环境要素直接或间接投入成本内部化处理的方法很多，无论是直接度量还是按比例分成，或企业与项目自己预估，从宏观角度有关项目所受环境影响的成本转化途径主要有行政类和市场类两种。

（1）行政类方法。主要是政府用指令性非市场性的方法（或手段）来解决（转化）有关环境影响所造成的项目将增加的那部分成本转化为项目投资总成本一部分的内部化问题，其目的是要消除外部环境影响给项目带来的不经济性。这里所谓的"非市场性"方法主要是由政府依据政策法规，通过其行政机构的监管和按标准索赔（处罚）等方式进行。具体而言是政府运用税收、价格、费用和其他强制手段等政策措施的制定与实施，对使用资源的项目主体进行相关收费，而不是通过市场交易去控制和解决因新建项目所带来的环境污染和有关影响等问题，这也迫使项目投资人和管理者（即环境问题——如污染的制造者）将项目外部的不经济因素以某种定量的方式最终考虑到项目的经营决策之中。在实际操作中，政府对环境保护效果进行的直接控制通常是通过其所设立的环境保护监督管理机构依照有关法律和政策标准，对污染企业或项目等直接对其所生成外部不经济性影响的效果给出一个允许可控的范围。且调控手段主要是对企业或项目的污染排放量和排放浓度进行控制，以使企业或项目污染的排放量和排放浓度低于国家所制定的法定的标准；如此对有直接控制手段的政府，就会使环境污染在早期得到提前防控。其中一种就是排污收费的方法，比较有利于促使企业达到减少污染排放，方便有关部门对项目或企业进行效果的监管控制。赔偿损失或处罚是直接就企业或项目给环境造成的损害做出经济价值的补偿以弥补企业或项目在其管理有关环境影响方面所存在的缺陷，这是一个可通过法院或第三方进行仲裁并强制实施的方法。由于企业在项目的生产运营过程中，管理者应是有权支配自己所拥有资源的，只是须在使用过程中对其他人没有造成影响，如发生损害，或做出任何不利于其他人的影响或权利则都要进行赔偿。因与其他污染控制的手段相比此方式主要起到的是警示和预防作用，故这是一种作为事后性补救的方法。

（2）市场类方法。对于拟建项目或建成后的企业，政府的环境保护部门要想提高存在污染的项目所在工场投资者内化环境成本的积极性，就须落实环境成本内部化的具体方案。即将事后对环境影响的监管和索赔设法提前到项目上马的事前，使最终才由投资者或项目承担的环境影响成本在项目开始和运行过程中就转变为企业或项目发展的内部费用。考虑到每一种计量方法使用的环境与条件的不同，因此实际应用中须合理选择计量方法，以保证环境成本内部计量的准确性。

市场化对项目外部环境影响因素与效果转化为项目内部成本的主要计量方法，按照是否能够把环境影响因素或效果进行定量计算以实现环境成本内部化的操作，其主要方法通常有企业或项目自身可直接用于计算的内部环境成本的计量法和外部环境计量法两种。

1）内部环境成本计量法。该方法主要包括全额计量法、差额计量法和比例计量法三种，实际操作时常用于定量计算的则有作业成本法和制造成本法。有关企业（或项目）进行内部环境成本直接计量的方法汇总如表1-8所示。

企业（或项目）直接进行内部环境成本计量法　　　　　　　　　　表1-8

计量分类 方法	概念	计量公式	使用情况
全额法	对于某一环境问题专门支付的成本全部计入环境成本	$C_f = C_1 + C_2$ C_1：可以一次性进入当期的成本费用； C_2：需要摊销后将摊销部分进入环境成本； C_f：专为某一环境问题所付全部成本	较适合于针对控制某一环境问题专门进行的支出

计量分类 方法	概念	计量公式	使用情况
差额法	按支出总金额减去没有环保功能的同类设备支出的差额来计量，差额部分以每年的折旧或摊销计入环境成本	$C_d = C_n - C_o$ C_n：购买环保设备的支出； C_o：不具备环保功能的设备的原有价值； C_d：各项差额环境成本的累计值	适用于环保设备的投资和环保材料的采购等
比例法	把企业或项目经营中大量与环境相关的费用支出通过一定的比例来进行计量的方法	$C_p = C_i \times R_i$ C_i：与环境相关项目的总成本； R_i：环境成本比例系数； C_p：按比例计量的各项环境成本的累加值	适合于企业废弃物的治理成本、从事环保工作人员的工资计量等

2）外部环境计量法。该方法因考虑的因素较1）法更全面与合理，涵盖的学术理论范围广，相对于企业（或项目）直接计量其内部环境成本的方法，外部环境计量方法的使用要求要高很多，使用此法不同于简单的内部环境成本计量法，是一种更接近于市场化的定量计算外部环境影响效果以获得内部化费用的方法。此类常见的外部测量方法主要有恢复费用法和替代市场价值法两种方法。

所谓恢复成本法是指人们在进行项目建设或运营时因发生对环境的不良影响或破坏而应做出成本补偿或因要平衡自然资源损耗的量所需花的费用；考虑到可再生自然资源的价格若是可以测量的，其目的是使自然资源被破坏的程度或数量可货币化——即将自然资源转化为可定量交换的资产。常用的基本参考公式（1-1）如下：

$$P_1 = \sum C \times Q \tag{1-1}$$

其中：P——自然资源受到破坏所承受的经济损失；

C——每单位补偿或恢复原自然资源（状态）的费用；

Q——自然资源或环境被破坏、污染的集合数量。

替代市场价值法是一种利用人们在考虑对某一种商品或者劳动若可用货币来进行测量时，则通过货币价格的变化应可以反映所发生的环境的变化，即能从侧面去反馈人们对现今环境的评价的满意程度的原理来对环境给项目产生的影响效果进行完全市场化测度的方法。具体应用时该法通常要符合使用包括资产价值法、工资差额法和旅行费用法的三种方法进行操作，如表1-9所示。在运用这些测量方法时，要兼顾各种方法自身均有的特点。一旦选择一个特定的测量方法，具体操作法就可根据信息的可用性和"成本—效益原则"，针对环境成本控制的具体问题，按照实际情况做出不同的选择，如可选择其中一个或几个方法进行有机组合。在测量方法的操作上关键在于要能更准确、更简单的反映项目所处环境给经济造成的损失，以提升项目管理能够控制或维持环境成本的水平。

外部环境计量法中替代市场价值法的操作类型与内涵　　　　表1-9

序号	分类	概念
1	资产价值法	由于环境质量的上升或者下降会导致企业资产价值的提高或降低，通过这种形式可估测企业或项目改善或污染环境可能发生的效益或者应支付的赔偿
2	工资差额法	如果工作环境程度的好坏有不同，或此部分不同能引起劳动者身体上的不适，则对于此部分劳动者的工资应该进行补偿，以示差别对待
3	旅行费用法	人们对旅游景点的评价可用旅行的费用来替代和测度

3. 以选址为代表的项目环境成本范围的界定与主要确认方法

人们投资项目或进行企业与项目生产管理的主要目的是为了获得更高的经济利益，在生产经营过程中的企业都希望以最小的成本投入来获得最大的利益。考虑到项目在具体落地后企业或项目厂（场）址所在地的选择是发生所谓环境影响的主要区域，而目前企业（或项目）的成本核算主要是固定资产的成本，且项目或企业较少将选址过程及其后所发生的环境影响费用计入到项目（或企业）于建设和经营所需投入的总成本中，在国内外，目前尚无统一的有关项目选址所需环境成本的会计核算指标体系，虽然后来人们就项目（或企业）对环境成本的管理费用也支出了一部分，但项目所在地环境成本核算体系的摊销中，还是政府占了很大的一部分比例，所以财务报表难以反映环境成本有关的信息。因此，有研究者认为可通过以下两步操作流程，可初步解决因项目选址而产生的环境影响间接投入在项目初期的范围确认和成本内部化转变的问题。

第一步，对项目或企业经营活动造成的外部环境影响进行确认和计量。通常需要确认与环境影响间接投入的相联系的环境成本主要有（如表 1-10 所示）四类。

项目（选址）环境影响的分类与成本范围界定　　　　　　　　　　　　表 1-10

序号	主要环境影响类型	主要环境影响因素
1	污染的影响	由项目或企业生产活动所产生排放物和废弃物造成
2	产品使用和处置的影响	由项目或企业在产品销售、使用、处置过程中所产生的排放物和废弃物或其他副作用造成
3	自然资源和能源消耗的影响	由项目或企业在建设与生产经营活动中消耗的自然资源或能源所造成
4	其他影响	主要由项目选址后（场）厂址坐落所产生的自然生态变化造成

第二步，按照国内外有关理论计量环境成本货币损害的模型方法和控制成本的方法等（如尝试用比例式）摊销有关环境成本，以实现间接投入的环境成本的内部化转变。

这两步中第一步最为基础，只有对项目及其生产经营活动确认了外部环境副作用效果的破坏的表现（即分类），才能研究第二步的摊销问题。因此，在项目选址上，考虑环境成本内部化计量的关键是对环境成本影响因素的确认和找准外部环境成本摊销的方式，这将最终关系到项目或企业选址后对环境成本控制效果的影响。

事实上，项目在建设与企业生产经营中应考虑可内部化的主要环境成本，根据企业进行污染预防与环境损失的成本关系，通常可归纳为如图 1-20 所示几种主要类型。

图 1-20 中对项目或企业在进行内部化的环境成本和外部不易控制的环境成本处理过程中，较全面地考虑了有关因素，其中已包含了较全的可内部化的外部环境成本结构了。对于已经包含在项目或企业环境成本会计核算中的环境预防和检测成本，表明投资者对实现环境成本内部化已有了提前控制的把握。而包括发生污染后所要进行征收的污染费用和罚金，则成功核算在企业的外部损失成本当中。总之，项目环境成本内部化计量的核心要素和控制的关键是对环境成本进行的分类是否合理。无论政府还是企业，虽然在积极响应环境成本内部化的成果，但是还是有很多环境风险是无法计量进去的。所以环境成本内部化的控制和实现仍然有较多局限。如何规避这样的风险，保护企业或项目不受未来生产经营中，因环境污染而需支付罚金等的损害，应该引发人们更多的思考。

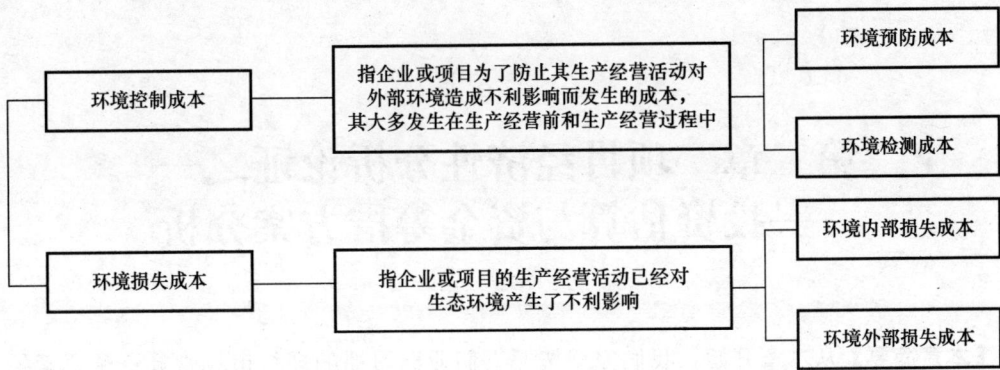

图 1-20　项目或企业可内部化的环境成本主要构成

至此，对有关项目外部环境成本内部化问题的探讨，可谓初步找到了一条可供参考的思维模式。有鉴于此，属于项目其他非常规资源的因素，如社会及其他因素所构成的外部影响成本要素如何进行成本内部化的处理也就有了可借鉴的思路与主要方法。即仿此可构造和设计出项目在进行投入时的其他外部资源要素的成本内部化转变的基本思路与主要操作方法，限于篇幅和研究的深度此不赘述。

第二章 项目经济性分析论证之一
——投资估算与资金筹措方案分析

【本章摘要】从本章开始，我们完全按照人们业已习惯的现行市场常规资源要素投入条件下进行项目投资分析的传统方法，以形成固定资产为主的工程建设项目作为一般投资项目的典型载体，按照经济评价的基本思维模式，全面系统地介绍项目进行有关经济性分析过程的成熟理论与具体研究方法。这里介绍的是其中作为对项目投入所需常规资源进行基础性经济性分析的资源归集及其价值或价格的表达研究与分析问题。其中，既有思路也有解决问题的基本方法。

第一节　项目总投资的构成与投资估算

【本节提要】在常规资源约束条件下，新项目的总投资通常由固定资产投资总额和项目建成投产后所需流动资金两部分组成。建设项目投资的估算包括固定资产投资估算和流动资金估算两大部分内容。固定资产投资可分为以涨价预备费、建设期贷款利息和固定资产投资方向调节税等构成的动态投资部分和其余的静态投资部分，依据投资估算的要求和步骤可以在项目前期，按投资的动态部分和静态部分分别进行投资估算，再与所估算的流动资金加和获得新建项目的投资总额。

一、项目总投资及其分析与评价要求

一个项目从建设前期的准备工作开始到全部建成投产为止所发生的、所投入为常规资源的全部投资费用称为项目总投资或建设投资，它反映的是项目建设期末的投资总额。为了使投资项目能够顺利实施，保证正常的生产运营需要，在项目前期应本着打足投资的原则对项目总投资额度进行估算。作为项目费用的重要组成和项目财务分析的基础数据，项目总投资可根据项目前期的不同研究阶段、对投资估算精度的不同要求及相关规定选用相应的估算方法。

对于新建项目的总投资，在常规资源投入条件下，通常由固定资产投资总额和项目建成投产后所需的流动资金两部分组成。按照国家对投资规模的控制要求，为预防"钓鱼工程"（即项目建成后，为弥补运营缺口而追加投资的工程项目）的发生，保证项目建成后的正常运营，通常规定流动资金总额的30％应算作项目的铺底流动资金。因此，项目总投资应是固定资产投资总额与铺底流动资金之和，而项目投资的需要量和投资效益的项目总资金则是固定资产投资总额与全部流动资金之和。在项目前期的可行性论证中必须把项目总投资应估算的内容考虑周全，通过逐项分析和评价，核实估算的数据，才有可能避免出现"钓鱼工程"和宏观投资失控等现象的发生。在项目可行性论证，应遵循稳妥原则，对

项目总投资构成的完整性、合理性和计算的准确性进行分析与评价，并按规定对固定资产投资总额和流动资金等形成的各类资产的合理性进行分析与评价。

项目的总投资是保证项目建设和生产经营活动正常进行所必需的资金。项目总投资估算的准确性对项目可行与否的评价结论和投资决策具有重大影响，必须达到一定的精确度。按照原国家计委（现为国家发展与改革委员会）的规定，若建设项目初步设计的总概算超过了项目前期可行性分析与评价报告批准的建设总投资的10%，就应该重新审批可行性研究报告。

二、项目总投资的构成与资产的形成

在常规资源投入条件下项目建设总投资的构成可按概算法或按形成资产法进行分类。按概算法分类，建设投资由工程费用、工程建设其他费用和预备费三部分构成。其中工程费用又由建筑工程费、设备购置费（含工（器）具及生产家具购置费）和安装工程费构成；工程建设其他费用内容较多，且随行业和项目的不同而有所区别；预备费包括基本预备费和涨价预备费两种。按形成资产法分类，建设投资由形成固定资产的费用、形成无形资产的费用、形成其他资产的费用和预备费四部分组成。固定资产费用即项目投产时直接形成固定资产的建设投资，包括工程费用和工程建设其他费用中按规定将形成固定资产的费用，后者被称为固定资产其他费用，主要包括建设单位管理费、可行性分析与评价费、研究试验费、勘察设计费、环境影响评价费、场地准备及临时设施费、引进技术和引进设备其他费、工程保险费、联合试运转费、特殊设备安全监督检验费和市政公用设施建设及绿化费等。无形资产费用指将直接形成无形资产的建设投资，主要是专利权、非专利技术、商标权、土地使用权和商誉等。其他资产费用即建设投资中除形成固定资产和无形资产以外的部分，如生产准备及开办费等。本书以形成资产法为主作具体说明。

对土地使用权的特殊处理是按有关规定，在尚未开发或建造自用项目前，土地使用权作为无形资产核算，房地产开发或企业开发商品房时，将其账面价值转入开发成本；企业建造自用项目时将其账面价值转入在建工程成本。故为与以后的折旧和摊销计算相协调，在建设投资估算表中通常可将土地使用权直接列入固定资产其他费用。

项目前期可行性分析与评价中的总投资，是指用作常规资源的项目建设和投入运营所需要的全部投资（其估算范围与现行的投入总资金一致），表现为建设投资、建设期利息和全部流动资金之和。它不同于目前国家考核建设规模的总投资，即建设投资和30%的流动资金（又称铺底流动资金）。

根据我国现行的资金管理体制和项目的概预算编制办法的规定，项目总投资应包括设备及工（器）具购置费用、建筑安装工程费用、工程建设其他费用、预备费用、固定资产投资方向调节税、建设期借款利息和流动资金共七大部分。前六部分费用形成固定资产投资总额，因此，建设项目总投资是由固定资产投资总额、无形资产投资、其他资产投资和流动资产投资四大部分组成。根据资本保全原则和企业资产划分的有关规定，投资项目在建成交付使用时，项目投入的全部资金分别形成固定资产、无形资产、递延资产和流动资产，构成如图2-1所示的项目总投资。

固定资产通常是指使用期限在一年或超过一年的一个营业周期以上，单位价值在国家规定的限额标准（如现代企业一般为2000元以上或单位价值虽低于规定标准，但属于企业的主要设备，事业单位通常在1000元以上）的，并在使用过程中保持原有实物形态不变的资产，包括房屋及建（构）筑物、机器设备、运输设备，以及其他与生产经营活动有关的工（器）具等。在项目前期可行性分析与评价中可将设备及工（器）具购置费用、建筑安装工程费用、预备费用和工程建设其他费用中除应计入无形资产和递延资产以外的全部待摊投资费用计入固定资产原值，并将固定资产投资方向调节税和建设期贷款利息全部计入固定资产原值。

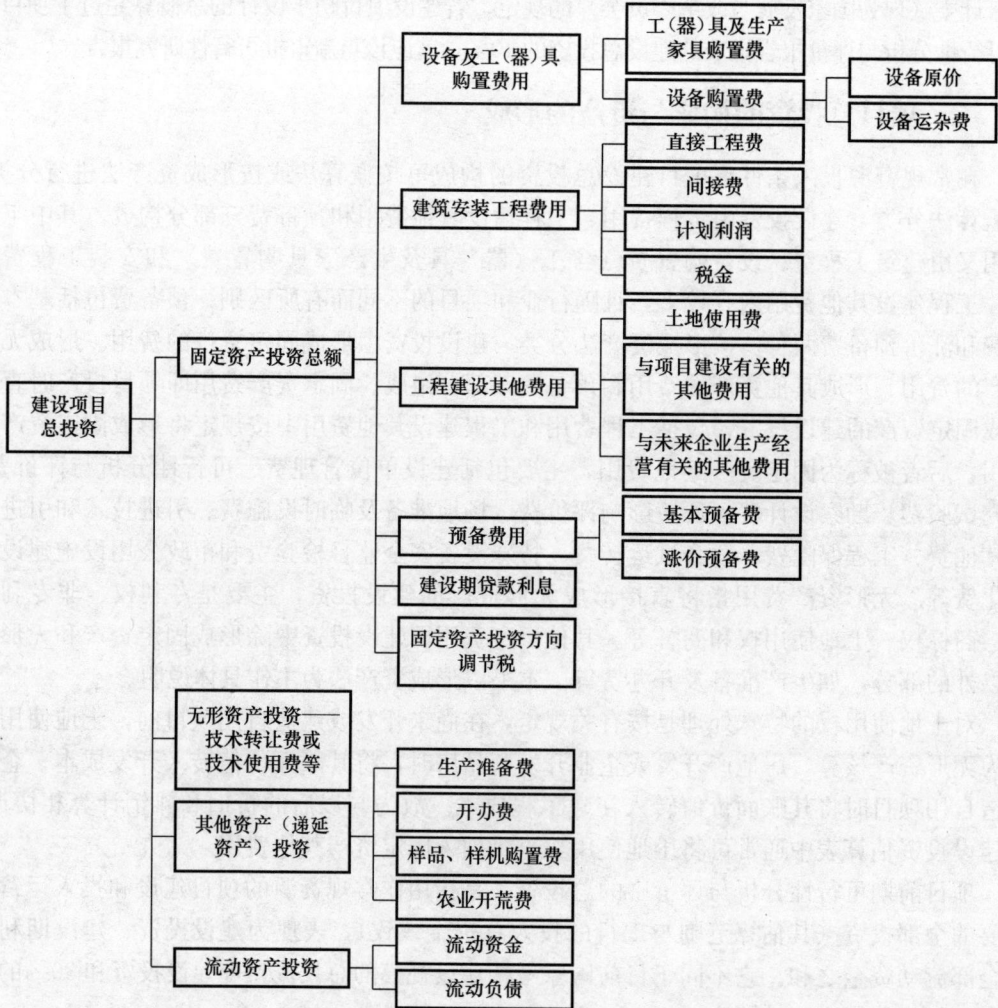

图 2-1 常规资源投入条件下建设项目总投资的构成

无形资产是指企业能长期（通常为一年或超过一年的一个营业周期以上）拥有或者能控制使用而无实物形态的、可辨认（不可辨认的情况一般不考虑）的非货币性资产，包括专利权、商标权、土地使用权、非专利技术、商誉等。它们通常代表企业所拥有的一种法定权或优先权，或者是企业所具有的高于一般水平的盈利能力，且是有偿取得的资产。对于购入或者按法律取得的无形资产的支出，通常都应予以资本金化，并在其受益期内分期摊销。在项目前期的经济性分析与可行性评价中，通常将工程建设其他费用中的土地使用费及技术转让费等作为企业形成无形资产的初始投资计入无形资产价值。

其他资产又称递延资产，是指除流动资产、长期投资、固定资产、无形资产以外的不能计入工程成本的其他资产，包括应在生产经营期内分期摊销的各项递延费用、开办费和以经营租赁方式租入的固定资产改良工程支出、生产员（职）工培训费、样品样机购置费及农业项目中的农业开荒费等。按照有关规定，除购置和建造固定资产以外，所有筹建期间发生的费用，先在长期待摊费用中归集，待企业开始生产经营起再计入当期损益。

流动资产是单位价值在国家规定的限额标准（如前述）以下，可以在一年内或超过一年的一个营业周期内变现或运用的资产。包括现金、各种存款、各种存货，以及应收和预付账款等。

三、投资估算的内容

根据国家规定，在常规资源投入条件下，从满足建设项目投资设计和投资规模的角度，建设项目投资的估算包括固定资产投资估算和流动资金估算两大部分。

固定资产投资估算的内容按照费用的性质划分，包括建筑安装工程费用、设备及工（器）具购置费用、工程建设其他费用（此时不含流动资金）、基本预备费、涨价预备费、建设期贷款利息、固定资产投资方向调节税（注：该税种自 2000 年 1 月 1 日起已经停止征收，但未取消）等。其中，建筑安装工程费用、设备及工（器）具购置费用、工程建设其他费用可分别形成固定资产、无形资产、其他资产。基本预备费、涨价预备费和建设期贷款利息在项目前期可行性分析与评价阶段为简化计算，通常一并计入固定资产。

固定资产投资可分为静态部分和动态部分。涨价预备费、建设期贷款利息和固定资产投资方向调节税构成动态投资部分，其余部分为静态投资部分。

流动资金是指生产经营型项目投产后，用于购买原材料、燃料、支付工资及其他经营费用等供项目运营所需要的周转资金，是伴随固定资产投资而发生的长期占用的流动资产投资，是财务经济性分析中实际上的运营资金。在项目前期可行性分析与评价中需要估算并预先筹措的是从流动资产中扣除流动负债——企业短期信用融资（应付账款）后的流动资金。即：

$$流动资金 = 流动资产 - 流动负债 \qquad (2-1)$$

估算流动资金应考虑应付账款对需要预先筹措的流动资金的抵减作用，对有预收账款的某些项目，还可同时考虑预收账款对流动资金的抵减作用。通常，流动资金主要考虑现金、应收账款和存货，流动负债主要考虑应付账款。建设项目的投资估算如图 2-2 所示。

四、投资估算的依据、要求与步骤

1. 投资估算的依据

（1）国家有关专门机构发布的建设工程造价费用构成、估算指标、计算方法，以及其他有关计算工程造价的文件。

（2）国家有关专门机构发布的工程建设其他费用计算办法和费用标准，以及政府部门发布的物价指数。

（3）拟建项目各单项工程的建设内容及工程量。

2. 投资估算的要求

（1）工程内容和费用构成齐全，计算合理，不重复计算，不提高或降低估算标准，不漏项，不少算。

（2）选用指标与具体工程间存在标准或条件差异时，应进行必要的换算或调整。

（3）投资估算的精度应能够满足控制初步设计概算的要求。

3. 投资估算的步骤

（1）分别估算各单项工程所需的建筑工程费用、设备及工（器）具购置费用、安装工程费用。

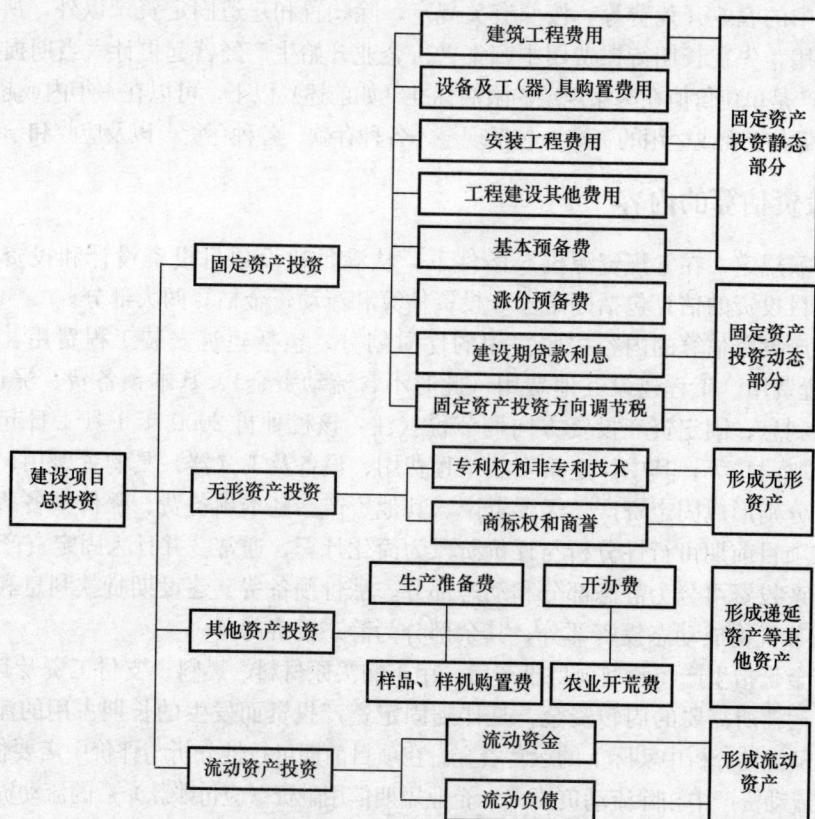

图 2-2　建设项目总投资估算的构成与资产形成

（2）在汇总各单项工程费用的基础上，估算工程建设其他费用和基本预备费。

（3）估算涨价预备费和建设期贷款利息。

（4）估算流动资金。

第二节　固定资产投资总额的估算及其分析与评价

【本节提要】在常规资源约束条件下，固定资产投资总额包括设备及工（器）具购置费用、建筑安装工程费用、工程建设其他费用、预备费用、固定资产投资方向调节税和建设期贷款利息 6 项内容。按照以涨价预备费、建设期贷款利息和固定资产投资方向调节税等构成的固定资产动态投资部分和其余为固定资产静态投资部分的划分标准，项目前期可在不同的条件下运用多种不同的方法分别估算建设项目固定资产动态部分和静态部分的投资额，并按有关要求对固定资产投资总额估算进行分析和评价。本节比较详尽地介绍了有关估算方法和分析与评价的具体要求。

一、固定资产投资总额的构成

固定资产投资总额指的是项目从编制项目建议书和可行性分析与评价报告等前期工作

开始，直到其建成并正式移交生产运营后转化为固定资产价值的全过程中所需支出的全部常规资源性资产的费用。它是建设项目工作量的货币表现，并能反映项目的建设规模。因此，固定资产投资估算应反映项目固定资产投资的总规模、投资的构成与各类工程费用的内容。对于不同类型和规模的建设项目，固定资产投资估算的范围和方法是不同的，同时还必须考虑不同的资金来源。

根据我国现行项目投资管理的规定，固定资产投资总额应由设备及工（器）具购置费用、建筑安装工程费用、工程建设其他费用、预备费用、固定资产投资方向调节税和建设期贷款利息 6 项主要内容组成，如图 2-3 所示。

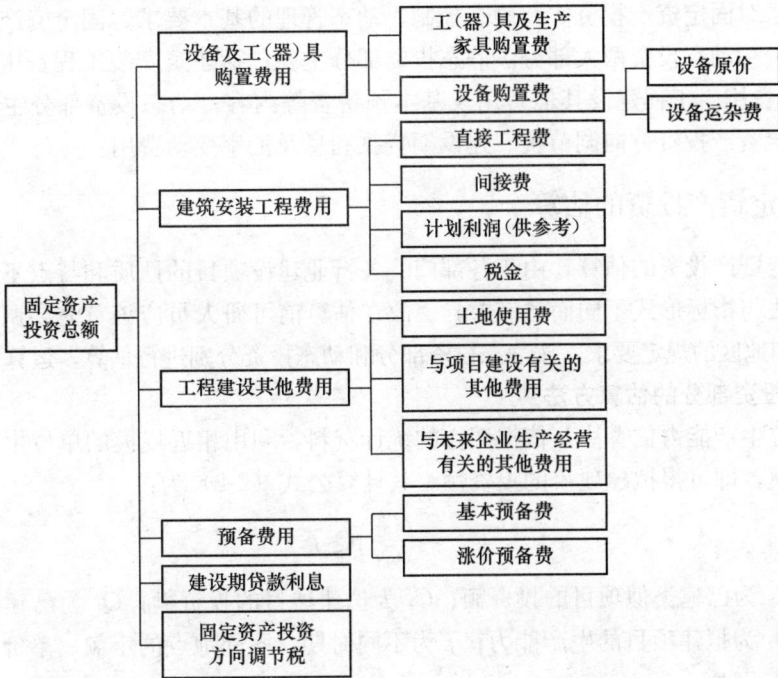

图 2-3 固定资产投资总额的构成

设备及工（器）具购置费用和建筑安装工程费用是指直接构成固定资产实体的各种费用。包括主要生产工程项目、辅助生产工程项目、公用工程项目、服务性工程项目、生活福利设施和厂外工程等费用。如按费用性质划分，除设备及工（器）具购置费用应包括设备原价和设备运杂费外，建筑安装工程费用还可以分为直接工程费、间接费、计划利润（供参考用）和税金四部分。

工程建设其他费用是指根据有关规定应在投资中支付，并列入建设项目总造价或单项工程造价的费用。主要由土地使用费，包括土地征用与补偿费（或土地使用权出让金）；与项目建设有关的其他费用，包括建设单位管理费（含建设单位开办费和经费）、临时设施费、工程监理费、工程保险费、勘察设计费；与未来企业生产经营有关的其他费用，包括研究试验费、工程承包费、施工机构迁移费、引进技术和进口设备其他费用、联合试运转费及生产员（职）工培训费等三大类费用构成。

预备费用是在项目前期进行可行分析与评价工作时为保证项目建设顺利实施，避免在难以预料的情况下造成投资不足而需预先安排的一笔费用。它包括基本预备费和涨价预备费。前者是由于自然灾害造成的损失及设计、施工阶段必须增加的工程和费用；后者是因在建设期间物价上涨而引起的投资费用的增加。

固定资产投资方向调节税是为了贯彻国家产业政策，控制投资规模，调整投资结构，加强重点项目建设，将投资引导到符合国民经济发展所需要的行业和地区而开征的税种，并纳入固定资产原值。

建设期贷款利息是指建设项目在建设期间固定资产投资借款的应计利息。按照有关规定，它作为资本化利息应该计入项目总投资（或总概算），列入投资计划，并形成固定资产原值，计提折旧。

按照国家对固定资产投资实行静态控制、动态管理的基本要求，固定资产投资又可以分为静态投资和动态投资两大部分。静态投资部分主要包括建筑安装工程费用、设备及工（器）具购置费、工程建设其他费用及基本预备费等内容；动态投资部分主要包括涨价预备费、固定资产投资方向调节税、建设期贷款利息及汇率变动费用。

二、固定资产投资的估算

对于固定资产投资的估算，由于各部门、各行业建设项目的性质和特点不同，也因投资估算的方法与指标形式不同而各有差异。故在估算前可研人员应该首先要调查研究有关部门、行业和地区的规定要求，按静态投资部分和动态投资分别进行估算，运算过程如下。

1. 静态投资部分的估算方法

（1）单位生产能力估算法。依据调查的统计资料，利用相近规模的单位生产能力投资乘以建设规模，即可得拟建项目的投资额。其计算公式（2-2）为：

$$C_2 = \left(\frac{C_1}{Q_1}\right)Q_2 f \tag{2-2}$$

式中，C_1 为已建类似项目的投资额；C_2 为拟建项目的投资额；Q_1 为已建类似项目的生产能力；Q_2 为拟建项目的生产能力；f 为不同时期、不同地点的定额、单价、费用变更等的综合调整系数。

单位生产能力估算法是把项目的建设投资与其生产能力的关系视为简单的线性关系，估算结果精度较差。使用此法要注意拟建项目的生产能力和类似项目生产能力的可比性，否则误差会很大。由于在实际工作中不易找到与拟建项目完全类似的项目，通常是把项目按其下属的车间、设施和装置进行分解，分别套用类似车间、设施和装置的单位生产能力投资指标计算，然后加总求得项目总投资。或根据拟建项目的规模和建设条件，将投资进行适当调整后估算项目的投资额。这种方法主要用于新建项目或装置的估算，十分简便、迅速，但要求可行性分析与评价人员掌握足够多的典型工程的历史数据，且这些数据均应与单位生产能力的造价有关才能应用。如新建装置与所选取装置的历史资料必须类似，两者仅存在规模和时间上的差异。

【例 2-1】 1983 年，在某地动工兴建一座年产 48 万 t 尿素的工厂，其单位产品的造价为每吨尿素 560～590 元，又知该厂在建设时的总投资为 28000 万元，若在 2005 年开工兴建这样的一个厂需要投资多少？假定 1983～2005 年每年平均工程造价指数为 1.1，即每年递增 10%。

【解】 按单位产品造价计算的投资额下限＝560×48×$(1.1)^{22}$＝560×48×8.14＝

218803.2 万元

按单位产品造价计算的投资额上限 = $590 \times 48 \times (1.1)^{22}$ = $590 \times 48 \times 8.14$ = 230524.8 万元

按总投资计算的投资额 = $28000 \times (1.1)^{22}$ = 227920 万元

从上述三式的计算结果可以看出，按单位生产能力造价尿素的投资额为 21.9 亿~23.05 亿元；按总投资计算的投资额为 22.79 亿元。由此可见，2005 年兴建此项工程的费用在 22.79 亿元左右。

【例 2-2】 假定某地拟建一座 2000 套客房的豪华旅馆。调研人员得知，该地另有一座豪华旅馆 A 最近竣工，掌握的资料如下：豪华旅馆 A 有 2500 套客房，有餐厅、会议室、游泳池、KTV、网球场等设施，总造价为 10250 万元。试估算新建项目的总投资。

【解】 根据以上资料，可首先推算出 A 旅馆折算为每套客房的造价。

$$\frac{总造价}{客房总套数} = \frac{10250}{2500} = 4.1 \text{ 万元／套}$$

据此，即可迅速计算出在同一个地方，且各方面具有可比性的有 2000 套客房的豪华旅馆的投资额估算值。

$$投资额估算值 = 4.1 \times 2000 = 8200 \text{ 万元}$$

单位生产能力估算法的误差较大，可以达到 ±30%，即精度只有 70%。此法只能是粗略地快速估算，故在应用此法估算时，要注意以下几点以减少误差。

1) 地方性。由于建设地点不同，所在地的经济情况亦不同；土壤、地质、水文情况不同；气候、自然条件有差异；材料、设备的来源、运输状况不同等。

2) 配套性。一个工程项目或装置均有许多配套装置和设施，也可能产生差异。如公用工程、辅助工程、厂外工程和生活福利工程等，这些工程随地方差异和工程规模的变化均各不相同，它们并不与主体工程的变化呈线性关系。

3) 时间性。工程项目的兴建，不一定是在同一时间建设，时间差异或多或少，在这段时间内可能在技术、标准和价格等方面发生变化。

（2）生产能力指数法。生产能力指数法又称（0.6）指数估算法，它是根据已建成的类似项目生产能力和投资额来粗略估算拟建项目投资额的方法。其计算公式为式（2-3）：

$$C_2 = C_1 \left(\frac{Q_2}{Q_1}\right)^X \times f \qquad (2-3)$$

式中，X 为生产能力指数，其他符号含义同前。

上式表明，投资额与项目生产规模（或容量）呈非线性关系，且单位投资额随工程规模（或容量）的增大而减少。在正常情况下，$0 \leqslant X \leqslant 1$。不同生产率水平的国家和不同性质的项目中 X 的取值是不同的。如化工项目，在美国取 $X = 0.6$，在英国取 $X = 0.66$，在日本取 $X = 0.7$。

若已建类似项目的生产规模与拟建项目生产规模相差不大，X 的比值在 0.5~2 之间，则指数 X 的取值近似为 1。

若已建类似项目的生产规模与拟建项目生产规模相差不大于 50 倍，且拟建项目生产规模的扩大仅靠增大设备规模来达到时，则 X 的取值在 0.6~0.7；若是靠增加相同规格设备的数量达到时，X 的取值在 0.8~0.9。常见化工和炼油装置的 X 值如表 2-1 所示。

常见化工和炼油装置的 X 值

表 2-1

装置名称	X 值	装置名称	X 值	装置名称	X 值
常压蒸馏（汽化 65%）	0.90	溶剂抽提	0.67	制氢装置	0.72
减压蒸馏（汽化 65%）	0.70	硅铁法制镁	0.62	硫黄回收	0.64
流化催化裂化	0.70	乙烯（以练厂气为原料）	0.83	合成甲醇（天然气蒸汽转化法）	0.60
加氢脱硫	0.65	乙烯（以油为原料）	0.72	甲醛	0.80
催化重整	0.60	苯乙烯	0.53	尿素	0.70
硫酸法烷基化	0.60	乙醛	0.70	聚乙烯（低压）	0.68
叠合	0.58	丁乙烯	0.66	聚乙烯（高压）	0.81
热裂化	0.70	由乙烯制取丁二烯	1.02	苯	0.61
延迟焦化	0.38	聚丁二烯	0.67	苯酐	0.62
芳烃抽提	0.70	合成氨	0.81	三硝基甲苯	1.01
芳剂脱蜡	0.76	合成氨（蒸汽转化法）	0.53	铝锭	0.90

生产能力指数法主要用于拟建装置或项目与用来参考的已知装置或项目规模不同的场合。

【例 2-3】 沿用例 2-1 的数据，假如 2004 年开工兴建 45 万 t 合成氨、80 万 t 尿素的工厂，所需投资与例 2-1 相同，合成氨的生产能力指数为 0.81。试计算新建项目的总投资。

【解】 $C_2 = C_1 \times \left(\dfrac{Q_2}{Q_1}\right)^{0.81} \times (1.1)^{22} = 28000 \times \left(\dfrac{45}{30}\right)^{0.81} \times (1.1)^{22} = 316531.08$（万元）

生产能力指数法比单位生产能力估算法精确度略高，其误差可以控制在 ±20% 以内，尽管估计误差仍然较大，但生产能力指数法也有优势，即它不需要详细的工程设计资料，只要知道工艺流程即可；而且对于总承包工程常可作为估算的旁证，在总承包工程报价时，承包商大都采用此法估算。

（3）系数估算法。系数估算法也叫因子估算法，它是以拟建项目的主体工程费或主要设备费为基数，以其他工程费占主体工程费的百分比为系数估算项目总投资的方法。此法简单易行，但精度较低，一般用于项目建议书阶段的估算。系数估算法的种类较多，这里仅介绍其中的几种主要类型。

1）设备系数法。以拟建项目的设备费为基数，根据已建成的同类项目的建筑安装费和其他工程费等占设备价值的百分比，求出拟建项目建筑安装工程费和其他工程费，进而求出建设项目总投资。其计算公式（2-4）为：

$$C = E(1 + f_1 P_1 + f_2 P_2 + f_3 P_3 + \cdots) + I \qquad (2-4)$$

式中，C 为拟建项目投资额；E 为拟建项目设备费；P_1、P_2、P_3…为已建项目中建筑安装费及其他工程费等占设备费的比重；f_1、f_2、f_3…为由于时间因素引起的定额、价格、费用标准等变化的综合调整系数；I 为拟建项目的其他费用。

2）主体专业系数法。以拟建项目中投资比重较大，并与生产能力直接相关的工艺设备投资为基数，根据已建同类项目的有关统计资料，计算出拟建项目各专业工程（总图、土建、采暖、给水排水、管道、电气和自控等）占工艺设备投资的百分比，据以求出拟建项目各专业的投资，然后加总即为项目总投资。其计算公式为：式（2-5）：

$$C = E(1 + f_1 P_1' + f_2 P_2' + f_3 P_3' + \cdots) + I \qquad (2-5)$$

式中，P_1'、P_2'、P_3'…为已建项目中各专业工程费用占设备费的比重，其他符号同前。

3）朗格系数法。此法是以设备费为基数，乘以适当系数来推算项目的建设费用的。朗格系数包含的内容如表 2-2 所示。其计算公式为式（2-6）：

$$C = E(1 + \sum K_I)K_C \qquad (2-6)$$

式中，C 为总建设费用；E 为主要设备费；K_I 为管线、仪表、建筑物等项费用的估算系数；K_C 为管理费、合同费、应急费等项费用的总估算系数。

朗格系数所包含的内容   表 2-2

项目		固体流程	固流流程	流体流程
朗格系数		3.1	3.63	4.74
内容	(a) 包括基础、设备、绝热、油漆及设备安装费	$E \times 1.43$		
	(b) 包括上述内容加上配管工程费	(a)×1.1	(a)×1.25	(a)×1.6
	(c) 装置直接费	(b)×1.5		
	(d) 包括上述内容加上间接费，即总费用 C	(c)×1.31	(c)×1.35	(c)×1.38

总建设费用与设备费用之比为朗格系数 K_L，即式（2-7）：

$$K_L = (1 + \sum K_I)K_C \qquad (2-7)$$

运用朗格系数法估算投资的步骤如下：

① 计算设备到达现场的费用，包括设备出厂价、陆路运费、海上运输费、装卸费、关税、保险和采购费用等。

② 根据计算出的设备费乘以 1.43，即得到包括设备基础、绝热工程、油漆工程和设备安装工程的总费用（a）。

③ 以上述计算的结果（a）再视不同流程分别乘以 1.1、1.25、1.6，即可得到包括配管工程在内的费用（b）。

④ 以上述计算的结果（b）再分别乘以 1.5，即得到此装置的直接费（c），此时，装置的建筑工程、电气及仪表工程等均含在直接费用中。

⑤ 最后以上述计算的结果（c）再分别乘以 1.31、1.35、1.38（视不同流程），即得到项目的总费用 C。

若某固体流程工厂建设的设备费用为 E_1，某固流流程工厂建设的设备费用为 E_2，某流体流程工厂建设的设备费用为 E_3，则根据上述计算程序可以分别写成：

$$C_1 = E_1 \times 1.43 \times 1.1 \times 1.5 \times 1.31 = E_1 \times 3.1$$
$$C_2 = E_2 \times 1.43 \times 1.25 \times 1.5 \times 1.35 = E_2 \times 3.63$$
$$C_3 = E_3 \times 1.43 \times 1.6 \times 1.5 \times 1.38 = E_3 \times 4.74$$

【例 2-4】 某企业要在北非某地建设一座年产 30 万套汽车轮胎的工厂，已知该厂的设备到达工地的费用为 2204 万美元，试估算该项目的投资额。

【解】 轮胎工厂的生产流程基本属于固体流程，因此在采用朗格系数法时，全部数据应采用固体流程的数据。现计算如下。

① 设备到达现场的费用为 2204 万美元。

② 根据表 2-2 计算费用（a）。

(a) $= E \times 1.43 = 2204 \times 1.43 = 3151.72$ 万美元

设备、基础、绝热、油漆及安装费 $= 3151.72 - 2204 = 947.72$ 万美元

③ 计算费用 (b)。

$$(b) = E \times 1.43 \times 1.1 = 2204 \times 1.43 \times 1.1 = 3466.89 \text{ 万美元}$$

配管(管道工程)工程费 $= 3466.89 - 3151.72 = 315.17$ 万美元

④ 计算费用 (c)，即装置直接费。

$$(c) = E \times 1.43 \times 1.1 \times 1.5 = 5200.34 \text{ 万美元}$$

电气、仪表、建筑等工程费用 $= 5200.34 - 3466.89 = 1733.45$ 万美元

⑤ 计算投资。

$$C = E \times 1.43 \times 1.1 \times 1.5 \times 1.31 = 6812.45 \text{ 万美元}$$

间接费用 $= 6812.45 - 5200.34 = 1612.11$ 万美元

由此估算出该项目的总投资为 6812.45 万美元，其中间接费用为 1612.11 万美元。

(4) 比例估算法。根据统计资料，先求出已有同类企业主要设备投资占全厂建设项目投资的比例，再估算出拟建项目的主要设备投资，即可按比例求出拟建项目的建设投资。其表达式为式 (2-8)：

$$I = \frac{1}{K} \sum_{i=1}^{n} Q_i P_i \tag{2-8}$$

式中，I 为拟建项目的建设投资；K 为主要设备投资占拟建项目投资的比例；n 为设备的种类数；Q_i 为第 i 种设备的数量；P_i 为第 i 种设备的单价（到厂价格）。

(5) 指标估算法。指标估算法是把建设项目划分为建筑工程、设备安装工程、设备购置费及其他基本建设费等费用项目或单位工程，再根据各种具体的投资估算指标，进行各项费用项目或单位工程投资的估算，在此基础上，可以汇总成每一单项工程的投资。另外，再估算工程建设其他费用及设备费，即可求得建设项目总投资。

估算指标是一种比概算指标更大的单位工程指标或单项工程指标。编制方法是采用有代表性的单位或单项工程的实际资料，采用现行的概预算定额编制概预算；或收集有关工程的施工图预算或结算资料，经过修正、调整和反复综合平衡，以单项工程（装置、车间等）或工段（区域、单位工程等）为扩大单位，以"量"和"价"相结合的形式，用货币来反映活劳动与物化劳动。指标的单位可根据工艺流程的需要分区切块，按需要而变动。指标的"量"与"价"是受扩大指标单位规定的内容和范围影响而变化的，在规定的范围内，"量"是不变的，而"价"是受单价波动必须进行必要调整的。估算指标应是以定"量"为主，以定"价"为辅。故在其中应有人工数、主要设备规格表、主要材料量、主要实物工作量、各专业工程的投资等。对单项工程还应做简单的介绍，必要时还应附上工艺流程图、物料平衡表及消耗指标，为动态计算和经济分析创造条件。

使用指标估算法应根据地区、年代的不同，设备与材料价格的差异进行调整。其方法可按主要材料消耗量或"工程量"为计算依据；也可以按不同的工程项目的"万元工料消耗定额"而定不同的系数。若有关部门已颁布了有关定额或材料价差系数（物价指数），也可以据此调整。需要注意的是，使用指标估算法进行投资估算决不能生搬硬套，必须对工艺流程、定额、价格和费用标准等进行分析，经实事求是地调整与换算后，才能提高其精确度。

2. 动态投资部分的估算方法

通常，建设投资动态部分主要包括价格变动可能增加的投资额、建设期贷款利息和固

定资产投资方向调解税三部分内容，若是涉外的项目，还应计算汇率的影响。动态部分的估算应以基准年静态投资的资金使用计划为基础，而不是以编制的年静态投资为基础。

（1）涨价预备费的估算。涨价预备费的估算可按国家或部门（行业）的具体规定执行，一般按式（2-9）计算。

$$PF = \sum_{t=1}^{n} K_t \left[(1+f)^t - 1 \right] \tag{2-9}$$

式中，PF 为涨价预备费；K_t 为第 t 年投资计划额；f 为年均投资价格上涨率；n 为建设期年份数。

上式中的年度投资用计划额 K_t 可由建设项目资金使用计划表中得出，年价格变动率可根据工程造价指数信息的累计分析得出。

【例 2-5】 某工程项目的静态投资为 22310 万元，按本项目实施进度规划，项目建设期为三年，各年的投资分年使用比率为第一年 20%、第二年 55%、第三年 25%，建设期内年均价格变动率预测为 6%，求该项目建设期的涨价预备费。

【解】 第一年的年度投资使用计划额 $K_1 = 22310 \times 20\% = 4462$ 万元

第一年的涨价预备费 $= 4462 [(1+6\%) - 1] = 267.72$ 万元

第二年的年度投资使用计划额 $K_2 = 22310 \times 55\% = 12270.5$ 万元

第二年的涨价预备费 $= 12270.5 \times [(1+6\%)^2 - 1] = 1516.63$ 万元

第三年的年度投资使用计划额 $K_3 = 22310 \times 25\% = 5577.5$ 万元

第三年的涨价预备费 $= 5577.5 \times [(1+6\%)^3 - 1] = 1065.39$ 万元

建设期的涨价预备费 $= 267.72 + 1516.63 + 1065.39 = 2849.74$ 万元

（2）汇率变化对涉外建设项目动态投资的影响及计算方法。汇率是两种不同货币之间的兑换比率，或者说是以一种货币表示另外一种货币的价格。汇率的变化意味着一种货币相对于另一种货币的升值或贬值。在我国，人民币与外币间的汇率采取以本位币的人民币表示外币的形式给出，如 2016 年 6 月某日的汇率：1 美元≈6.36 元人民币。由于涉外项目的投资中包含人民币以外的币种，需要按照相应的汇率把外币投资额换算为人民币投资额，故汇率变化会对涉外项目的投资额产生影响，主要有如下两种情况。

1）外币对人民币升值。项目从国外市场购买设备和原材料所支付的外币金额不变，但换算成人民币的金额增加；从国外借款，本息所支付的外币金额不变，但换算成人民币的金额增加。

2）外币对人民币贬值。项目从国外市场购买设备和原材料所支付的外币金额不变，但换算成人民币的金额减少；从国外借款，本息所支付的外币金额不变，但换算成人民币的金额减少。

估计汇率变化对建设项目投资的影响，是通过预测汇率在项目建设期内的变动程度，以估算年份的投资额为基数计算求得的。

（3）建设期贷款利息的估算。建设期贷款利息是指建设项目固定资产投资总额中有偿使用部分在建设期间内应偿还的贷款利息及承诺费。建设期贷款利息的估算需根据项目进度计划，在明确其中外汇和人民币的前提下，提出建设投资分年计划，列出各年投资额，再按照项目可行性分析与评价报告中的项目建设资金筹措方案确定的初步贷款意向规定的利率、偿还方式和偿还期限计算；若无规定，则按项目适用的现行一般贷款利率、期限和偿还方式计算。需要注意的是，贷款利息计算中采用的利率应为有效利率而非名义利益。且可按式（2-10）把名义利率换算为有效利率：

$$i_{有效} = \left(1 + \frac{r}{m}\right)^m - 1 \tag{2-10}$$

式中，r 为名义年利率；m 为每年计息次数。

为简化计算，建设期贷款利息的计算可按当年贷款在年中支用考虑，即当年贷款按半年计息，上年贷款按全年计息，其计算公式为：

各年应计利息 ＝（年初贷款本息累计金额＋本年贷款额/2）×年利率 (2-11)

年初贷款本息累计 ＝ 上一年年初贷款本息累计＋上年贷款＋上年应计利息 (2-12)

本年贷款 ＝ 本年度固定资产投资－本年自由资金投入 (2-13)

【例 2-6】 某新建项目建设期为三年，分年均衡贷款，第一年贷款 300 万元，第二年贷款 600 万元，第三年贷款 400 万元，年利率为 12%，建设期内贷款利息只计息不支付。试计算建设期贷款利息。

【解】 在建设期，各年利息计算如下。

$$q_1 = A_1 \times i = (300 \times 12\%) \div 2 = 18 \text{ 万元}$$

$$q_2 = (A_2/2 + P_1) \times i = (300 + 18 + 600 \div 2) \times 12\% = 74.16 \text{ 万元}$$

$$q_3 = (A_3/2 + P_2) \times i \times (300 + 74.16 + 600 + 400 \div 2) \times 12\% = 143.06 \text{ 万元}$$

所以，建设期的贷款利息＝$q_1 + q_2 + q_3$＝18＋74.16＋143.06＝235.22 万元

按现行规定，国内银行贷款建设期利息按年单利计算，并按年付息，单利计算的建设期利息在建设期内偿还。因此，资金筹措方案应包括这部分利息的筹措。对于不能在建设期内支付利息的项目，则银行采用复利计算建设期贷款利息，直到项目投产期初。这部分建设期累计的贷款利息就称为"资本化利息"，计入项目总投资额内。

在国外贷款利息的计算中，还应包括国外贷款银行或金融机构根据贷款协议向贷款方以年利率的方式收取的手续费、管理费、承诺费，以及国内代理机构经国家主管部门批准的以年利率的方式向贷款单位收取的转贷费、担保费、管理费等资金成本费用。

对于有多种贷款资金来源，每笔贷款的年利率各不相同的项目，既可分别计算每笔贷款的利息，也可先算出各笔贷款加权平均的年利率，并以此利率计算全部贷款的利息。

（4）固定资产投资方向调节税的估算。

1）投资方向调节税是国家根据产业政策确定的产业发展序列和项目经济规模的要求开征的税种，实行差别税率。固定资产投资项目按其单位工程（税率表中所列的工程）分别确定适用的税率。税目、税率按国家规定的《固定资产投资方向调节税税目税率表》执行。在 2000 年 1 月 1 日暂停征收前对建设项目投资所适用该税税率的规定如表 2-3 所示。

建设项目适用投资方向调节税税率简表（2000 年 1 月 1 日前）　　　　　表 2-3

类别	档次	项目投资税目	适用税率	备注
第一类	1	农业、林业、水利、能源、交通、通信、原材料、科教、地质、勘探、矿山开采等基础产业和薄弱环节部门的项目投资	零税率	国家急需发展的项目
第二类	2	钢铁、化工、石油、水泥等部分重要原材料项目，以及一些重要机械、电子、轻工业和新型建材项目投资	5%的低税率	国家鼓励发展但受能源、交通等制约的项目

类别	档次	项目投资税目	适用税率	备注
1	第三类	配合住房体制改革，对城乡个人修建、购买住宅的投资	零税率	住宅类项目
2		对单位修建、购买一般性住宅投资	5%的低税率	
3		对单位用公款修建、购买高标准独门独院别墅式住宅投资	30%的高税率	
4	第四类	不属于上述四类的其他项目投资	15%的中等税率	1～3类之外的其他所有项目

2）投资方向调节税的计算是按照各项应计税目的单位工程及相应税率进行的，计税的基数为年度实际完成投资额。内含建筑安装工程投资、设备投资、其他投资、转出投资、待摊投资和应核销投资。基本建设项目，按其实际完成投资总额计税；更新改造项目，按其建筑工程实际完成投资总额计税；其他固定资产投资，按其实际完成投资总额计税。

3）在项目前期可行性分析与评价阶段估算投资方向调节税时，计税基数为年度固定资产投资计划数，按分年的单位工程投资额乘以相应税率，求出建设期内分年应缴纳的投资方向调节税税金，列入投资估算表和投资使用计划表。也可采用简化算法，如按固定资产投资的单位工程投资额乘以相应税率，求出投资方向调节税税金总额，列入建设期第一年投资中。

4）投资方向调节税经税务机关核定后，按计划部门下达的固定资产投资项目的单位工程年度计划投资额预缴；年度终了后按项目年度实际完成投资额进行结算；项目竣工后，按全部实际完成投资额的财务决算数进行清算，多退少补。

5）投资方向调节税税金应计入固定资产投资总额，并应在固定资产投资计划中单独列明，项目竣工后应计入固定资产原值，但不作为设计、施工和其他取费的基数。

6）对少数民族地区实行的投资方向调节税，其优惠办法有另行规定；而中外合资、合作经营企业和外资企业的固定资产投资则不适用固定资产投资方向调节税暂行条例。

三、固定资产投资总额估算的分析与评价

项目前期论证中，对于这部分由常规资源投入构成的资产进行分析与评价的内容，通常有以下6项基本要求：

固定资产投资估算评价表 　　　　　　　　　　表 2-4

序号	项目	建筑安装工程费用	设备购置费用	工程建设其他费用	工（器）具购置费用	合计	其中外币	合计比例
1	固定资产							
1.1	主要生产项目 ……							
1.2	辅助生产项目 ……							
1.3	公用工程 ……							
1.4	服务性工程 ……							
1.5	生活福利设施 ……							

序号	项目	建筑安装工程费用	设备购置费用	工程建设其他费用	工(器)具购置费用	合计	其中外币	合计比例
1.6	工/器具及生产用家具购置							
1.7	厂外工程							
1.8	其他费用							
	土地征用及补偿费							
	勘察设计费							
	……							
2	无形资产							
2.1	土地使用权							
2.2	技术转让费							
2.3	其他费用							
3	递延资产							
3.1	生产员(职)工培训费							
3.2	样品、样机购置费							
3.3	开办费、开荒费及其他							
	合计							
4	预备费用							
4.1	基本预备费							
4.2	涨价预备费							
5	总计							
6	占总估算的比例							
7	固定资产投资方向调节税							
8	建设期贷款利息							
9	固定资产投资总额							

（1）分析评价固定资产投资的估算依据和方法是否符合国家或地区的有关规定和要求。各个具体项目的投资支出估算应有合法的依据，估算方法应符合有关规范。

（2）分析投资估算的内容是否完整。工程内容和费用构成是否齐全，是否有任意扩大计费范围和提高估算标准的情况，是否有漏项、少算，人为压低或抬高造价等现象。因此，必须逐项鉴定固定资产投资内容，保证其完整无缺。

（3）对投资水平、投资构成和资产的划分与计算是否合理、正确进行分析评价。投资水平是指把拟建项目的固定资产投资与其他同类项目的固定资产投资进行比较，在规模可比的情况下，看拟建项目的投资水平的高低。投资水平一般可以从两个方面看出，第一是从总体上看，第二是从单位生产能力投资上看。通常来说，在技术进步和规模经济的要求下，固定资产投资的总水平上升，而单位生产能力投资水平下降，但在物价总水平上涨的条件下，可出现两者均上升的情况。投资构成主要是看固定资产投资的各个分项支出是否合理，例如，建筑工程投资与设备投资、其他投资支出之间的构成是否合理，主要生产设施投资与辅助性设施投资、生活福利设施投资之间的构成比例是否合理等。同时，应核查项目投入的总投资所形成的各类资产的划分及其价值的计算是否正确。

（4）分析投资估算中是否充分考虑了项目建设期间物价变动可能引起的投资变化等因

素。并依据充分地鉴定核实涨价预备费的估算是否正确，物价上涨指数的选用是否恰当。

（5）分析评价固定资产投资方向调节税的计税基数和税率选用是否正确，是否符合国家产业政策的规定和经济规模的要求，是否根据工程投资分年用款计划金额逐年计算投资方向调节税（恢复征收后）。

（6）分析评价建设期贷款利息计算中借款分年用款额是否符合项目建设的实际情况，采用的利率是否符合贷款条件，贷款利息计算中的利率是否是有效利率，利息额的计算是否正确，有无低估现象，利息的计算期是否与项目的建设期一致。

在鉴定分析过程中若发现问题，应分析原因并采取相应的措施进行修改、调整，在此基础上，编制出如表 2-4 所示的"固定资产投资估算评价表"。

第三节　流动资金的估算及其分析与评价

【本节提要】在常规资源约束条件下，建设项目前期经济性分析中对流动资金的分析与评价是伴随固定资产投资发生的永久性流动资产投资产生的，是流动资产的货币表现，主要包括货币资金、应收账款和存货等三部分。由于对流动资金需要量的估算与决策将直接影响到企业的盈利能力与清偿能力，故应按各类项目特点和分析与评价要求的不同，参照现有同类生产企业的定额指标和掌握资料的详细程度，分别采用扩大指标估算法和分项定额估算法来分别估算项目流动资金的需用量；要注意对技改扩建项目铺底流动资金的估算。对流动资金估算的分析与评价重点是鉴定所估算的总额能否满足项目的基本要求、看估算采用的方法是否正确、是否适合项目特点及符合有关规定等。

一、流动资金概述

1. 流动资金的概念与作用

作为常规资源投入建成的企业为维持正常的生产经营活动、增强承担风险和处理意外损失的能力，除拥有必需的固定资产的投资外，还需具备一定数量的可自由支配的周转资金，即企业要掌握的流动资金应足以用来购置日常生产经营过程中所需的原材料、燃料、动力等劳动对象，支付员（职）工工资，在生产中以周转资金形式用于在制品、半成品和产成品上，在项目投产前预先垫支的流动资金，它属于企业在生产经营中长期占用和用于周转的永久性流动资产。若对流动资金需要量的最初估计不足，企业或项目须采取应急措施，否则将因周转资金不足而被迫停产甚至倒闭，所以流动资金是保证企业或项目进行有效组织和维持正常生产经营活动的重要前提，是企业经营的所在。

在建设项目前期经济性分析与评价中所考虑的流动资金，是伴随固定资产投资而发生的永久性流动资产投资，它等于项目投产运营后所需全部流动资产扣除流动负债后的余额（即净流动资金），这部分资金一般通过长期负债和权益投资等长期性资金来源予以解决。

对流动资金需要量的估算与决策将直接影响到企业的盈利能力与清偿能力。因为衡量清偿能力的常用标准是流动比率，即流动资产与流动负债的比率；且流动资金通过影响企业流动负债成本，最终也要影响到企业的资金结构和资金预算。因流动资金投资与固定资产投资之间也有一个较为稳定的比例，故在经济发达和管理水平高的国家，一般流动资金投资所占比率的流动资金投资率较小，通常其流动资金投资占全部投资的比率为 4%～5%。反之，则必然较大（或高）。

2. 流动资金的构成

项目流动资金是流动资产的货币表现，从流动资产构成的主要内容看，其具体包括货币资金、应收账款和存货等。

按照新的财务制度的规定，对流动资金构成及用途的划分突出了流动资产核算的重要性，强化了对流通领域中流动资金的核算，因此流动资金结构按变现速度的快慢顺序可以划分为货币资金、应收及预付款项和存货三部分，并与流动负债（应付和预收账款）相加形成企业的流动资产。

二、流动资金的估算

项目建成投产后为维持正常生产和经营所需要的流动资产是通过流动资金（周转资金）和流动负债来解决的。即：流动资产＝流动资金＋流动负债。

项目流动资金需用量按各类项目特点和评价要求的不同，可参照现有同类生产企业的定额指标和掌握资料的详细程度，分别采用扩大指标估算法和分项定额估算法进行估算。

1. 扩大指标估算法

扩大指标估算是一种简单的估算方法。它采用相对固定的扩大指标定额（如流动资金占某种费用基数的比率）来估算流动资金，即根据现有同类企业的实际资料，求得各种流动资金率指标，也可依据行业或部门给定的参考值或经验确定比率。将各类流动资金率乘以相对应的费用基数（如销售收入、产值、产量、经营成本、总成本费用和固定资产投资等），即可估算出建设项目流动资金需要量。此法因简便易行，主要适用于项目初选时立项阶段所需的项目建议书的编制及其分析与评价时的流动资金估算。

用扩大指标估算法计算流动资金的公式如式（2-14）、（2-15）：

$$年流动资金额 ＝ 年费用基数 \times 各类流动资金率 \qquad (2\text{-}14)$$

或

$$年流动资金额 ＝ 年产量 \times 单位产品量占用流动资金额 \qquad (2\text{-}15)$$

2. 分项定额估算法

分项定额估算法也叫分项详细估算法，即按各类流动资产和流动负债的构成要素等分项内容进行估算后再加总获得企业或项目的总流动资金需用量。这是国际上通行的流动资金估算方法。运用此法计算的流动资金量大小主要取决于企业或项目的每日平均生产消耗量和定额最低周转（或储备）天数或周转次数。为此，应先算出产品的生产成本和各项成本年费用消耗量，再分别估算流动资产和流动负债的各项费用构成，据以求得项目所需年流动资金额。

分项详细估算一般按照下列程序和公式进行，如式（2-1）、（2-16）～（2-18）：

$$流动资金 ＝ 流动资产 － 流动负债 \qquad (2\text{-}1)$$

$$流动资产 ＝ 现金 ＋ 应收和预付账款 ＋ 存货 \qquad (2\text{-}16)$$

$$流动负债 ＝ 应付账款 ＋ 预收账款 \qquad (2\text{-}17)$$

$$流动资金本年增加额 ＝ 本年流动资金 － 上年流动资金 \qquad (2\text{-}18)$$

流动资产和流动负债的分项估算方法如下。

（1）现金和周转次数的估算。项目流动资金中的现金指货币资金，是在生产运营活动中停留于货币形态、必须预留的包括库存现金和银行存款的那部分资金。其计算公式为式（2-19）～（2-24）：

$$现金需要量 = （年工资及福利费 + 年其他费用）\div 现金周转次数 \quad (2-19)$$

年其他费用 = 制造费用 + 管理费用 + 销售费用 - 前三项费用中所含的

$$工资及福利费、折旧费、维检费、摊销费、修理费之和 \quad (2-20)$$

周转次数是指流动资金的各个构成项目在一年内完成了多少个生产过程。

$$周转次数 = 360/ 最低需要周转天数（次数） \quad (2-21)$$

存货、现金、应收账款和应付账款的最低周转天数可参照同类企业的平均周转天数并结合项目特点确定，或按部门（行业）规定，在确定最低周转天数时应考虑储存天数、在途天数，并考虑适当的保险系数，即：

$$周转次数 = 360/ 结算天数 \quad (2-22)$$

考虑到：

$$周转次数 = 周转额 / 各项流动资金平均占用额 \quad (2-23)$$

若已知周转次数，则：各项流动资金平均占用额 = 周转额/周转次数。 $\quad (2-24)$

（2）应收账款的估算。应收账款是指企业对外赊销商品、劳务而占用的资金。应收账款的周转额应为全年赊销销售收入。在项目前期进行的可行性分析与评价中，一般用销售收入代替赊销收入。其计算公式为式（2-25）：

$$应收账款 = 年销售收入 / 应收账款周转次数 \quad (2-25)$$

结算天数一般按 30～60 天估算。

（3）存货的估算。存货是企业在日常生产经营过程中持有以备出售，或者仍然处在生产过程，或者在生产或提供劳务过程中将消耗的材料或物料等，主要包括各种外购原材料、燃料、包装物、低值易耗品、外购商品、协作件、自制半成品和产成品等。项目可行性分析与评价中的存货通常仅考虑外购原材料、燃料、在产品、产成品，也可考虑备品/备件。其计算公式为式（2-26）：

$$存货 = 外购原材料 + 外购燃料 + 在产品 + 产成品 \quad (2-26)$$

外购原材料、燃料是指为保证企业或项目正常生产所需要的原材料、燃料、包装物、备品/备件等占用资金较多的投入物，要按品种类别逐项分别估算。计算公式如式（2-27）～（2-35）：

$$外购原材料占用资金 = 年外购原材料总成本 / 原材料周转次数 \quad (2-27)$$

$$外购燃料占用资金 = 年外购燃料总成本 / 按种类分项周转次数 \quad (2-28)$$

$$周转次数 = 360/ 最低储存天数（周转天数） \quad (2-29)$$

最低储存天数 = 在途天数 + 供应间隔天数 + 检验验收天数 + 整理入库天数 + 保险天数

$$\quad (2-30)$$

$$供应间隔天数 = 平均供应间隔天数 \times 供应间隔系数 \quad (2-31)$$

供应间隔系数根据行业特点规定，一般取 50%～60%。

$$在产品占用资金 = \frac{年外购原材料、燃料及动力费 + 年工资及福利费 + 年修理费 + 年其他制造费用}{在产品周转次数} \quad (2-32)$$

$$周转次数 = 360/ 生产周转天数 \quad (2-33)$$

$$产成品占用资金 = \frac{年经营成本}{产成品周转次数} \qquad (2\text{-}34)$$

$$生产周转次数 = 360 + 在库存储定额天数 \qquad (2\text{-}35)$$

（4）应付（预付）账款的估算。

$$应付（预付）账款 = 年外购原材料、燃料和动力费 / 周转次数 \qquad (2\text{-}36)$$

$$周转次数 = 360 / 结算天数 \qquad (2\text{-}37)$$

库存定额天数可根据项目的产品性质、市场情况和企业或项目的仓储条件来估算确定，一般产品可按一个月估算。

（5）流动负债的估算。流动负债作为需偿还的、在一年（含一年）或超过一年的一个营业期内的各种债务，包括短期借款、应付票据、应付账款、预收账款、应付工资、应付福利费、应付股利、应交税金、其他暂收应付款项、预提费用和一年内到期的长期借款等。在项目到期的可行性分析与评价中，为简便起见流动负债的估算可以只考虑应付账款和预收账款两项。其计算公式为：

$$应付账款 = （年外购原材料 + 年外购燃料费用）/ 应付账款周转次数 \qquad (2\text{-}38)$$

$$应付账款周转次数 = 年外购原材料、燃料和动力费 / 周转次数 = 360 / 结算天数$$

$$(2\text{-}39)$$

按上述公式算得的各分项流动资金额应记入"流动资金估算表"（见表 2-5）。

流动资金估算表（单位：万元）　　　　　表 2-5

序号	项目	最低周转天数	周转次数	建设期				生产期			
				1	2	3	4	5	6	...	n
1	流动资产										
1.1	应收账款										
1.2	存货										
1.2.1	原材料（含外购件）										
	A										
	B										
1.2.2	燃料										
1.2.3	在产品										
1.2.4	产成品										
1.2.5	其他										
1.3	现金										
	小计										
2	流动负债										
2.1	应付账款										
	...										
3	流动资金（1—2）										
4	流动资金本年增加额										
5	流动资金借款额										
6	流动资金借款利息										
7	自有流动资金										

3. 流动资金估算应注意的问题

（1）在项目到期的可行性分析与评价中，最低周转天数的取值对流动资金估算的准确程度有较大影响。在确定最低周转天数时应根据项目的特点、投入和产出性质、供应来源及各分项的属性，并考虑保险系数分项确定。

（2）当投入物和产出物采用不含税价格时，进行具体估算时应注意将销项税额和进项税额分别包括在相应的年费用金额中。

（3）流动资金一般应在项目投产前开始筹措。为了简化计算，流动资金可在投产第一年开始安排，并随生产运营计划的不同而有所不同，因此，流动资金的估算应根据不同的生产运营计划分年进行。

（4）用详细估算法计算流动资金，需以经营成本及其中的某些科目为基数，因此，流动资金估算应在经营成本估算之后进行。

三、铺底流动资金的估算

铺底流动资金是项目投产初期所需要的，为保证项目建成后进行试运转所必需的流动资金。按照我国现行规定，新建、扩建和技术改造项目，一般必须将项目建成投产后所需全部流动资金的30%作为铺底流动资金列入投资计划。若铺底流动资金不落实，则国家不予批准建设项目立项，银行也不予建设项目贷款。其具体计算可按式（2-40）进行。

$$\text{铺底流动资金} = \text{项目流动资金年需用量} \times 30\% \tag{2-40}$$

作为计算项目资本金的重要依据，铺底流动资金也是国家控制项目投资规模的重要指标。按照国家的现行规定，国家控制投资规模的项目总投资包括固定资产投资和铺底流动资金，并以此作为基数计算项目资本金的比例。故其计算可按式（2-41）~（2-44）顺序进行。

$$\text{项目总投资（控制规模的总投资）} = \text{固定资产总投资} + \text{铺底流动资金} \tag{2-41}$$

$$\text{固定资产投资总额} = \text{固定资产投资静态部分} + \text{固定资产投资动态部分} \tag{2-42}$$

$$\text{固定资产投资静态部分} = \text{设备及工（器）具购置费} + \text{建筑安装工程费} +$$
$$\text{工程建设其他费用} + \text{基本预备费} \tag{2-43}$$

$$\text{固定资产投资动态部分} = \text{涨价预备费} + \text{固定资产投资方向调节税} + \text{建设期贷款利息}$$
$$\tag{2-44}$$

四、对流动资金估算的分析与评价

在项目预期对流动资金估算进行分析与评价的要求如下：

（1）鉴定流动资金估算的总额能否满足项目的基本要求。即要核定作为未来企业维持正常生产经营所需用的流动资金占用量与周转期是否符合生产要求。如果发现有缺口，应立即予以调整。

（2）分析流动资金估算采用的方法是否适合项目特点和符合有关规定。为此，应按照进行前期分析与评价时可能掌握的资料、分析与评价的具体要求确定采用扩大指标估算法或是分项定额估算法，并使选用的方法能适合项目的实际情况，同时要求在评价中所采用的流动资金定额指标能够符合各个不同行业的一般规律。

（3）分析与评价新建项目流动资金的估算是否结合项目投产后生产经营的特点，判别计算方法是否正确。在此，要重点分析与评价各项流动资产和流动负债最低周转天数的取值是否正确、合理。最低周转天数应根据项目生产的特点、投入物和产出物的性质、供应来源及各项流动资产的属性，并考虑一定的保险系数后分项确定。在估算的同时，要注意计算采购各种投入物需缴纳的增值税（进项税）所占用的资金。

（4）若在鉴定、分析和评价中发现问题，应及时进行修改和调整。

第四节　对项目资金来源与资金筹措方案的分析与评价

【本节提要】在项目前期常规资源约束条件下，若已确定项目投资估算的资金总用量，则可就有关项目资金来源、筹（融）资主体及其方式、资金结构、筹资风险与资金使用计划等方面的合理性和可靠性进行进一步的分析、论证和评价，即对项目资金筹措方案可行与否进行分析与评价。本节详细介绍了对不同筹（融）资方式及筹（融）资的数量、结构、风险和成本等的分析与评价思路和具体的评估方法。

对建设项目资金筹措方案进行的分析与评价是在确定项目投资估算的资金总用量的基础上，就项目资金来源、筹（融）资方式、资金结构、筹（融）资风险及资金使用计划等的合理性和可靠性在投入常规资源条件下做的分析论证和评价，其内容既涉及分析的思路也涉及具体的模式化操作估算问题。

一、对资金来源的分析与评价

在投入常规资源条件下建设项目资金的需求主要是靠适当的资金来源渠道和筹措方案予以满足的。资金来源评估主要是分析在前期可行性分析与研究报告中所提出的各种资金来源是否正当、合理、可靠。具体应分析评价项目资金的来源是否符合国家有关法规，各项资金是否能够落实、是否合理。

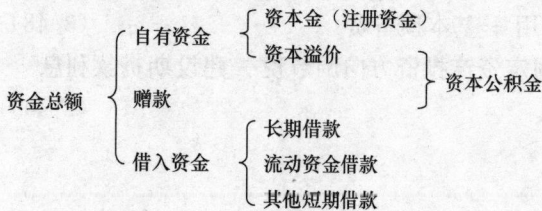

```
          ┌ 自有资金 ┌ 资本金（注册资金）
          │         └ 资本溢价 ┐
          │                    ├ 资本公积金
资金总额 ┤ 赠款                │
          │         ┌ 长期借款 ┘
          └ 借入资金 ┤ 流动资金借款
                    └ 其他短期借款
```

图 2-4　建设项目资金来源构成

按照我国现行财税制度，在项目资金筹措阶段，建设项目所需要的资金总额主要由自有资金、赠款和借入资金三部分组成（见图 2-4）。由图可见，项目筹资主要包括资本金筹措和负债融资两部分内容。资金筹措是属于自有资金，而负债融资则指借入资金。下面分别对这两种筹资融资方式进行分析。

1. 自有资金来源的分析与评价

（1）自有资金的构成。所谓自有资金，通常指投资者缴付的出资额，包括资本金和资本溢价。这里的资本金是指新建项目设立时在工商行政管理部门登记的注册资金。按照投资主体的不同，资本金一般可分为国家资本金、法人资本金、个人资本金及外商资本金等。资本溢价是指在资金筹集过程中，投资者缴付的出资额超出资本金的差额。捐赠款也是项目的资金来源之一，但仅限于极少数项目。赠款是一种投资，形成企业权益的增加，捐赠的资产价值作为投资各方的共有财产，与资本溢价一起构成资本公积金，属于企业所有者权益。资本公积金是一种资本储备形式，可以按照法定程序转增资本金。

随着我国投资体制改革的逐步深化，需要和正在建立投资风险约束机制和有效控制投资规模。从 1996 年开始，原国家计委就规定对各种经营性投资项目，包括国有单位的基本建设、技术改造、房地产开发项目和集体投资项目，实行资本金制度，要求投资项目必须首先落实资本金然后才能进行建设，即在投资项目的总投资中，除项目法人从银行或资本市场筹措的债务性资金外，还要拥有一定比例的资本金。由于公益性项目的资金来源主要由政府通过财政资金安排，所以不实行资本金制度。

（2）对资本金计算基数和比例的分析与评价。资本金的计算基数是项目的固定资产投资总额与铺底流动资金之和，而铺底流动资金是按全部流动资金的30%计算的。故其计算公式为式（2-41）、（2-45）、（2-46）：

$$项目总投资(控制规模的投资) = 固定资产投资总额 + 铺底流动资金 \quad (2-41)$$

$$项目资本金最低需要量 = 项目总投资(控制规模的投资) \times 国家规定的最低资本金比例 \quad (2-45)$$

$$项目资本金比例 = \frac{项目资本金(只含铺底流动资金)}{项目总投资(只含铺底流动资金)} \times 100\% \quad (2-46)$$

按照我国有关法规规定，投资项目资本金占总投资的比例，根据不同行业和项目的经济效益等因素确定，表2-6中的最低比例可作为分析评价的参照。资本金的出资方式可以是货币资金、实物和工业产权、非专利技术、土地使用权等无形资产。同时规定，无形资产作价出资的比例不得超过项目资本金总额的20%。但对于以高新技术成果出资入股的，作价总额可以超过公司注册资本的20%，但不得超过35%。

国家对不同行业和项目的注册资本与投资总额最低比例的规定 表 2-6

项目	序号	项目名称	比例	说明
一、国内直接投资项目注册资本与投资总额的比例	1	交通运输、煤炭项目	≥35%	1996 年标准
	2	钢铁、邮电、化肥项目	≥25%	
	3	电力、机电、建材、化工、石油加工、有色、轻工、纺织、商贸及其他行业的项目	≥20%	
	4	钢铁项目	≥40%	2004 年 4 月调整标准
	5	水泥、电解铝、房地产开发项目（不含经济适用房项目）	≥35%	
	6	铜冶炼项目	≥35%	2005 年 11 月调整标准
	备注	计算资本金基数的总投资指投资项目的固定资产投资（建设投资和建设期利息之和）与铺底流动资金之和		
二、外商投资项目（包括外商独资、中外合资、中外合作经营项目）注册资本与投资总额的比例	1	投资总额在 300 万美元以下（含 300 万美元）	70%	
	2	投资总额在 300 万美元至 1000 万美元（含 1000 万美元）	50%	其中投资总额<420 万美元的，注册资本要≥210 万美元
	3	投资总额在 1000 万美元至 3000 万美元（含 3000 万美元）	≥40%	其中投资总额<1250 万美元的，注册资本要≥500 万美元
	4	投资总额在 3000 万美元以上	≥33.33%	其中投资总额<3600 万美元的，注册资本要≥1200 万美元
	备注	投资总额指建设投资、建设期利息和流动资金之和		

（3）对资本金来源的分析与评价。项目货币资本金的资金来源通常有以下四种方式。

1）各级政府的财政预算资金，国家批准的各种专项建设基金，"拨改贷"和经营性基本建设基金回收的本息，土地批租收入、国有企业产权转让收入，地方政府按国家有关规定收取的各种税费及其他预算外资金。

2）国家授权的投资机构及企业法人的所有者权益（包括资本金、资本公积金、盈余公积金、未分配利润及股票上市收益资金等）、企业折旧资金，以及投资者按照国家规定从资本市场上筹措的权益性资金（如发行股票和可转换债券等）。

3）社会个人合法所得的资金。

4）国家规定的其他可以用来作为投资项目资本金的资金。

（4）对资本金来源可靠性的分析与评价。考虑到项目资本金来源的不同，对其可靠性进行的分析与评价主要有以下五方面的内容。

1）对出资方、出资方式、资本金来源及数额和资本金认缴进度（程度）进行分析评价，要重点分析审核各出资者承诺出资和资产评价证明的文件与材料。

2）对以发行股票方式的筹资，应重点分析评价其是否符合国家有关规定，发行的方式和股票数额是否经有关部门审批同意。

3）对于通过发行可转换债券筹资的项目应分析审核负债主体是否符合国家有关法律并经有关部门批准，要重点审核分析其转换比率、债券转换对项目法人财务结构的影响、转换前的公司债务负担及转换失败的风险等内容。

4）在分析评价资本金来源时，应防止项目法人将对外筹措的负债资金作为项目资本金，并严禁以金融机构借款作为资本金。

5）对地方政府承诺的项目资本金，应分析评价资本金到位的可能性和可靠性。

2. 借入资金来源的分析与评价

借入资金是相对于自有资金而言，需要还本付息的资金，亦称负债融资。它是指项目法人通过向银行等金融机构申请借款、经批准发行企业债券、进行融资租赁等方式筹集的用于项目建设的资金。借入资金的来源渠道有很多，但基本可以分为外汇和人民币两类主要负债融资渠道。

（1）外汇负债融资的资金来源渠道主要有国际金融组织贷款（如世界银行、国际货币基金组织和亚洲开发银行与亚洲基础设施投资银行贷款等）、出口信贷、外国政府贷款、外国银行商业贷款及银团贷款、国内金融机构的外汇贷款、调剂外汇、国际融资租赁、补偿贸易、外商直接投资、发行海外债券等资金来源。

（2）人民币负债融资的资金来源渠道主要有国家政策性银行，如国家开发银行、中国农业发展银行、中国进出口银行等的政策性投资；国有商业银行和其他商业银行，如中国建设银行、中国工商银行、中国农业银行等的贷款；交通银行、中信实业银行、光大银行和招商银行与城市合作银行等股份制商业银行借款；非银行金融机构贷款；在国内发行债券；国内融资租赁；地方财政贷款，以及国家允许在境内外经营人民币业务的其他内资或外资的跨国商业银行，如中国银行等。此外，还有其他法人以独资或联营形式投资但需偿还的资金等来源。

对借入资金来源进行的分析与评价，重点是审核分析各融资渠道（借入资金的来源渠道）的可靠性、合法性、保证性和可接受性。

3. 对资金来源的落实情况进行分析与评价

借鉴上述分析评价的思路，对资金来源的落实情况进行分析与评价要解决以下几方面的问题。

(1) 分析评价资金来源的可靠性。要分析评价资金来源渠道的可靠程度,可以从不同资金来源的角度对不同性质项目的不同限制条件和优惠政策进行分析,还应依据资金供需单位双方签订的书面协议和其他证明文件来保证资金来源的可靠性。

(2) 分析评价资金渠道的合法性。项目各项资金来源必须符合国家有关政策规定,以免造成投资风险。还应按国家有关政策合理使用资金,提高投资效益。

(3) 分析评价筹资数量的保证性。每个项目投资可以有多种资金来源,应逐项落实筹资金额的数量,以保证项目总投资不留缺口,保证全部落实总资金的需求量,以有利于顺利地按规定期限完成建设项目和减少投资成本。

(4) 分析评价外资附加条件的可接受性。对于利用外资项目,应特别注意在筹集外资过程中外方提出的附加条件是否有损于我国主权,要坚持原则地正确抉择。

4. 资金来源与融资方案的分析与评价

(1) 融资主体的确定。分析、研究项目的融资渠道和方式,提出项目的融资方案,应首先确定项目的融资主体。项目的融资主体是指进行融资活动并承担融资责任和风险的项目法人单位。正确确定项目的融资主体,有助于顺利筹措资金和降低债务偿还风险。确定项目的融资主体应考虑项目投资的规模和行业特点,项目与既有法人资产、经营活动的联系,既有法人财务状况,项目自身的盈利能力等因素。

1) 一般应以既有法人为融资主体进行的项目融资通常需要分析三种情况:①既有法人具有为项目进行融资和承担全部融资责任的经济实力;②项目与既有法人的资产及经营活动联系密切;③项目的盈利能力较差,但项目对整个企业的持续发展具有重要作用,需要利用既有法人的整体资信获得债务资金。

2) 一般应以新设法人为融资主体进行的项目融资通常需要分析三种情况:①拟建项目的投资规模较大,既有法人不具有为项目进行融资和承担全部融资责任的经济实力;②既有法人财务状况较差,难以获得债务资金,而且项目与既有法人的经营活动联系不密切;③项目自身具有较强的盈利能力,依靠项目自身未来的现金流量可以按期偿还债务。

(2) 既有法人融资与新设法人融资。按融资主体不同,项目的融资可分为既有法人融资和新设法人融资两种方式。

1) 既有法人融资方式是以既有法人为融资主体的融资方式。采用此方式的建设项目,既可为改扩建项目,也可为非独立法人的新建项目。

既有法人融资方式的基本特点有三个:①由既有法人发起项目、组织融资活动并承担融资责任和风险;②建设项目所需资金来源于既有法人的内部融资、新增资本金和新增债务资金;③新增债务资金依靠既有法人整体(包括拟建项目)的盈利能力来偿还,并以既有法人整体的资产和信用承担债务担保。

以既有法人融资方式筹集的债务资金虽用于项目投资,但债务人是既有法人。债权人可对既有法人的全部资产(包括拟建项目的资产)进行债务追索,因而债权人的债务风险较低。在此融资方式下,不论项目未来的盈利能力如何,只要既有法人能保证按期还本付息,银行就愿意提供信贷资金。故采用此融资方式,要充分考虑既有法人整体的盈利能力和信用状况,分析可用于偿还债务的既有法人整体(包括拟建项目)的未来净现金流量。

2) 新设法人融资方式是以新组建的具有独立法人资格的项目公司为融资主体的融资

方式。采用此融资方式的建设项目，项目法人大多是企业法人。

社会公益性项目和某些基础设施项目也可能组建新的企业法人来实施。采用新设法人融资方式的建设项目，一般是新建项目，但也可为将既有法人的一部分资产剥离出去后重新组建新的项目法人的改扩建项目。

新设法人融资方式的基本特点有四个：①由项目发起人（企业或政府）发起组建新的具有独立法人资格的项目公司，由新组建的项目公司承担融资责任和风险；②建设项目所需资金的来源可包括项目公司股东投入的资本金和项目公司承担的债务资金；③依靠项目自身的盈利能力来偿还债务；④一般以项目投资形成的资产、未来收益或权益作为融资担保的基础。

采用新设法人融资方式，项目发起人与新组建的项目公司分属不同的实体，项目的债务风险由新组建的项目公司承担。项目能否还贷，取决于项目自身的盈利能力，故需认真分析项目自身的现金流量和盈利能力。

项目公司股东对项目公司借款提供多大程度的担保，也是融资方案研究的内容之一。实力雄厚的股东为项目公司借款提供完全的担保，可以使项目公司取得低成本资金，降低项目的融资风险；但担保额度过高会使股东的资信下降，同时股东担保也可能需要支付担保费，从而增加项目公司的费用支出。在项目本身的财务效益好、投资风险可以有效控制的条件下，可以减少项目公司股东的担保额度。

（3）项目资本金的来源渠道和筹措方式。

1）项目资本金的特点。项目资本金（其中外商投资项目为注册资本）是指在建设项目总投资（其中外商投资项目为投资总额）中，由投资者认缴的出资额，对建设项目来说是非债务性资金，项目法人不承担这部分资金的任何利息和债务；投资者可按其出资的比例依法享有所有者权益，也可转让其出资，但一般不得以任何方式抽回。

资本金是确定项目产权关系的依据，也是项目获得债务资金的信用基础。资本金没有固定的按期还本付息压力。股利是否支付和支付多少，视项目投产运营后的实际经营效果而定。因此，项目法人的财务负担较小。

2）项目资本金的出资方式。投资者可用货币出资，也可用实物、工业产权、非专利技术、土地使用权、资源开采权等作价出资。作价出资的实物、工业产权、非专利技术、土地使用权和资源开采权，要经过有资质（格）的资产评价机构评估作价，其中以工业产权和非专利技术作价出资的比例一般不得超过项目资本金总额的20%（经特别批准，部分高新技术企业可以达到35%以上）。

为使建设项目保持合理的资产结构，应根据投资各方及建设项目的具体情况选择项目资本金的出资方式，以保证项目能顺利建设并在建成后能正常运营。

3）项目资本金的来源渠道和筹措方式。

① 股东直接投资。股东直接投资包括政府授权投资机构入股的资金、国内外企业入股的资金、社会团体和个人入股的资金以及基金投资公司入股的资金，分别构成国家资本金、法人资本金、个人资本金和外商资本金。

既有法人融资项目股东直接投资表现为扩充既有企业的资本金，包括原有股东增资扩股和吸收新股东投资；新设法人融资项目，股东直接投资表现为项目投资者为项目提供资本金；合资经营公司的资本金由企业的股东按股权比例认缴，合作经营公司的资本金由合作投资方按预先约定的金额投入。

② 股票融资。无论是既有法人融资项目还是新设法人融资项目，凡符合规定条件的，均可通过发行股票在资本市场募集股本资金。股票融资可采取公募与私募两种形式。公募又称公开发行，是在证券市场上向不特定的社会公众公开发行股票。为保障广大投资者的利益，国家对公开发行股票有严格的要求，发行股票的企业要有较高的信用，符合证券监管部门规定的各项发行条件，并获得证券监管部门的批准后方可发行。私募又称不公开发行或内部发行，是指将股票直接出售给少数特定的投资者。

通常，股票融资具有五大特点：a. 股票融资所筹资金是项目的股本资金，可作为其他方式筹资的基础，可增强融资主体的举债能力；b. 股票融资所筹资金没有到期偿还的问题，投资者一旦购买股票便不得退股；c. 普通股股票的股利支付可视融资主体的经营好坏和经营需要而定，因而融资风险较小；d. 股票融资的资金成本较高，因为股利需从税后利润中支付，不具有抵税作用，而且发行费用也较高；e. 上市公开发行股票必须公开披露信息，接受投资者和社会公众的监督。

③ 政府投资。政府投资资金（含各级政府的财政预算内资金、国家批准的各种专项建设基金、统借国外贷款、土地批租收入、地方政府按规定收取的各种费用及其他预算外资金等）主要用于关系国家安全和市场不能有效配置资源的经济和社会领域，包括加强公益性和公共基础设施建设、保护和改善生态环境、促进欠发达地区的经济和社会发展、推进科技进步和高新技术产业化等领域。中央政府投资除本级政权建设外，主要安排跨地区、跨流域及对经济和社会发展全局有重大影响的项目（如三峡工程、青藏铁路等）。

对政府投资资金，国家根据资金来源、项目性质和调控需要，分别采取直接投资、资本金注入、投资补助、转贷和贷款贴息等方式按项目安排使用。

在项目前期的可行性分析与评价中，对投入的政府投资资金，应视资金投入的不同情况做不同的处理：对全部使用政府直接投资的项目，一般为非经营性项目不需进行融资方案分析；对以资本金注入方式投入的政府投资资金，在项目前期的分析与评价中应视为权益资金；对以投资补贴、贷款贴息等方式投入的政府投资资金，在项目前期的分析与评价中应视为现金流入，根据具体情况分别处理；但对以转贷方式投入的政府投资资金（统借国外贷款），在项目前期的可行性分析与评价中应视为债务资金。

（4）项目债务资金的来源渠道和筹措方式。债务资金作为项目投资中以负债方式从金融机构、证券市场等资本市场取得的资金，通常具有三个基本特点：①资金在使用上具有时间性限制，到期必须偿还；②无论项目的融资主体今后经营效果好坏，均需按期还本付息，从而形成企业的财务负担；③资金成本一般比权益资金低，且不会分散投资者对企业的控制权。

前期可行性分析与评价的项目债务资金，其来源渠道和筹措方式一般有以下9种。

1）商业银行贷款。这是我国建设项目获得短期、中长期贷款的重要渠道，且国内商业银行贷款手续简单、成本较低，适用于有偿债能力的建设项目。

2）政策性银行贷款。该贷款一般期限较长，利率较低，是为配合国家产业政策等的实施，对有关的政策性项目提供的贷款。我国政策性银行有国家开发银行、中国进出口银行和中国农业发展银行等。

3）外国政府贷款。这是一国政府向另一国政府提供的具有一定的援助或部分赠予性质的低息优惠贷款。

目前我国可利用的外国政府贷款主要有日本国际协力银行贷款、日本能源贷款、美国国际开发署贷款、加拿大国际开发署贷款，以及德国、法国等国的政府贷款。

外国政府贷款的特点主要有三个：①在经济上带有援助性质，期限长，利率低，有的甚至无息，一般年利率为2%～4%，还款平均期限为20～30年，最长可达50年；②一般以混合贷款方式提供，即在贷款总额中，政府贷款一般占1/3，其余2/3为出口信贷；③贷款一般都限定用途，如用于支付从贷款国进口设备，或用于某类项目建设。

我国各级财政可为外国政府贷款提供担保，并按财政担保方式分为国家财政部担保、地方财政厅（局）担保、无财政担保三类。

4）国际金融组织贷款。这是国际金融组织按照章程向其成员国提供的各种贷款。目前与我国关系最为密切的国际金融组织是国际货币基金组织（IMF）、世界银行（BOW）和亚洲开发银行（ADB）以及由我国主导刚刚成立的亚洲基础设施投资银行（AIIB）、金砖国家开发银行（BDB）等。国际金融组织一般都有自己的贷款政策，只有这些组织认为应当支持的项目才能得到贷款。使用国际金融组织的贷款需按这些组织的要求提供资料，并且需按照规定的程序和方法来实施项目。

国际货币基金组织（International Monetary Fund，简称IMF）的贷款只限于成员国财政和金融当局，不与任何企业发生业务，贷款用途限于弥补国际收支逆差或用于经常项目的国际支付，期限为1～5年。

世界银行（Bank OF World，BOW是世界银行集团的简称）的贷款具有四个特点：①贷款期限较长，一般为20年左右，最长可达30年，宽限期为5年；②贷款利率实行浮动利率，随金融市场利率的变化定期调整，但一般低于市场利率，对已订立贷款契约而未使用的部分，要按年征收0.75%的承诺费；③通常对其资助的项目只提供货物和服务所需要的外汇部分，占项目总额的30%～40%，个别项目可达50%，但在某些特殊情况下，世界银行也提供建设项目所需要的部分国内费用；④贷款程序严密，审批时间较长，借款国从提出项目到最终同世界银行签订贷款协议获得资金，一般要一年半到两年时间。

亚洲开发银行（Asian Development Bank，ADB，简称"亚行"）的贷款分为硬贷款、软贷款和赠款。硬贷款是由亚行普通资金提供的贷款，贷款的期限为10～30年，含2～7年的宽限期，贷款的利率为浮动利率，每年调整一次。软贷款又称优惠利率贷款，是由亚洲开发银行开发基金提供的贷款，贷款的期限为40年，含10年的宽限期，不收利息，仅收1%的手续费，此种贷款只提供给还款能力有限的发展中国家。赠款资金由技术援助特别基金提供。

亚洲基础设施投资银行（Asian Infrastructure Investment Bank，简称"亚投行"，AI-IB）由中国牵头和主要出资与主导的一个政府间性质亚洲区域多边开发机构，成立宗旨在促进亚洲区域的建设互联互通化和经济一体化的进程，重点支持和加强中国及其他亚洲国家和"一带一路"（即新"丝绸之路"经济带和"海上丝绸之路"）沿线国家和地区的基础设施建设，因其在2015年底才成立，故有关具体贷款的规定和制度还在制定过程中。

金砖国家开发银行（BRICS Development Bank，俗称金砖银行）是由金砖国家（巴西、俄罗斯、印度、中国、南非5个国家）组织成员共同建立，并于2015年7月开业的国际性金融机构。

5）出口信贷。出口信贷指设备出口国政府为促进本国设备出口，鼓励本国银行向本国出口商或外国进口商（或进口方银行）提供的贷款。贷给本国出口商的称卖方信贷，贷给外国进口商（或进口方银行）的称买方信贷。贷款的使用条件是购买贷款国的设备。出口信贷利率通常要低于国际上商业银行的贷款利率，但需支付一定的附加费用（管理费、承诺费、信贷保险费等）。

6）银团贷款。银团贷款即多家银行组成一个集团，由一家或几家银行牵头，采用同一贷款协议，按共同约定的贷款计划，向借款人提供贷款的贷款方式。银团贷款除具有一般银行贷款的特点和要求外，因参加银行较多，需多方协商，贷款过程周期长。使用银团贷款，除支付利息之外，按国际惯例，通常还要支付承诺费、管理费、代理费等。银团贷款主要适用于资金需求量大、偿债能力较强的建设项目。

7）企业债券。企业债券是企业以自身的财务状况和信用条件为基础，依照《中华人民共和国证券法》、《中华人民共和国公司法》等法律、法规规定的条件和程序发行的，约定在一定期限内还本付息的债券，如三峡债券、铁路债券等。企业债券代表着发债企业和债券投资者之间的一种债权债务关系。债券投资者是企业的债权人，不是所有者，无权参与或干涉企业经营管理，但有权按期收回本息。

企业债券融资的特点是：筹资对象广、市场大，但发债条件严格、手续复杂；其利率虽低于银行贷款利率但发行费用较高，需要支付承销费、发行手续费、兑付手续费及担保费等费用。适用于资金需求大、偿债能力较强的建设项目。目前我国企业债券的发行总量需纳入国家信贷计划，申请发行企业债券要经严格的审核，只有实力强、资信好的企业才有可能被批准发行企业债券，还要有实力很强的第三方提供担保。

8）国际债券。国际债券即一国政府、金融机构、工商企业或国际组织为筹措和融通资金，在国际金融市场上发行的、以外国货币为面值的债券。其重要特征是债券发行者和债券投资者属于不同的国家，筹集的资金来源于国际金融市场。

按照发行债券所用货币与发行地点的不同，国际债券主要有外国债券和欧洲债券两种。发行国际债券的优点是资金规模巨大、稳定、借款时间较长，可以获得外汇资金；缺点是发债条件严苛、信用要求高、筹资成本高、手续复杂，适用于资金需求大，能吸引外资的建设项目。因国际债券的发行涉及国际收支管理，国家对企业发行国际债券进行严格的管理。

9）融资租赁。融资租赁是资产拥有者在一定期限内将资产租给承租人使用，由承租人分期付给一定租赁费的融资方式，也是一种以租赁物品的所有权与使用权相分离为特征的信贷方式。融资租赁通常由出租人按承租人选定的设备，购置后出租给承租人长期使用。在租赁期内，出租人以收取租金的形式收回投资，并取得收益；承租人支付租金租用设备进行生产经营活动。租赁期满后，出租人一般将设备作价转让给承租人。

融资租赁的优点是企业可不必预先筹集一笔相当于资产买价的资金就可以获得所需资产的使用权。此融资方式适用于以购买设备为主的建设项目。

（5）既有法人内部的融资。

1）建设项目采用既有法人融资方式，既有法人的资产也是项目建设资金的来源之一。既有法人资产在企业资产负债表中表现为企业的现金资产和非现金资产，它可能由企业的所有者权益形成，也可能由企业的负债形成。企业现有资产主要来源于三个方面：①企业股东过去投入的资本金；②企业对外负债的债务资金；③企业经营所形成的净现金流量。

对于企业的某一项具体资产来说，通常无法确定它是资本金形成的，还是债务资金形成的。当企业采用既有法人融资方式，以企业的资产或资产变现获得的资金，投资于本企业的改扩建项目时，在项目可行性分析与评价中同样不能确定其属性是资本金，还是债务资金。但当 A 企业以现有资产投资于另一个具有独立法人资格的 B 项目（企业）时，对 B 项目（企业）而言，A 企业投入的资产就应视为资本金。

2）既有法人内部融资的渠道和方式。

① 可用于项目建设的货币资金。这包括既有法人现有的货币资金和未来经营活动中可能获得的盈余现金。现有的货币资金是指现有的库存现金和银行存款，扣除必要的日常经营所需的货币资金额，多余的货币资金可用于项目建设；未来经营活动中可能获得的盈余现金，是指在拟建项目的建设期内，企业在经营活动中获得的净现金节余，可以抽出一部分用于项目建设。企业现有的库存现金及银行存款可通过企业的资产负债表了解；企业未来经营活动可能获得的盈余现金，需通过对企业未来现金流量的预测来估算。

② 资产变现的资金。这是指既有法人将流动资产、长期投资和固定资产变现为现金的资金。企业可以通过加强财务管理，提高流动资产周转率，减少存货、应收账款等流动资产占用而取得现金，也可出让有价证券取得现金。企业的长期投资包括长期股权投资和长期债权投资，一般都可通过转让而变现。企业的固定资产中，有些因产品方案改变而被闲置，有些因技术更新而被替换，都可出售变现。

③ 资产经营权变现的资金。这是指既有法人可将其所属资产经营权的一部分或全部转让以取得现金用于项目建设的情况。如某企业将其已建成的一座大桥的 45% 的经营权转让给另一家公司，转让价格为未来 15 年这座大桥收益的 45%，然后将这笔资金用于建设另一项目。

④ 直接使用非现金资产。既有法人的非现金资产（包括实物、工业产权、非专利技术、土地使用权等）适用于拟建项目的，经资产评估作价可直接用于项目建设。当既有法人在改扩建项目中直接使用本单位的非现金资产时，其资产价值应计入"或有项目"的项目总投资中，但不能计为新增投资。

（6）准股本资金。准股本资金是一种既具资本金性质，又有债务资金性质的资金。该资金主要有以下两种。

1）优先股股票。该股票是一种兼具资本金和债务资金特点的有价证券。从普通股股东的立场看，优先股可视为一种负债；但从债权人的立场看，优先股可视为资本金。

如同债券一样，优先股股息有一个固定的数额或比率，一般大大高于银行的贷款利息，该股息不随公司业绩的好坏而波动，且可先于普通股股东领取股息；若公司破产清算，优先股股东对公司剩余财产有先于普通股股东的要求权。优先股通常不参与公司的红利分配，持股人无表决权，也不能参加公司的经营管理。优先股股票相对于其他债务融资一般处于较后的受偿顺序，且股息在税后利润中支付。在项目前期的可行性分析与评价中优先股股票应视为项目资本金。

2）可转换债券。可转换债券是一种可以在特定时间、按特定条件转换为普通股股票的特殊企业债券，兼有债券和股票的特性。可转换债券有三大特点：①债权性，与其他债券一样，可转换债券也有规定的利率和期限，债券持有人可以选择持有债券到期，收取本金和利息；②股权性，可转换债券在转换成股票之前是纯粹的债券，但在转换成股票之后，原债券持有人就由债权人变成了公司的股东，可参与企业的经营决策和红利分配；③可转换性，债券持有人有权按照约定的条件将债券转换成股票。转股权是投资者享有的、普通企业债券所没有的选择权。可转换债券在发行时通常会明确约定，债券持有人可按照发行时约定的价格将债券转换成公司的普通股股票。若债券持有人不想转换，则可继续持有债券，直到偿还期满时收取本金和利息，或在流通市场上出售变现。

因可转换债券附有普通企业债券所没有的转股权，故可转换债券利率通常低于普通企业债券利率，企业发行可转换债券有助于降低资金成本，但其在一定条件下可转换为公司的股票，因而可能会造成股权的分散。在项目前期的可行性分析与评价中应视可转换债券为项目债务资金。

二、对资金筹措方案的分析与评价

资金筹措是根据项目投资估算的结果，研究落实资金来源渠道和资金筹措方式，从中选择具有资金获取方便、筹（融）资结构合理、使用安排合适、筹（融）资条件优惠、综合资金成本最低和融资风险最小的筹资方案的过程。

一个资金筹措方案通常有负债属性的融资（含银行借款和向社会借支）和既有增资扩股吸收投资的增加资本金（资本投入），又有回收资金（应收账款、其他应收款、资产变现收入等）来源渠道方式等内容。在筹资数量和投放时间一定时，除通常应从市场价格的变化、筹资费用和建设期贷款利息等方面对投资需要量的测算进行分析核查，依此评价筹措的资金数量能否保证项目建设方案的顺利进行外，还应注意年度资金的投入量，以便合理安排资金的投放和回收，减少资金的占用，加快资金的周转。为此，应重点对资金筹措方案的以下四个方面进行优选分析和比较评价。

1. 分析评价筹资结构

对于各种可能获得的资金来源，要在初步分析比较其各自利弊的基础上，组成若干个由各种不同资金来源比例搭配组合的筹资方案。筹资结构的分析评价就是对各种不同资金来源组合的筹资方案进行组合比例分析（包括项目资本金与项目债务资金的结构比例、项目资本金内部结构的比例和项目债务资金内部结构的比例三类方案），分析各种组合方案是否符合国家的规定和满足实际需要，是否能够提供最方便的资金获取方式和收到最佳的投资效益。

项目的筹资结构包含有各种筹资方式的结构比例，如长期融资和短期融资、负债融资和权益融资、国外融资和国内融资等的结构比例。在此，最关键、最重要的是应考虑自有资金（权益融资）的项目资本金与借入资金（负债融资）项目债务资金的结构比例，此为项目资金结构中最重要的比例关系，因其直接影响到项目投产经营后企业的资产负债比例、项目的还本付息能力和投资回收情况。通常，项目投资者希望投入较少的资本金获得较多的债务资金，尽可能降低债权人对股东的追索；而提供债务资金的债权人则希望项目能够有较高的资本金比例，以降低债权的风险。当资本金比例降低到银行不能接受的水平时，银行将会拒绝贷款。资本金与债务资金的合理比例需由各个参与方的利益平衡来决定。一般规律是当投资项目的收益率高于借款利率时，企业通过适度举债，可提高企业自有资金（或资本金）利润率，即可获得最有利的财务杠杆效应，使企业价值增大（或股本财富加大）。但若借款太多，也必然加重企业的利息和借款债务负担，一旦企业经营不善，就会使企业因难以承受债务负担而造成投资风险。因此，在前期对项目筹资结构进行的可行性分析评价中，应审查分析的主要内容是国内项目与外商投资项目中的两种资本金比例是否符合国家政策规定和银行借款的要求；分析在项目负债经营时，是否能保证项目投资收益率高于筹资的综合资金成本率；分析筹资负债是否与企业的资金结构（筹资结构）及偿债能力相适应。

对反映债权各方为项目提供债务资金数额比例的项目债务资金结构比例（含债务期限比例、内债和外债比例及外债中各币种债务的比例等），分析评价可借鉴下列六条经验。

（1）根据债权人提供债务资金的条件（包括利率、宽限期、偿还期及担保方式等）合理确定各类借款和债券的比例，以降低融资成本和融资风险。

（2）合理搭配短期、中长期债务比例，适当安排些短期负债可降低总的融资成本，但过多采用短期负债，会产生财务风险，大型基础设施项目的负债融资应以长期债务为主。

（3）合理安排债务资金的偿还顺序，尽可能先偿还利率较高的债务，后偿还利率低的债务。对有外债的项目，因有汇率风险，通常应先偿还硬货币（指货币汇率比较稳定，且有上浮趋势的货币）的债务，后偿还软货币（指汇率不稳定，且有下浮趋势的货币）的债务，应使债务本息的偿还不致影响企业或项目正常生产运营所需的现金量。

（4）合理确定内外债的比例，该比例主要取决于项目用汇量。从项目本身的资金平衡考虑，产品内销的项目尽量不要借用外债，可采用投资方注入外汇或以人民币购汇解决。

（5）遵循两大原则合理选择好外汇币种：首选可自由兑换货币，即实行浮动汇率制且有人民币报价的（如美元、英镑、日元等）货币，以利于外汇风险的防范和外汇资金的调拨；再用硬货币收汇和用软货币付汇，对建设项目的外汇贷款选择还款币种时，尽可能选择软货币。当然，软货币的外汇贷款利率通常较高，这就需要在汇率变化与利率差异之间做出预测和抉择。

（6）合理确定利率结构。当资本市场利率水平相对较低，且有上升趋势时，尽量借固定利率贷款；当资本市场利率水平相对较高，且有下降趋势时，尽量借浮动利率贷款。

2. 分析评价筹资风险

项目筹资由于筹资方式的不同，可能存在的风险也不同。筹资风险主要是指因改变筹资结构而使企业丧失偿债能力和降低资本金收益率的可能性。这种风险主要来自企业的经营方式、资金的组织形式、利率和汇率的变化。因此，在项目前期必须进行有关经营风险和财务风险的可行性分析评价。自有资金作为权益资本因其属于项目所在企业长期占用的资金，故不存在还本付息的偿债负担和风险。而债务资金则因需要还本付息，并因金额、用途和期限的不同而承担不同的偿债压力。故在对筹资方案进行风险分析时，要分析筹资方案中存在哪些风险，必须周密地考虑不同债务筹资方式可能引起的筹资风险，据此指出合理的风险规避方案。

通常，资本金所占比例越高，企业的财务风险和债权人的风险越小，可能获得的债务资金利率也较低。债务资金的利息是在所得税前列支的，可以起到合理减税的效果。在项目的收益不变、项目投资财务内部收益率高于负债利率的条件下，由于财务杠杆的作用，资本金所占比例越低，资本金财务内部收益率就越高，同时企业的财务风险和债权人的风险也越大。因此，一般认为，在符合国家有关资本金（注册资本）比例规定、符合金融机构信贷法规及债权人有关资产负债比例的要求的前提下，既能满足权益投资者获得期望投资回报的要求，又能较好地防范财务风险的比例是较理想的资本金与债务资金的比例。其分析与评价方法通常可以采用杠杆系数法和指标分析法来分析筹资风险。特别是对于项目的国外借款筹资方案，应重点对国外借款利率和汇率的变化可能引起项目投资效益下降的风险进行定量分析，充分估计利率与汇率的变化趋势，通过选择理想的筹资方案，避免重大的风险和损失。

有关融资风险的分析与评价，在融资方案分析中应注意对各种融资活动存在的有可能使投资者、项目法人、债权人等各方蒙受损失的风险进行识别和比较，并对最终推荐的融资方案提出防范风险的对策。一般分析时应重点考虑下列三类融资风险因素。

(1) 资金供应风险。这是指在项目实施过程中因资金不落实，原因常为已承诺出资的股本投资者由于出资能力有限（或因拟建项目的投资效益缺乏足够的吸引力）而不能（或不再）兑现承诺；或原定发行股票、债券计划不能实现；或既有企业法人因经营状况恶化，无力按原定计划出资等，导致建设工期延长，工程造价上升，使原定投资效益目标难以实现的可能性。为防范此风险，要认真做好资金来源可靠性分析，在选择股本投资者时，应选择资金实力强、既往信用好、风险承受能力强的投资者。

(2) 利率风险。这是指因利率变动导致资金成本上升，给项目造成损失的可能性。利率水平随金融市场情况而变动，未来市场利率的变动会引起项目资金成本发生变动：采用浮动利率，项目的资金成本随利率的上升而上升，随利率的下降而下降。采用固定利率，如果未来利率下降，项目的资金成本不能相应下降，相对资金成本将升高。因此，无论采用浮动利率还是固定利率都存在利率风险。为了防范利率风险，应对未来利率的走势进行分析，以确定采用何种利率。

(3) 汇率风险。这是指由于汇率变动给项目造成损失的可能性。国际金融市场上各国货币的比价在时刻变动，使用外汇贷款的项目，未来汇率的变动会引起项目资金成本发生变动以及未来还本付息费用支出的变动。某些硬货币贷款利率较低，但汇率风险较高；软货币则相反，汇率风险较低，但贷款利率较高。为了防范汇率风险，使用外汇数额较大的项目时应对人民币的汇率走势、所借外汇币种的汇率走势进行分析，以确定借用何种外汇币种及采用何种外汇币种结算。一般情况下应尽量借用软货币。

3. 分析评价筹资成本

筹资成本也叫资金成本，是企业在筹集资金时一次性支出的、为筹集和使用资金而付的代价或支付的费用，可作为筹资金额的一项内容被扣除，包括资金占用费和资金筹集费两大项。筹资成本是选择资金来源和拟定筹资方案的重要依据，也是分析与评价投资项目投资收益、决定投资方案取舍的重要标准。项目不仅要选择筹资成本最低的筹资方案，而且筹资成本还可作为衡量企业经营成果的基准尺度，使经营利润率高于筹资成本率。项目筹资成本通常表示为资金成本率的相对数，是企业资金占用费与筹集资金净额之比。其数学表达式为式（2-47）：

$$资金成本率 = \frac{资金占用费}{(筹集资金总额 - 资金筹集费)} \times 100\% \qquad (2\text{-}47)$$

由于资金筹集费一般与筹集资金总额成正比，所以一般用筹资费用率表示资金筹集费，因此资金成本率公式也可以表示为式（2-48）：

$$资金成本率 = \frac{资金占用费}{筹集资金总额 \times (1 - 筹资费用率)} \times 100\% \qquad (2\text{-}48)$$

即：

$$K = \frac{D}{P - F} = \frac{D}{P(1 - f)} \tag{2-49}$$

式中，K 为资金成本率；f 为筹资费用率；D 为资金占用费；P 为筹集资金总额；F 为资金筹集费。

因实际工作中不同的筹资方式的筹资成本各不相同，故在进行筹资方案的比选分析时，先要分别计算各种筹资方式的资金成本，如债务性银行借款、发行债券和权益性股权融资、融资租赁等形式的资金成本；再以各种融资方式的筹资规模（筹资额）占项目筹资总规模（筹资总额）的比重为权重，计算筹资方案的加权平均资金成本，从而得到项目综合资金成本。通过分析比较各种筹资方案的资金成本，合理调整资本结构，就可达到以最低的综合资金成本筹集到项目所需资金的目的，找出筹资结构最佳的筹资方案。下面是有关筹资成本的计算方法。

（1）债务资金成本的计算。债务资金成本由债务资金筹集费和债务资金占用费组成，所谓债务资金筹集费，是指在债务资金筹集过程中所需支付的各项费用，如发行股票或债券所需支付的发行手续费、印刷费、律师费、代办费、资信评价费、公证费、担保费、广告费、资产评价（估）费和承诺费等，而债务资金占用费则是指占用资金所需支付的经常性费用，如股票的股息、银行借款或发行债券的利息等。含筹资费用的税后债务资金成本的表达式为（2-50）：

$$P_0(1 - F) = \sum_{t=1}^{n} \frac{P_0 + I_t(1 - T)}{(1 + K_d)^t} \tag{2-50}$$

式中，P_0 为债券发行额或长期借款金额，即债务现值；F 为债务资金筹资费用率；I_t 为约定的第 t 期末支付的债务利息；K_d 为所得税后债务资金成本；T 为所得税税率；n 为债务期限，通常以年表示。

且等号左边是债务人的实际现金流入；右边为债务引起的未来现金流出的现值总额。本式中忽略不计债券兑付手续费。使用该式时应根据项目具体情况确定债务期限内各年的利息是否应乘以 $(1 - T)$，如在项目的建设期内不应乘以 $(1 - T)$，在项目运营期内的所得税免征年份也不应乘以 $(1 - T)$。具体计算时又常分下列两种情况进行。

1）银行借款的筹资成本。借款成本是指在考虑筹资费用的情况下的借款利息和筹资费用。由于借款利息计入税前成本费用，可起抵税的作用，故借款的资金成本有式（2-51）。

$$K_i = \frac{I_i(1 - T)}{L(1 - f_i)} = \frac{R_i(1 - T)}{1 - f_i} \tag{2-51}$$

式中，K_i 为银行借款成本；I_i 为银行借款年利息；R_i 为银行借款利率；T 为所得税税率；L 为银行借款筹资额（借款本金）；f_i 为银行借款筹资费率。

2）债券成本。发行债券的成本主要是债券利息和筹资费用。债券的筹资费用常因较高而不可忽略；债券利息与长期借款利息的处理相同。其计算公式为式（2-52）：

$$K_b = \frac{I_b(1 - T)}{B(1 - f_b)} = \frac{R_b(1 - T)}{1 - f_b} \tag{2-52}$$

式中，K_b 为债券筹资成本；I_b 为债券年利息；B 为债券筹资额；f_b 为债券筹资费用率；R_b 为债券利率；T 为所得税税率。

（2）权益资金成本的估算。因为很难对项目未来的收益及未来风险所要求的风险溢价做出准确的测定，故而有关权益资金成本的估算常用的有以下三种算法。

1）采用资本资产定价模型法时权益资金成本的计算公式为式（2-53）：

$$K_s = R_f + \beta(R_m - R_f) \tag{2-53}$$

式中，K_s 为权益资金成本；R_f 为社会无风险投资收益率；β 为项目的投资风险系数；R_m 为市场投资组合预期收益率。

2）采用税前债务成本加风险溢价法时权益资金成本的计算公式为式（2-54）：

$$K_s = K_b + RP_c \tag{2-54}$$

式中，K_s 为权益资金成本；K_b 为所得税前的债务资金成本；RP_c 为投资者比债权人承担更大风险所要求的风险溢价。

3）采用股利增储型方法时权益资金成本的计算公式为式（2-55）：

$$K_s = D_1/P_0 + G \tag{2-55}$$

式中，K_s 为权益资金成本；D_1 为预期年股利额；P_0 为普通股市价；G 为普通股利年增长率。

具体运用时，常分成下列三种情况进行处理。

① 普通股成本。普通股成本属于权益筹资成本。权益资金的占用费是向股东分派的股利，而股利是以所得税后的净利支付的，故其不能抵减所得税。具体的计算公式是式（2-56）：

$$K_s = \frac{D_c}{P_c(1 - f_c)} + G \tag{2-56}$$

式中，K_s 为普通股成本；D_c 为预期年股利额；P_c 为普通股筹资额（票面值）；f_c 为普通股筹资费用率（手续费率，按发行价的百分比计）；G 为普通股利年增长率；$P_c(1 - f_c)$ 为实收普通股金额。

② 优先股成本。通常，优先股的优先权利体现在其优先于普通股分得股利，但优先股的股利不能在税前扣除。其基本计算公式为式（2-57）：

$$K_p = \frac{D}{P_p(1 - f_p)} \tag{2-57}$$

式中，K_p 为优先股成本；D 为年支付的优先股股利；P_p 为优先股筹资额（票面价值）；f_p 为优先股筹资费率（手续费率）；$P_p(1 - f_p)$ 为企业实收优先股金额。

③ 保留利润（留存盈余）成本。保留利润一般指企业从税后利润总额中扣除股利之后保留在企业的剩余盈利，包括盈余公积金和未分配利润。它是企业经营所得净收益的积余，属于企业主或股东所有，可留存作为股本再投资。根据机会成本原理计算，留存盈余的资金成本计算公式为式（2-58）：

$$K_t = R(1 - T)(1 - f) \tag{2-58}$$

式中，K_t 为保留利润的资金成本；R 为股东使用保留利润向外投资预计可获取的利润率；f 为经纪人手续费率；T 为投资者应交纳的所得税税率。

若股东将留存盈余留用于企业或项目，想从中获取投资报酬，则不存在向外投资的机会成本，此时，留存盈余的计算与普通股成本的算法相同，按股票收益率加增长率进行。其计算公式为式（2-59）：

$$K_t = \frac{D_c}{P_c} + G \tag{2-59}$$

（3）综合资金成本的计算。为比较不同融资方案的资金成本，需计算加权平均资金成本，这是筹资方案中各种资金筹集方式的单项资金成本的加权平均值。该成本一般是以各种资金占全部资金的比重为权数，对个别资金成本进行加权平均确定的。其计算公式为式（2-60）：

$$K_w = \sum_{j=1}^{n} K_j W_j \qquad (2-60)$$

式中，K_w 为加权平均资金成本或称综合（筹资）资金成本；K_j 为第 j 种个别资金成本或称单项筹资方式的资金成本；W_j 为第 j 种个别资金成本占全部资金的比重（权数）或称单项筹资金额占全部筹资总额的比重（权数）；n 为筹资方式的种类。

总之，在对筹资方案进行可行性分析与评价时，重点要对项目筹资方案的安全性、经济性和可靠性等方面的主要问题做进一步的分析与论证。在此，安全性是指筹资风险对筹资目标的影响程度；经济性是指筹资成本最低；而可靠性是指筹资渠道有无保证，是否符合国家政策规定。只有解决了以上问题，才能最后对资金筹措方案进行综合分析，提出最优的筹（融）资方案。

三、对资金使用计划的分析与评价

1. 编制资金使用计划的依据和原则

在资金筹措方案确定后，应根据项目实施规划的要求，编制资金使用计划，以便在完成项目实施计划任务的基础上，更合理、有效地利用资金。因此，在资金使用计划的编制过程中，必须把资金的使用计划安排和筹资方案紧密结合起来，使其相互衔接，保证资金的使用能够满足项目实施进度规划的要求。在编制资金使用计划时，通常要注意以下几点。

（1）各项投资支出应根据"生产技术方案"、"项目设计方案"及其他有关数据资料，经分析、审查和调整后，结合项目进度规划的要求确定分年度按"外汇"与"人民币"计算的支出额。

（2）测算进口设备的投资支出，应注意"合同价"的内涵。若按照我国港口的"到岸价"（CIF 价），则合同价内已包括了海上运输及保险费；但是若按照供应国的"离岸价"（FOB 价），则在设备投资中尚需列入海运和保险的外汇费用，进口设备的关税和增值税也应列入计算。

（3）流动资金的支出，应根据投产后的年产量计算，并随产量的增加，分年度安排流动资金的增加额，以尽量减少资金的占用和流动资金贷款利息的支出。

2. 对资金使用计划方案的分析与评价

对项目资金的使用方案进行可行性分析和评价，一般应重点考虑以下几个方面的内容。

（1）项目进度计划是否能够与筹资计划相吻合，有无调整和修改的建议；资金使用计划是否与项目进度计划相衔接，合理安排各年投资；用款计划安排能否与资金来源计划相适应。在必要时还应通过多方案比较，选择最佳资金使用方案。

（2）根据项目投资估算确定的资金需要量和分年度的投资额，分析评价项目可行性研究报告中提出的资金来源及资金使用计划是否合理，是否符合国家有关政策规定；对各类借款，尤其是外汇借款，还得分析评价项目有无偿还的能力。

（3）要分析评价投资使用计划的安排是否科学、合理，能否保证项目顺利实施和资金最佳利用。

根据项目资金使用方案，应该可以编制出"投资使用计划与资金筹措表"（见表 2-7）和"资金来源与运用表"（见表 2-8）。

投资使用计划与资金筹措表（单位：万美元、万元） 表 2-7

序号	项目	建设期 1				建设期 2				投产期 3				投产期 4				合计
		外币	折人民币	人民币	小计	外币	折人民币	人民币	小计	外币	折人民币	人民币	小计	外币	折人民币	人民币	小计	
1	总投资																	
1.1	固定资产投资																	
1.2	投资方向同节税																	
1.3	建设期利息																	
1.4	流动资金																	
2	资金筹措																	
2.1	自有资金																	
	其中：用于流动资金																	
2.2	借款																	
2.2.1	长期借款																	
2.2.2	流动资金借款																	
2.2.3	其他短期借款																	
2.3	其他																	

注：如有多种借款方式时，可分项列出。

资金来源与运用表（单位：万元） 表 2-8

序号	项目	建设期 1	建设期 2	投产期 3	投产期 4	达产期 5	达产期 6	…	n	合计
	生产负荷（％）									
1	资金来源									
1.1	利润总额									
1.2	折旧费									
1.3	摊销费									
1.4	长期借款									
1.5	流动资金借款									
1.6	其他短期借款									
1.7	自有资金									
1.8	其他									
1.9	回收固定资产余值									
1.10	回收流动资金									
2	资金运用									
2.1	固定资产投资（含投资方向调节税）									
2.2	建设期利息									
2.3	流动资金									
2.4	所得税									
2.5	应付利润									
2.6	长期借款本金偿还									
2.7	流动资金借款本金偿还									
2.8	其他短期借款本金偿还									
3	盈余资金									
4	累计盈余资金									

第三章 项目经济性分析论证之二
——企业财务效益评价

【本章提要】本章从企业（或投资人或项目经营管理者）的视角，在现行市场常规资源要素投入条件下，详尽介绍了按照传统模式进行项目投资经济性分析的基本要求。说明了在不考虑国家（或地方）宏观层次具体项目在特定资源（或资产）约束情况下，以项目投入的现行市场常规资源要素具有确定性和考虑时间变化（即资金时间价值）的动静态情况，分析其中资源投入与产出关系经济性问题的基本研究思路与主要的成熟评价方法，最后结合有关实务案例全面阐述了投资领域有关项目微观经济效果分析与评价的具体操作原理。

第一节 企业财务效益评价概述

【本节提要】经济效益是企业或项目生产经营活动中可用经济和社会指标衡量的投入与产出间的关系，项目经济性分析与评价的实质是对项目经济效益表现形式中处于绝对和相对效益状态时正效益、零效益与负效益三种基本情况所做的一系列分析和判断，决策只是从中做出取舍。作为项目评价体系中经济性评价的要求，项目的企业财务评价可通过对企业或投资者自身微观层面的分析，评价前期可行性研究报告中项目的基础财务数据、基本报表和指标，来判断项目的盈利能力、清偿能力和外汇平衡等财务状况，评价项目在企业范围内财务上的可行性，为项目投资决策提供科学的依据。具体评价方法有现金流量分析法、静态与动态获利性分析法、财务报表分析法等，所用的各种评价指标可构成相应的指标体系。

一、财务效益分析的基本原理

按照现今系统与开放相融合的观点，如果把一个项目所从事的具体活动过程视为由投入与产出构成的体系（或系统，见图 3-1 中虚线框）时，就可以把其中因人类生产和社会活动所形成的物质与精神（或精力）等资源的投入与产出的关系称为效益。一般而言，效益可分为宏观效益和（中）微观效益，如环境效益、生态效益、社会效益和经济效益等。所谓企业或项目的财务效益，是指将效益的范围限定在一定的社会经济领域内、围绕特定目标（如投资者和企业）进行考察时，即站在企业或投资者自身这一微观层面对生产经营活动中那些能够用经济和社会指标（最好是能转化为货币等价值形态资产）衡量的投入与产出的关系，属于这一类的即为经济效益和社会效益中特指的、通常所说的效益，由此可知人们习惯用的经济效益不过是其中一种用可用货币等价值形态所具体表达的投入产出关系而已。

作为对生产经营活动中可用经济和社会指标衡量的投入与产出间关系的表现形式，经济效益（如项目的企业财务效益）一般可以表现为绝对效益（效益的绝对量表达）和相对效益（效益的相对量表达）两种基本形式。如果要对其效果进行分析评价就是要从其中绝

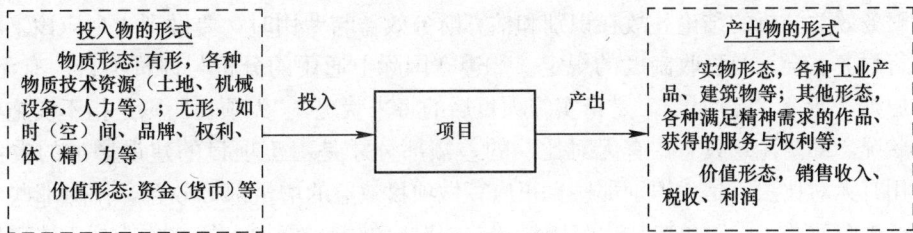

图 3-1 项目的效益系统——投入与产出关系体系

对量或相对量的比较（计算）结果来看效益的好坏了，即必须考虑或区分各类效益形式中正效益（盈利）、无效益或零效益（也叫保本经营）和负效益（亏损）三种基本情况。

所谓绝对效益（效益的绝对量表示），是指投入与产出间的差值，即：

$$效益(\Delta) = 投入 - 产出 \tag{1}$$

或

$$效益（\Delta）= 产出 - 投入 \tag{2}$$

其结果只会出现三种情况，即大于零、等于零和小于零。

所谓相对效益（效益的相对量表示），是指投入与产出之间的比值，即：

$$效益(\eta) = 投入 / 产出 \tag{3}$$

或

$$效益（\eta）= 产出/投入 \tag{4}$$

其结果也会出现三种情况，即大于1、等于1和小于1。

对于以上两类形式中的各三种情况，我们通常有如下说明：

当（1）和（3）出现大于零（0）或1时，称为负效益（亏损）。

当（1）和（3）出现等于零（0）或1时，称为无效益或零（0）效益（也叫保本经营）。

当（1）和（3）出现小于零（0）或1时，称为正效益（盈利）。

当（2）和（4）出现大于零（0）或1时，称为正效益（盈利）。

当（2）和（4）出现等于零（0）或1时，称为无效益或零（0）效益（也叫保本经营）。

当（2）和（4）出现小于零（0）或1时，称为负效益（亏损）。

一般说来，正效益（盈利）至少是零（0）效益（或称保本经营）为人们普遍追求的基本目标，而负效益（亏损）则是人们竭力要避免发生的情况。这就是作为经济效益分析评价的最基本判断依据。由此可知，所谓的项目经济性分析与评价过程，其实质不过是对项目所做的上述各种情况的一系列分析和判断，决策也只是从中就某些方案做出取舍而已。

据此可知，对于任何有关投资项目要做的所谓（经济）效益分析，只需要将其各种形式的具体投入或产出等看似极为复杂的表面情况转化为以一定参数（如可以价值计量的货币）为衡量标准的综合性投入与产出的关系，就不难进行实际效益的评价并具体地做出估算了。而有关企业财务效益分析与评价不过是其中针对具体工程建设项目所做的就投资人或企业站在自身利益的角度对项目盈利与否进行的一种经济性的判断罢了。

本书所介绍的企业财务效益及其经济性分析与评价，正是基于上述原理，把之前各章所述涉及的投入物中有关市场和物质技术等的资源条件做适当规范的标准化处理，并转变为最终以货币的投入和产出的价值量形式后，再以其中绝对效益（这是通常的做法）的表达形式为主，间或使用相对效益的表达形式来进行投资建设工程项目企业财务效益的研究过程。

在此，有以下几点需特别说明。

（1）作为企业财务效益分析重要基础的财务效益与费用，其估算的准确性与可靠程度直接影响财务效益分析的结论。故在识别和估算财务效益与费用时，要做到 4 个应该①应注意遵守现行财务、会计及税收制度的规定。②遵守国际上通用的分析与评价项目"有无对比"的基本原则，所谓"有项目"，是指实施项目后的将来状况，"无项目"则是指不实施项目时的将来状况，即要注意只有"有无对比"的差额部分才是由于项目的建设增加的效益和费用。采用有无对比法，是为识别那些真正应算做项目效益的增量部分效益，排除那些由于其他原因产生的效益；同时也要找出与增量效益相对应的增量费用，如此才能真正体现项目投资的净效益。③体现效益和费用对应一致的原则。即在合理确定的项目范围内，对等估算财务主体的直接效益及相应的直接费用，避免高估或低估项目的净效益。④根据项目性质、类别和行业特点，明确相关的政策和其他依据，选取适宜的方法，进行文字说明，并编制相关表格。

（2）项目的财务效益与项目目标直接相关，项目目标不同，所要分析的财务效益包含的内容也不同。

1）目标为通过销售产品或提供服务实现盈利的市场化运作的经营性项目，其财务效益主要指所获取的营业收入。对某些国家鼓励发展的经营性项目，可获得增值税的优惠。按有关会计及税收制度，先征后返的增值税应记为补贴收入，作为财务效益进行核算。

2）对于以提供公共产品服务于社会或以保护环境等为目标的非经营性项目，常无直接的营业收入，也就无直接的财务效益。此类项目需政府提供补贴才能维持正常运转，应将补贴作为项目的财务收入，通过预算平衡计算所需要补贴的数额。

3）对于为社会提供准公共产品或服务，且运营维护采用经营方式的（如市政公用设施项目、交通、电力项目等）项目，其产出价格常受政府管制，营业收入可能基本满足或不能满足补偿成本的要求，有些需在政府提供补贴的情况下才具有财务生存能力（其分析说明见后）。故此类项目的财务效益往往应包含营业收入和补贴收入。

（3）财务效益和费用的估算步骤应与财务分析的步骤相匹配。例如，在实践中并非必须遵循但为体现融资前后分析对效益和费用数据的要求，其估算的基本步骤就应是：若做融资前分析，先应估算独立于融资方案的建设投资和营业收入，再估算经营成本和流动资金；若做融资后分析，则先确定初步融资方案，再估算建设期利息，进而完成固定资产原值的估算，通过还本付息计算求得运营期各年利息，最终完成总成本费用的估算。

（4）财务效益与费用价格的选取有一定的标准和要求：①要正确处理好价格总水平变动因素，原则上盈利能力分析应考虑相对价格变化，而偿债能力分析应同时考虑相对价格变化和价格总水平变动的影响。②要用含增值税价格（含建设投资、流动资金和运营期内的维持运营投资）来估算项目投资。③项目运营期内投入与产出采用的价格可为含增值税的价格，也可不是含增值税的价格。若用含税价时，需正确调整部分表格（主要是利润与利润分配表、财务计划现金流量表、项目投资现金流量表与项目资本金现金流量表）的相关科目，以不影响项目净效益的估算。但无论采用哪种价格，项目效益估算与费用估算所采用的价格体系应协调一致。④在计算期内同一年份，不论有无项目的情况，原则上质量或功能无差异的同种产出或投入的价格应取得一致。

二、项目评价与企业财务评价

1. 项目评价与企业财务评价的概念

在市场经济常规资源约束条件下的投资是为实现既定经济目标，把投入可利用的资源进行特定的配置，以达到合理使用有限资源获得某种需求满足目的的经济性活动。由于以资金为主的市场经济资源通常总是稀缺的，因而有必要选择一种合适的方法，使一定的投资能获得最大的收益，或者用最小的成本来达到预定的经济、环境或社会目标。这就需要对投资项目进行技术经济分析和相关的项目评价。

（1）项目评价是为达到预定的目标，对某一项政府或企业（投资人）投资项目进行可行性分析后的进一步研究与判断。其过程先是确定项目的成本与效益，审定项目的净效益，权衡项目的利害得失；之后与其他可替代方案进行比较，做出确切的评价结论。

项目评价的目的是要在宏观水平上合理利用有限资源。一个项目的合理化就是经济计划中全部项目合理化的一个步骤。如果从一个项目与其他经济部门的关系（尤其是与项目投入产出方面有联系）来评价这个项目是否合理时，必须考虑可用资源的总体条件及其综合利用情况，比较和检验各经济部门的各个可选择项目中配置和使用资源的经济效益。这就说明，微观项目合理化的考虑不能脱离宏观角度的资源配置问题；同时，一个项目的资源配置问题也反映了整个国家的资源配置问题。例如，评价一个钢铁项目，在常规资源投入情况下重点就应考虑原材料和能源供应、外汇和资金来源等约束条件。

项目的合理投资对国家或地区的经济建设和社会发展至关重要。因为国民经济是由各类（投资）企业等微观经济单位所组成的。已有的企业和公共工程是过去的投资项目，现在的国家发展规划和企业发展计划，都包含着将来的投资项目。故所有重要的经济活动都是从项目开始，而所有投资项目的决定又都需取决于对项目可行与否及其经济性等方面的评价。因此，项目评价是形成国家建设投资合理化的重要手段和有效方法。

（2）项目评价的作用与分类。项目评价需服从或服务于不同决策层次的不同目的、不同角度的不同要求。通常项目的决策取决于提出项目的主管单位、经济计划部门、资金供应机构或投资者个人四个方面。当一个投资者、企业、部门或国家提出一项新的项目时，无论是新建项目还是改扩建项目，都是把项目评价作为进行社会效果、环境效益、市场与技术经济性论证——判别项目是否经济和合理的工具。在此，按投入—产出的效益原则可把项目评价分成基本的社会评价、环境评价、市场与物质技术条件评价、经济性评价等几大类评价。其中运用最多、最为成熟，也是人们最为关注的是经济性评价。经济性评价，对国家各级经济计划管理部门而言，可利用该项目评价于各种项目方案中进行选择和优先排序、编制经济计划，并协调部门和地区内及其相互间的关系，监督和指导企业经营，执行和贯彻国家、地区和部门的经济政策，为达到既定的政策目标，通过项目评价提供必要的信息。鉴于项目投资来源渠道的多元化，项目评价可从不同投资者角度和国内外合作者，以及银行贷款角度进行，使各方都能了解各自的投资效益，采取合理、有效的合作方式，各得其所。如对国外的投资项目，项目评价是取得对外投资的基本工作步骤，也是制定有效、合格项目的必要工具；中外合资项目先要考察的即是项目的国内投资效益，同时兼顾国外投资者的利益；发达地区对不发达地区的投资，也应先使不发达地区收益，同时也使投资者在不发达地区获益。而这些项目都应服从国家的总体利益。图3-2主要基于新建和改扩建两种情况，从不同角度给出了项目评价分解结构的基本模式和类型。对银行和金融财政部门而言，经济性项目评价应符合银行的贷款政策和财政投资计划，以达到在可行项目中合理分配投资资源的目的，加速资金周转，提高资金使用效率，保证贷款项目有偿还能力，并能用效益来补偿投资成本和其他损失的能力。因此，项目评价又是财政金融机构合理利用和分配资金的重要工具。

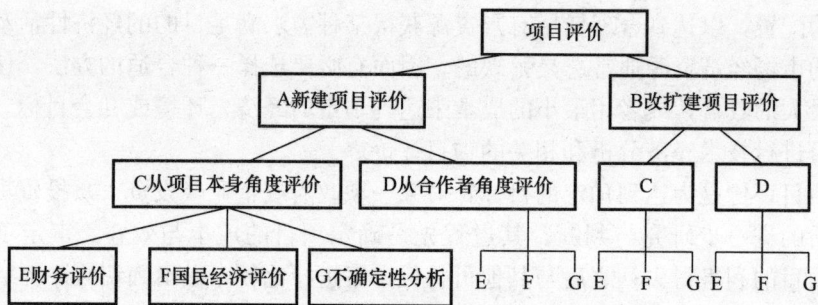

图 3-2　项目评价结构的分解模式和类型

一般建设项目进行经济评价的基本程序如图 3-3 所示，据此可完成对一个项目的经济评价。

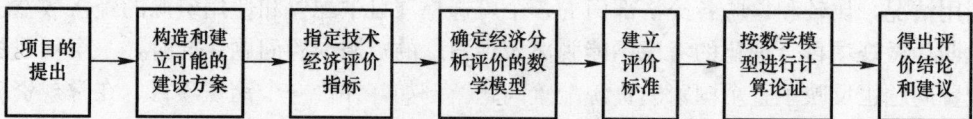

图 3-3　建设项目经济评价的基本程序

（3）项目经济性评价中的财务评价和国民经济评价。对建设项目的经济性进行评价是项目前期管理工作的重要和重点内容。所谓项目经济性评价，是指根据国民经济与社会发展及行业、地区发展规划的要求，在项目初步方案的市场与物质技术实现条件可行的基础上，采用科学的分析方法，对拟建项目的财务可行性和经济合理性进行的进一步分析和论证，为项目的科学决策提供经济方面的依据的活动。它对于加强固定资产投资宏观调控、提高投资决策的科学化水平，引导和促进各类资源合理配置、优化投资结构、减少和规避投资风险、充分发挥投资效益，具有重要的作用。

建设项目的经济性评价包括微观的财务评价（也称财务效益分析或企业财务效益评价）和宏观的国民经济评价（也称经济分析、经济评价或国民经济效益评价）两大类。

投资项目企业财务评价是在国家现行财税制度和价格体系的前提下，从微观层面、项目自身（或投资者）的角度出发，计算项目在市场范围内的财务效益和费用，分析项目的盈利能力和清偿能力，评价项目在财务上的经济可行性。其目的是使企业财务收益最大化。

国民经济评价是在合理配置社会资源的前提下，从宏观层面、国家（或地方）经济整体利益的角度出发，计算项目对国民（或地方）经济的贡献，分析项目的经济效益、效果和对社会的影响，评价项目在宏观经济上的合理性。其目的是要求取得最大的国家利益。在社会主义市场经济制度下，投资项目的取舍主要取决于国民经济评价，同时应使企业获得应有的效益。因此，项目评价应使投资项目的设想、拟定、选择和执行更加有效地服务于国家未来的经济和社会发展目标，如经济增长目标、社会分配目标、劳动就业目标、优先发展目标、结构优化目标及政治和军事目标等。所以，项目评价是实现国家目标的科学手段和重要工作。同时，国家的政治、经济和社会目标也为投资项目提供了判断项目优劣的标准，当某些目标可用数量指标来度量时，这些指标就成为严格衡量投资项目可行与否的基准尺度。若某个国家的经济发展计划目标可用国民生产总值、国民收入增长率和社会净收入指标等来衡量时，则在项目评价时就应从这些指标的计算结果来检查项目对国家经济增长目标的贡献。

由于各国或地区的国（区）情的差异，项目评价的经济和政治目标也不同。其价值标准也要根据不同的国家或地区目标而改变。在某段时间，有的国家或地区注重于经济增长目标，而另外一些国家或地区则追求收入与分配的社会公平目标，还有些则力求部门间经济结构优化或地区间的经济平衡发展。如此对待同一个投资项目，从不同的环境和不同的角度考察，就会得出不同的价值判断。所以要根据某个时期某个国家或地区的特定目标来评价投资项目的合理性和适用性。而某一个投资项目不（可）能同时或完全适用于不同的国家或地区和一国或地区不同时期的要求，因此一个特定的项目评价往往只能适用于特定的时间和地点。

（4）对建设项目的经济性评价要保证评价的客观性、科学性、公正性，遵循可比原理，基于效益与费用计算口径对应一致的前提，坚持定量分析与定性分析相结合、以定量分析为主，以及动态分析与静态分析相结合、以动态分析为主的原则。因此，在其内容的要求上应注意如下两点。

1）内容的选择应按项目性质、项目目标、项目投资者、项目财务主体、项目对经济与社会以及环境的影响程度等具体情况确定；对于费用效益计算比较简单，建设期和运营期比较短，不涉及进出口平衡等一般项目，如果财务评价的结论能够满足投资决策需要，可不进行国民经济评价；对于关系公共利益、国家安全和市场不能有效配置资源的经济和社会发展的项目，除应进行财务评价外，还应进行国民经济评价；对于特别重大的建设项目应辅以区域经济与宏观经济影响分析方法进行国民经济评价。

2）评价的深度应根据项目决策工作不同阶段的要求确定。建设项目可行性分析与研究阶段的经济评价，要求系统分析、计算项目的效益和费用，通过多方案经济比选推荐最佳方案，对项目建设的必要性、财务可行性、经济合理性、投资的风险性等进行全面的评价。项目规划、机会研究和项目建议书阶段的经济评价可适当简化。国家颁行的《建设项目经济评价方法》与《建设项目经济评价参数》的最新版本是建设项目经济性评价最重要的依据。

2. 企业财务（效益）评价的主要内容与要求

如前所述，项目的企业财务效益评价或财务效益分析是按国家现行财税制度、价格体系和项目评价的有关规定，从项目自身的财务角度，在微观层面分析计算项目直接发生的财务效益和费用、编制财务报表、计算评价指标，并据此判断项目的经济性，即其在经济上对投资者有利与否的一个十分重要的评价过程。该评价是在财务效益与费用的估算及编制财务辅助报表的基础上，编制财务报表，计算财务分析指标，通过对可行性分析与研究报告中关于项目的盈利能力、清偿能力、财务生存能力和外汇平衡等财务状况进行考察分析和评价，来判断项目在企业范围内财务上的可行性，明确项目对财务主体的价值及对投资者的贡献，为投资决策、融资决策及银行审贷提供科学的依据。项目的企业财务效益评价是在财务基础数据评价的基础上进行的，是前述物质技术条件评价工作的继续、延伸和深入。由于项目财务效益评价能初步考察项目投资的可靠性和可接受的前景，因此成为项目经济性评价的第一步，是项目评价过程中最关键的基础性环节和最重要的核心内容，也是决定项目投资命运的重要决策依据。

通常，企业财务（效益）评价主要进行有关项目的投资获利性分析、财务清偿能力分析和流动性（或资本结构）分析三大基本分析。分析评价过程是按照所考察的项目盈利能力、清偿能力和抗风险能力三项基本目标要求来判断项目投入与产出间相互关系情况的。由于项目类型的不同会影响企业财务评价内容的选择，故对非经营性（如某些需在政府提供补贴的情况下才具有财务生存能力的市政公用设施等）项目，企业财务评价主要分析项目的财务生存能力（只做资金平衡分析）；而对于经营性项目，则应按下列内容的要求进行全面的财务评价。实际操作中，企业财务评价主要涉及以下五个方面的基本内容。

（1）项目的盈利能力，即项目投资的盈利水平，它直接关系到项目投产后能否生存和发展，是企业或投资者决定是否进行投资活动的原动力，它作为评价项目在财务上可行性程度的基本标志，不仅是企业进行项目投资决策的首要因素，也是国家财政收入的重要来源，可作为衡量和判别项目对国家财政贡献大小的标准。

因此，在常规资源投入条件下，评价项目投资的盈利水平一般要在考虑资金的时间因素的前提下，先运用动态计算的方法从项目达到设计生产能力的正常生产年份可能获得的盈利水平，即正常生产年份的企业利润及其占总投资的比率大小，来考察项目年度投资盈利能力；再考察项目在整个生命周期内的盈利水平，即项目整个生命周期内企业的财务收益和总收益率。如此分析，有利于较客观地反映企业所能达到的实际财务收益情况。

（2）项目的清偿能力，即项目按期偿还其到期债务的能力。一般表现为贷款偿还期的长短，它是银行进行贷款决策的重要依据。项目偿还能力的大小，直接决定着贷款者（投资人）的贷款意愿和贷款决策。偿还贷款期限的长短，也就是用项目投产后每年能获得的利润和摊销费及其他资金来源，按规定偿清项目投资贷款本金所需的时间，这是衡量企业还款能力的重要指标。

（3）对项目资金的流动性（资本结构）进行分析。一般通过计算资金流动比率、速动比率、负债与资本比率等各种财务比率指标，对项目投产后的资金流动情况进行比较分析，据以反映项目生命周期内企业各年的利润、盈亏、资产和负债，资金来源和运用，资金的流动和债务运用等财务状况及资产结构的合理性，及时掌握流动资金应付账款和资金周转情况，反映项目所面临的风险程度，具体了解项目偿还流动负债（如短期贷款等）的能力和速度。项目企业财务评价中盈利、清偿和流动性的三种分析及其相互关系情况可如表 3-1 所示。

企业财务评价中各种分析间的关系　　　　　　　　　　　　　　　　表 3-1

项目	盈利性分析	清偿能力分析	流动性（资本结构）分析
分析目的	决定项目的财务盈亏	审查项目的清偿能力	确定资金的充裕程度
考虑的时间范围	单个年份	债务偿还期间	投资的整个过程
对资金的处理	看成资产的折旧	看成现金出入	看成自有资本、借款和残值
使用的价格	现行市场价格	现行市场价格	不变价格
评判标准	利润率、内部收益率	现金盈余与短缺	债务与产权比例
时间因素	静态分析不需折现，动态分析要折现	不需折现	折现值

（4）分析和评价客观因素变动对项目盈利能力的影响，也就是通过对不确定性因素进行风险分析（如盈亏平衡分析、敏感性分析和概率分析等），来检验不确定性因素的变动对项目收益、收益率和投资回收期等效果指标的影响程度，考察项目承受各种投资风险的能力，提高项目投资的可靠性和盈利性。

（5）对项目进行资金平衡分析，也称财务生存能力分析。这是项目（企业）在运营期间，确保从各项经济活动中得到足够的净现金流量以及项目能够持续正常生存的基本条件。它是非经营性（如某些需政府提供补贴才具有财务生存能力的市政公用设施）项目必须且只需进行的分析。企业财务效益评价要根据财务计划现金流量表，综合考察项目计算期内各年的投资活动、融资活动和经营活动所产生的各项现金流入和流出，计算净现金流量和累计盈余资金，分析项目是否有足够的净现金流量维持正常运营，以实现财务的可持续性。对产品出口创汇等涉及外汇收支的项目，还应编制财务外汇平衡表，做外汇平衡分析，分析项目在计算期内各年的外汇余缺程度，衡量项目实施后对国家外汇状况的影响。应把项目的外汇平衡作为财务效益评价的重要目标。

进行资金平衡分析（或财务生存能力分析）应结合偿债（清偿）能力分析进行，若拟安排的还款期过短，致使还本付息负担过重，导致为维持资金平衡必须筹借的短期借款过多，可调整还款期，减轻各年的还款负担，且应特别注重运营期前期的财务生存能力分析（因运营期前期的还本付息负担较重）。判断项目是否具有财务生存能力可从以下相辅相成的两个具体方面来分析。

1）是否拥有足够的经营净现金流量是财务具有可持续性的基本条件。特别在运营初期，一个项目具有较大的经营净现金流量，说明项目方案较合理，实现自身资金平衡的可能性大，不会过分依赖短期融资来维持运营；反之，一个项目不能产生足够的经营净现金流量，或经营净现金流量为负值，说明维持项目正常运行会遇到财务上的困难，项目方案缺乏合理性，实现自身资金平衡的可能性小，有可能要靠短期融资来维持运营。或者是经营项目本身无能力实现自身资金平衡，要靠政府补贴。

2）各年累计盈余资金是否出现了负值是财务生存的必要条件。在整个运营期间，允许个别年份的净现金流量出现负值，但不能容许任一年份的累计盈余资金出现负值。一旦出现负值时应适时进行短期融资，该短期融资（短期借款）应体现在财务计划现金流量表中，同时短期融资的利息也应纳入成本费用和其后的计算。较大的或较频繁的短期融资有可能导致以后的累计盈余资金无法实现正值，致使项目难以持续运营。同时分析该短期借款的年份长短和数额大小，进一步判断项目的财务生存能力。为维持项目正常运营，必要时需分析短期借款的可靠性。

3. 企业经济性与财务（效益）评价的参数

建设项目财务评价参数指用于计算、衡量建设项目费用与效益的主要基础数据，以及判断项目财务可行性和经济合理性的一系列经济评价指标的基准值和参考值。它是根据国家与行业的发展战略与发展规划、国家的经济状况、资源供给状况、市场需求状况、各行业投资经济效益、投资风险、资金成本及项目投资者的实际需要，遵循同期性、有效性、谨慎性和准确性原则，并结合项目所在地区、所处行业及项目自身特点综合测定和选用的。具有适时测算和发布并动态调整的时效性特点，通常有效期为一年。按规定，经济评价参数适用于各类建设项目的规划、机会研究、项目建议书、可行性分析与研究阶段的经济评价，项目中间评价和后评价可参照使用。重在分析事实与数据的建设项目经济性财务评价为避免主观随意性，不得简单套用参数。

通常，建设项目经济性分析用的财务评价参数分为两类：①按使用范围分为用于建设项目企业财务效益评价的财务评价参数和用于建设项目国民经济评价的国民经济评价参数；②按使用功能分为用于项目费用和效益计算的计算参数和用于比较项目优劣、判定项目可行性的判据参数。实际使用时，财务评价参数分成两类：计算、衡量项目的财务费用效益的各类计算参数，主要用于计算项目财务费用和效益，具体包括建设期价格上涨指数、各种取费系数或比率、税率、利率等；判定项目财务合理性的判据参数，主要用于判断项目财务效益高低，比较和筛选项目，判断项目的财务可行性，具体包括行业财务基准收益率、总投资收益率、资本金净利润率、利息备付率、偿债备付率等。且财务评价判据参数又可分为判断项目盈利能力的参数（如财务内部收益率、总投资收益率、项目资本金净利润率等）和判断项目偿债能力的参数（如利息备付率、偿债备付率、资产负债率、流动比率、速动比率等）。有些判据参数表现为单一数值，有些表现为一段合理区间，使用参数时应根据投资者的期望和项目的特点灵活掌握。

国家规定，由行政主管部门统一测定并发布的行业财务基准收益率，在政府投资项目及按政府要求进行经济评价的建设项目中必须采用；在企业投资等其他各类建设项目的经济评价中可参考选用。而有关部门（行业）发布的供项目财务分析使用的总投资收益率、项目资本金净利润率（权益资金净利润率）、利息备付率、偿债备付率、资产负债率、项目计算期、折旧年限、有关费率等指标的基准值或参考值，在各类建设项目的经济评价中可参考选用。多数计算参数具有鲜明的行业特点，可在有关行业实施细则中查阅。

财务基准收益率指建设项目财务评价中对可货币化的项目费用与效益采用折现方法计算财务净现值的基准折现率，是衡量项目财务内部收益率的基准值，是项目财务可行性和方案比选的主要判据。它反映了投资者对相应项目占用资金的时间价值的判断和对项目风险程度的估计，是投资者在相应项目上最低可接受的财务收益率。判别项目投资基准的财务基准收益率或计算净现值的折现率，主要依据"资金机会成本"和"资金成本"确定，充分考虑项目可能面临的风险、投资目标、投资人的偏好和项目隶属行业对确定基准收益率或折现率的重要影响。其数值的测定，通常由国家行政主管部门分别采用资本资产定价模型（CAPM）、加权平均资金成本（WACC）、典型项目模拟、专家调查等方法，或同时采用多种方法进行测算后再将其测算结果互相验证，经协调后统一确定和发布。在实践中，按项目的性质使用有关主管部门发布的行业财务基准收益率。

因不同的投资者受所处行业、项目具体特点、筹资成本差异、对待风险的态度和收益水平的预期等诸多因素的影响对同一项目的判断不尽相同，决定了投资者要自主确定其在相应项目上最低可接受的财务收益率。根据投资人的意图和项目的具体情况，项目选用最低可接受财务收益率的取值可高于、等于或低于行业财务基准收益率。通常在企业财务效益评价中，将内部收益率的判别基准（i_c 或 i_0）和计算项目投资净现值的折现率采用同一数值，以使财务内部收益率大于或等于该值（$FIRR \geqslant i_c$ 或 i_0），项目效益的判断和采用 i_c 或 i_0 计算的 $FNPV \geqslant 0$ 对项目效益的判断结果一致。

政府作为一类特殊的投资者，其财务基准收益率由国家规定。国家行政主管部门统一测定和发布的行业财务基准收益率有双重作用——对政府投资项目是规定性必须采用的；对社会其他各类投资项目则是参考性的。

除政府投资项目中作为规定性参数使用的行业基准收益率以外，在财务评价中使用的其他判据参数均是参考性的，项目分析与评价人员可视具体情况选用，也可自主测算确定。

4. 项目财务效益评价的几个主要影响要素

在仅考虑项目常规资源要素投入的情况下，正如进行任何一方面的分析评价一样，对项目经济性进行的财务效益评价也必然涉及到一些会直接影响到项目财务的结果和信度与效度的基本影响要素。其中，最重要的主要是以下几大要素。

（1）项目计算期。这是一般包括了项目建设期和运营期（内含试产期和达产期）的时间资源要素。该计算期的长短主要取决于项目本身的特性，因而无法对其作出统一的规定，但一般不宜超过 20 年。一是因其过长预测数据会越不准确，二是因按照现金流量折现法把 20 年后的成本和收益折为现值，其计算所得到现金流量额难以对项目财务评价的结论产生有决定性意义的影响。

（2）项目范围的界定。这是项目所包含的工作和经济活动在空间资源中的内容，是计算项目收益与费用的主要依据。一个项目的投资大小取决于项目的范围，且项目的运营维护费用也取决于项目的范围，可见项目范围是在时间资源一定条件下可利用的空间资源量的多少。如常规资源投入的项目投资和运营费用须考虑厂外运输、能源供应等设施建设或使用的成本。项目财务的可行性是以项目业主（投资人或经营管理的所有者）最终能够实现盈利为标准的，因此在计算项目收益与费用的过程中必须充分考虑项目范围的规定。

（3）项目折现计算的规定选用。在项目现金流量的折现计算中有关规定的选用往往会影响到项目财务可行性的评价结论。如使用年末法（即项目各年现金收支均按照年末发生计算）还是年初法（项目各年现金收支均按照年初发生计算）就会直接影响项目财务可行性的评价；且通常我国对项目建设期以前发生的费用因其占项目总费用的比例小，故此部分费用常在年序 1 中予以反映。如此这些都会影响到进行项目经济性分析时财务可行性评价的结果。

此外还有一些其他影响要素限于篇幅不予赘述，需要了解的读者可查阅相关手册资料。

三、企业财务效益评价的基本程序

通常，常规资源投入的按不同决策需要进行的企业财务效益评价，存在融资前分析和融资后分析的问题。因项目决策分为考察项目净现金流的价值是否大于其投资成本的投资决策和资金筹措方案能否满足要求的融资决策两个层次，且一般是投资决策在先，融资决策在后。故对企业财务效益评价宜先做融资前分析，再做融资后分析。融资前分析是广泛应用于项目各阶段的财务分析，在不考虑债务融资条件下，在融资方案考虑前就开始做依赖少量数据、通过编制简单报表进行的融资前财务评价，其分析结论可满足方案比选和初步投资决策的需要。若分析结果表明项目效益符合要求，再考虑初步设定融资方案，只有通过了融资前分析的检验，才有基于融资方案进行的企业一般财务分析评价的主要内容和基本程序框图，如图 3-4 所示。

必要时进一步进行融资后分析，若分析结果不能满足要求，可通过修改方案设计、完善项目方案，甚至可据此做出放弃项目的建议。在规划和机会研究阶段，可只进行融资前分析，此时也可只选取所得税前指标。融资后分析是在融资前分析结果可以接受的前提下，进行的包括项目盈利能力、偿债能力及财务生存能力（资金平衡）等内容的分析，进而判断项目方案在融资条件下的合理性。融资后分析是比选融资方案，进行融资决策和投资者最终决定出资的依据。在项目前期可行性分析与研究阶段必须进行融资后分析，但只是阶段性的。实践中，在项目可行性分析与研究报告完成之后，还需进一步深化融资后分析，才能完成最终融资决策。实际评价使用的融资后企业财务效益评价程序如图 3-5 所示。主要有以下三大步骤。

（1）分析和评价项目的基础财务数据。要通过常规资源投入的项目的市场调查预测分析及技术与投资方案的分析，来确定生产产品方案和合理的生产规模，选择生产工艺方案、设备选型、工程设计方案、建设地点和投资方案，拟定项目实施进度计划，据此进行财务预测，获得项目投资、生产成本、销售收入和利润等一系列财务基础数据。并对这些财务数据进行分析、审查、鉴定和评价，然后与评价人员所掌握的信息资料进行对比分析，若有必要可以重新估算。

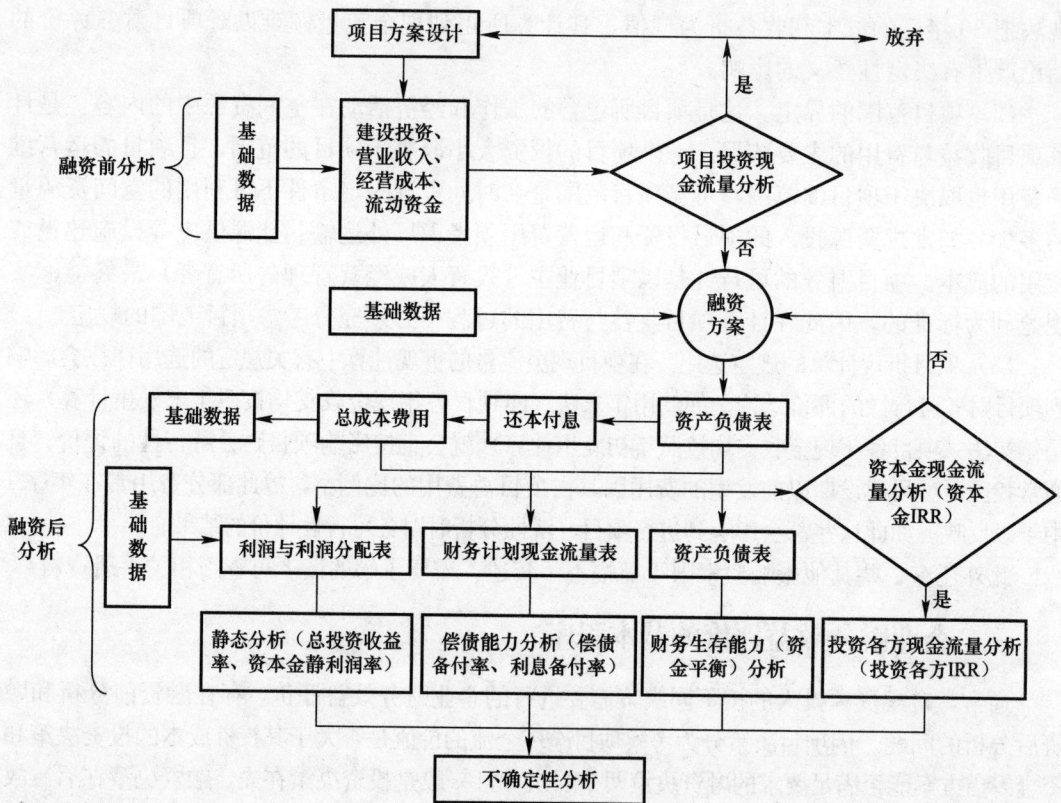

图 3-4　基于融资方案的一般企业财务分析的主要内容与基本步骤

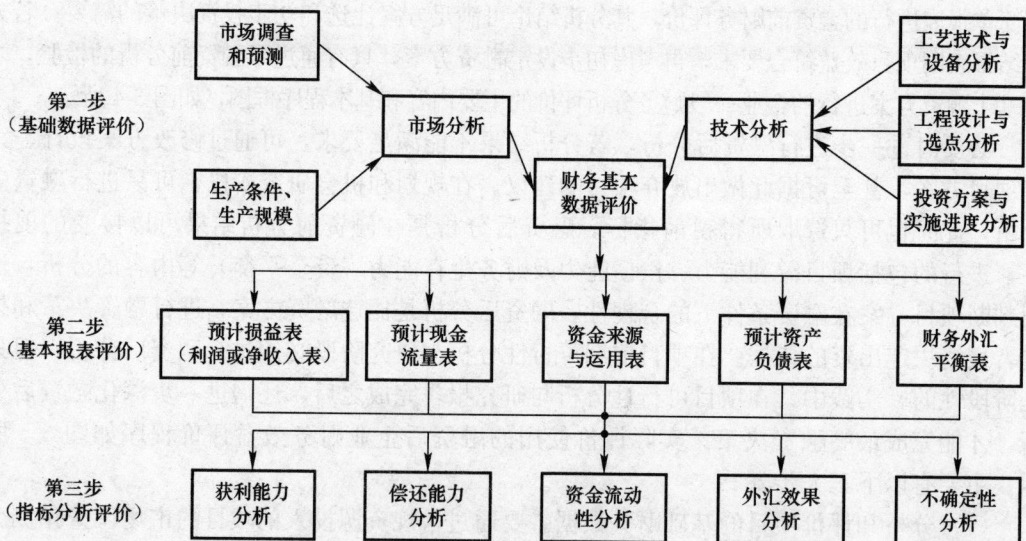

图 3-5　企业财务效益评价的基本程序

（2）分析和评价财务基本报表。将上述经过审查评价后的财务基础数据汇总，编制现金流量表、损益表、资金来源与运用表、资产负债表及财务外汇平衡表等五类主要财务基本报表，并对这些报表进行分析与评价。一方面，审查基本报表的格式是否符合规范要求；另一方面审查所填列的数据是否准确，否则要重新编制表格，填入评价人员重新估算的财务数据。

（3）最后分析和评价财务效益的指标。通过分析评价上述基本报表，可直接估算出一系列财务效益指标，包括反映项目在常规资源投入条件下盈利能力、清偿能力、外汇平衡能力及抗投资风险能力等的静态和动态指标（见表 3-2）。对这些指标所做的分析评价，不仅要审查其计算方法是否正确，还要审查其计算结果是否准确，否则要重新估算；更重要的是要将这些指标值与国家有关部门规定的基准值（参数）进行对比，并从财务角度提出项目是否可行的结论。

财务报表与评价指标 表 3-2

评价内容	财务基本报表	财务评价指标	
		静态指标	动态指标
盈利能力分析	全部投资现金流量表	全部投资回收期、财务净现金流量	财务内部收益率、财务净现值、财务净现值率
	自有资金现金流量表	—	财务内部收益率、财务净现值、财务净现值率
	损益表	投资利润率、投资利税率、资本金利润率	—
清偿能力分析	资金来源与运用	借款偿还期	—
	资产负债表	资产负债率、流动比率、速动比率	—
外汇平衡分析	财务外汇平衡表	—	—
其他	—	价值指标或实物（量）指标	—

四、企业财务效益评价的基本方法与指标体系

项目的企业财务效益评价主要采用现金流量分析、静态和动态获利性分析，以及财务报表分析等基本方法。

1. 现金流量分析法

现金流量分析法是以项目作为一个独立的系统，反映在常规资源投入条件下项目在建设期与生产经营期内各年现金流入和流出的活动情况，也就是工程项目生命周期内各年现金流入与现金流出的数量。在进行项目财务评价前，应尽可能准确无误地预先估算出切合实际的各项现金流入量和现金流出量，做好项目财务和经济效益的预测工作，这是项目评价的基础和起点。

2. 静态与动态获利性分析法

静态分析法是一种简易的分析方法。在其计算过程中主要有两大特点：①相对静止地看问题，不考虑（不计算）资金（货币）的时间价值，所采用的年度资金流量是当年的实际数值，而不用折现值；②在计算现金流量时，只选择其中一个典型年份的净现金流量或取年平均值，而不反映项目整个生命期间的现金流量的总值（流入与流出量的代数和），并假定项目的计算年限是项目投产后达到设计生产能力的正常生产期。其主要分析指标通

常有投资利润率、投资利税率、资本金利润率和静态投资回收期等。

动态分析法是采用对现金流量进行折现分析的方法，简称折现法或现值法，它较静态分析法要复杂得多。其计算中的主要特点是：考虑了货币（资金）的时间价值，根据资金占用时间的长短，按照指定的利息率（最小单位的资金时间价值率）来计算资金实际价值；计算项目整个生命周期内的项目总收益，故能如实反映资金实际运行情况和全面体现项目整个生命周期内的经济活动和经济效益，能正确地对项目财务效益情况做出符合实际的评价。其主要的分析指标通常有财务净现值、财务内部收益率、财务净现值率和动态投资回收期等。

3. 财务报表分析法

财务报表分析又称比率分析，是根据常规资源投入情况下项目的具体财务条件及国家有关财税制度和条例规定，把建设项目在建设期内的全部投资和投产后的经营费用与收益，逐年进行计算和平衡，用比率值的形式，以报表格式反映出来。通过财务报表分析可以预计项目生命周期内各年的利润和资金盈缺情况，选择合适的资金筹措方案，制定资金筹措及还款计划，进行偿还能力分析和预测项目总的获利能力。

以上三种分析评价方法通常都需要计算一系列评价指标，由此构成如图 3-6 所示的企业财务评价指标体系。

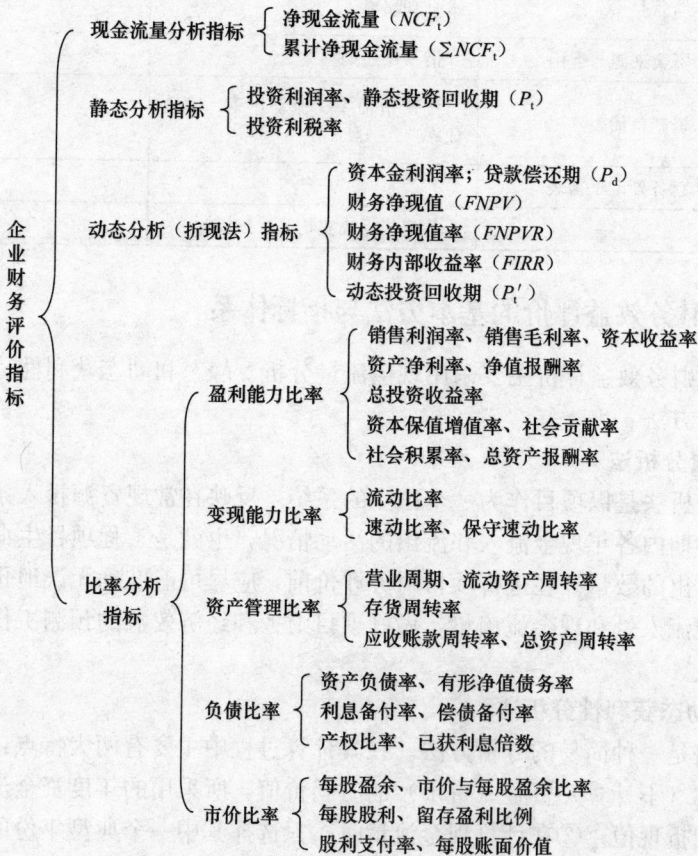

图 3-6　企业财务分析与评价指标体系

第二节　资金的时间价值及其等值计算

【本节提要】在常规资源投入条件下的项目中资金在投入生产经营活动后随时间推移会产生价值的增值——即源于劳动者剩余价值在时间上的反映，是资金具有时间价值的表现。考虑资金产生时间价值的因素，利用复利计息公式，可把在不同时间点上若干金额不等的资金按规定利率（或设定的时间价值率）换算到相同时间点使之具有相等的价值，这就是资金的等值计算或等值换算。现金流量是用来描述资金作为时间函数关系的，现金流量图（CFD）反映了资金在不同时点流入与流出的实际运动状况，有助于分析计算确认现金流量中年金、现值和终值的大小，计算不同时点现金流量值的常用公式主要有一次支付式和多次等额支付式两大类三套六种计算模型。

一、资金的时间价值概述

资金是用货币形式表现的社会劳动量，作为一种短缺的常规资源，它在常规资源投入条件下的项目中既是经济发展的基础，又是取得经济效益的前提。资金是具有时间价值的，也就是说，资金在投入生产经营活动后，会随着时间的推移产生所谓的价值增值。资金的价值增值首先产生于生产劳动过程中劳动者为社会新创造的产品中所包含的剩余价值，这是资金能够产生时间价值的根本前提和基础；同时，资金的价值增值在时间上还必须通过流通领域的交换来实现。也就是说，资金的价值增值是与生产和流通过程相结合的，是生产与经营活动的有机统一。

对资金时间价值的考察，通常可以从绝对量和相对量两个不同的角度进行。从绝对量观察或衡量，资金的时间价值具体体现在资金利息和资金的利润两个方面，它们是衡量资金时间价值的绝对尺度；而从相对量观察或衡量，资金的时间价值则以单位时间上的利息和利润具体表现为利率和利润率，它们都是指原投资所能增值的百分数，是衡量资金时间价值的相对尺度。此外，在生产经营过程中的资金时间价值计算，通常还应考虑通货膨胀和风险价值所产生的影响。

对于资金时间价值大小的衡量，主要取决于利率和计息期两个因素。因此，考虑了时间因素的资金流量应该是利率和时间的函数。为了能在同一时间标准（即基于相同时间点）下正确地评价项目的经济效果，考虑在不同时间点上各种资金的时间价值，需要把不同时间点上发生的资金流量（包括资金的流入量和流出量）换算为同一时间点上的等价（值）的资金流量，这种考虑时间因素（会产生时间价值）的资金转换计算，就称为资金的等值计算或等值换算。

1. 资金时间价值的计算

计算资金时间价值的基本原理，是在一定的资金时间价值的相对量（即资金时间价值率大利率）的基础上，通过分析计息期内时间与利率间关系的变化来衡量资金时间价值在绝对量上的变化情况。其基本方法主要是计算利息的方法。利息作为资金使用者放弃使用权所应得到补偿或资金使用者获得使用权应付出的代价，是利润的一种特殊表现形式。通常，利息有单利和复利两种基本类型，复利又有普通复利和连续复利之分。由于复利是在单利计算的基础上发展起来的，因此，一般情况下，对于常规资源投入形成固定资产的工业投资项目单利计息仅适用于短期投资及不超过一年期限的借款；而对于非工业项目的某些投资，如个人储蓄存款等，金融机构通常也是以单利计息的。

（1）单利计算是以本金为基数计算利息的方法，每一计算期的利息是固定不变的，可以按照式（3-1）计算本（金）利（息）和：

$$F_t = P(1+it) \tag{3-1}$$

式中，F_t 为本利和或未来值（期望值）；P 为本金或现值；i 为利率；t 为计息期。

（2）复利计算是以本金与累计利息（即前一期的利息要作为新本金的一部分与原有本金一起作为增加了的本金共同参与下一期按照同一利率标准进行的计息）之和作为基础计算利息的方法。也就是说，上一年的利息可作为下一年的本金再计算利息，即所谓的利上加利（利滚利）的计算。其计算本利和的公式（复利计息公式）为式（3-2）：

$$F_t = P(1+i)^t \tag{3-2}$$

复利计算是资金时间价值最基本的表现形式，以下通过一个实例的对比来说明单利计息与复利计息的差别。

【例 3-1】 假设某项目的贷款本金为 100 万元，年利率为 10%，贷款期为 5 年，则按单利和复利两种计息方法得到的结果是不一样的，见表 3-3。

单利与复利计算对比　　　　表 3-3

年份	单利（i=10%）			复利（i=10%）		
	年初贷款	年末贷款	年末本利和	年初贷款	年末贷款	年末本利和
1	100	10	110	100	10	110
2	110	10	120	110	11	121
3	120	10	130	121	12.1	133.1
4	130	10	140	133.1	13.3	146.4
5	140	10	150	146.4	14.7	161.1

2. 名义利率与有效利率

（1）名义利率是以一年为计息的时间基础，按每一计息周期的利率乘以每年计息期数的计算利息的方法，是按单利方法计算的。例如，存款月利率为 5‰，则名义年利率为 6%（5‰×12）。

（2）有效利率也叫实际利率，是以年为计息周期，用复利方法计算的年利率。若计息期为一年，则名义利率也就是有效利率，两者之间的差异主要取决于实际计息期的时间与名义计息期时间长短的基础（即期数）不同，存在着如式（3-3）所示的基本关系：

$$i_有 = \left(1 + \frac{r_名}{m}\right)^m - 1 \tag{3-3}$$

式中，$i_有$ 为有效年利率；$r_名$ 为名义年利率；m 为一年内的计息期数。

若 $r_名$=12%，在不同计息期期间的有效利率如表 3-4 所示。

不同计息期的有效利率　　　　表 3-4

计息期	一年内的计息数（m）	有效利率（$i_有$）	计息期	一年内计息数（m）	有效利率（$i_有$）
一年	1	12%	一天		
半年	2	12.3%	一小时	365	12.7475%
一季	4	12.55%	无限小	8760	12.7496%
一月	12	12.6825%	∞		12.7497%

3. 现值、终值、年金和等值

（1）现值是指把未来不同时间收入与支出的货币换算为现在时间点上的价值，或称期初或零时点值（有时就是本金）。在项目经济性分析与评价中是将项目生命周期内历年的收入与支出均转换为建设起始年份（称零年或基年、期初年）的现值。折现计算法就是从项目在期初这一（相同）时间点上考核评价投资效益时借以衡量资金时间价值因素变化的基本方法。

（2）终值指的是将初始投入或产出的资金转换为计息期末（即最后一期）的期终值，即为期末本利和的价值。

（3）年金指的是各年等额收入或支付的金额。它一般以等额序列表示，也就是说，在某一特定时间序列期内，每隔相同时间收入与支出的定额款项。例如，按年利率计息时，即为每年收支的等额年值。年金通常是比较和评价不同时期资金使用效果的重要依据。

（4）等值是指在不同时间点上的两笔或一系列资金，虽然金额不同，但可以按规定利率（或设定的时间价值率）换算到某一相同时间点，且彼此仍具有相等价值的情况，此为资金时间价值等值（换算）的概念。例如，现有 100 万元贷款，按 10% 的利率用复利计算，其第一年、第二年、第五年的本利和（终值）分别为 110 万元、121 万元和 161.1 万元，而这三年的终值转换为基年零时点的现值均等于 100 万元。说明现值 100 万元按 10% 复利计算，它等于 1 年后的 110 万元，两年后的 121 万元和 5 年后的 161.1 万元。资金时间价值中等值的概念是在时间基点相同情况下，比较和评价资金在不同时期使用具有相同效果时最重要的依据。

4. 现金流量图

现金流量图（Cash Flow Diagram，简称或写作 CFD）是描述现金流量（或称资金流通量）作为时间函数的图形，它能表示资金在不同时间点流入与流出的实际运动状况，是用规范方法形象表达单一项目资源出入情况变化的示意图。

典型的现金流量图（CFD）是把现金量的多少按照一定的比例关系（用图例表示），以时间为横轴（时间单位可以是年、季、月、日、时、分、秒，等）所表达的现金在各个时间点上流入与流出情况的关系图，如图 3-7 所示。

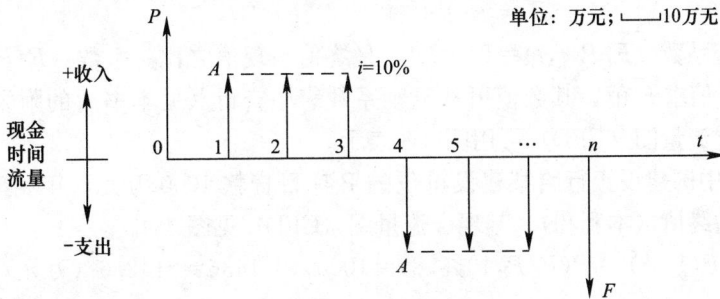

图 3-7　现金流量图

图 3-7 中，横坐标量度和表示的是时间，称为时间轴，取计息期的期数作为时间刻度的数值，如用年计息，则时间轴上的刻度单位为年。纵坐标量度和描述现金的流（通）量，其单位长度表示一定量的现金流入量和现金流出量，它需要根据时间轴上的时间点来确定其所在的具体位置。

在绘制现金流量图时，一般规定（或通常假设）投资发生（画出或绘制）在期初（即 0 时点或称基准计息时间点），而以计息期末时刻为现金流入（如销售收入）和经营费用与成本所发生的时间点。当有现金流入时，现金流量为正值，绘制在时间轴上方且用向上的箭头表示；当有现金支出时，现金流量为负值，就绘制在时间轴的下方，并用向下的箭头表示。应该注意的是，收入与支出是针对特定的对象来说的，例如，贷方的收入即为借方的支出；而在还本付息时，贷款者的支出就是借款者的收入。需要说明的是有关现金流量图绘制（即 CFD 画图）的要领，一般要求是在用图例表示一定比例关系现金流量多少的前提下，通常应特别强调时间点、现金流量的大小和现金流量的方向三项基本的要素。如此制成的现金流量图（CFD），可使人们在依图例给出的特定比例关系所表达的现金价值量大小的情况下，即能方便快捷地在图上直接进行有关现金流量多少的粗略估算。

在对项目进行经济性分析和评价时，通常也是需要绘制现金流量图（CFD）的，即把项目整个生命周期内所发生的常规资源变动情况，即所表达的资金流量（包括各年投资、销售收入、税金、经营成本和残值等）分别进行预计测算后，将其测算的数据结果绘制在时间坐标图上，使项目生命周期内各年现金流动的状况一目了然，以便于分析和计算。

二、普通复利的计算及应用

普通复利即间断复利，其计算的基本公式是以年复利（率）计息，按年进行支付的计算公式。根据支付方式和等值换算时（间）点的不同，复利公式一般可分为一次支付式和等额（或等比）系列支（分）付式两个大类，以及关于终值、现值和年金的三种不同类型的算式。即有：一次支付的终值与现值公式，等额支付序列的年金终值公式、偿债基金公式、资金回收公式和年金现值公式，等差序列的利息公式和几何序列的利息公式等。下面简要介绍一次支付（整付）和等额支付的两大类三套共六个基本复利公式与系数。

（1）一次支付的终值（终值/现值）公式和终值系数（整付终值系数或终值/现值系数）。求终值的计算就是计算某个计息期末的本利和。其经济含义是：当现在投资 P 元，按年利率 i，t 年后可以得到本利和（终值）的总金额为多少。按式（3-4）计算本利和（终值）F：

$$F = P(1+i)^t = P(F/P, i, t) \tag{3-4}$$

式中的终值系数 $(F/P, i, t) = (1+i)^t$，是终值与现值之比。系数 $(F/P, i, t)$ 可理解为已知 P、i、t 值求 F 值，其数值可从复利系数表中查得（见本书后的附录 C）。一次支付求终值的现金流量图（CFD）可用图 3-8 表示。

【例 3-2】 中国建设银行给某建设单位的 P 项目贷款 1000 万元，年利率为 10%，试求 8 年后该行的终值（本利和）。其现金流量图（CFD）见图 3-9。

【解】 $F = P(1+i)^t = P(F/P, 10\%, 8) = 1000 \times 2.1436 = 2143.6$（万元）

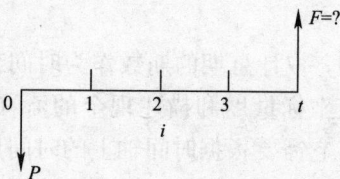

图 3-8　一次支付求终值的现金流量图　　　　图 3-9　例题示例

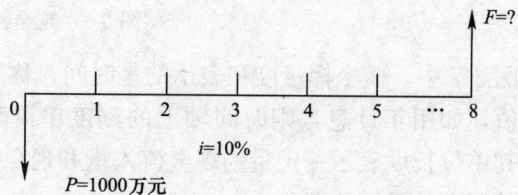

（2）一次支付的现值（现值/终值）公式和现值系数（整付现值系数或现值/终值系数，即所谓折现系数或贴现系数）。即：已知终值为 F 元，年利率为 i，时间为 t 年时，求现值 P。

此时，需用一次支付求现值公式，即式（3-5）计算，其现金流量图（CFD）如图3-10所示。

上述两种系数之间的关系：现值/终值公式是终值/现值公式的倒数，有式（3-5）：

$$P = F \times \frac{1}{(1+i)^t} = F(P/F, i, t) \tag{3-5}$$

现值/终值系数可用式（3-6）表示：

$$(P/F, i, t) = \frac{1}{(1+i)^t} \tag{3-6}$$

【例3-3】 某野外施工单位（企业）6年后需要一笔1000万元的资金作为员（职）工健康疗养的筹款，年利率 $i = 10\%$，问现在应存入银行多少钱？其现金流量图（CFD）如图3-11所示。

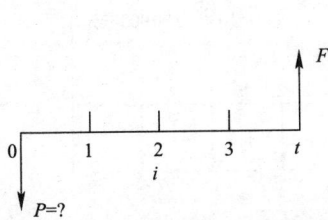

图3-10 一次支付求现值的现金流量图

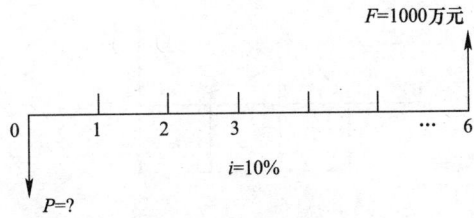

图3-11 例题示例

【解】 $P = F \times \dfrac{1}{(1+i)^t} = F(P/F, 10\%, 6) = 1000 \times 0.5645 = 564.5$ 万元

（3）等额支付序列的年金/终值公式和年金/终值系数。这是一种按时间序列，在每个期末均需投入（或借贷）一笔等额资金（年金 A），求在 t 年后各年本利和累计总值（F）的计算公式。这是要求计算由一系列期末等额支付累计而成的一次支付终值，是一种等额序列零存整取的情况。其计算公式为（3-7）：

$$F = A\left[\frac{(1+i)^t - 1}{i}\right] = A(F/A, i, t) \tag{3-7}$$

年金/终值系数用式（3-8）表示：

$$(F/A, i, t) = \frac{(1+i)^t - 1}{i} \tag{3-8}$$

年金/终值公式的现金流量图如图3-12所示。

【例3-4】 若每年年终某公司存入银行2000万元，年利率为10%，连续存三年后的终值应为多少？现金流量图（CFD）如图3-13所示。

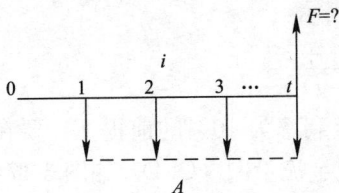

图3-12 年金终值公式的现金流量图

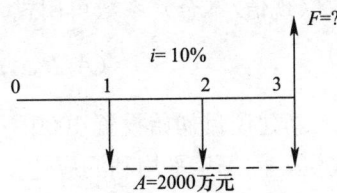

图3-13 例题示例

【解】 $F = A\left[\dfrac{(1+i)^t - 1}{i}\right] = A(F/A, 10\%, 3) = 2000 \times 3.3100 = 6620$ 万元

（4）偿债基金（终值/年金）公式和偿债基金系数（也叫终值/年金系数或基金年存系数）。这是为了筹集在将来 t 年后所需要的一笔资金，在年率为 i 的情况下，求每个计息期

（年）末应等额存储的金额的情况，所以，也可以称为存储基金公式。这是一种等额序列分期付款的情况。其现金流量图（CFD）如图 3-14 所示。

偿债基金（终值/年金）公式为（3-9）：

$$A = F\left[\frac{i}{(1+i)^t - 1}\right] = F(A/F, i, t) \tag{3-9}$$

偿债基金（终值/年金）系数可用式（3-10）表示：

$$(A/F, i, t) = \frac{i}{(1+i)^t - 1} \tag{3-10}$$

【例 3-5】 若计划五年后购买一台价格为 1000 万元的设备，年利率为 10%，问每年末应存多少等额资金？其现金流量图（CFD）如图 3-15 所示。

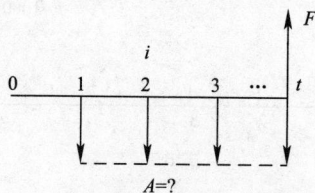

图 3-14 偿债基金的现金流量图

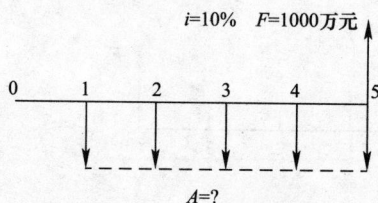

图 3-15 例题示例

【解】 $A = F\left[\frac{i}{(1+i)^t - 1}\right] = F(A/F, 10\%, 5) = 1000 \times 0.1638 = 163.8$ 万元

（5）资金回收（现值/年金）公式和资金回收系数（也叫现值/年金系数）是一种以逐年均衡偿还方式还清一次贷款的计算方式。如某个投资项目在年利率为 i 的条件下，在 t 年末全部偿还期初的一次投资量 P，则每年应等额回收多少资金。这是一种一次投入等额序列资金回收的问题。其现金流量图（CFD）如图 3-16 所示。

资金回收（现值/年金）公式可根据偿债基金公式与一次支付终值公式结合求得，式（3-11）。

$$A = F\left[\frac{i}{(1+i)^t - 1}\right] = P(1+i)^t\left[\frac{i}{(1+i)^t - 1}\right] = P\left[\frac{i(1+i)^t}{(1+i)^t - 1}\right] \tag{3-11}$$

当然，式（3-11）也可以采用等值的概念计算得出，即 P 的终值同 A 的终值是等值的，即式（3-12）。

$$P(1+i)^t = A\left[\frac{(1+i)t}{i}\right] \Leftrightarrow A = P\left[\frac{i(1+i)^t}{(1+i)^t - 1}\right] = P(A/P, i, t) \tag{3-12}$$

资金回收（现值/本金）系数可用式（3-13）表示：

$$(A/P, i, t) = \frac{i(1+i)^t}{(1+i)^t - 1} \tag{3-13}$$

【例 3-6】 新建项目初始投资 1000 万元，在年利率为 10% 的前提下，要在 10 年内全部回收期初投资，问每年平均利润应达多少？其现金流量图（CFD）如图 3-17 所示。

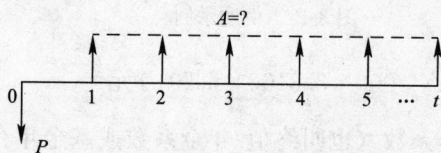

图 3-16 资金回收现金流量图

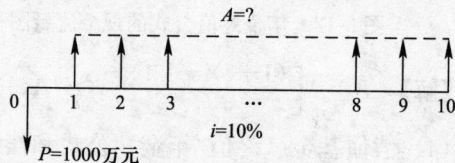

图 3-17 例题示例

【解】 根据资金回收公式，可求得每年应得的平均利润额至少不低于下列数值。

$$A = P\left[\frac{i(1+i)^t}{(1+i)^t-1}\right] = P(A/P,10\%,10) = 1000 \times 0.1627 = 162.7 \text{ 万元}$$

（6）年金/现值公式和年金/现值系数（也叫等额支付现值系数）。年金/现值是指在特定时期内，每年年末收支等额金额的现值总和，即在 t 年内当逐年等额收支一笔资金 A，按年利率 i，求此等额年金收入或支出的现值总额为多少。计算年金现值的公式如下式（3-14）。

$$P = A\left[\frac{(1+i)^t-1}{i(1+i)^t}\right] = A(P/A,i,t) \tag{3-14}$$

年金/现值系数是资金回收系数的倒数，即式（3-15）：

$$(P/A,i,t) = \left[\frac{(1+i)^t-1}{i(1+i)^t}\right] \tag{3-15}$$

年金/现值的现金流量图（CFD）如图 3-18 所示。

【例 3-7】 某专利发明的持有人与两家公司谈判转让专利权，A 公司提出付款期 9 年，逐年付给他 100 万元，首次付款在专利权出让之后一年，B 公司提出立即一次总付 600 万元，若此人考虑，可以将其收入以 10% 的年利率进行投资。问将专利权转让给哪家公司较为有利？现金流量图如（CFD）图 3-19 所示。

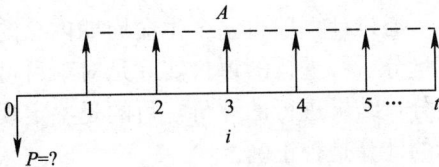

图 3-18　年金现值公式的现金流量图　　　　图 3-19　例题示例

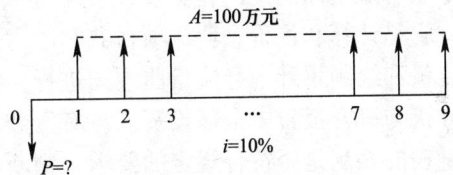

【解】 根据年金/现值公式可求得从 A 公司应付款的年金现值为：

$$P = A\left[\frac{(1+i)^t-1}{i(1+i)^t}\right] = A(P/A,10\%,9) = 100 \times 5.7590 = 575.9 \text{ 万元}$$

计算结果，从 A 公司 9 年付款的年金现值小于 B 公司一次支付的现金总额（即 575.9 万元＜600 万元），因此，B 公司的条件比 A 公司更具有吸引力，专利权应转让给 B 公司。

以上共介绍了三套六个普通复利的计算公式和复利系数，其间的相互关系及汇总情况如表 3-5 所示。

普通复利公式及其应用小结　　　　　　　　　　　　表 3-5

普通复利		已知	待求	公式	复利系数之间的关系
一次支付序列	终值	P	F	$F=P(F/P,i,t)=P(1+i)^t$	$(F/P,i,t)\times(P/F,i,t)=1$
	现值	F	P	$P=F\times\dfrac{1}{(1+i)^t}=F(P/F,i,t)$	
等额支付序列	年金终值	A	F	$F=A\left[\dfrac{(1+i)^t-1}{i}\right]=A(F/A,i,t)$	$(F/A,i,t)\times(A/F,i,t)=1$
	偿债基金	F	A	$A=F\left[\dfrac{i}{(1+i)^t-1}\right]=F(A/F,i,t)$	

普通复利		已知	待求	公式	复利系数之间的关系
等额支付序列	资金回收	P	A	$A=P\left[\dfrac{i(1+i)^t}{(1+i)^t-1}\right]=P(A/P,i,t)$	$(A/P,i,t)\times(P/A,i,t)=1$
	年金现值	A	P	$P=A\left[\dfrac{(1+i)^t-1}{i(1+i)^t}\right]=A(P/A,i,t)$	

第三节　对现金流量的分析与评价

【本节提要】一个工程项目在常规资源投入情况下，某段时间内（或现金流量图上（CFD）某一时点上）支出的费用即现金流出和在此段时间内（两时间点间）所取得的收益或收入即现金流入统称为现金流量。净现金流量是项目在一定时期内现金流入与现金流出间的差额。现金流量表是按工程建设、生产规划进度和项目资金规划等通过计算整个项目生命周期内各年现金流量，求得各年净现金流量编制而成的、可据以分析现金流量和作为项目分析与评价的基本财务报表，常分为全部投资和自有资金两类，是分析评价项目投资方案经济效果的主要依据。所谓现金流量分析，是对常规资源投入情况下，工程项目在其整个有效生命周期内作为反映企业全部经济活动状况的现金流出和流入情况进行的分析，它是计算和评价企业或项目获利能力的基础，可通过计算项目整个生命周期内总的现金流量和绘制累计现金流量曲线图进行。对现金流量分析所进行的评价实际是对项目可行性分析与研究报告中全部投资或自有资金现金流量分析结果进行的评价，目的是鉴定现金流量表的编制是否符合规定的要求，判断各项指标的计算是否正确。

一、现金流量的概念与分析

在对常规资源投入情况下，项目进行经济性分析与评价时，首先应该界定清楚项目的投入与产出的具体内容，并用共同的衡量尺度——货币来计量，这种用以计量投入和产出的货币称为现金。进行现金流量分析和评价需正确识别和选用包括现金流入和现金流出在内的现金流量。

1. 现金流量的概念

通常我们把一个工程项目在某一时间段内（在现金流量图 CFD 上的某一时点）支出的费用称为现金流出，而在此段时间内所取得的收益或收入称为现金流入。现金流出和现金流入统称为现金流量。例如，在工程项目的建设期内，工程开发规划设计、征用土地、购置设备、土建施工、设备安装及其他建设费用等固定资产投资和流动资金等均属现金流出。在试生产时期试车所需的工具、夹具、原材料和燃料动力，以及员（职）工培训费等作为现金流出；试生产产品的销售收入，为现金流入；正常生产期内主要现金流入是销售收入，主要的现金流出是经营成本和销售税金。到项目生命周期的最后一年，应回收固定资产残值和流动资金作为现金流入。

现金流量只计算现金的收支，不计算非现金的收支（如折旧、应收及应付贷款等）；只考虑现金，不考虑借款利息，并要求如实记录现金收支实际发生的时间。因为在项目前期的可行性分析与评价时，我们把工程项目一般看成一个独立的"系统"，现金流量就反映了货币在某一个时期进入或离开这个系统的实际情况。因此，按项目产品所缴纳的税金，就是实际纳税时这个系统的现金流出；而固定资产的年折旧则是系统内部的现金转移，不是系统外发生的现金流量。

2. 现金流量的分析

要对常规资源投入条件下的项目现金流量进行分析，需要引出净现金流量的概念。所谓净现金流量（Net Cash Flow，NCF），是指项目在一定时期内（如一年或整个生命周期内）的现金流入（Cash Input，CI）和现金流出（Cash Out，CO）的差额（Net Cash Flow，NCF，且 $NCF = CI - CO$）。年净现金流量就是一年内各项现金流入和现金流出的代数和。通常现金流入取正号，现金流出取负号，各年的净现金流量有正有负。其计算可用公式（3-16）～（3-19）进行。

（1）项目在建设期内的年度净现金流量，式（3-16）：

$$净现金流量 = 基建投资 - 流动资金投资 \tag{3-16}$$

由于建设期内只有现金流出（投资），而没有现金流入，因此年净现金流量为负值。

（2）项目生产初期的年度净现金流量，式（3-17）：

$$净现金流量 = 销售收入 - 经营成本 - 销售税金 - 流动资金增加额 \tag{3-17}$$

在投入生产初期，生产的产量因尚未达到设计生产能力，故企业只能获得一部分销售收入。此时，尚需继续投入流动资金增加额、生产经营成本与销售税金。因此，在大多数情况下，局部销售收入还不能全部抵偿当年的现金流出，会继续出现负值的净现金流量，而只有当销售收入大于当年支出的经营成本、大于销售税金和流动资金增加额时，才能出现正值的净现金流量。

（3）项目在正常生产年份的净现金流量，式（3-18）：

$$净现金流量 = 销售收入 - 经营成本 - 销售税金 \tag{3-18}$$

在正常生产时期，产量已达到全部设计生产能力，也不需要支付任何建设投资（只有在特殊情况下才追加投资），并且在贷款清偿前只要支出经营成本和销售税金。因此，企业在此时期的净现金流量应为正值，即为企业盈利时期；如果出现负值，则说明该企业入不敷出为亏损，那么该项目是不可行的。

（4）在项目整个生命周期内任意一年的净现金流量，式（3-19）：

$$净现金流量 = 年销售收入 - 年经营成本 - 年销售税金 - 年固定资产投资费用 -$$
$$年流动资金 + 回收的固定资产残值 + 流动资金回收 \tag{3-19}$$

需要说明的是：此式中的年经营成本不包括基本折旧和流动资金利息，也不含摊销费和维简费（维持简单再生产费用）；回收的固定资产残值和流动资金一般是在项目生命周期终了（结束）的年份（最后一年）发生。

累计净现金流量应是当年的净现金流量与前一年累计净现金流量之总和 $\left[\sum NCF = \sum(CI - CO)\right]$，因而项目生命周期最后一年的累计净现金流量应与项目总的净现金流量的数值一致。按照项目逐年累计的净现金流量，可绘制出累计的财务现金流量图并计算出有关的静态投资效果指标。

实际运用中，常规资源投入条件下的项目要注意从项目投资总获利能力角度进行的融资前与融资后项目投资现金流量分析的区别。

1）融资前项目投资现金流量分析，以考察项目方案设计的合理性为目的，可按需从所得税前和（或）所得税后两个角度选择计算所得税前和（或）所得税后指标进行。即根据融资前项目经济性中财务分析的现金流量与融资方案无关的原则，所得税前分析的现金流入主要是营业收入，还可能包括补贴收入，在计算期的最后一年，还包括回收固定资产余值及回收流动资金；现金流出主要包括建设投资、流动资金、经营成本、营业税金及附加，若运营期内需发生设备或设施的更新费用及矿山、石油开采项目的拓展费用等（记为维持运营投资），也应作为现金流出。净现金流量（现金流入与现金流出之差）是计算分析指标的基础。最后根据上述现金流入与流出编制项目投资现金流量表，并依据该表计算项目投资息税前财务内部收益率（FIRR）和项目投资息税前财务净现值（FNPV）。按所得税前的净现金流量计算的相关指标即所得税前指标，是投资盈利能力的完整体现，用来考察由项目方案设计本身所决定的财务盈利能力，它不受融资方案和所得税政策变化的影响，仅仅体现项目方案本身的合理性。所得税前指标可作为初步投资决策的主要指标，用于考察项目是否基本可行，并值得去为之融资。且"初步"指按该指标投资者可做出项目实施后能实现投资目标的判断，此后再通过融资方案的比选分析，有了较满意的融资方案后，投资者才能决定最终出资。所得税前指标应受到项目有关各方（项目发起人、项目业主、项目投资人、银行和政府管理部门等）广泛的关注。所得税前指标还特别适用于建设方案设计中的方案比选。所得税后分析是所得税前分析的延伸。作为现金流出，所得税可用于判断非融资的条件下项目投资对企业价值的贡献，是企业投资决策依据的主要指标。

2）融资后项目投资现金流量分析是投资各方现金流量分析，应从投资各方实际收入和支出的角度，确定其现金流入和现金流出，分别编制投资各方现金流量表，计算投资各方的财务内部收益率指标（FIRR），考察投资各方可能获得的收益水平。当投资各方不按股本比例进行分配或有其他不对等的收益时，可选择进行投资各方现金流量分析。

二、财务现金流量表

全部投资财务现金流量表（单位：万元）　　　　　　表 3-6

序号	项目 年份	建设期		投产期		达到设计能力生产期				合计
		1	2	3	4	5	6	...	n	
1	生产负荷（%） 现金流入									
1.1	产品销售（营业）收入									
1.2	回收固定资产余值									
1.3	回收流动资金									
2	现金流出									
2.1	固定资产投资 （含投资方向调节税）									
2.2	流动资金									
2.3	经营成本									
2.4	销售税金及附加									
2.5	所得税									
3	净现金流量（1−2）									
4	累计净现金流量									
5	所得税前净现金流量									
6	所得税前累计净现金流量									

序号	项目 ＼ 年份	建设期		投产期		达到设计能力生产期				合计
		1	2	3	4	5	6	…	n	

	所得税后			所得税前						
计算指标：财务内部收益率：										
财务净现值：	$(i_c=$ %$)$				$(i_c=$ %$)$					
投资回收期：										

注：根据需要可在现金流入和现金流出栏里增减项目；生产期发生的更新投资作为现金流出可单独列项或列入固定资产投资项。

按照工程建设和生产规划进度与项目资金规划，计算出整个项目生命周期内各年的现金流量，这样，求得各年净现金流量，编制成年现金流量计算表。利用现金流量计算表可以进行现金流量分析，它作为项目可行性分析与评价的基本报表，是分析与评价项目投资方案经济效果的主要依据。

对于项目现金流量系统，从不同角度一般可以分为两种情况：一种是从全部投资的全局观点来考察项目的现金流量，另一种则是从自有资金（或国内投资）的局部角度来考察项目的现金流量。前者是在不考虑资金来源及构成的条件下，将全部投资均视为自有资金（不需计算借贷利息），用以计算和分析评价项目本身全部投资所获得的经济效果；而后者是在多种投资来源或合资条件下，用以计算和分析评价项目自有资金或国内资金所获得的经济效果。

由于投资计算的依据不同，因此，财务现金流量表通常分为全部投资财务现金流量表和自有资金财务现金流量表两种类型。

全部投资财务现金流量表（见表3-6）是将全部投资（含固定资产和流动资金）均设定为自有资金，以此作为计算的基础，来计算全部投资财务内部收益率（FIRR）、财务净现值（FNPV）及投资回收期（P_t）等分析评价指标，反映的是项目自身的盈利能力，为项目不同投资方案比选提供了前提和基础。

自有资金财务现金流量表（见表3-7）则适用于以企业自有资金和其他各种外部资金作为资金来源的项目。该表是以投资者的出资额作为计算基础，把借款本息的偿付作为现金流出，用以计算税后的自有资金财务内部收益率（FIRR）、财务净现值（FNPV）等指标，考察项目自有资金的盈利能力和其向外部借款对拟建项目是否有利的情况的。

自有资金财务现金流量表（单位：万元）　　　　　　　　　　表3-7

序号	项目 ＼ 年份	建设期		投产期		达到设计能力生产期				合计
		1	2	3	4	5	6	…	n	
1	生产负荷（％） 现金流入									
1.1	产品销售（营业）收入									
1.2	回收固定资产余值									
1.3	回收流动资金									
2	现金流出									
2.1	自有资金									
2.2	借款本金偿还									
2.3	借款利息支付									
2.4	经营成本									
2.5	销售税金及附加									
2.6	所得税									

序号	项目 \ 年份	建设期		投产期		达到设计能力生产期				合计
		1	2	3	4	5	6	…	n	
3	净现金流量（1－2）									

计算指标：财务内部收益率：

财务净现值：（$i_c =$ %）

注：自有资金是指项目投资者的出资额。

现金流量表的分析与应用：根据项目在计算期内的各年现金收支情况，在现金流量表中能够详细地估计资金需要量和使用计划；分析项目生命周期内现金流入和流出情况，以及项目的盈利水平，计算出各项静态和动态的评价指标；用以全面反映项目本身在财务上（或经济上）的获利能力、投资偿还能力和偿清时间，进行盈利性分析，最后，还可以据此绘制项目的累计现金流量图（参见图 3-20）。

三、累计财务现金流量图

所谓现金流量分析，就是在常规资源投入条件下，对工程项目从筹建、施工建设、试车投产、正常运行至停产关闭的整个有效生命周期内，现金流出和现金流入的全部现金流动情况进行的分析。它反映了企业全部经济活动状况，是计算企业获利能力的基础。因此，对项目进行现金流量分析是企业获利性分析的重要组成部分。在企业经济性财务分析与评价中，需要计算出项目整个生命周期内总的现金流量 $\left[\sum NCF = \sum (CI - CO) \right]$，并可用累计现金流量曲线图来表示（见图 3-20）。

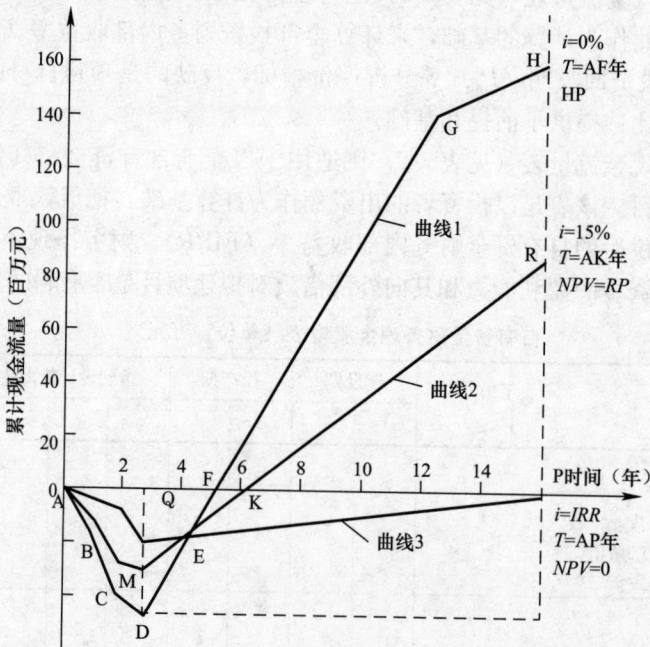

图 3-20　累计折现值和累计财务净现金流量曲线

所谓累计现金流量图，即把项目生命周期内各年的净现金流量依次累计起来所绘制出的如图 3-20 所示的曲线图。图中的横轴为时间轴，表示项目存在的生命年限；纵轴表示累计形式的各年净现金流量，并可画成静态和动态的净现金流量的累计曲线（参见图 3-20 中曲线 1、2、3），此图能较全面地反映出项目生命周期内现金流量的动态，直观、综合地表达了项目投资的可取程度。如项目建设需要多少投资总额（最大债务额）、多久才能回收全部投资、到项目生命周期终了时企业能够获得多少总收入等。因此，累计现金流量图对于项目的经济性分析与评价有很重要的意义。图 3-20 中曲线上各点和线段的经济含义如下。

AB 为常规资源投入条件下，项目建设前期的费用（包括工程开发、研究、设计等）；BC 为基本建设投资（土地、厂房、设备等）；CD 为试生产前准备的支出（流动资金）；DE 为试生产合格后产品的销售收入（含利润）；EFGH 为生产获利性的情况（包括流动资金和固定资产残值回收）；F 为收支平衡点；AQ 为项目建设期；AF 为静态投资回收期；AK 为动态投资回收期；QM 为总投资的现值；QD 为总投资额；P 为 $i=IRR$（内部收益率）时的净现值（$NPV=0$）；AK 为 $i=15\%$ 时的净现值（$NPV=AK$）；HP 为期末累计净现金流量；曲线 1 为折现率为零时的累计现金流量曲线；曲线 2 为折现率为 15% 时累计折现后的现金流量曲线；曲线 3 为折现率等于内部收益率时的累计折现现金流量曲线。

通常，在分析和评价投资方案经济效果时，可利用现金流量曲线图直观、简便地反映项目在计算期内现金流量的变化趋势，考察和分析项目的静态或动态的投资回收期。一般地，我们可从图中横轴下方的曲线纵坐标上，考察和分析反映项目总投资或其现值及其回收速度的情况；从图中横轴上方的曲线纵坐标上，考察和分析分别反映项目计算期内的累计净收益和净现值的情况等。此外，在对不同方案的现金流量图进行比较时，还可以凭借各曲线斜率的大小来大致分析和判断出各方案的优劣情况等。

四、对现金流量分析的评价

所谓对现金流量分析进行的评价，实际上是在常规资源投入条件下对项目可行性分析与研究报告中现金流量（全部投资或自有资金）的分析结果进行评价，目的是鉴定现金流量表的编制是否符合国家有关规定和《建设项目经济评价方法与参数》（第 3 版）的要求，判断各项指标的计算是否正确。若在分析与评价中对财务的基础数据进行了较大修正，则要求重新编制分析评价后的各种现金流量表，并需要重新计算各项指标。

对全部投资现金流量表进行分析评价时，应注意审核现金流量的计算是否符合全部投资现金流量表所设定的计算前提，以及在全部投资现金流量分析中看是否已剔除了现金流出中的全部利息支出。

对自有资金现金流量表进行分析评价时，可不必剔除现金流出中利息因素的影响，但凡用自有资金支付建设期借款利息的项目，通常应将建设期的借款利息作为建设期的现金流出来处理。

第四节 财务盈利能力分析与评价

【本节提要】在常规资源投入条件下对项目经济性分析中财务盈利能力的分析评价，主要是分析与评价反映项目计算期内各年的利润总额、所得税及税后利润分配情况的损益表。计算用于考察项目投资盈利水平的投资利润率、投资利税率和投资回收期等静态指标，以及计算财务净现值和财务内部收益率等动态指标。对项目进行多方案盈利能力的分析和比选时，应注意方案间是否满足有关需要上、消耗费用上、价格上和时间上四个基本的可比条件要求。

一、财务盈利能力分析概述

1. 项目财务盈利能力的概念及一般分析方法

所谓项目的财务盈利能力，是项目经济性分析与评价中，指对项目投入资金所能获得的财务收益能力。财务盈利能力分析一般按是否考虑资金时间价值，可分为动态（考虑资金时间价值）分析和静态（不考虑资金时间价值）分析两种方法。项目企业财务效益的分析评价通常是以动态分析为主，静态分析为辅，采用动静结合的方式，以主要动态指标对项目的经济效益进行分析和评价的。

所谓静态分析，是一种以静止方式看问题的简易分析方法。该法的计算特点是：不计算资金时间价值，所采用的年度资金流量是当年发生的实际数而非折现值；在计算资金流量时，基于项目的计算年份是项目投产后达到设计生产能力的正常生产期的假设，只选择正常生产年份中某一个代表年份的净现金流量或取年平均值，而不反映项目整个生命周期期间的资金流量。故此法存在很大的局限性和存在不能全面反映企业经济活动的缺陷。尽管如此，但其对短期投资项目或较简单的工程项目，在做初步决策时使用诸如简单投资收益率和还本期等静态分析的评价指标时，因能给决策者迅速提供对项目的简单经济评价意见，起到一定的控制作用，故此方法仍为目前各国普遍采用。

企业财务效益分析与评价的静态获利性分析法，主要是通过计算简单投资内部收益率（项目投产后正常生产年份的净收益与项目总投资的比率，并由此派生出投资利润率和投资利税率两个具体指标）和还本期（也称投资返本期或投资回收期，是指项目投产后用所获得的年净收益抵偿全部投资所需时间）两项指标，据此初步分析项目企业财务效益状况的。

所谓动态分析，是一种较静态分析复杂、采用了折现现金流量的分析方法，简称现值法或折现法。其计算特点为：考虑资金的时间价值，根据资金占用时间的长短，按指定（或设定）的折现（或贴现）率计算资金的实际价值；用此法计算的项目整个生命周期内的项目总收益，因能如实反映资金实际运行情况和全面体现项目整个生命周期内的经济活动及其效益，故能正确地对项目财务上的可行性做出符合实际的分析与评价，是国外分析评价项目经济效益广泛采用的方法。企业财务效益评价的动态获利性分析法，主要是通过计算财务净现值（$FNPV$）（含财务净现值率 $FNPVR$ 或财务净现值指数 $FNPVI$）、财务内部收益率（$FIRR$）和动态投资回收期（P'_t）等指标，来分析和说明项目收益水平、衡量其获利能力和反映项目在财务上投资回收的能力的。

2. 融资前与融资后对项目财务盈利能力分析的要求

通常规定，在项目前期的可行性分析与评价阶段，融资前分析只做盈利能力分析，即以项目投资折现现金流量分析为主，计算项目投资的内部收益率、净现值指标和静态投资回收期指标。而融资后分析因分析对象主要是项目资本金折现现金流量和投资各方折现现金流量，所以既包括盈利能力分析，又包括偿债能力分析和财务生存能力（资金平衡）分析的内容。

具体操作中融资后的盈利能力分析包括动态和静态两种不同的分析。

（1）动态分析。要按两个层次分别做项目资本金现金流量分析和投资各方现金流量分析，一般在拟定的融资方案下或当投资各方不按股本比例进行分配或有其他不对等的收益时，可选择进行投资各方现金流量分析，即分别从项目资本金出资者整体的角度或从投资各方实际收入和支出的角度，确定其现金流入和现金流出，编制项目资本金或投资各方的两类现金流量表，前者利用资金时间价值的原理进行折现，计算项目资本金财务内部收益率指标，考察项目资本金可获得的收益水平；后者计算投资各方的财务内部收益率指标，考察投资各方可能获得的收益水平。

（2）静态分析。指不采取折现方式处理数据，依据利润与利润分配表计算项目资本金净利润率（ROE）和总投资收益率（ROI）指标。静态盈利能力分析可根据项目的具体情况选做。其主要指标包括项目投资财务内部收益率和财务净现值、项目资本金财务内部收益率、投资回收期、总投资收益率、项目资本金净利润率等，可根据项目的特点及财务分析的目的、要求等选用。

总之，盈利能力分析的主要指标是项目投资财务内部收益率、项目投资财务净现值和项目资本金财务内部收益率，其他指标可根据项目的特点及财务分析的目的、要求等选用。

二、对财务盈利能力的分析与评价

1. 对损益表及利润分配的分析与评价

损益表是反映项目计算期内各年的利润总额、所得税及税后利润分配情况的重要财务报表。它综合反映了项目每年实际的盈利水平，在项目财务效益分析与评价中的损益表可以用来作为计算投资利润率、投资利税率和资本金利润率等静态指标的基础。同时，在需要进行利润分配时，也可以据此计算能够用于偿还贷款的利润。在对损益表进行分析评价时，通常应重点审核所填入数据是否真实、可靠，审查分析项目的利润总额及其分配的顺序是否符合国家财务制度和政策的规定，在计算上是否正确。对于需要偿还长期借款的项目，在借款期间应该按照项目的借款条件和利润分配顺序的要求，先偿还借款，再向投资者分配利润。

2. 对财务盈利能力指标的分析与评价

对财务盈利能力进行分析主要是考察项目投资的盈利水平。通常是要通过计算投资利润率、投资利税率和投资回收期等静态指标，以及计算财务净现值和财务内部收益率等动态指标来进行的。按照实际的需要，也可以对其他静态和动态指标进行计算、分析和评价。

（1）总投资收益率（ROI）。总投资收益率表示总投资的盈利水平，是项目达到设计能力后正常年份的年息税前利润或运营期内年平均息税前利润（EBIT）与项目总投资（TI）的比率。其计算公式（3-20）：

$$ROI = \frac{EBIT}{TI} \times 100\% \tag{3-20}$$

式中，EBIT 为项目正常年份的年息税前利润或运营期内年平均息税前利润；TI 为项目总投资。

分析评价依据：仅当 ROI 高于同行业的收益率参考值时，才说明用总投资收益率表示的盈利能力能满足要求。

（2）投资利润率。所谓投资利润率，通常是指项目达到设计生产能力后的一个正常生产年份的年利润总额与项目总投资的比率。对于生产期内各年的利润总额变化幅度较大的项目，一般需要计算生产期年平均利润总额与总投资的比率。其计算公式和分析依据如式（3-21）和（3-22）：

$$投资利润率 = \frac{年利润总额或年平均利润总额}{总投资} \times 100\% \geqslant 部门（行业）平均投资利润率$$

$$(3\text{-}21)$$

$$年利润总额 = 年销售收入 - 年销售税金 - 年总成本 - 年技术转让费 - 年营业外净支出$$

$$(3\text{-}22)$$

即：只有当投资利润率大于或等于行业平均投资利润率（或基准投资利润率）时，项目在财务上才可以考虑被接受。

（3）投资利税率。所谓投资利税率，指的是在项目达到设计生产能力后的一个正常生产年份里的年利税总额，或项目生产期内的年平均利税总额与总投资的比率。其计算公式和分析依据为式（3-23）和式（3-24）：

$$投资利税率 = \frac{年利税总额或年平均利税总额}{总投资} \times 100\% \geqslant 部门（行业）平均投资利税率$$

$$(3\text{-}23)$$

$$年利税总额 = 年销售收入 - 年总成本 - 年技术转让费 - 年营业外净支出 \quad (3\text{-}24)$$

即：只有当投资利税率大于或等于行业平均利税率（或基准投资利税率）时，项目在财务上才是可行的。

（4）资本金利润率（ROE）。表示项目资本金盈利水平的所谓资本金利润率，通常指的是在项目生产经营期内正常生产年份或年平均所得税后利润与资本金的比率。即项目达到设计能力后正常年份的年净利润或运营期内年平均净利润（NP）与项目资本金（EC）的比率。其计算公式和分析判断的依据如式（3-25）和（3-26）。

$$资本金利润率 = \frac{年税后利润或年平均税后利润}{资本金} \times 100\% \geqslant 投资者期望的最低利润率$$

$$(3\text{-}25)$$

即：

$$资本金利润率(ROE) = \frac{项目正常年份的年净利润或运营期内年平均净利润(NP)}{项目资本金(EC)} \times 100\%$$

$$(3\text{-}26)$$

当项目资本金净利润率高于同行业的净利润率参考值（投资者期望的最低利润率）时，表明用项目资本金净利润率表示的盈利能力满足要求。

【例3-8】 某工程项目，假设其总投资中的支出为116673万元，从投产后第二年（达到设计生产能力的正常年份）起，每年可实现利润总额20262万元，销售税金7572万元，年所得税税率为33%，资本金为31500万元。试计算该项目的各项指标。

【解】 其各项指标的计算如下。

$$投资利润率 = \frac{20262}{116673} \times 100\% = 17.37\%$$

$$投资利税率 = \frac{20262 + 7572}{116673} \times 100\% = 23.86\%$$

$$资本金利润率 = \frac{20262 \times (1-33\%)}{31500} \times 100\% = 43.1\%$$

以上的计算结果只是说明该项目投资盈利水平，如果要确定该项目投资是否可行，还须参考和对比国家、部门（或行业）或银行规定的标准收益率（利润率和利税率）的定额，才能作出最后的评价。凡是达到或超过规定的基准收益率、部门（行业）平均盈利水平或贷款利率的，一般就认为对该项目作常规资源的投资是可行的；否则不可行。在进行投资方案的多方案比较和选择时，通常若其他条件相同，则应选择投资收益率（利润率或利税率）最高的方案。从计算的结果看，该项目盈利水平也应是较高的。

（5）项目的投资回收期。投资回收期也叫投资还本期，指以项目的净收益回收项目投资所需要的时间，是分析和判断项目盈利能力的重要指标。按是否考虑资金时间价值的要求，一般可分为静态投资回收期（P_t）和动态投资回收期（P_t'）两种，它们分属静态评价指标和动态评价指标的评价参数范畴，项目投资回收期可借助项目投资现金流量表计算。通常以年为单位，从项目建设开始年算起，若从项目投产开始年计算，应予以特别注明。投资回收期短，表明项目投资回收快，抗风险能力强。

1）静态投资回收。所谓项目的静态投资回收期，是项目在不考虑资金时间价值的情况下，从投产后用所获得的净收益抵偿全部投资（包括固定资产投资和流动资金）所需要的时间。它是反映项目经济性中在财务上投资回收能力的重要指标。通常以年表示的静态投资回收期，是从建设开始年份算起，也可从投产开始年份算起。其计算定义式和分析判据如下：

$$\sum_{t=1}^{P_t}(CI-CO)_t = 0；且当 P_t \leqslant 定额投资回收期时，项目可行，否则项目不经济。$$

实际计算静态投资回收期时，一般可通过财务现金流量表（全部投资）累计净现金流量的计算求得。其具体的计算公式为式（3-27）：

$$静态投资回收期 = 累计净现金流量开始出现正值年份 - 1 + \frac{上年累计净现金流量的绝对值}{当年净现金流量}$$

$$(3-27)$$

【例 3-9】 有关条件参见例 3-8，按项目全部投资流量表中的数据计算，从项目建设开始年份算起。当基准（行业内）投资回收期（P_c）为 10 年，累计净现金流量为 25362 万元，且其上一年之前的累计净现金流量值为 -9899 万元时，试判断该项目的可接受性（经济性）。

【解】 该项目的静态投资回收期计算和分析如下：

$$静态投资回收期(P_t) = 10 - 1 + \frac{|-9899|}{25362} = 9.38(年) = 9 年零 4 个月 \leqslant 定额回收期$$

在经济性分析评价和选择投资项目和方案时，必须要将求出的投资回收期（P_t）与部门或行业的基准回收期（或国家制定的定额投资回收期 P_c）进行比较，只有当 $P_t \leqslant P_c$ 时，该项目在财务上才是可以考虑接受的，并且应该选择回收期最短的方案为合适的最优投资方案。据此，可以判断该项目可以接受，即其经济性尚可。

2）项目的动态投资回收期。所谓项目的动态投资回收期，是在考虑资金时间价值（要计算在一定的资金时间价值率，如设定的收益率或利率 i）的情况下，项目从投产后用所获得的净收益的现值抵偿全部投资（包括固定资产投资和流动资金）的现值所需要的时间。它是动态反映项目在财务上投资回收能力的重要指标。动态投资回收期通常也以年来表示，它是从建设开始的年份算起，也可以从投产开始的年份算起。其计算的定义式和分析判据如下：

$$\sum_{t=1}^{P'_t} (CI-CO)_t (1+i)^{-t} = 0；且当 P'_t \leqslant 定额投资回收期（P'_c）时，项目可以接受（或较经济）。$$

由上式可见，项目的动态投资回收期是在资金时间价值率一定（如给定了贴现率或折现率），且累计净现金流量为零（现金的流入与流出相等或称首次实现了不盈不亏——保本）的情况下，确定达到此时间点所需要花费的时间长度，即项目投资现金流量表中累计净现金流量由负值变为零的时点，为项目的投资回收期。

实际计算动态投资回收期时，一般可以通过计算财务现金流量表（全部投资）中累计净现金流量的现值来求得。其具体计算公式为式（3-28）和（3-29）：

$$动态投资回收期 = \frac{累计净现金流量的现值}{开始出现正值年份} - 1 + \frac{上年累计净现金流量现值的绝对值}{当年净现金流量的现值}$$

(3-28)

即：

$$P'_t = T^* - 1 + \frac{\left| \sum_{t=0}^{T^*-1} (CI-CO)_t (1+i)^{-t} \right|}{(CI-CO)_{T^*} (1+i)^{-T^*}} = T^* - 1 + \frac{\left| \sum_{t=1}^{T^*-1} NPV \right|}{NPV_{T^*}} \quad (3-29)$$

式中，T^* 为各年累计净现金流量首次为正值或零的年数。

显然，计算和分析动态投资回收期较分析和计算静态投资回收期复杂很多，故增加了动态评价指标在项目经济性分析评价和比选过程中的可信度。

（6）财务净现值（$FNPV$）。财务净现值是反映项目在整个项目生命周期内总的获利能力的动态评价指标。它是指项目按部门或行业的基准收益率（i_c）或设定的折现率（当未制定基准收益率时），将各年的净现金流量折现到建设开始年（基准年——期初）的现值总和，即为工程项目逐年净现金流量的现值代数和。且按设定的折现率计算的财务净现值当大于或等于零时，项目方案在财务上可考虑接受。计算公式和分析判据为式（3-30）：

$$FNPV = \sum_{t=1}^{n} \frac{(CI-CO)_t}{(1+i_c)^t} = \sum_{t=1}^{n} \frac{CF_t}{(1+i_c)^t} \geqslant 0 \quad (3-30)$$

式中，CI 为项目现金流入量；CO 为项目现金流出量；$CF = (CI-CO)_t$ 为第 t 年的净现金流量；n 为计算期；i_c 为部门（或行业）的基准收益率或设定的折现率；$\sum_{t=1}^{n}$ 为项目整个生命期的年份之和。

由上式可知，财务净现值是在项目给定资金时间价值率（如贴现率或折现率），且计算利息的时间长度（计息期）一定的情况下，把累计净现金流量的情况折算到期初（零时点）求和后，再进行的现金流入与流出的比较判断的结果，该参数是项目经济性财务效益最典型与核心的基础性表达形式。

在计算净现值的时候，要特别注意恰当的折现率（贴现或折现时所用的时间价值比率）和计算期（折现期）的选择。

折现率是衡量项目投资盈利的重要标准，在项目前期可行性分析与评价阶段，作为具体投资项目（或方案）的决策判据和建设项目经济分析与评价中的重要参数，进行企业财务效益分析与评价时，通常按部门或行业的基准收益率，或以国家银行给定的长期贷款利率作为计算净现值的折现率。折现率的设定一般是从两个角度考虑的：从具体项目投资决策的角度，设定折现率应反映投资者对资金时间价值的估计，作为投资项目决策的判据；从投资者投资计划整体优化的角度，设定折现率应有助于选择投资方向，做出使全部投资净收益最大化的投资决策。

折现期（或称计算期）必须与工程项目固定资产的最基本部分（如厂房和设备）的使用寿命相符，它通常包括建设期和生产期，同时还应该考虑产品和设备的更新换代周期，通常应控制在 15～20 年，最长也不要超过 25 年，因折现年限越长其现值就越小。在对若干项目和方案进行比较时，应采用相同的折现率和折现期，使之具有时间上的可比性。

通常情况下，财务盈利能力分析只计算项目投资财务净现值，可根据需要选择计算所得税前净现值或所得税后净现值。要计算财务净现值（$FNPV$），一般可通过财务现金流量表求得。而根据计算结果对项目经济性所进行的分析判别，即看其效益如何，经济性是否有利，可有如下三点基本的取舍原则：

1）当净现值大于零为正值（即 $FNPV>0$）时，说明项目的获利能力不仅能达到国家（部门或行业）规定的基准收益率（或银行长期贷款利率），而且还有剩余的盈利（也可以称之为超额利润），因而该项目在企业财务的收益（效益）上是可以接受的。

2）当净现值等于零（即 $FNPV=0$）时，则项目刚好达到国家规定的盈利标准，属于边缘可行项目（在实际经营中，通常表现为保本经营或盈亏平衡的情况）。

3）当净现值小于零（即 $FNPV<0$）为负值时，则说明该项目达不到国家（部门或行业）规定的最低盈利水平要求，项目的收益水平低于部门或行业的平均盈利水平，或低于银行贷款利率，除能收回投资外，要上缴规定的利润或支付贷款利息就有困难。因此该项目在财务收益（效益）上是不可行的，也就是说，若上马该项目将会不经济，甚至亏损。

在对投资项目进行多方案的比较和选择分析时，若其他条件都相同，在各方案本身可行且投资额相同情况下，一般应该选择净现值大的方案，或按净现值大小顺序进行项目方案的排序分析后作为最优方案的选择。

对于某些非常规项目，在计算期内因分期建设及在经营期内某几年的净现金流量多次出现正负值交替现象的，其财务内部收益率经计算后可能会出现多个解（有多个财务内部收益率）或无解等不合理的情况，此时，可只以财务净现值作为评价指标。

（7）财务净现值率（$FNPVR$ 或 $FNPVI$）。财务净现值率又称净现值指数或投资现值率。作为净现值的一个变形，它是项目的净现值与全部投资现值之比率，即单位投资现值的净现值，是表示单位投资可获得收益的能力。它说明项目单位投资现值所能实现的净现值大小，是一种动态投资收益率指标，财务净现值率是用于衡量不同投资方案的获利能力大小的评价指标。事实上，它是对财务净现值指标的一种补充，也是项目进行多方案选择时的一种补充判别条件。因为财务净现值只能衡量项目净收益现值的大小，而不能反映为获得这些收益所需支出的投资成本，故该指标的特点是，仅在投资额相同情况下，财务净现值率才能作为判别和选择最佳方案的绝对经济效益指标。因此，对于已经获得相同净现值而投资额又不相等的多方案投资项目，通常要采用财务净现值率或财务净现值系数这个相对效果评价指标作为衡量方案优劣的标准。

应用财务净现值率进行方案评价时，其基本判则（判断依据）是：当对单个建设项目进行分析评价时，要求财务净现值率大于零；对多个方案进行比较分析时，则应选择财务净现值率大的方案为优。其计算公式为式（3-31）：

$$FNPVR = \frac{FNPV}{I_p} \times 100\%$$ (3-31)

式中，I_p 为项目总投资（包括固定资产和流动资产投资）的现值，要与净现值采用同一折现率折现。

【例 3-10】 假定某工程项目的建设有两个可行的投资方案供选：A 方案的净现值为1500 万元，其总投资现值为 8200 万元；B 方案的净现值为 1050 万元，其总投资现值为5100 万元。试选出最佳的投资方案。

【解】 首先根据有关公式计算各方案的财务净现值率。

对 A 方案有：

$$FNPVR_1 = \frac{1500}{8200} \times 100\% = 18.3\%$$

对 B 方案有：

$$FNPVR_2 = \frac{1050}{5100} \times 100\% = 20.6\%$$

计算结果表明，虽然 A 方案的净现值大于 B 方案（1500－1050＝450），但因 B 方案的总投资现值小于 A 方案（8200－5100＝3100）。因此，B 方案的财务净现值率大于 A 方案（20.6%－18.3%＝2.3%），故 B 方案应为最佳方案。

例 3-10 说明，财务净现值大的方案并非财务净现值率也一定大，应该权衡利弊进行综合分析后才能做出选择。

（8）财务内部收益率（FIRR）。所谓的财务内部收益率，实际是一种特殊的资金时间价值率——折现率或贴现率，是指在项目整个生命周期内，各年净现金流量的现值累计等于零时的折现率。它反映了项目以每年的净收益归还投资（或贷款）（项目收益抵偿全部投资）后所能获得的最大投资利润率（或利息率），表明项目整个生命周期内的实际收益率，也就是项目内部潜在的最大盈利能力，是始终处于偿债状态下的收益率，故称之为内部收益率。其基本定义的数学形式和计算公式为式（3-32）：

$$FNPV = \sum_{t=1}^{n} \frac{(CI - CO)^t}{(1 + FIRR)^t} = 0$$ (3-32)

式中，CI 为现金流入量；CO 为现金流出量；$(CI-CO)_t$ 为第 t 期的净现金流量；n 为项目计算期。

该式表明，财务内部收益率是项目总投资支出所能获得的实际最大利润率，是在不考虑项目经营所需自身资金增值的前提下，能使企业收支平衡时可接受的最大利息率（即财务内部收益率是在实现现金流入与流出相等的保本经营时所需达到的资金时间价值率），是项目接受贷款利率的最高临界点。项目投资财务内部收益率、项目资本金财务内部收益率和投资各方财务内部收益率都依据式（3-31）计算且可有不同的判别基准，但需注意所用的现金流入和现金流出有所不同。换言之，若项目贷款的利率高于财务内部收益率，则对该项目投资就会造成亏损。

因此，只有在贷款利率（i）低于财务内部收益率（$FIRR>i$），同时，内部收益率又能大于或至少等于部门（行业）所规定的判别基准 i_c（或 i_0，通常称为基准收益率），即 $FIRR \geqslant i_c$（或 i_0）时，满足这样两个条件的项目方案在财务上才能考虑其经济上的可接受性。但在对若干方案进行比较和选择时，除了要达到上述有关净现值的条件外，还应选择财务内部收益率高的项目或投资方案为最优。对于自有资金项目的财务内部收益率（所得税后）通常要求其应该大于（或至少等于）投资者所期望的最低可接受收益率。

求解项目财务内部收益率的方法，除了通过计算由定义式所给出的高次方程（在式中 CI、CO 和 t 已知时，定义式转变为关于财务内部收益率 $FIRR$ 的高阶方程）解出答案（一般可用计算机）外，最常用的简易近似计算方法还有线性内插法和图解法，下面分别加以说明。

1）线性内插法（也叫试差法、试算法或直线内插法）。其计算过程是，先按实际贷款利率或基准收益率进行折现，求得项目财务净现值，如为正值，则采用更高折现率，使计算得到的净现值接近于零的负值。如此重复，通过不断试算用逐次逼近的方法在零值附近求得两个反向的不同值的净现值，之后再运用下列插值公式，求得净现值为零时的最大折现率，即为财务内部收益率，式（3-33）：

$$FIRR = i_1 + \frac{NPV(i_2 - i_1)}{|NPV_1| + |NPV_2|} \tag{3-33}$$

式中，i_1 为当净现值为接近于零的正值时的折现率；i_2 为当净现值为接近于零的负值时的折现率；NPV_1 为采用低折现率 i_1 时净现值的正值；NPV_2 为采用高折现率 i_2 时净现值的负值。

应该注意的是，在折现率 i_1 与 i_2 之间取值的差值一般要求为 $1\%\sim2\%$，最大不超过 5%，否则会因折现率（i）与净现值（NPV）之间不呈线性关系，造成使用此式求得的财务内部收益值不符合实际。

2）图解法。有时，也可根据定义采用图解的方法概略地求出财务内部收益率。其原理如图 3-21 所示，对此图进行分析时，可先在一条表示放大了的局部现金流量曲线横坐标上设定（绘制）出两个折现率 i_1 与 i_2，然后在此两点画出垂直于横坐标的两条直线，分别等于相应折现率的正负净现值，再连接通过净现值的两端画一直线，则此直线与横轴相交的一点（C 点）即表示净现

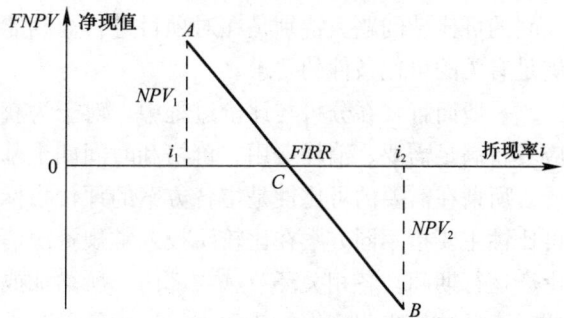

图 3-21　财务内部收益率的图解方法

值为零时的折现率，就是所要求的财务内部收益率。

实际工作中常用的线性内插法，其中估算财务内部收益率所用的插值公式原理即来自由图解法所提供的相似三角形对应边成比例的关系。下面是有关原理的推导过程说明。

在假定折现率分别为 i_1 和 i_2 的情况下，由图 3-21 所示的两个相似三角形 $\triangle Ai_1C \backsim \triangle Bi_2C$，可知两个相似三角形的对应边之间存在如下数学关系：

$$\frac{NPV_1}{\mid NPV_2 \mid} = \frac{FIRR - i_1}{i_2 - FIRR} \tag{3-34}$$

将等式两边的分母中各自加上分子，便得：

$$\frac{NPV_1}{\mid NPV_1 \mid + \mid NPV_2 \mid} = \frac{FIRR - i_1}{i_2 - i_1} \Rightarrow FIRR - i_1 = \frac{NPV_1(i_2 - i_1)}{\mid NPV_1 \mid + \mid NPV_2 \mid} \tag{3-35}$$

进一步简化为：

$$FIRR = \frac{NPV_1(i_2 - i_1)}{\mid NPV_1 \mid + \mid NPV_2 \mid} + i_1 \tag{3-36}$$

可见，只要多次设定 i_1 和 i_2 的值（所谓内插试算），再用此公式进行计算就一定可以逐步求得最终的财务内部收益率。

线性内插法实际操作时的具体步骤如下：①设定不同的折现率 r 值。②代入项目净现值的简化（插值）计算公式中逐个进行试算。③找出两个折现率 r_1 和 r_2，使其具有当 $r = r_1$ 时，$FNPV_{r_1} > 0$；而当 $r = r_2$ 时，$FNPV_{r_2} < 0 (r_1 < r_2, r_2 - r_1 \leqslant 5\%)$。④按插值公式 $FIRR = r_1 + FNPV_{r1}(r_2 - r_1) / [\mid FNPV_{r1} \mid + \mid FNPV_{r_2} \mid]$，直接计算 $FIRR$。

作为反映项目获利能力的一个重要的动态评价指标，财务内部收益率可以用来直接计算投资项目的实际投资收益率，也可以作为选择项目（或投资方案）的可靠分析评价指标之一，但它不是唯一的分析与评价项目效益的判别指标。实际运用时，通常还应该与财务净现值等指标结合起来进行分析判断，才能使项目经济性分析与评价在财务上取得较高的可信度，让结果更为全面、合理。对于多方案比选的情况，若两个投资方案的财务内部收益率相同时，则一般是根据其净现值和净现值率来判别项目投资的经济效果，做出可信的项目抉择。在利用财务内部收益率指标进行盈利能力判断时，还要注意计算口径的可比性。

3. 盈利能力分析评价中的可比性条件

对多个项目投资方案进行经济效益的分析评价和比较选择时，通常必须注意各方案相互间的可比性问题。特别是在对项目进行盈利能力的分析评价时，一定要注意各方案是否满足有关的可比条件的要求。

一般而言，在分析与评价过程中，对于为获取效益而进行的不同形态多方案间的比选应具备满足需要、消耗费用、价格和时间四个基本的可比性条件。

所谓在需要的可比性是指各方案的评价指标（参数）具有同质性可比；而消耗费用的可比性主要指不同方案在比较所投入常规资源消耗的费用时，应该包含本项目在建设期和生产运行期间，各相关环节（或部门）所增加或减少的费用；至于价格的可比性，则是强调对于反映投入与产出价值的大小进行衡量时，应该使用相同的价格或价值量或实物量的参数（如单一货币、相同属性的市价或影子价格等），以避免价格与价值发生严重背离的情况；对于不同项目或项目的不同方案间采用相同的计算期作为比较的基础，在相同的时间起点上进行比较和评价，这是所谓时间上具有可比性的最重要的要求。

总之，要进行有效的项目可行性论证的分析与评价，确定其比较的基础绝对是必要的前提，而最关键的前提则首先是时间环节这一共同的比较起点，只有对于在相同的时点上同类价值形态（或某种物质形态）所进行的以共同时间参照（如零时点）是否有效益的比较，此时的项目可行性论证的分析与评价和估算才有其切实的意义。

第五节 对清偿能力和外汇平衡的分析与评价

【本节提要】本部分的分析内容是分别针对有借贷和项目资源涉外两种情况进行的专项分析。在投资者或项目本身能以自有资金进行投入来判断盈利情况之外,往往会有自有资金不足需要借贷(有借入资金,即负债)和考虑项目未来建成(运营)或出意外(如经营不善)等情况发生时,必须进行以现有资源投入所形成资产为基础的清偿能力分析;若考虑项目所投入的资源及其货币形式如果含有非本位币(RMB)或涉及资源(含产出品)进(或出)口的情况则必须解决好外汇利用过程中有关国家限额与平衡的问题并对相关问题进行具体分析与评价。在项目的经济性分析具体论证中,对项目清偿能力进行的分析与评价是指对项目资金来源与资金运用平衡分析、对资产负债和借款偿还期等指标及对外汇平衡所进行的分析与评价。它是在财务盈利能力分析与评价的基础上,对项目资金来源与运用表和贷款清偿能力、对资产负债表和财务比率进行的分析评价,其中的外汇平衡分析要通过编制项目的财务外汇平衡表进行。

一、对清偿能力的分析与评价

在常规资源投入的情况下,对筹措了债务性资金(简称借款)的项目,为考察企业或项目能否按期偿还借款,要进行偿债(或称清偿)能力分析。所谓对项目的清偿能力进行分析与评价,是指在财务盈利能力分析与评价的基础上,对资金来源与资金运用平衡分析、对资产负债的结果分析及对借款偿还期等判断项目偿债能力的指标参数所进行的评价。其目的是分析评价项目的总体负债水平和清偿长期债务及短期债务的能力,以便为贷款机构的信贷决策提供可靠的评价依据。

1. 对资金来源与运用表和贷款清偿能力进行分析与评价

(1)资金来源与运用表简介。资金来源与运用表(见表 3-8)是反映项目计算期内各年的资金盈余或短缺情况的财务报表。其主要作用是选择资金筹措方案,制定合理的借款及偿还计划,并为编制资产负债表提供依据。

资金来源与运用表通常由资金来源、资金运用、盈余资金和累计盈余资金四大部分组成。对于此表的评价,一般除应审查此表的编制是否符合《建设项目经济评价方法与参数》(第 3 版)及其他规定的要求,表中数据与其相关报表的数据是否一致以外,还应特别注意在各年累计盈余资金中不宜出现负值,如果出现负债,则应该通过增加短期借款解决。而表中的"回收固定资产余值"和"回收流动资金"通常应该计入"当年余值"栏内。

(2)对固定资产投资国内贷款偿还期的分析与评价。国内贷款偿还期通常是指在国家财政规定和项目的具体财务条件下,项目自投产后用可作为还款的项目收益(含利润、折旧、摊销费及其他收益)来偿还贷款投资本金所需要花费的时间。它是反映工程项目偿还贷款能力和经济效益好坏的一个综合性指标。通常按下式(3-37)计算:

$$I_\mathrm{d} = \sum_{t=1}^{P_\mathrm{d}} (R_\mathrm{p} + D' + R_0 - R_t)_t \tag{3-37}$$

表 3-8 资金来源与运用表（单位：万元）

序号	项目＼年份	建设期		投产期		达到设计能力生产期				合计
		1	2	3	4	5	6	...	n	
1	生产负荷（％） 资金来源									
1.1	利润总额									
1.2	折旧资									
1.3	摊销费									
1.4	长期借款									
1.5	流动资金借款									
1.6	其他短期借款									
1.7	自有资金									
1.8	其他									
1.9	回收固定资产余值									
1.10	回收流动资金									
2	资金运用									
2.1	固定资产投资 （含投资方向调节税）									
2.2	建设期利息									
2.3	流动资金									
2.4	所得税									
2.5	应付利润									
2.6	长期借款本金偿还									
2.7	流动资金借款本金偿还									
2.8	其他短期借款本金偿还									
3	盈余资金									
4	累计盈余资金									

式中，I_d 为固定资产投资贷款本息之和；P_d 为贷款偿还期（从建设开始年计算）；R_p 为可用于还款的年利润总额；D' 为可用来还款的年折旧和摊销费用；R_0 为可用来还款的年其他收益；R_t 为还款期间的年企业留利；$(R_p+D'+R_0-R_t)_t$ 为第 t 年可用于还款的资金额。

国内贷款偿还期也可通过资金来源与运用表和国内贷款还本付息表直接推算求得，以年表示，其算式（3-38）如下：

$$国内贷款偿还期 = \frac{贷款偿还后开始}{出现盈余年份数} - 开始贷款年份 + \frac{当年应偿还贷款额}{当年可用于还款的资金额}$$

(3-38)

对于涉及外资的项目，其国外贷款部分的还本付息应按已经明确的或预计可能的贷款偿还条件（包括偿还方式及偿还期限）计算。

当国内贷款偿还期满足贷款机构所要求的期限时，一般就认为该项目具有还贷能力。

需注意的是，该借款偿还期只是为估算利息备付率和偿债备付率两个指标所用，不应与利息备付率和偿债备付率指标并列。且按照有关法规，融资租赁的固定资产视同为购置的固定资产计提折旧。在项目经济性分析与评价中，融资租赁费用的支付即可视做还本付息处理。

2. 对反映财务主体偿债能力的财务比率和资产负债表进行的分析与评价

（1）关于资产负债表的分析与评价。资产负债表（见表 3-9）是根据"资产＝负债＋

所有者权益"的会计平衡原理编制的财务基础报表，该表可以为企业经营者、投资人和债权人等不同的报表使用者提供各自所需要的资料。

资产负债表反映项目在整个运行期间企业的全部财务状况，它从以下几方面清楚而明确地列出了企业（或项目）的全部资产和负债情况：

1) 在资产部分，应包括流动资产（含应收账款、存货和银行现金存款）、在建工程、固定资产净值和无形资产及递延资产净值。

2) 在负债部分，应包括流动负债（应付账款及其他短期负债和流动负债）和中长期借款。

3) 在所有者权益部分，应包括资本金、资本公积金、累计盈余公积金和未分配利润等内容。从资产负债表中可以看出企业的生产经营状况、资金周转和资金筹集及运用的策略，以此来衡量项目在建成投产后企业的生产经营水平和项目的投资回收能力。

资产负债表（单位：万元）   表 3-9

序号	年份 项目	建设期		投产期		达到设计能力生产期				合计
		1	2	3	4	5	6	...	n	
1	资产									
1.1	流动资产总额									
1.1.1	应收账款									
1.1.2	存货									
1.1.3	现金									
1.1.4	累计盈余资金									
1.2	在建工程									
1.3	固定资产净值									
1.4	无形及递延资产净值									
2	负债及所有者权益									
2.1	流动负债总额									
2.1.1	应付账款									
2.1.2	流动资金借款									
2.1.3	其他短期借款									
2.2	长期借款									
	负债小计									
2.3	所有者权益									
2.3.1	资本金									
2.3.2	资本公积金									
2.3.3	累计盈余公积金									
2.3.4	累计未分配利润									

计算指标：1. 资产负债率（%）：
2. 流动比率（%）：
3. 速动比率（%）：

资产负债表还能够综合、有效地反映项目计算期内各年末的资产、负债和所有者权益的增减变化情况及相互间的对应关系。以此为据，通过项目经济性分析与评价过程可以检查企业的资产负债、资本结构的合理性，是否有较强的还债能力。例如，检查企业或项目的借款和自有资本的比例关系、企业年末借款的余额、有多少资本及有多大的偿还借款能力等。这些主要可以通过负债与资本比率（资产负债率）、流动比率及速动比率等指标体现出来。有了资产负债表，贷款银行及债主就有了及时了解和掌握流动资金、应付账款情况的基本工具和信息来源渠道，有利于他们的资金周转。

对资产负债表的分析与评价，一般应注意的是，根据资本保全的原则，投资者投入的资本金在生产经营期内，除依法转让的资产外，不得以任何方式抽回；计提的固定资产折旧不能冲减资本金。同时，也应审查资产负债表的编制是否符合《建设项目经济评价方法与参数》（第3版）及其他有关规定的要求，审查表中数据与相关报表的数据的一致性，在此基础上计算反映项目清偿能力的有关财务比率等分析评价指标。

（2）对反映财务主体偿债能力的财务比率指标的分析与评价。通常情况下，项目财务评价中进行偿债能力分析时，应注重对法人而非项目的偿债能力进行全面分析。为此，要通过分年计算利息备付率（ICR）和偿债备付率（DSCR）（二者的数值要结合债权人的要求确定，且均应大于1）及资产负债率（LOAR）等指标来分析与判断财务主体的偿债能力。这些指标的计算公式如下。

1）利息备付率指在借款偿还期内的息税前利润（EBIT）与应付利息（PI）的比值，它从付息资金来源的充裕性角度反映项目偿付债务利息的保障程度，其计算公式为式（3-39）：

$$ICR = EBIT/PI \qquad (3-39)$$

利息备付率高表明利息偿付的保障程度高。

2）偿债备付率指在借款偿还期内，用于计算还本付息的资金（$EBIT_{DA} - T_{AX}$）与应还本付息金额（PD）的比值，它表示可用于计算还本付息的资金偿还借款本息的保障程度，其计算公式为式（3-40）：

$$DSCR = (EBIT_{AD} - T_{AX})/PD \qquad (3-40)$$

融资租赁费用可视同借款偿还。运营期内的短期借款本息也应纳入计算。

若项目在运行期内有维持运营的投资，可用于还本付息的资金应扣除维持运营的投资。

偿债备付率高，说明项目可用于还本付息的资金保障程度高。

3）根据资产负债表，通常可计算出有关资产负债率、流动比率和速动比率等财务比率指标。对这些指标很难就不同行业制定出统一的判据标准，故在实际的分析与评价中应根据项目的具体情况及行业特点做实事求是的分析与判断。但需特别明确指标中具有特定意义的分析与评价内涵。

第一，作为负债总额与资产总额的比率的资产负债率（LOAR）指各期末负债总额（TL）同资产总额（TA）的比率。它反映了总资产中有多大的比例是通过借债来筹集的，可用来衡量企业在清算时对债权人利益的保护程度。资产负债率应按式（3-41）计算：

$$资产负债率(LOAR) = \frac{期末负债总额}{期末资产总额} \times 100\% = \frac{TL}{TA} \times 100\% \qquad (3-41)$$

要注意的是，"期末负债总额"不仅包括长期负债，还包括短期负债，而"期末资产总额"则应是扣除累计折旧后的净额。

适度的资产负债率表明企业经营安全、稳健，具有较强的筹资能力，也表明企业和债权人的风险较小。对该指标的分析，应结合国家宏观经济状况、行业发展趋势、企业所处竞争环境等具体条件判定。项目财务分析论证中，在长期债务还清后，可不再计算资产负债率。

资产负债率指标有时也叫举债经营比率。因此，在论证分析与评价中，若从债权人的角度看问题，指标应越低越好，因为股东提供的资本与企业资本总额相比，所占比例较小，则企业的风险将主要由债权人负担，这将对债权人不利；但从股东的角度看，则只需要全部投资利润率高于借款利率，就可以从负债资金中获得额外利润，因此负债比例却是越大越好；而从企业经营的角度看问题，若企业负债过大，则债务风险加大，如果举债过小，又说明企业利用债权人资本进行经营活动的能力太差。因此，在利用资产负债率制定借入资本的决策时，必须充分估计到预期的利润和增加的风险程度，以便权衡利弊得失，从而做出正确的决策。因此，资产负债率指标也是反映项目所面临风险程度的指标，它不仅在项目筹集资金时具有重要作用，也是衡量投资者承担风险程度的尺度，若此比率过小，则说明回收贷款的保障就大，反之则投资风险程度就越高，因此投资者通常希望这一比率接近于1。

第二，反映项目偿还流动负债能力的指标——流动比率。流动比率即为流动资产与流动负债（如短期贷款）的比值。该指标表示短期负债和随时可变为支付手段的资金之间的关系，它是反映企业清偿短期债务的能力，也是粗略分析企业需要通过借款与发行债券以筹集额外资金的评价手段。流动比率的计算公式为式（3-42）：

$$流动比率 = \frac{流动资产}{流动负债} \tag{3-42}$$

流动比率指标的经济意义说明的是：每一单位货币的流动负债需要有多大数量的企业流动资产来作为偿债担保，通常流动比率的值取 1.2~2.0 较为合适。因为在流动资产中，变现能力最差的存货的金额一般占到流动资产总额的一半左右，其余流动性较大的流动资产至少要与流动负债相等。若此比例过低，则表明企业对到期的负债难以偿清；但若此比例过高，又说明大量的流动资产没有得到充分利用，可能造成了浪费。同时，流动比率指标还应与同行业的平均水平（由历史数据提供）相对比才能分辨出高下。需要引起注意的是，通常流动比率的适宜性对于不同行业、不同生产和不同销售季节所需的取值也是各不相同的。

此外，流动比率还常常被用来作为衡量企业财务状况和偿债能力的指标，使用相当广泛，但又有一定的局限性。鉴于流动资产中包含了某些变现能力较差的存货资产，因此存货的适销性实际上是有限的，在短期内不容易被全部推销出去，所以流动比率指标不具有真正流动的性质，并非是衡量资金流动性十分有效的方法，因而在实际应用中，通常还应该结合采用速动比率指标对企业（或项目）的财务状况和偿债能力进行分析与评价。

影响流动比率的基本因素主要有营业（经营）周期、流动资产中的应收账款和存货的周转速度三项内容。

【例 3-11】 若在项目总投资的 218962 万元中，构成固定资产与流动资产的比例为 3：7，即有固定资产 65689 万元，流动资产 153273 万元，项目投资中的短期贷款为 86827 万元。试求该项目的流动比率。

【解】 根据题意，该项目的流动比率应为：

$$流动比率 = \frac{153273}{86827} = 1.77$$

分析：由于计算结果的流动比率为 1.77：1，与同行业的平均水平 1.5：1 相比，说明该项目具有偿还短期贷款的能力。

第三，反映项目快速偿付流动负债能力的速动比率指标。速动比率也叫酸性试验比率，它是速动资产（扣除存货后的流动资产）与流动负债的比率。所谓速动资产，是指那些容易转变为现金的流动资产，如现金、有价证券和应收账款等。速动比率指标表明流动负债可以用容易转变为现金的流动资产的多少倍来偿还，它是衡量企业资金短期流动性的重要尺度。速动比率可以按式（3-43）进行计算：

$$速动比率 = \frac{流动资产 - 存货}{流动负债} = \frac{现金 + 有价证券 + 应收账款净额}{流动负债} \tag{3-43}$$

在此需要注意的是，对于速动比率指标的计算结果，也应该在与同行业其他企业相比之后，才能测算出该项目在资产流动性方面所面临的风险程度，要经过具体分析，方可采取对策。通常，速动比率取值后的判据范围最好保持在 1.0~1.2 比较符合要求。

此外，作为影响速动比率可信度的重要因素一般考虑较多的是应付账款的变现能力。这是因为，通常账面上的应付账款不一定都能变成现金，而实际坏账又可能比计提的准备金要多，加之季节性的变化等情况，都可能使报表上的应收账款数额不能反映平均水平。

二、对外汇平衡的分析与评价

对于涉及外汇收支的涉外项目（如生产出口产品或引进设备和技术等项目），通常都需要进行外汇平衡分析，也就是对项目的外汇来源、运用及余缺情况等进行分析评价。

所谓外汇平衡，是指项目所涉及的外汇收支的平衡，它是涉外项目生存与发展的必要条件。通过对外汇平衡的分析与评价，可以掌握项目在计算期内各年的外汇余缺程度，衡量项目实施后对国家外汇状况所可能产生的影响，以此使投资者对项目未来经营期内外汇平衡问题做到心中有数，并按国家有关政策的规定，使项目在计算期内各年的外汇来源与运用达到平衡；若达不到平衡，则应该采取积极的措施和具体的解决办法，为项目的投资决策提供必要的参考意见。在此意义上说，对项目的外汇平衡所做分析与评价也是项目经济性论证中财务效益分析与评价的一个重要组成部分。

在对涉外项目进行外汇平衡分析时，通常应根据《建设项目经济评价方法与参数》（第 3 版）规定，必须编制"财务外汇平衡表"（见表 3-10），用此表来反映项目在计算期内各年外汇的余缺程度，据以做出相关的分析与评价。

财务外汇平衡表（单位：万美元）　　　　　　　　　　　　　　　　　表 3-10

序号	年份＼项目	建设期		投产期		达到设计能力生产期				合计
		1	2	3	4	5	6	...	n	
	生产负荷（%）									
1	外汇来源									
1.1	产品销售外汇收入									
1.2	外汇借款									
1.3	其他外汇收入									
2	外汇运用									
2.1	固定资产投资中外汇支出									
2.2	进口原材料									
2.3	进口零部件									
2.4	技术转让费									
2.5	偿付外汇借款本息									
2.6	其他外汇支出									
2.7	外汇余缺									

注：1. 其他外汇收入包括自筹外汇等；
　　2. 技术转让费是指生产用支付的技术转让费。

在财务外汇平衡表中，应该包括外汇来源和外汇运用两大主要部分。其中外汇来源包含产品销售的外汇收入、外汇借款和其他外汇收入三项具体内容；而在外汇运用中，应包括固定资产投资中的外汇支出、进口原材料和进口零部件的外汇支出，以及在生产期支付的技术转让费、偿付外汇借款的本息和其他外汇支出等。所谓外汇余缺，是指由外汇来源与外汇运用之差额决定的部分。在利用财务外汇平衡表计算和确定外汇余缺时，各项收支的数据均应按照相关财务报表中的外汇收入和外汇支出的数据填列和计算。在对外汇平衡进行的分析与评价中，通常的要求是外汇收支应该基本平衡；若不平衡，则应采取相应的措施和解决办法，其结果也应体现在财务外汇平衡表中。

综合案例 3-1　拟建红星火力发电厂（2×300MW）工程项目的财务分析

1. 工程概况

拟建的红星火力发电厂规划容量为 4×300MW 机组，本期工程为 2×300MW 燃煤发电机组。各工艺系统方案此略。

2. 基本数据

（1）投资估算。该发电工程动态投资估算总额为 218469 万元，其中静态投资 180732 万元，价差预备费 28081 万元，建设期贷款利息 9656 万元。生产流动资金为 3127 万元，其中生产铺底流动资金为 938 万元，流动资金借款为 2189 万元。

其他费用中场地使用税 446 万元列入无形资产，建设单位管理费、生产职工培训及提前进厂费共计 1529 万元列入递延资产。发电工程价差预备费和建设期贷款利息，该案例全部计入固定资产。

（2）工程建设进度。工程建设进度初步设想施工准备到两台机组全部建成投产，总建设工期 50 个月，其中施工准备 8 个月，主厂房开工至安装进入 13 个月，安装开始至 1 号机组投产 19 个月，1 号机组至 2 号机组投产 10 个月。也就是，项目在第 4 年的 5 月 1 号机投产，在第 5 年的 3 月 2 号机投产。

中外双方合营期为合同生效后 19 年。

（3）流动资金构成。流动资金的应收账款、存款、现金、应付账款暂按年周转次数 12 次考虑，经计算项目达产设计能力年份的流动资金需要量为 3127 万元（以达产期最大经营成本年份的数据计算）。其中，自有流动资金按 30% 计算，为 938 万元；流动资金借款为 2189 万元。流动资金借款按国内借款考虑，利率以 10.98% 为准计列。

（4）资金筹措及分年度使用计划。工程建设投资由建设投资（含价差预备费）和建设期利息组成，共 218469 万元，中外双方注册资本额为建设投资的 1/3。其中，中方注册资本额占总额的 75%，外方注册资本额占 25%。各方资本金在资本筹措时，在项目开始建设后 3 年内陆续纳入资金计划；建设投资不足部分，中外双方按注册资本比例为合营公司筹措，融资部分人民币贷款利率 11.16%；外币（美元）贷款利率 7%，人民币对美元的当时汇率为 5.7：1。

（5）还本付息。项目的还款原则为：各还款年应付利息计入总成本费用中的财务费用，应还的借款本金首先用折旧费、摊销费来归还，不足时用未分配利润归还。1 号机投产当年及以后各年度投资在当年发生的利息进入固定资产，自下年度开始，发生的利息，进入财务费用。还款采用等额还款方式，借款偿还期 10 年，即投产后第 7 年还清借款。

折旧费计算的基本数据为达产年固定资产折旧费，折旧年限为 10 年，净残值率为

10%，折旧率 9%。无形资产与递延资产摊销年限，按 10 年摊销考虑。

（6）成本费用计算的主要参数（略）。

（7）销售税金、利润和电价。

1）电价。经测算，第 4～10 年（还贷期）平均电价为 274.3 元/(MW·h)，11～14 年为 234.1 元/(MW·h)，15～19 年为 179.5 元/(MW·h)，测算的电价不含增值税。

2）增值税。合营电厂是独立核算企业，增值税率为 17%。增值税额按销项税额扣除进项税额计算。

3）所得税。所得税和地方所得税合计为应纳税额的 33%，该项目申请享受投产后前 2 年免征，此后 3 年减半征收的优惠。

4）盈余公积，按税后利润的 15% 提取。

5）股利分配。外方股利按外方注册资本金，考虑利率 7%，投产后 7 年内每年等额偿还本息的额度，再另加 40 万美元作为每年外方分利额度。经测算外方股利为 3717 万人民币元，中方股利按中、外方注册比例进行测算为 11151 万人民币元。为了避免投资第一年电价过高，当年未分股利。

3. 财务效益分析

（1）财务盈利能力分析。该项目的财务分析过程编制了项目全部投资和自有资金的现金流量表与损益表（此三表略）。

根据财务现金流量表计算，财务分析的评价指标如下。

1）财务内部收益率（FIRR）。

$$FIRR_{全部} = 16.3\%$$

$$FIRR_{自有} = 19.01\%$$

财务内部收益率均大于行业基准收益率，盈利能力满足行业要求，也满足外方资金内部收益率达 15% 的要求。

2）财务净现值（FNPV）（$i=12\%$）。

$$FNPV_{全部} = 37983 \text{ 万元}$$

$$FNPV_{自有} = 38779 \text{ 万元}$$

因财务净现值均大于零，该项目在财务上是可以考虑接受的。

3）投资回收期（T_P）。

$$\text{全部投资的投资回收期 } T_P = 7.95 \text{ 年}$$

$$\text{自有资金的投资回收期 } T_P = 8.08 \text{ 年}$$

投资回收期均在 8 年左右，表明该项目投资能按时回收。

（2）清偿能力分析。该项目还款的资金来源有折旧费、摊销费和利润，可以满足机组投产后 7 年内还清贷款，通过资金来源与运用表（略）的计算，可以看出，合营期各年能收支平衡，并有盈余。

从资产负债表（略）所示的计算可以看出，资产负债率在建设期和投产初期略大于 0.5，从第 8 年以后，各年负债率小于 0.5，并在其后各年逐渐下降；流动比率、速动比率在整个计算期内逐年增加，各年均大于 1，这表明项目的资产可以抵补负债，有较强的清偿能力。

（3）不确定性分析（略）。

（4）综合经济性分析。通过上述分析，该项目的经济效益指标比较理想，各项指标均符合国家有关规定及投资方要求，项目具有较强的盈利能力和清偿能力，有利于银行考虑贷款，可见项目在财务上是可以接受的，经济上可行。

综合案例 3-2 新建 P 工程项目的综合财务效益分析

1. 工程项目 P 的有关情况概述

工程项目 P 是新建项目，项目财务分析的各项基础工作如下所述。假定对项目市场前景、技术方案、项目本身的竞争能力等各方面进行了全面的论证和多方案比选，并确定了项目的最优方案，现以选定的项目最优方案为例，进行全面的项目财务效益分析。

2. 对工程项目 P 有关财务数据的预测

为分析和评价工程项目 P 的财务可行性，对该项目的相关财务数据做如下预测。

（1）项目投资计划与投资估算及资金筹措。

1）投资计划。该项目的建设期为 2 年，实施计划为第 1 年完成投资的 40%，第 2 年完成投资的 60%；第 3 年投产，试产期为 1 年，当年达到设计生产能力的 80%；第 4 年达产，项目计算期为 12 年。

2）固定资产投资估算。该项目固定资产投资估算中，工程费与其他费用估算额为 5000 万元，预备费为 500 万元，资金来源为自有资金和贷款。其中，自有资金 3000 万元；其他为国内贷款，贷款年有效利率为 9%。则该项目固定资产投资估算为 5000＋500＝5500 万元。

建设期贷款利息：第 1 年，$2500 \times 40\% \div 2 \times 9\% = 45$ 万元；第 2 年，$(2500 \times 60\% \div 2 + 1045) \times 9\% = 161.55$ 万元。假定固定资产投资中，开办费投资为 20 万元，无形资产投资为 200 万元，则在项目达到可使用状态之日，该项目可形成的固定资产原值为 $5500 + 45 + 161.55 = 220 + 5486.55$ 万元。

3）流动资金估算。建设项目达到设计生产能力以后，项目定员为 100 人，工资每人每年 4000 元，福利费按工资总额的 14% 提取，每年的其他费用为 114 万元，年外购原材料、燃料及动力费为 1350 万元，年其他制造费用为 50 万元，年经营成本为 1773 万元，年修理费用为折旧费的 50%。各项流动资金的最低周转天数分别为：应收账款 30 天，现金、预付账款、存货 40 天。假定该项目的固定资产年残值率为 4%，固定资产折旧年限为 10 年，则年折旧额为 $5486.55 \times (1 - 4\%) \div 10 = 526.7$ 万元，年修理费为 263.4 万元。用分项估算法估算项目的流动资金（流动资金全部来自贷款，贷款年有效利率为 6%）情况如下：

① 应收账款＝年经营成本/年周转次数＝$1773 \div (360 \div 30) = 147.8$ 万元。

② 现金＝[年工资及福利费＋年其他费用]/年周转次数＝$159.6 \div 9 = 17.7$ 万元。

③ 存货。

外购原材料、燃料及动力费＝年外购原材料及动力费/年周转次数＝$1350 \div 9 = 150$（万元）。

在产品＝（年外购原材料、燃料及动力费＋年工资及福利费＋年修理费＋年其他制造费）/年周转次数＝$(1350 + 45.6 + 263.4 + 50) \div 9 = 189.9$ 万元。

产成品＝年经营成本/年周转次数＝$1773 \div 9 = 197$ 万元。

存货＝$150 + 189.9 + 197 = 536.9$ 万元。

④ 流动资产＝现金＋应收账款＋存货＝$17.7 + 147.8 + 536.9 = 702.4$ 万元。

⑤ 应付账款＝（年外购原材料、燃料及动力费）/周转次数＝$1350 \div 9 = 150$ 万元。

⑥ 流动负债＝应付账款＝150（万元）。

⑦ 流动资金＝流动资产－流动负债＝702.4－150＝552.4万元。

在估算出固定资产投资额和流动资金投资额及建设期贷款利息后，就可以得出项目总投资的数额，该项目总投资为5500＋45＋161.55＋552.4＝6258.9万元。

根据总成本要素的构成关系，经营成本等于工资及福利费、修理费、外购原材料费、燃料及动力费和其他费用之和，即经营成本为1350＋45.6＋263.4＋114＝1773万元。

4）项目总投资＝固定资产投资＋流动资金＋建设期贷款利息＝5500＋552.4＋45＋161.55＝6258.9万元。

5）资金筹措。该项目自有资金3000万元，其余为人民币国内贷款，其中固定资产投资贷款的年有效利率为9%；流动资金全部来自贷款，贷款年有效利率为6%。

流动资金估算表（单位：万元）　　　　表3-11

序号	项目	最低周转天数（天）	周转次数（次）	投产期（年）	达到设计生产能力期（年）								
				3	4	5	6	7	8	9	10	11	12
1	流动资产			589.9					702.4				
1.1	应收账款	30	12	125.3					147.8				
1.2	存货	40	9	446.9					536.9				
1.3	现金								17.7				
2	流动负债			120					150				
2.1	应付账款	40	9	120					150				
3	流动资金（1-2）			469.9					552.4				
4	流动资金增加额			82.5					0				

流动资金估算情况见表3-11。

（2）项目销售收入和销售税金及附加。该项目设计生产能力为年产量40万件，每件单价为100元（不含增值税）；销售税金及附加按国家规定税率估算，正常生产年份估算值为240万元。

（3）该项目的产品成本估算。该项目总成本费用估算情况见表3-12。

总成本费用估算表（单位：万元、年）　　　　表3-12

序号	项目	投产期	达到设计生产能力期								
		3	4	5	6	7	8	9	10	11	12
	生产负荷（%）	80					100				
1	外购原材料	960					1200				
2	外购燃料	120					150				
3	工资及福利费						45.6				
4	修理费						263.4				
5	折旧费						526.7				
6	摊销费	40					20				
7	财务费用	271.8	185.5	60.8			33.1				
7.1	长期借款利息	243.6	152.4				27.7				
7.2	流动资金借款利息	28.2					33.1				
8	其他费用						114				
9	总成本费用	2341.5	2505.2	2380.5			2352.8				
10	经营成本	1503					1773				

1）外购原材料、燃料及动力费，正常生产年份每年 1350 万元。

2）工资及福利费，正常生产年份每年为 $4000 \times 100 \times (1 + 14\%) = 45.6$ 万元。

3）折旧费的计算见前述"3）流动资金估算"，每年的折旧额为 526.7 万元。

4）摊销费。无形资产摊销年限定为 10 年，则每年摊销费为 20 万元。

5）开办费。按现行规定，开办费在投产第一年全部摊销。

6）维修费。维修费按折旧费的 50% 提取，每年为 263.4 万元。

7）财务费用，包括长期借款利息和流动资金借款利息。长期借款利息按项目建成投产后最大偿还能力偿还；流动资金借款利息按年计算，当年的流动资金借款利息等于当年流动资金借款累计数乘以流动资金借款年有效利率，正常生产年份流动资金借款利息为 $552.4 \times 6\% = 33.1$ 万元。

8）其他费用。在项目财务效益分析中为简化计算，其他费用一般按工资及福利费总额的 2.5 倍估算。

（4）项目利润和利润分配。所得税按利润总额的 33% 提取。税后利润分配按国家规定顺序进行，先提取法定盈余公积金，然后按董事会（管理当局）决议进行利润分配。为方便起见，假定除留出用于支付长期借款还本的金额计入未分配利润外，剩余部分全部作为应付利润分配给项目投资主体。

（5）项目借款逐年付息估算。该项目借款还本付息估算情况见表 3-13。生产期初的长期借款本金为建设期长期借款本息合计数，其利息计入财务费用，还本资金来源为折旧费、摊销费和未分配利润，流动资金借款本金在期末用回收的流动资金偿还，流动资金借款利息计入财务费用。损益表见表 3-14。

借款还本付息估算表（单位：万元、年）　　　　　　　表 3-13

序号	项目	建设期		投产期	达到设计生产能力期								
		1	2	3	4	5	6	7	8	9	10	11	12
1	人民币借款												
1.1	年初借款本息累计		1045	2706.55	1693.4	307.7							
1.1.1	本金		1000	2500									
1.1.2	建设期利息		45	206.55									
1.2	本年借款	1000	1500										
1.3	本年应计利息	45	161.55	243.6	152.4	27.7							
1.4	本年偿还本金			1013.2	1385.7	307.7							
1.5	本年支付利息			243.6	152.4	27.7							
2	还本资金来源												
2.1	未分配利润			446.5	840.7								
2.2	折旧费			526.7									
2.3	摊销费			40	20								
3	还本资金合计			1013.2	1385.7	546.7							
3.1	偿还人民币本金												
3.2	还本后余额			0	1.7	239							

损益表（单位：万元、年）   表 3-14

序号	项目	投产期	达到设计生产能力期								
		3	4	5	6	7	8	9	10	11	12
	生产负荷	80	100								
1	销售收入	3200	4000								
2	销售税金及附加	192	240								
3	总成本费用	2341.5	2505.2	2380.5	2352.8						
4	利润总额（1−2−3）	666.5	1254.8	1379.5	1407						
5	所得税	220	414.1	455.2	464.3						
6	税后利润	446.5	840.7	924.3	942.7						
6.1	盈余公积金			92.4	94.27						
6.2	应付利润				831.9						
6.3	未分配利润	446.5	840.7								
	累计未分配利润	446.5	1287.2								

3. 工程项目 P 的财务效益分析与评价

根据上述预测数据和实际数据，可以对该项目的财务可行性做出如下分析与评价。

（1）项目财务盈利能力分析。

1）项目全部投资静态现金流量情况如表 3-15 所示，根据表中数据可计算有关财务效益分析用的评估指标。

2）所得税后财务内部收益率。通过试算法计算，得到：

当 $i_1 = 18\%$ 时，$FNPV_{i_1} = 342.7 > 0$；当 $i_2 = 20\%$ 时，$FNPV_{i_2} = -26.9 < 0$。

根据插值公式，得到：

所得税后内部收益率 $= 18\% + (20\% - 18\%) \times 342.7 \div (342.7 + 26.9)$
$= 19.85\% > 18\%$（行业基准收益率）

3）所得税前财务内部收益率。通过试算，得到：

当 $i_1 = 25\%$ 时，$FNPV(i_1) = 244.7 > 0$；当 $i_1 = 30\%$ 时，$FNPV(i_2) = -438.5 < 0$。

根据插值公式，得到：

所得税前财务内部收益率 $= 25\% + (30\% - 25\%) \times 244.7 \div (224.7 + 438.5)$
$= 26.84\% > 18\%$（行业基准收益率）

4）所得税后财务净现值。

$$FNPV = \sum (CI - CO)_t (1 + 18\%)^{-12} = 342.7 > 0$$

5）所得税前财务净现值。

$$FNPV = 244.7 > 0$$

6）所得税后投资回收期。

$$P_t = 7 - 1 + 140 \div 1522.7 = 6.1 \text{ 年} < 8 \text{ 年的行业基准投资回收期}$$

7）所得税前投资回收期。

$$P_t = 5 - 1 + 573.5 \div 1987 = 4.29 \text{ 年} < 8 \text{ 年的行业基准投资回收期}$$

8）投资利润率 = 年平均利润总额/项目总投资 $\times 100\% = 1314.98 \div 6258.95 = 21\%$。

9）资本金利润率 = 年平均利润总额/资本金 $\times 100\% = 1314.98 \div 3000 = 43.83\%$。

由于该项目投资利润率大于行业平均利润率，表明项目单位投资盈利能力达到了行业平均水平。

根据以上计算可以看出，该项目的所得税后及所得税前财务内部收益率均大于行业基准收益率；项目所得税后及所得税前财务净现值均大于零。这表明该项目从全部投资角度看盈利能力已满足了行业最低要求，在财务上是可以接受的。另外，项目所得税后及所得税前全部投资回收期均小于行业基准投资回收期，这表明项目投资能够在规定时间收回，所以项目也是可行的。

（2）项目动态财务效益分析指标。根据项目自有资金静态现金流量情况（见表 3-15），可计算有关项目动态财务评估指标如下。

1）项目财务内部收益率，通过试算，得到：

当 $i_1=20\%$ 时，$FNPV_{i_1}=149.19>0$；当 $i_2=24\%$ 时，$FNPV_{i_2}=-67.64<0$。

根据插值公式，得到：

财务内部收益率 $= 20\% + (24\% - 20\%) \times 149.19 \div (149.19 + 67.64) = 22.75\%$

2）项目财务净现值。

$$FNPV = \sum (CI - CO)_t (1 + 18\%)^{-12} = 575.4 > 0$$

使用项目自有资金现金流量表计算得到的项目财务内部收益率大于项目所属行业的基准收益率，而且项目财务净现值也大于零，这也表明项目在财务上是可以接受的。

静态现金流量表（自有资金）（单位：万元）　　　　　　　　　表 3-15

序号	项目	最低周转天数（天）	周转次数（次）	投产期（年）		达到设计生产能力期（年）							
				3	4	5	6	7	8	9	10	11	12
	生产负荷（%）												
1	现金流入												
1.1	产品销售收入			3200	4000	1673.4			1020.8				3667.1
1.2	回收固定资产余值												219.5
1.3	回收流动资金												552.4
2	现金流出	1200	1800	3200	3998.3	2836.7			2510.4				2290.9
2.1	自有资金												
2.2	借款本息偿还			1013.2	1385.7	307.7							
2.3	借款利息支付			271.8	185.5	60.8			33.1				
2.4	经营成本			1503				1773					
2.5	销售税金及附加			192				240					
2.6	所得税			220	414.1	455.2			464.3				
3	净现金流量（1—2）	−1200	−1800	0	1.7	1163.3			1489.6				1709.1

（3）项目清偿能力分析。

1）固定资产投资国内借款偿还期：该项目资金来源与运用情况如表 3-16 所示。根据此表及还本付息估算表可计算项目固定资产投资国内借款偿还期：

$$P_d = 5 - 1 + 307.7 \div (526.7 + 20) = 4.6 \text{年}$$

所以该项目能够满足贷款机构要求的期限。

资金来源与运用表（单位：万元、年）　　　　　　　　　　　　　表 3-16

序号	项目	建设期		投产期		达到设计生产能力期							
				3	4	5	6	7	8	9	10	11	12
	生产负荷（%）												
1	资金来源	2200	3300	1703.1	1884	1926.3	1953.7	2725.6					
1.1	利润总额			666.5	1254.8	1379.5	1407						
1.2	摊销费												
1.3	长期借款	1000	1500										
1.4	流动资金			469.9	82.5								
1.5	其他短期借款												
1.6	自有资金	1200	1800										
1.7	其他												
1.8	回收固定资产余值												
1.9	回收流动资金												
2	资金运用	2200	3300	1703.1	1882.3	1594.8	1312.7						
2.1	固定资产投资												
2.1.1	建设期利息												
2.2	流动资金			469.9	82.5								
2.3	所得税			220	414.1	455.2	464.3						
2.4	应付利润					831.9	848.4						
2.5	长期借款还本			1013.2	1385.7	307.7							
2.6	流动资金借款还本												552.4
2.7	其他短期借款还本												
3	盈余资金			0	1.7	331.5	641						860.5
4	累计盈余资金					333.2	974.2	1615.2	2256.2	2897.2	3538.2	4179.2	5039.7

2）财务比率。资产负债情况见表 3-17，表中计算了资产负债率、流动比率、速动比率。

资产负债表（单位：万元、年）　　　　　　　　　　　　　表 3-17

序号	项目	建设期		投产期		达到设计生产能力期							
		1	2	3	4	5	6	7	8	9	10	11	12
1	资产	2245	5706.6	5729.9	5297.3	5082.1	5176.4	5270.7	565.0	5459.3	5553.6	5647.8	5742.1
1.1	流动资产			589.9	704.2	1035.6	1676.6	2317.6	2958.6	3599.6	4240.6	4881.6	5522.6
1.1.1	应收账款			125.3	147.8								
1.1.2	存货			446.9	536.9								
1.1.3	现金			17.7									
1.1.4	累计盈利资金			0	1.7	333.2	974.2	1615.2	2256.2	2897.2	2538.2	4179.2	4820.2
1.2	在建工程	2245	5706.6										
1.3	固定资产净值			4959.9	4433.2	3906.5	3379.8	2853.1	2326.4	1799.7	1723	746.3	219.5
1.4	无形资产净值			180	160	140	120	100	80	60	40	20	0

序号	项目	建设期		投产期		达到设计生产能力期							
		1	2	3	4	5	6	7	8	9	10	11	12
2	负债及所有者权益	2245	5706.6	5729.9	5297.3	5082.1	5176.4	5270.7	5365.0	5459.3	5553.6	5647.8	5742.1
2.1	流动负债总额			589.9		702.4							
2.1.1	应付账款			120		150							
2.1.2	流动资金借款			469.9		552.4							
2.1.3	其他短期借款												
2.2	长期借款	1045	2706.6	1693.4		307.7							
	负债小计			2283.4	1010.1	702.4							
2.3	所有者权益	1200	3000	3446.5	4287.2	4379.6	4473.9	4568.2	4662.5	4756.8	4851.1	4945.4	5039.7
2.3.1	资本金					3000							
2.3.2	资本公积金												
2.3.3	累计盈余公积金					92.4	186.7	281.0	375.3	469.6	563.9	658.2	752.5
2.3.4	累计为分配利润			446.5		1287.2							

(4) 该项目的财务综合效益情况分析评价结论。综合上述各项财务效益分析指标计算所给出的财务评价结果，可以看出该项目的经济效果不管是从静态还是从动态的情况在财务可行性方面都是可以接受的。财务外汇情况见表 3-18。

财务外汇平衡表（单位：万元、年）   表 3-18

序号	项目	建设期		投产期		达到设计生产能力生产期				备注
		1	2	3	4	5	6	...	12	
	生产负荷（%）									
1	外汇来源									其他外汇收入包括自筹外汇等
1.1	产品销售外汇收入									
1.2	外汇借款									
1.3	其他外汇收入									
2	外汇运用									
2.1	固定资产投资中外汇支出									
2.2	进口原材料									技术转让费是指生产期支付的技术转让费
2.3	进口零部件									
2.4	技术转让费									
2.5	偿付外汇借款本息									
2.6	其他外汇支出									
2.7	外汇余缺									

综合案例 3-3　新建 MIDI 化纤厂项目的企业财务效益分析（评估）报告

1. 概况

MIDI 化纤厂是新建项目。该项目是在市场预测、生产规模、工艺技术方案、建厂条件及厂址方案选择、公用工程和辅助设施诸方面进行研究论证和多方案比较后，确定了最佳方案的基础上进行的。

该项目是我国"八五"计划不可缺少的原料工业，也是纺织行业的支柱产业，因此项目投产后将使企业大大增加经济效益。

该工程主要技术和设备拟从国外引进，少数设备国内配套。由于该工程建厂条件优越，因此对项目的实施提供了较好的条件。

该项目主要设施包括生产主车间、辅助生产设施、公用工程及有关的生产管理、生活福利等设施。

2. 基础数据

（1）生产规模及产品方案。年产服装生产用纤维级 A 产品 2.326 万 t，B 产品 1.64 万 t，C 产品 0.9691 万 t，D 产品 1.5 万 t。

（2）实施进度。项目拟 3 年建成，第 4 年投产 70%，从第 5 年起达产 100%，全部计算期 18 年。

（3）固定资产投资及资金计划。

1）固定资产投资估算为 71793 万元（含 5423 万美元），固定资产投资方向调节税 1436 万元。固定资产投资估算表和投资计划与资金筹措表（略）。

2）流动资金估算。流动资金估算是按分项详细估算法进行估算，估算总额为 10602 万元。流动资金估算表（略）。

3）建设期利息估算为 8497 万元（含 724 万美元）。

（4）资金来源。该工程所需建设资金 92328 万元（含 6147 万美元）。自有资金（资本金）为 25000 万元，其余为贷款。该部分资金由项目所在省建行贷款 30000 万元，其余由地方各部门筹措解决。贷款年利率：外汇为 8%，人民币为 12.24%。流动资金由省市工商银行贷款，年利率为 9.36%。

（5）职工人员数及工资总额。全厂定员 1350 人，年工资总额 324 万元（包括职工福利基金）。

3. 项目财务效益分析

（1）年销售收入和年销售税金及附加估算。产品销售价格是根据近两年国内市场价格的平均售价计算的，预测到项目建成后的市场价格，A 产品每吨 8500 元，B 产品每吨 9500 元，C 产品每吨 19800 元，D 产品每吨 9000 元。年销售收入总额为 68039 万元（正常生产年）。产品全部内销。

年销售税金及附加按国家规定计取，产品 A 缴纳产品税，其余均缴纳增值税，产品税率 15%，增值税率 14%，城市维护建设税税率 7%，教育费附加税率 2%。由于该项目采用优惠政策，投产后前两年产品 A、B 免交产品税，自第 3 年开始自用产品 A 也免交产品税。

年销售收入和销售税金及附加估算表（略）。

（2）产品生产总成本。

1）为了使原材料、辅助料、燃料动力价格与产品销售价格相一致，均采用近两年市场平均售价。

2）固定资产折旧和无形资产及递延资产摊销计算。

在固定资产投资中第二部分费用除土地使用费列为固定资产原值之外，其余费用均作为无形资产及递延资产。

固定资产折旧采用平均年限法计算，折旧期 15 年，无形资产按 10 年摊销，递延资产按 5 年摊销。

3）修理费。修理费按年折旧费的 30％提取。

固定资产折旧估算表（略）。

无形及递延资产摊销估算表（略）。

4）借款利息计算。长期借款利息计算，建设期利息进入本金一并偿还，生产经营期利息及流动资金利息计入总成本中财务费用一栏。

5）其他费用。其他费用的计算，为简化计算，该费用按工资及福利费的 2.5 倍估算，另加土地使用税。

（3）利润总额及分配估算。利润总额及分配估算见损益表（略）。

（4）财务盈利能力分析。

1）财务现金流量表（全部投资，略）。根据财务评价方法，将财务内部收益率及投资回收期采用两种方法计算，即所得税前、所得税后。

① 所得税前。内部收益率为 19.40％，投资回收期 7.08 年（含建设期），财务净现值（$i_c=12\%$）为 34322 万元。

② 所得税后。内部收益率为 13.29％，投资回收期 8.55 年（含建设期），财务净现值（$i_c=12\%$）为 5285 万元。

从上述两个指标可见，该项目财务内部收益率均大于行业基准收益率，说明盈利能力满足了行业的最低要求，财务净现值均较好，说明该项目在财务上是可以接受的。投资回收期均小于行业基准投资回收期，这表明项目投资能按时回收。

2）现金流量表（自有资金，略）。

① 自有资金财务内部收益率为 14.84％。

② 自有资金财务净现值（$i_c=12\%$）为 6018 万元。

3）根据损益表和固定资产投资估算表计算如下指标。

① 投资利润率＝14520×100％÷92328＝15.73％

② 投资利税率＝（14520+6895）×100％÷92328＝23.19％

③ 资本金利润率＝14520×100％÷25000＝58.08％

该项目投资利润率和投资利税率大于行业平均利润率和平均利税率，这说明单位投资对国家积累的贡献水平达到了该行业的平均水平。

（5）清偿能力分析。资金来源与运用计算见同名表（略），资产负债率、流动比率和速动比率指标见同名表（略）。

偿还借款的资金来源包括还款期间的未分配利润（可供分配利润中，提一小部分作为企业盈余公积金使用，其余均全部用于还款）及折旧费、摊销费。

借款偿还期为 8.66 年（含建设期）。该项目投产后以最大偿还能力还款，说明项目具有偿债能力。

（6）敏感性分析。

1）考虑到项目在实施过程中可能会受到一些不确定性因素的影响，该项目对所得税前一些影响因素进行了敏感性分析。分别对固定资产投资、经营成本、销售收入做了提高 10％和降低 10％的单因素变化情况对内部收益率及投资回收期影响的敏感性分析，结果如表 3-19 所示。

从表 3-19 可以看出，各因素的变化都不同程度地影响内部收益率及投资回收期，其中销售收入最为敏感，经营成本次之，投资不太敏感，敏感性分析如图 3-22 所示。

2) 盈亏平衡分析。以生产能力利用率表示的盈亏平衡点（BEP）来表示。

$BEP =$ 年固定成本 /（年销售收入 — 年可变成本 — 年销售税金及附加）$\times 100\%$

$= 7822 \times 100\% \div (68039 - 39114 - 6895) = 35.51\%$

项目财务敏感性分析　　　　　　表 3-19

序号	项目	基本方案	销售收入		经营成本		投资	
			+10%	—10%	+10%	—10%	+10%	—10%
1	内部收益率（%）	19.40	24.71	13.26	15.31	23.14	17.74	21.33
2	投资回收期（年）（含建设期）	7.08	6.17	8.8	8.13	6.39	7.45	6.72

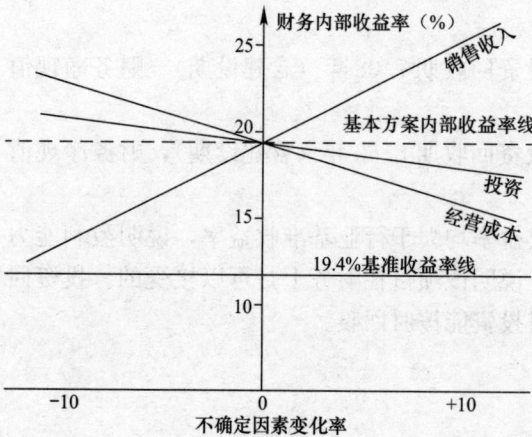

图 3-22　项目敏感性分析

计算结果表明，该项目只要达到设计能力的 35.51%，即年产量达到 2.3 万 t，企业就可以保本。由此可见，该项目具有一定的抗风险能力。盈亏平衡如图 3-23 所示。

（7）结论。从财务效益分析指标可以看出，该项目财务内部收益率（基本方案）为 19.40%，投资回收期为 7.08 年（含建设期），投资利润率为 15.73%，投资利税率为 23.19%，盈亏平衡点为 35.51%，均高于行业基准指标，也高于银行贷款利率，并且有一定的抗风险能力。

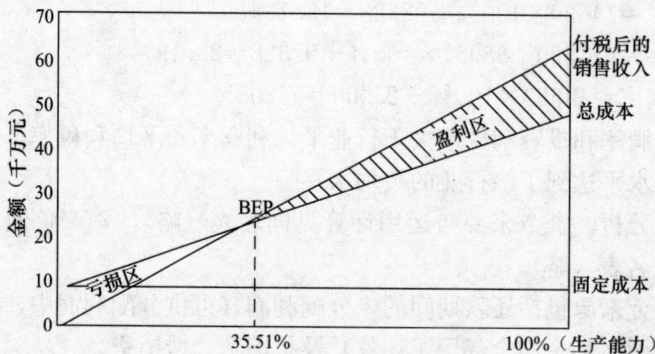

图 3-23　项目盈亏平衡分析

国家对于建设这项工程在财务上被认为是可行的，企业经济效益是好的，此方案拟推荐为可行方案。

【案例说明】该案例是一个专项具体的财务评价（或称财务效益分析）报告。财务效益分析是在项目市场研究和技术研究的基础上进行的。所谓财务评价，就是根据国家现行财税制度和价格体系，分析、计算项目直接发生的财务效益和费用，编制财务报表，计算评价指标，考察项目的盈利能力、清偿能力及外汇平衡等财务状况，据以判别项目的财务可行性。它主要是利用有关的基础数据，通过编制财务报表，计算财务评价用效益分析指标及各项财务比率，进行财务分析，做出评价结论。该案例作为一个关于新建 MIDI 化纤厂以财务评价为主的投资项目分析，所做的财务效益分析正是在市场预测、生产规模、工艺技术方案、建厂条件及厂址方案选择、公用工程和辅助设施诸方面进行了详细可行性研究论证和多方案比较选择后，确定了最佳方案的基础上进行的。因而，该案例具有一定的代表性和较大的参考价值。

通常，财务效益分析评价是项目可行性研究的核心内容，其评价结论是决定项目取舍的重要决策依据。建设项目的财务评价无论对项目投资主体，还是对为项目建设和生产经营提供资金的其他机构或个人，均具有十分重要的作用。主要表现在：

(1) 考察项目的财务盈利能力。项目的财务盈利水平如何，能否达到国家规定的基准收益率，项目投资主体能否取得预期的投资效益；项目的清偿能力如何，是否低于国家规定的投资回收期，项目债权人的权益是否有保障等，是项目投资主体、债权人，以及国家、地方各级决策部门、财政部门共同关心的问题。因此，一个项目是否值得兴建，首先要考察项目的财务盈利能力等各项经济指标，要进行财务效益分析评价。

(2) 用于制定适宜的资金规划。确定项目实施所需资金的数额，根据资金的可能来源及资金的使用效益，安排恰当的用款计划及选择适宜的筹资方案，都是财务效益分析评价要解决的问题。项目资金的提供者们可据此安排各自的出资计划，以保证项目所需资金能及时到位。

(3) 为协调企业利益和国家利益提供依据。对某些国民经济效益分析评价结论好，财务效益分析评价不可行，但又为国计民生所急需的项目，必要时可向国家提出采取经济优惠措施的建议，使项目具有财务上的生存能力。此时，财务效益分析评价可以为优惠方式及幅度的确定提供依据。

该案例中报告提供的财务效益分析评价的程序完全符合一般财务评价工作流程的要求：

(1) 做了基础数据的准备。根据项目市场研究和技术研究的结果、对现行价格体系及财税制度进行财务预测，获得了项目投资、销售（营业）收入、生产成本、利润、税金及项目计算期等一系列财务基础数据，并将所得数据编制成辅助财务报表。

(2) 编制了基本财务报表。编制了如上所述的财务预测数据及辅助报表，并分别编制反映项目财务盈利能力、清偿能力及外汇率平衡情况的基本财务报表。

(3) 对财务效益分析评价指标进行了计算与评价。根据基本财务报表计算各财务评价指标，并分别与对应的评价标准或基准值进行对比，对项目的各项财务状况做出评价。

(4) 进行了不确定性分析。通过盈亏平衡分析、敏感性分析、概率分析等不确定性分析方法，分析项目可能面临的风险及项目在不确定情况下的抗风险能力，得出了项目在不确定情况下的财务效益分析评价结论或建议。

(5) 做出了项目财务评价的最终结论。由上述确定性分析和不确定性分析的结果，对项目的财务可行与有益性做出最终判断。如该案例中项目因在财务上被认为有益可行，企业经济效益良好，故拟推荐该方案为可行方案。

第四章 项目经济性分析论证之三——国民经济评价

【本章提要】本章从宏观层面，在现行市场常规资源要素投入条件下，详尽介绍了按照传统模式进行项目投资国民经济分析的基本要求。说明了在考虑宏观国家（或地方）资源（或资产）利用的情况下，以项目投入需以进出口货物为界考虑国内外效益和费用的变动及其动静态情况的变化，系统地介绍了在资源约束条件下进行项目宏观国民经济分析与企业微观财务效果评价之间关系的原理，阐明了分析评价有关资源投入与产出关系经济性问题的基本思路与主要方法和评价参数的构成。

第一节 国民经济评价概述

【本节提要】在常规资源投入的项目经济性分析中，有关对国民经济效果的评价是站在国家或地方政府的角度，采用费用与效益的方法，运用影子价格、影子汇率、影子工资和社会折现率等参数，计算分析项目需要国家付出的代价和对国家的贡献，考查投资行为的经济合理性和宏观可行性。国民经济评价与企业财务评价相比既有联系又有区别，在项目的经济性分析与评价中有着十分重要的意义，二者共同组成了完整的项目经济性分析与评价体系。

一、国民经济评价的概念与基本含义

在常规资源投入的项目的经济性分析中有关投入产出关系——效益的分析评价，包括财务（效益）评价（或分析）和国民经济评价（又称项目的国民经济分析）两个层次。企业财务评价是站在项目主体（业主或投资人）的角度，以市场为边界，按现行市场价格和国家财税制度，分析评价项目的财务盈利和清偿能力，衡量项目在财务上的经济性和可行性；而国民经济评价则是站在国家或地方政府整体的角度，以国家或地区的经济边界（境），即海关为限，从宏观上在更高层面对原来仅由投资人或企业所关注的项目的经济性，根据国民经济长远发展目标和社会需要，按照资源合理配置的原则，采用货物影子价格、影子汇率、影子工资和社会折现率等国民经济参数，分析与评价项目对国民经济发展战略目标和社会福利的实际净贡献，衡量项目在宏观经济层面上的合理性和有益程度，是一种对微观项目的宏观经济分析评价。它与项目的（企业）财务（效益）评价（或分析）一起共同构成了完整的项目经济性评价（或分析）最重要的内容。因此，国民经济分析与评价是项目经济性分析与评价的另一关键环节，是经济性分析与评价的重要组成部分，亦是项目搞好宏观投资决策的主要依据。

项目国民经济评价或分析的目的在于充分考虑如何把国家有限的各种常规投资资源用于国家或地方最需要的投资项目上，使全社会可用于投资的有限资源能够合理配置和有效利用，使国民经济能够持续、稳定、健康地增长，以取得最大的经济效益。具体而言，国

民经济评价或分析是采用费用与效益的分析方法，运用影子价格、影子汇率、影子工资和社会折现率等参数，计算分析项目需要国家或项目所在地于常规资源方面要付出的代价和对国家的贡献，以此来考察投资行为的经济合理性和宏观可行性。

二、国民经济评价的基本内容

在常规资源投入条件下，作为一件较复杂的分析评价工作，项目的国民经济评价按照目前我国的实际条件，只对某些在国民经济建设中有重要作用和影响的大中型重点建设项目及特殊行业和交通运输基础性与公益性等建设项目开展有关的国民经济评价工作。具体而言，目前国家规定如下五类项目需进行国民经济评价：（1）涉及国民经济若干部门的重大工业项目和重大技术改造项目；（2）严重影响国计民生的重大项目；（3）有关稀缺资源开发和利用的项目；（4）涉及产品或原材料进出口或替代进出口的项目，以及产品和原材料价格明显失真的项目；（5）技术引进、中外合资经营项目。对于大进大出的项目，因产品和原料的价格是采用国际市场价格，扭曲现象不严重，通常可以财务评价结论作为决策依据。

国民经济评价是对项目进行宏观经济效果的分析和评价，其基本目标是国民经济增长目标。因此，应以项目投资所增加的国民收入净增值和社会净效益最大作为分析评价项目宏观经济可行性的基本指标。主要从国民收入增长、节汇创汇和风险承担能力三项具体目标及下列四个方面进行具体的考察。

（1）计算分析投资项目达到设计生产能力的正常生产年份所获得的国民收入净增值（净产值）和经济净效益（社会净收益）及其占整个投资的比率，表明项目对国家和社会的实际贡献，以考察项目在正常生产年份的国民经济获利能力和获利水平。其主要指标是年国民收入净增值、经济净效益（社会净收益）和投资净效益率。

（2）计算分析投资项目在整个生命周期（计算期）内的总国民收入净增值和总经济净效益及其与总投资之比率，以衡量项目对国家和社会的总效益和总贡献。其主要指标是经济净现值（$ENPV$）、经济净现值率（$ENPVR$）和经济内部收益率（$EIRR$）。

（3）计算分析投资项目在整个生命周期（计算期）内各年份的经济外汇流入和流出情况，为生产出口产品和替代进口产品所需的国内资源消耗，以考察项目的经济创汇和节汇能力，以及产品在国际市场上的竞争能力。其主要指标是经济外汇净现值、经济换汇成本和节汇成本。

（4）考察客观因素对项目创造国民收入净增值和社会净收益能力的影响。可用盈亏平衡分析、敏感性分析和概率分析方法进行检验，寻找对项目投资效益影响最大的因素，采取有效措施降低投资风险，提高项目的投资效益和承担风险的能力。

三、国民经济评价与企业财务评价的关系

1. 两种评价的联系与区别

在常规资源投入条件下进行的项目经济性分析论证中的企业财务评价和国民经济评价相互联系和制约。在形式上，两者的共同点表现为：都是在项目完成产品需求预测、工艺技术选择、设备选型、投资估算、资金筹措方案设计等基础上进行的；都是从项目的"费用"和"效益"的关系入手，运用现金流量分析和报表分析方法，采用净现值和内部收益率等盈利性分析指标，分析评价项目投资的利弊，从而做出可行与否的决策；都属于经济性评价范畴，都使用基本的经济分析与评价的理论和方法，寻求以最小的投入获取最大的

产出；均采用内部收益率、净现值等指标进行评价；都要通过对项目的基础资料进行预测、估算来获得有关评价指标。

两者的主要区别源于基本出发点和评价角度的不同，导致项目在"费用"和"效益"的识别和范围的界定与划分上有所不同，于是在分析评价的目标、计算基础（价格和参数），以及分析评价的方法、内容和深度、分析评价的判据等方面都有明显的区别（见表4-1）。

具体而言，国民经济评价和企业财务评价的主要区别有如下六点。

（1）两种评价的出发点不同。企业财务评价是站在企业或投资人自身的角度上，衡量和计算一个投资项目为企业或投资人带来的利益，分析评价项目在财务效益上是否有利可图；而国民经济评价是站在国家或地区整体的角度上，计算和分析投资项目为国民经济所创造的效益和所做出的贡献，评价项目经济上宏观的合理性。在某种程度上，前者主要为企业或投资人的投资决策提供依据；后者则是为政府宏观上对投资的决策提供依据。

（2）两者计算费用和效益的范围不同。企业财务评价中，投资项目所获效益中上交给国家或其他有关部门而企业得不到的部分，均不作为收益看待，而国家给予的补贴尽管客观上不是项目创造的效益，却均作为收益计算。在国民经济评价中，只要是项目宏观上创造的效益，不管最终由谁来支配，均作为投资项目效益。投资费用的计算也与上述处理方法相同。

国民经济评价与企业财务评价的区别

表 4-1

类别	企业财务评价	国民经济评价
评价角度	从企业的角度出发	从国民经济和社会需要出发
分析评价目标	企业的净利润（净财务收入）	对社会福利和国家基本发展目标的贡献及资源有效利用和合理分配
评价范围	企业本身获得的直接的可计量的货币效果	除直接效果外，还有间接（外部）的不可计量的效果。除经济效益外，还有社会、政治、环境、国防等效果
费用和效益范围	企业效益包括销售收入、利润和折旧等，费用和效益仅考虑直接的，税金、工资、国内利息作为费用支出	国家效益包括企业上交的利润和折旧，而税金、工资、国内贷款利息等作为转移支付，费用和效益包括直接与间接（外部）的
计算基础	①采用国内现行市场价格；②把国家长期贷款利率或部门基准收益率作为折现率；③采用国家统一规定的官方汇率	①采用近似社会价值的经济合理价格（影子价格）；②采用社会折现率或国家基准收益率作为折现率；③采用国家统一规定的影子汇率及其换算系数或资本市场浮动汇率
分析评价的内容和方法	企业财务评价的内容和方法较简单，涉及面较窄，采用企业盈利性分析法	国民经济评价内容和方法较复杂，涉及的范围较广，需采用费用效益分析，成本效用分析和多目标综合分析等方法
分析评价的判据	行业基准收益率，基准投资贷款偿还期	社会折现率

因此，同一个投资项目，尽管其创造的效益客观上是一样的，但是采用财务效益评价方法和国民经济评价方法，其计算结果有差异，在某些情况下结论也会有差异。在分析与评价中具体反映出来的是现金流量不同。

（3）两种分析与评价中使用的价格不同。在企业财务评价中，由于要求评价结果反映投资项目实际发生情况，其计算使用的价格需要对市场进行调查和预测，确定出未来市场上可能发生的价格或市场上已经发生的价格。而国民经济评价，不仅要客观地评价项目，而且要求不同地区，相同行业的投资项目具有可比性，采用市场价格（实力竞争价格），往往因不同地区价格水平不同而影响项目的横向可比性。在国民经济评价中，须用一个统一的价格标准。目前，我国吸收引进了联合国工业发展组织（UNIDO）对发展中国家投资项目进行分析评价的方法中推荐的影子价格，以此作为国民经济评价的价格体系。

（4）两种评价中各自使用的评价参数不同。所谓评价参数，主要指汇率、工资及现值计算的折现率。进行企业财务效益评价，上述各参数需根据不同行业的不同企业，以及企业条件、企业环境自行选定。而进行国民经济评价时，同样为了达到横向投资项目可比的目的，上述各项均采用统一的通用参数，其中既包括计算、衡量项目的经济费用效益的各类计算参数，也包括判定项目经济合理性的判据参数这样两类参数。

（5）两种评价中的核心指标不同。企业财务效益评价最主要的收益内容是利润与折旧。这两项收益也是回收投资的主要内容。例如，在财务评价中，投资回收期、净现值、内部收益率均是根据上述两项内容计算的。在国民经济评价中，国民收入即净产值是主要的考核指标，而国民收入包括利润与工资，却不包括折旧。应该说，对于企业而言，尽管工资部分的大小与员（职）工的切身利益相关，但却是当年消耗掉的费用，企业无权对其进行支配，无法用来进行再投资或投资回收。而从国家宏观角度上分析，工资是创造新价值的部分，关系到社会总产品价值的增加和社会就业水平，因此是十分重要的。

（6）两者评价的经济性边界含义不同。企业财务评价是以所投资项目能够开发和管理的单一市场（如在单一国家或地区内、在不考虑所在国家或地区综合资源因素对该项目投入和产出影响的情况下，其价格仅由市场竞争决定）为其经济性分析与评价的边界的，而国民经济评价的边界则以所在国家或地区的经济性资源的边境（如海关等）为限，是分析和评价在此范围内（考虑一旦跨出国境或边境后）各种资源被综合利用后的经济效果的。故两者所涉因素有很大的不同。

2. 两种评价的关系及评价结论的处理

（1）两种评价的关系。在常规资源要素的投入下针对同一建设项目进行的企业财务评价与国民经济评价二者的关系十分密切。通常对大多数工业项目是先进行企业财务评价再进行国民经济评价；只对国有投资的基础性和公益性项目（如铁路交通、邮电、水利工程等公共工程项目和文教、卫生等社会事业项目）往往在财务评价前先做国民经济评价。故二者间的关系是：企业财务评价是国民经济评价的基础，因一般工业项目的国民经济评价须在财务评价基础上进行，利用财务基础数据进行调整，测算经济评价指标和得出评价结论。而国民经济效益对企业财务效益起着指导作用，是决定项目决策的先决条件和主要依据。

（2）通常对项目与方案的取舍主要取决于国民经济评价的结果。首先应保证项目在对国民经济有利的前提下，兼顾企业或项目投资人的经济效益，使其具有财务生存能力。当然，企业或项目投资人的经济效益归根到底也是国民收入的一部分。

在我国，企业的经济效果通常应与国家的经济利益一致。因企业只有在国家宏观经济调控下通过市场才能得以发展。且由于两种分析评价的角度和费用与效益划分的范围内容不同，以及财税制度和经济政策与价格的影响，使企业利益并非总与国家利益完全一致。故当两种评价结论相矛盾时，应以既要使企业财务效益好，更应使国家和社会获益为原则。其处理措施有如下两种：

1）对于某些关系国计民生急需的建设项目，当国民经济评价认为合理可行，而财务评价认为不可行时，应重新考虑方案，必要时可向国家和主管部门提出采取相应经济优惠措施的建议。如调整项目投入物或产出物的价格，给予税收优惠，改变税率和利率，或实行政策性补贴等优惠措施，使项目具有财务上的生存能力，企业亦能获得合理的收益。

2）当项目在企业财务上有效益和可行，但国家和社会需要付出较大代价而不能获得应有的效益时，此类项目一般应予以否定。如需国家大量外汇支出或需使用较多的稀缺资源的投资项目，能使企业获得良好的财务收益，但在总体上不能使国民收入和社会收益增加，反而会造成较大损失，这种项目基本上是不能接受的。当然，必要时可采取修改总体建设方案进行项目投资的"再设计"办法，也许可能使项目通过，但这种情况必须进行详细和严格的审核和控制。

国民经济评价与企业财务评价对项目经济性评价效果的影响 表 4-2

评价角度＼评价结论	可行与否			
企业财务评价	可行	可行	不可行	不可行
国民经济评价	可行	不可行	可行	不可行
项目评价结果（最终）	可行	不可行	可行	不可行

考虑到两种不同评价结果对投资决策产生的影响不同，表 4-2 列出了说明两种评价在影响决策时的基本作用与相互关系的内容，同时给出了一般进行取舍的规律和要求。

四、国民经济评价的基本程序和内容

在常规资源投入条件下对项目进行的国民经济评价涉及的内容和范围较广，测算核实工作较复杂，通常可按下列步骤（见图 4-1）进行。

（1）对项目的经济费用和效益的划分进行鉴定与分析。项目的费用与效益的划分受项目的分析与评价目标及类型的不同而有区别。项目国民经济评价应从整个国民经济的发展目标出发，考察项目对国民经济发展和资源合理利用的影响，应注意对转移支付的处理和对外部效果做重点的鉴定和分析。

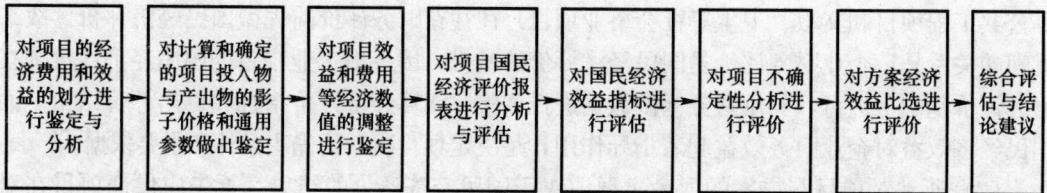

图 4-1 国民经济评价的基本程序

（2）对计算和确定的项目投入物与产出物的影子价格和通用参数做出鉴定与分析。在项目国民经济评价中最关键的是要确定项目产出物和投入物的各种合理的经济价格。要选择能反映资源本身的真实社会价值又能反映供求关系、稀缺物资的合理利用和国家经济政策的经济价格（如影子价格或效率价格）。按照国家规定和定价原则，合理选用和确定投入物与产出物的影子价格和国家参数，并对其进行鉴定分析和评价。

（3）对项目效益和费用等经济数值的调整进行鉴定与分析。把项目的效益和费用等各项经济基础数据，按国民经济效益与费用划分的范围，根据已确定的经济价格（影子价格）和国家参数做调整，重新计算项目的销售收入，投资和生产成本的支出，及项目残值的经济价值。鉴定分析与评价调整的内容是否齐全和合理，调整的方法是否正确，是否符合国家的规定。

（4）对项目国民经济评价报表进行分析与评价。在对项目效益和费用等经济数值做出宏观调整的基础上，应编制《国民经济效益费用流量表》（全部投资），利用外资项目还应编制《国民经济效益费用流量表》（国内投资）和《经济外汇流量表》等基本报表。在分析与评价时，应复核这些国民经济效益评价报表的表格设置、编制内容和数据计算是否符合规定，是否正确。

（5）对国民经济效益指标进行分析评价。对经济效益指标做宏观分析评价，即从国民经济整体角度考察项目给国民经济带来的净效益（净贡献）。主要内容有：项目国民经济盈利能力评价、外汇效果评价，以及对难以用货币价值量化的外部效果做定性的分析与评价。

（6）对项目不确定性分析进行分析评价。对不确定性分析做的评价，通常应含有对项目盈亏平衡分析和敏感性分析进行的鉴定，在有条件时才对所做的概率分析做鉴定，以确定项目投资在财务上和经济上的可靠性和抗风险能力。

（7）对方案经济效益比选进行评价。方案的经济效益比选，是寻求合理的经济和技术决策的必要手段，亦是项目国民经济评价的重要组成部分。方案比选通常可用净现值或差额投资收益率法。而对于效益相同的方案或效益基本相同又难以具体估算的方案，可用最小费用法（含费用现值比较法和年费用比较法）。

（8）综合分析评价与结论建议。先按照国家政策对项目有关的各种经济因素做出综合分析，以国民经济效益评价为主，结合企业财务效益评价和社会效益评价，对主要评价指标做综合分析，给出分析评价的结论和总评价。再对项目经济评价中反映的问题和对建设项目需说明的问题及有关建议加以明确阐述。项目综合评价结论要简明扼要、观点明确，并可附相应的图表。

五、国民经济评价的意义

按照我国目前制定的对建设项目进行经济性分析与评价的标准，在某些由常规资源投入的项目中，既要进行企业财务效益分析与评价，又要进行国民经济效益分析与评价，国民经济效益分析与评价的结论甚至可作为主要的决策依据，而企业财务评价只起辅助作用。这说明国民经济评价十分重要，进行项目国民经济评价意义重大。

（1）国民经济评价能客观地估算出投资项目为社会做出的经济贡献和社会（即国民经济）为其付出的代价。这是因为在国民经济评价中，其效益、费用，无论最终归谁支配，也无论由谁负担，只要发生了，就按其项目真正的投入产出值加以计算。不仅仅计算其盈利的大小，资金回收多少、对各类财政收入的增加、充分就业、环境保护与生态平衡、资源充分利用与合理分配等都作为考虑的因素和内容。上述考核的方法和内容，相对财务评价而言，无疑更客观、层次更高和更为全面。

（2）运用国民经济评价分析方法对投资项目进行的分析与评价，能对常规资源和投资的合理流动起导向作用。在国民经济分析与评价中采用的影子价格和社会贴现率，不仅能起市场信号反馈的作用，且因是在常规资源最优分配状态下的边际产出价值，故能对常规资源合理分配加以引导，达到宏观调控的目的。不管哪一行业，都采用统一的社会贴现率，可使投资最终流向投资效率高、资金回收率大的行业或生产部门，这无疑会促进常规资源高效利用，使社会整体效益提高。

（3）国民经济评价可以达到统一标准的目的。由于国民经济评价不仅统一采用影子价格的评价体系，而且采用统一的通用参数作为评价参数（影子汇率、影子工资、社会贴现率），如此一来，就使不同地区、不同行业的投资项目，在经济评价中都站在了同一"起跑线"上，达到相互间可在效益、费用和时间参数（如相同的时点上）等方面具有可比性的条件。这种横向上的可比性对于项目从宏观上选择最优的投资方案十分有益。

第二节　国民经济评价中的费用和效益

【本节提要】在常规资源投入条件下进行国民经济分析评价首先要正确地识别费用与效益，以保证分析评价的正确性。按照凡对国民经济做出贡献的均应计为项目的效益，凡国民经济为项目付出代价的均应计为项目的费用的基本原则，可分为直接费用与直接效益、间接费用与间接效益两大类。此外，还有资源支配权利因在所有者之间发生变化而产生的转移支付，以及无形费用和无形效益等无形效果，在进行项目选择分析与评价时需要考虑。

在常规资源投入条件下确定和分析评价项目经济合理性的基本途径是将建设项目的费用与效益进行比较，进而计算其对国民经济的净贡献。因此，正确地识别投入了常规资源的项目所产生的费用与效益，就成为保证国民经济分析评价正确性的重要条件。在进行项目国民经济评价常用的费用效益分析法中，首要的一步就是将项目或方案的投入与产出划分为费用和效益。通常，费用系指为项目投入的社会劳动和常规资源消耗的真实价值；效益是项目产出的全部有益的效果，可包含以价值形式表示的劳动成果或以使用价值衡量的效用。即效益和费用是一个项目或方案对社会整体的有益贡献和不利影响。

建设项目的费用和效益的划分因项目分析评价目标的不同而异：财务效益分析评价是以企业（项目）净收入最大化为目标，故凡能增加企业（项目）收入的即为财务收益，但凡减少了企业（项目）收入的就是财务费用；而国民经济分析评价中经济费用和效益的识别，应从整个国民经济的宏观发展目标出发，以实现社会资源的最优配置和有效利用，从而保证国民收入最大增长为基本目标，凡项目对国民经济所做的贡献，即因项目的兴建和投产为国民经济提供的所有的经济效益，均计为项目的经济效益；凡国民经济为项目付出的代价，即国家为项目建设和生产所付出的全部真实的经济代价，均计为项目的经济费用。

项目国民经济分析评价以整个国家作为一个独立的系统进行分析，不仅要考察项目本身的直接经济效果，还要考虑项目对国民经济其他相关部门、地区和单位产生的项目外的间接经济效果和相关效果，即称为项目的外部效果；不仅要考察项目的可用货币计量的有形效果，还要考虑那些难以用货币计量的无形效果。故有识别费用与效益的基本原则：凡是项目对国民经济所做出的贡献，均应计为项目的效益，凡是国民经济为项目所付出的代价，均应计为项目的费用。

通常，项目国民经济分析评价中项目的经济费用和经济效益均有直接与间接之别，按直接费用与直接效益及间接费用与间接效益两大类考察项目的效益与费用时，应遵循效益和费用计算范围相对应的原则，注意费用和效益计算范围的一致性与可比性。

一、直接费用与直接效益

（1）在常规资源投入情况下项目的直接效益是由项目本身产出物和提供劳务产生的用影子价格计算的经济价值和效益。如工业项目生产的产品获得的销售收入，灌溉项目实现农业增产引起的农业收入的增加额，运输项目提供的运输服务所获得的收益等。直接经济效益的计算范围一般可表现为：增加产出物数量满足国内需求的效益；增加出口（或减少进口）增收（或节支）的国家外汇；替代其他相同或类似企业的产出物，使被替代企业减产而减少国家有用资源耗费（或损失）的效益。从理论上说，直接效益的真实价值是消费者愿意为其付出的最大代价，称为消费者支付意愿（或称愿付价），分为如下两种情况。

1）若项目的产出物用以增加国内市场的供应量，其效益就是所满足的国内需求，也就等于消费者的支付意愿。

2）若国内市场的供应量不变，则：

① 项目产出物增加了出口量，其效益为所获得的外汇。

② 项目产出物减少了总进口量，即替代了进口货物，其效益为节约的外汇。

③ 项目产出物顶替了原有项目的生产，致使其减少或停产，其效益为原有项目减产或停产向社会释放出来的资源，其价值也就等于这些资源的支付意愿。

（2）项目的直接费用主要指国家为满足常规资源条件下的项目投入（包括固定资产投资、流动资金及经常性投入）的需要而付出的代价，是项目使用投入物所产生的经济费用，即为项目投入的各种物料、人工、资金、技术及自然资源而带来的社会资源的消耗，是用影子价格计算的经济价值。直接经济费用的计算范围通常表现为：其他部门为供应本项目投入物而扩大生产规模所耗用的资源费用；增加进口（或减少出口）所耗用（或减收）的外汇；减少其他项目（或最终消费）投入物的供应而放弃的效益等。项目的直接经济费用应按投入物的机会成本计算。对项目直接费用的确定，也分为如下两种情况。

1）若拟建项目的投入物来自国内供应量的增加，即增加国内生产来满足拟建项目的需求，其费用就是增加国内生产所消耗的资源价值。

2）若国内总供应量不变，则：

① 项目投入物来自国外，即增加进口来满足项目需求，其费用就是所花费的外汇。

② 项目的投入物本来可以出口，为满足项目需求，减少了出口量，其费用就是减少的外汇收入。

③ 项目的投入物本来是用于其他项目的，由于改用于拟建项目而将减少对其他项目的供应，因此所减少了的效益，也就是其他项目对该投入物的支付意愿。

二、间接费用与间接效益

项目的费用和效益不仅体现在它的直接投入物和产出物中，还会在国民经济相邻部门及社会中反映出来，此即项目的间接费用和间接效益。因项目的间接效益和间接费用在项目内的直接效益和直接费用中均得不到反映，但却对社会造成极大影响，其受益者不付任何代价，而受损者也得不到任何补偿。如新建项目对人们的示范作用或教育影响是外部效益；而项目对环境的损害是它的外部费用，故统称为外部效果。

间接费用是指国民经济为项目付出的代价，而项目本身并不实际支付的费用。它是由项目引起而在项目的直接费用中未得到反映的外部费用。如工业项目产生的废水、废气和废渣引起的环境污染，造成自然环境的损害和生态平衡的破坏，项目并不支付任何费用，而国民经济却付出了代价。

间接效益一般是指项目对社会做出了贡献，而其本身并未得益的那部分效益。此效益是由项目引起的、对整个国民经济其他部门（行业）和社会或其他项目的影响，但在项目直接经济效益中未得到反映。如在建设一个钢铁厂的同时又修建了一套厂外运输系统，它除为钢铁厂服务外，还使当地的工业生产和人民生活得益，这部分效益即为钢铁厂的外部效益；又如兴建大型水利工程，除了发电外还给当地农田灌溉、农产品加工业、防洪、养鱼业和旅游业带来的好处；交通运输项目给附近工厂、居民、商业，以及为该项目配套的有关项目带来的收益等。在货币周转系统中，此间接效果会引起其他产品或消费者收入的变化，即产生收入分配的效果影响。若是在就业不足的情况下，此收入变化的总效益可用乘数效应衡量；但在社会上有充分就业机会时，则在假定技术和设备条件不变的情况下，因新项目投资带来的收入变化很可能只在部门间、项目间或个人间转移，并不能给社会带来实际收入的增减。此种地区间、部门间、项目间和个人间的效益转移，从国家角度来说可不计量。

作为项目在生产和消费中所产生的项目以外积极和消极影响的外部效果，因其范围广、关系杂，常可分为技术性和货币性外部效果与有形和无形外部效果两类。技术性外部效果指项目涉及对其他商品或劳务的，能使社会总生产和总消费发生变化的影响，即那些能真正引起项目之外的生产和消费发生变化的效益和费用。如造纸厂排污使附近水域的鱼类生产下降而产生的技术性间接费用；水电站的建设引起当地的防洪和农田灌溉效益，使粮食产量增加，即为项目技术性经济效益。货币性外部效果是指因项目引起的某些商品和劳务的相对价格变化的收入效应，使第三者的效益发生变化。它只表现为消费者和生产者之间的一种转移支付，而不影响社会总生产和总消费的变化。如因对棉纺项目的大量投资，致使棉布供应量剧增而造成棉布价格下跌，这让棉纺厂的利润下降而消费者和制衣厂却因此受益，但社会资源总量不变。有形外部效果指能够以货币计量的并具有物质形态的间接效益和间接费用；如大型水利工程中的养鱼业、农田灌溉的粮食增产等效益和为新建项目服务的配套项目的投入等。而无形外部效果则是难以用货币和实物定量的、缺乏物质形态的无形效果和影响；如技术扩散效益、城市犯罪率、环境的舒适程度，以及对国家威望、民族团结、国防安全、社会安定和公益活动等的影响。

由外部费用和外部效益表现的外部效果因不在项目本身的直接收入和支出中反映出来，在项目经济性分析与评价时，使计算通常较困难，为降低计量上的难度，不宜把外部效果的范围扩大，只需计算与其有直接影响的外部效果。为此，要明确项目的"外界"，一般情况是通过扩大项目的计算范畴，特别是把一些相互关联的项目合在一起作为"联合体"捆绑起来进行分析评价，以使外部费用和外部效益转化为直接费用和直接效益。另外，在确定投入物和产出物的影子价格时，已在一定范围内考虑了外部效果，用影子价格计算的费用和效益在很大程度上使"外部效果"在项目内部得到了体现，通过扩大项目范围和调整价格两步工作，实际上已将很多外部效果内部化了。经此处理后，可能还有某些"外部效果"须要单独计算，如"上、下游"企业的生产效果、技术扩散的效果，以及工业项目造成的环境污染和对生态的破坏等影响的外部效果还应进行合理的定量计算和定性分析。总之，国民经济分析评价计算外部效果时，既要防止只计效益不计费用，又要避免外部效果的漏算和重复计算使外部效果扩大化，关键是要适当地划分效益的计算范围，使其具有规范性、统一性和可比性。

三、转移支付

在识别费用与效益范围的过程中，将会遇到税金、国内借款利息和补贴的处理问题。这些都是企业财务效益经济性分析与评价中于项目投资建设和生产经营中实际发生的收入或支出，从国民经济的角度看，企业向国家缴纳税金，向国内银行支付利息，或企业从国家得到某种形式的补贴，都未造成资源的实际耗费或增加，只表现为资源的支配权从某个经济实体转移到另一个经济实体手中，而并不影响社会最终产品和资源的增减，亦不会引起国民收入变化的纯属货币转移而不影响资源增减的财务收支的情况，并不真正反映资源投入和产出的变化，而只是国民经济内部各部门间资源支配权利（如以货币所代表的资源形式）在所有者之间变化的转移支付。转移支付仅仅是货币在经济实体之间的流动，均未造成国内资源的实际增加和耗费，因而不是国民经济分析评价中的效益和费用，应从项目经济费用和经济效益中剔除。只有国民经济为项目所付出的代价（如投资、经营费用、自然资源、外汇等）才可列为项目费用。但支付给国外的贷款利息仍属于国内资源向国外的转移，而必须计入项目的经济费用。国民经济分析评价中常见的转移支付通常有直接与项目有关的国内各种税金、国内贷款利息、政府补贴、员（职）工工资、土地及自然资源费用等。

（1）税金。包括产品税金、增值税、资源税、关税等。税金从拟建项目看是一项支出，从国家财政来说是一项收入。这是企业与国家之间的一项资金转移。税金不是项目使用资源的代价，所有财政性的税金，都不能算做社会成本。

（2）补贴。包括出口补贴、价格补贴等。补贴虽然增加了拟建项目的财务收益，但是这部分收入，企业并没有为社会提供等值的资源，而是国家从国民收入中拨出一部分资金转给了企业。所以，国家以各种形式给予的补贴，都不能算是社会收益。

（3）折旧。会计上的折旧基金是收入中提出的一部分，换个名称，留在账上，和实际资源的消耗无关。在分析评价项目时，主要目的是观察用于这个项目投资所得到的收益是多少。在经济效益分析时已把固定资产投资所消耗的资源作为项目的投资成本，所以这部分固定资产在会计上提取的折旧就不能作为社会资本。

（4）利息。利息是利润的转化形式，是企业和银行之间作为资源支配权利（以货币资源中所代表的资金利息形式）在所有者之间变化的一种资金转移，并不涉及资源的增减变化，所以，利息也不能作为社会成本。

四、无形费用和无形效益

几乎所有的投资项目都有无形费用和无形效益，它们统称为无形效果。其中含有诸如收入分配、地区均衡发展、就业、教育、健康、生态平衡、社会安定、国家安全等各个方面的因素。这些无形效果真实存在，是进行项目选择时需考虑的，故需仔细地进行识别。

由于不存在或至少是未完全形成相应的市场和价格，无形效果一般很难赋予货币价值。长期以来，经济学家一直在试图寻找使用货币单位估价无形效果的方法，并把它们纳入自己的费用-效益分析系统中去。如把减少发病率所避免的工作损失和医药损失及提高工作效率所增加的产出作为卫生保健效果的价值，把受教育与未受教育者的收入差距作为衡量教育效果的价值等。虽然这方面的工作（特别是对环境保护问题的关注）还在继续之中，但很难说这些以货币形态估价无形费用和无形效益的方法已到了可被普遍接受的地步。原因之一是这类方法往往低估无形效果，从健康的体魄中所获得的益处要远远超过多工作几小时所创造的经济价值和医疗费用的节约，那么员（职）工寿命的延长、免除疾病所获得的精神愉快与舒适，又该如何估价呢？同样，教育的价值不仅仅在于人员工资收入上的那一点增加，教育对人的自我发展和自我完善具有难以估量的作用。

当无形效果是项目的主要效果或不容忽视的重要效果时，从事经济性分析与评价的项目分析人员先应努力尝试用货币形态计量无形效果；难以货币化的，应尽力采用非货币单位进行计量，如项目的就业人数、受教育的人数、受益于劳动条件改善的人数等。对于不能数量化的无形效果，如建筑物的美学价值、自然风景和文物古迹的保护效果等，则应尽量通过文字、图形、图表的方式给以定性描述。

第三节　国民经济评价中的影子价格

【本节提要】在常规资源投入条件下，作为国民经济的评价参数，项目经济性分析与评价中的影子价格是人为确定的、当社会经济处于某种最优状态时能反映社会劳动消耗和资源稀缺程度及最终产品需求情况的、比交换价格更合理的价格。影子价格的寻求思路及确定都要求在国家的经济边界上，首先区分贸易货物和非贸易货物的类型，为此，视情况的不同可有多种具体的确定方法供选择。

一、影子价格的概念

影子价格的概念是 20 世纪 30～40 年代由荷兰数理经济学、计量经济学创始人之一詹恩·丁伯恩和苏联数学家、经济学家、诺贝尔经济学奖获得者康托罗维奇分别提出的。

所谓影子价格，是指当社会经济处于某种最优状态时，能够反映社会劳动的消耗、资源稀缺程度和最终产品需求情况的价格。即影子价格是人为确定的、比交换价格更为合理的价格。这里讲的"合理"，其标志是从定价原则上，应能更好地反映产品的价值，反映市场供求状况，反映资源稀缺程度；从价格产出的效果上，应能使资源配置向优化的方向发展。

反映在项目产出上的影子价格是一种消费者"支付意愿"或"愿付原则"，是消费者愿意支付的价格，只在供求完全均等时，市场价格才代表愿付价格。影子价格反映在项目的投入上是资源不投入该项目，而投在其他经济活动所能带来的效益，即项目的投入是以放弃本可得到的效益为代价的，西方经济学家称为"机会成本"，根据"支付意愿"或"机会成本"原则确定经济价格后，就可测算出拟建项目要求经济整体支付的代价和为经济整体提供的效益，从而得出拟建项目的投资真正能给社会带来多少国民收入增加额或纯收入增加额。

二、影子价格的寻求思路

按影子价格的概念，找出影子价格的前提是资源处于最佳分配状态，而事实上，因社会环境中各种各样人为因素正向或负向的干扰，资源的分配在趋于合理流动的过程中都无法达到在一个国度内的资源最佳利用。理论上资源最佳分配只有两种能够达到理想状态的情况：一是将各种资源及其各种使用途径都一一列出，通过投入产出表进行优化，从而达到资源的最佳分配，此时各种资源最后一个单位的边际产出值就是这些资源的影子价格；二是根据西方经济学的观点，若考虑当经济社会处于一种无行政或人为干扰的、理想的、纯粹的自由竞争状态时，按平均利润率的作用规律，资源也会趋向于合理分配，资源的市场价格较接近于它的实际经济价值，也就是说，此时的市场价格能近似地代替影子价格。

显然，若按照前者寻找影子价格，需对国民经济各部门的相互联系及各种资源的可用量掌握得较清楚，还要考虑各种宏观政策变化对各部门使用资源量的影响。如此大规模信息量的获得与处理难度都很大。若仅就几种主要资源或仅就某一部门而言，做出资源优化还存在可能性。而若为满足我国各部门项目分析评价的要求，对许多种资源及各个不同部门均应用投入产出方法做优化，目前还存在困难。若按后者寻找影子价格，在一个具体国度中（如某一国家内部），因各种行政和非行政的人为干扰，纯粹的自由竞争被破坏（不存在），西方经济理论中的平均利润率的实现也受到阻碍，故某一国内的市场价格，往往也会因偏离其实际经济价值较远而不能作为影子价格来使用。尽管如此，若超出某一国度，从国际市场的角度来分析，人为的干扰尽管存在，但相对某一国内会少些。故在某些情况下可用国际市场价格近似地替代影子价格。

若再做深层分析，社会产品还可分为中间产品和最终消费品两大类。如将其视为社会资源，中间产品具有多种可供选择的用途，故其影子价格可用机会成本或相同的边际产出价值来表示；最终消费品则无可选择的别种用途，此时影子价格无法用机会成本或边际产出价值来表示。对此只能以其使用价值的原则来表示其实际经济价值，即以用户的"支付意愿"作为最终消费品的影子价格。

据此，有了目前实际分析评价建设项目时，寻求影子价格的基本思路：一是将建设项目涉及的各种资源（统称为货物）在国家的经济边界范围内，分成可外贸货物和非外贸货物；二是按不同类型的货物来分别寻找各自的影子价格。对可外贸货物，寻找其口岸价，即以国际市场价格来替代影子价格。对非外贸货物，原则上以用户的"支付意愿"来确定。价格合理的，或按国家统一价格定价，或按国内市场价格替代。价格不合理的，用分解成本法，将财务价格调整为影子价格。

按联合国工业发展组织（UNIDO）向发展中国家推荐的方法，我国现行确定影子价格的方法遵循以上各项原则，或直接给出口岸价，或给出国家规定的财务价格与调整转换系数。后者根据财务价格和转换系数可直接求算出分析评价用的影子价格，其中转换系数是按分解成本法计算出来的。

三、影子价格的确定和计算

在确定某种货物的影子价格前，先要在国家的经济边界范围内，区分该货物的类型。一个项目的产出和投入必然会对国民经济产生各种影响，就产出的产量来看，可能会增加国民经济的总消费，减少国民经济其他企业的生产，减少进口或增加出口。就投入物的消耗来看，可能会减少国民经济其他部分的消费，增加国民经济内部的产量，增加进口或减少出口。若主要影响国家的进出口水平，可划为外贸货物；若主要影响国内供求关系，可划为非外贸货物。只有在明确货物类型后，才能针对货物的不同类型采取不同的定价原则。

对贸易货物和非贸易货物的划分，常有如下三种做法：

（1）凡是国家有进出口额的货物，都划为贸易货物。

（2）凡是项目的产出或投入中有直接进出口的货物，才算贸易货物。

（3）凡是直接进出口的，都作为贸易货物。产出品中不直接出口，但确能替代进口，或供应其他企业使其产品增加出口的；投入物中使用国内生产而确有出口机会的货物，均作为贸易货物处理。

此三种方法中第一种做法较宽，第二种做法较严，第三种做法中的间接贸易货物较难区别。故通常选择简便易行的第一种做法。

1. 贸易货物

贸易货物的价格是按照各项产出和投入对国民经济的影响，以国家经济边界的口岸价格为基础，根据港口、项目所在地、投入物的国内产地、产出物的主要市场所在地和交通运输条件的差异，对流通领域的费用支出进行调整而分别制定的。故不要以为同一种货物只有一个经济价格。其具体算式如下，见式（4-1）～（4-5）：

（1）出口货物（产出物）经济价格＝离岸价格×汇率－国内运费－贸易费用　　　（4-1）

国内运费和贸易费用在组织产品出口时，要消耗一定数量的资源，所以是出口所必需的社会成本。出口货物的经济价格就应从外汇收益中扣除这部分社会成本，按净得的收益计算。

【例 4-1】　燃煤是我国重要的出口贸易货物，作为项目的产出，就会增加出口。

假定燃煤在离新建煤矿最近的某口岸的离岸价格为每吨 50 美元；汇率按 1 美元＝8.40 元人民币计算。新建煤矿项目所在地到最近口岸的运距为 300 公里。铁路运费的经济价格为每吨公里 0.053 元人民币。贸易费用的经济价格按口岸价格的 9% 计算（注意：以下举例中的汇率、铁路每吨公里的运价和贸易费用系数等均按本例的假设数据计算）。试求出口燃煤的经济价格。

【解】　根据以上公式计算如下：

出口煤的经济价格 $= 50 \times 8.4 - (300 \times 0.053) - (50 \times 8.4) \times 9\% = 366.3$ 元

（2）进口货物（投入物）的经济价格＝到岸价格×汇率＋国内运费＋贸易费用　（4-2）

国内运费和贸易费用是进口所必需的社会成本，故作为进口投入物经济价格的一部分。

【例 4-2】　铝锭是我国的纯进口贸易货物，作为项目的投入，会增加进口。假定铝锭在离项目所在地最近的某口岸的到岸价格为每吨 1500 美元，某口岸到项目所在地的铁路运距为 200 公里。在汇率如例 4-1 时（下同），试求进口铝的经济价格。

【解】　根据以上公式计算如下：

进口铝锭的经济价格 $= 1500 \times 8.4 + (200 \times 0.053) + (1500 \times 8.4) \times 9\% = 13744.6$ 元

（3）项目使用可出口货物（投入物）的经济价格＝离岸价格×汇率－从供应商到最近口岸的国内运费和贸易费用＋从供应商到项目所在地的国内运费和贸易费用　　（4-3）

出口货物转为国内使用，国民经济损失的是离岸价格扣除供应商到口岸的国内运费和

152

贸易费用后的净收益，应当作为项目使用该货物的社会成本。出口货物现在不出口了，从供应商到项目所在地的国内运输费用和贸易费用也应作为经济价格的一部分。

在具体计算时，由于贸易费用是按口岸价格计算的，而且费率也是统一的，因此贸易费用可以简略不计。

【例 4-3】 当作为贸易货物的燃煤用于项目的投入时，会减少出口。根据出口货物经济价格，对例 4-1 的数据再做如下补充：上述煤矿生产的煤供应给某地项目作为燃料，煤矿到项目所在地的铁路运距为 500 公里。试求此种情况下出口煤的经济价格。

【解】 根据以上公式计算如下：

项目使用可出口煤的经济价格 $= 50 \times 8.4 - (300 \times 0.053) + 500 \times 0.053 = 409.4$ 元

（4）替代进口货物（产出物）的经济价格＝到岸价格×汇率＋从购买者到最近口岸的国内运费和贸易费用－从购买者到项目所在地的国内运费和贸易费用 　　　(4-4)

从购买者到口岸的国内运费和贸易费用是进口时必需的社会成本，应当作为经济价格的一部分。现在不进口了，这部分成本就成为项目的经济效益。同时要减去对内销售该货物必须消耗的国内运费和贸易费用，求得该产出的净收益。具体计算时，贸易费用也可简略不计。

【例 4-4】 作为进口贸易货物的铝锭，在当成项目的产出时，会减少进口。根据进口货物经济价格所举例 4-2 中的数据，现再做如下补充：在某地新建一个铝厂，该厂生产的铝锭供应给上述铝制品厂。铝厂项目所在地离铝制品厂的铁路运距为 800 公里。试求此种情况下进口铝的经济价格。

【解】 根据以上公式计算如下：

替代进口铝锭的经济价格 $= 1500 \times 8.4 + (200 \times 0.053) - (800 \times 0.03) = 12568.2$ 元

在制定经济价格时，按上述计算的贸易货物经济价格，通常只用于主要的外贸产出和投入。在实际工作中，也可把常用的贸易货物，根据资料测算，取各个贸易货物的换算系数。

换算系数是调整所得到的经济价格同国内市场价格的一个平均比率估计值。其计算公式为式（4-5）：

$$换算系数 = 调整后的经济价格 / 国内市场价格 \qquad (4-5)$$

利用换算系数可便于计算，只要将国内市场价格乘以换算系数，就能调整为经济价格。

【例 4-5】 出口煤的经济价格为每吨 366.3 元，国内市场价格为每吨 155 元，求换算系数。

【解】 换算系数＝366.3÷155＝2.36

由于不同类别的商品价格差别很大，因此不同类型的商品要采取不同的换算系数。换算系数一般由国家或上级部门制定，并定期修正。如影子汇率换算系数，根据我国外汇收支、外汇供求、进出口结构、进出口关税、进出口增值税及出口退税补贴等情况就确定为 1.08。

2. 非贸易货物

非贸易货物是指我国不进口（或不出口）的货物。这类货物若是项目的产出，无论是供应市场，或被项目使用，都不会对我国的国际贸易产生影响。一种货物之所以成为非贸易货物，多半是因运输费用太大，致其出口成本高于可能的离岸价格，或运到使用地的进口成本将高于当地的生产成本。也有的由于国内或国外贸易政策的限制，还有一些是边远地区的自给产品和低质量产品，所以不同地区非贸易货物的比重也不同。大致情况是越往内地，非贸易货物的比重越大。有些是"天然的"非贸易货物，如建筑安装、电力、国内运输、商业、第三产业等。

非贸易货物的经济价格的制定较复杂，现分三种情况介绍如下。

（1）对非贸易产出物影子价格的确定。一是增加国内供应数量满足国内需求者，产出物影子价格从计划价格、计划价格加补贴、市场价格、协议价格、同类企业产品的平均分解成本等价格中选取。选取的依据是供求状况：供求基本均衡，取上述价格中低者；供不应求，取上述价格中高者；无法判断供求关系，取低者。二是替代其他企业的产出。某种货物的国内市场原已饱和，项目产出这种货物并不能有效增加国内供给，只是在挤占其他生产同类产品企业的市场份额，使这些企业减产甚至停产。这说明这类产出物为长线产品，项目很可能是盲目投资、重复建设。在这种情况下，若产出物在质量、花色品种等方面并无特色，应该分解被替代企业相应产品的可变成本作为影子价格。如果质量确有提高，可取国内市场价格作为影子价格。

（2）对非贸易投入物影子价格的确定：一是通过原有企业的挖潜来增加供应。项目所需某种投入物，只要发挥原有生产能力即可满足供应，不必新增投资。这说明该种货物原有生产能力过剩，属于长线投资。此时，可对其可变成本进行成本分解，得到货物出厂的影子价格，加上运输费用和贸易费用，就是该项目货物的影子价格。二是通过新增生产能力来增加供给。项目所需的投入物须通过投资扩大生产规模，才能满足项目需求。这说明这种货物的生产能力已充分利用，不属于长线投资。此时，可对其全部成本进行成本分解，得到货物出厂的影子价格，加上运输费用和贸易费用，就是货物到项目货物的影子价格。三是无法通过扩大生产能力来供应。项目需要的某种投入物，原有生产能力无法满足，又不可能新增生产能力，只有去挤占其他用户的用量才能得到。这说明这种货物是极为紧缺的短线物资。此时，影子价格取计划价格加补贴、市场价格、协议价格三者中最高者再加上贸易费用和运输费用。

（3）价格分解法。该法是将非贸易货物的国内市场价格，分解为各个组成部分后，再根据各种资源的影子价格、换算系数、资本回收系数等进行一系列的调整。分解的七个步骤如下。

1）数据准备。列出该非贸易货物按生产费用要素计算的单位财务成本。通常在常规资源投入条件下，属于生产费用的主要要素有原材料、燃料和动力、工资、提取的员（职）工福利基金、折旧费、大修理基金、流动资金利息支出及其他支出，对其中重要的原材料、燃料和动力，要详细列出价格、耗用量和耗用金额。列出单位货物所占用的固定资产原值或固定资产投资额，以及占用流动资金数额。调查确定或设定该货物生产的建设期、建设期各年投资比例、经济生命周期、经济生命周期终了时的固定资产余值及固定资产形成率。

2）计算重要原材料、燃料、动力、工资等投入物的影子价格及单位费用。

3）对固定资产投资做调整和等值计算。将固定资产原值除以固定资产形成率，得到固定资产投资额。根据建设期各年投资比例，把调整后的固定资产投资额分摊到建设期各年。再用式（4-6）把固定资产投资额计算到生产期初（即建设期末）：

$$I_F = \sum_{i=1}^{n_1} I_t (1+i)^{n_1-1} \qquad (4-6)$$

154

式中，I_t 为建设期各年调整后的单位固定资产投资（元）；n_1 为建设期（年）；i 为社会折现率（%）；I_F 为等值计算到生产期初的单位固定资产投资。

4）用固定资金回收费用取代财务成本中的折旧费。设每单位该货物的固定资金回收费用为 M_F，不考虑固定资产残值回收时为式（4-7）：

$$M_F = I_F \frac{i(1+i)^{n_2}}{(1+i)^{n_2}-1} \tag{4-7}$$

考虑到固定资产残值的回收时，应为式（4-8）：

$$M_F = (I_F - S_v) \frac{i(1+i)^{n_2}}{(1+i)^{n_2}-1} + S_v i \tag{4-8}$$

式中，S_v 为计算期末回收的固定资产残值；n_2 为生产期。

由财务成本中扣除的折旧费，应该代之以固定资金回收费用。

5）用流动资金回收费用（M_w）取代财务成本中的流动资金利息。

假设每单位该货物的流动资金回收费用为 M_w，则有式（4-9）：

$$M_w = WI \tag{4-9}$$

式中，W 为单位该货物占用的流动资金。

由财务成本中扣除的流动资金利息支出，应代之以流动资金的回收费用。

6）财务成本中的其他项目可不予调整。

7）完成上述调整后，各项费用重新计算的总额即为该货物的出厂影子价格。

【例 4-6】 某种轻工原料被视为非外贸货物，在进行拟建轻工项目的国民经济分析评价时，要将作为主要投入物的该种货物的财务成本（见表 4-3）进行分解以求得影子价格。因缺乏边际成本的资料，故采用平均成本进行分解。

某种轻工原料的财务成本表（按生产费用要素）　　　　　表 4-3

项目	单位	耗用量	耗用金额（元）	项目	单位	耗用量	耗用金额（元）
1. 外购原材料、燃料和动力			704.53	汽车货运			9.37
原料 A	m³	4.42	412.37	2. 工资			39.62
原料 B	t	0.25	21.64	3. 提取的员（职）工福利基金			4.19
燃料 C	t	1.40	65.82	4. 折旧费			58.20
燃料 D	t	0.07	13.04	5. 修理费			23.24
电力	千度	0.33	28.74	6. 利息支出			7.24
其他			94.31	7. 其他支出			26.48
铁路货运			59.24	单位成本			863.50

【解】 先调查得到当年全国平均生产每吨该种货物的固定资产原值为 1164 元，占用流动资金为 180 元。再按下列步骤对成本进行分解。

1）做投资调整。设固定资产形成率为 95%，则每吨该种货物耗用固定资产投资为 1.164÷95%＝1225 元。其中建筑费用占 20%，将建筑费用按三材（钢材、木材、水泥）的影子价格分别调整后，固定资产投资调整为 1250 元 [1225×(0.8+0.2×1.1)]。

建设期 2 年，各年投资比 1：1，社会折现率为 12%。换算为生产期初的固定资产投资为：

$$I_F = 1200 \times (1+0.12) \div 2 + 1250 \div 2 = 1325 \text{ 元}$$

2）资金回收费用的计算。项目计算生产期为 20 年，不考虑固定资产余值回收。查复利表得知资金回收系数为 0.13388，年资金回收费用＝1325×0.13388＋180×0.12＝198.98（元/t），扣除原财务成本中的折旧和流动资金利息，成本调高额为 198.98－58.20－7.24＝133.54 元。

3）外购原料 A 为外贸货物，直接进口，到岸价为 50 美元/m³，影子汇率为 8.3 元/美元，项目设在港口附近。贸易费率为 6％，成本调高额为 8.3×50×4.42×1.06－412.37＝1532 元。

4）外购燃料 D 为外贸货物，可以出口，出口离岸价扣减运费和贸易费用为 120 美元/吨，成本调高额为 120×8.3×0.07－13.04＝56.68 元。

5）外购燃料 C 被视为非外贸货物，取影子价格 74 元/t，贸易费率为 6％，成本调高额为 74×（1＋6％）×1.4－65.82＝44 元。

6）已知电力的分解成本为 0.20 元/度，作为影子价格，成本调高额为 0.2×0.33×1000－28.74＝37.26 元。

7）铁路货运价格换算系数为 1.84，成本调高额为 59.24×1.84－59.24＝49.76 元。

8）汽车货运价格换算系数为 1.26，成本调高额为 9.37×1.26－9.37＝2.44 元。

原料 B 为非外贸货，可通过老企业挖潜增加供应，按可变成本（见表 4-4）进行第二轮分解。

原料 B 的财务成本表（可变成本部分）　　　　　　　　表 4-4

项目	单位	耗用量	耗用金额（元）	项目	单位	耗用量	耗用金额（元）
原料 a	m³	0.01	0.62	铁路货运			0.16
原料 b	t	0.002	1.59	汽车货运			0.08
燃料 c	t	0.01	0.44	其他			8.57
燃料 d	t	0.12	0.78	可变成本合计			16.03
电力	千度	0.06	3.79				

1）a 为外贸货物，到岸价为 50 美元/t，贸易费率为 6％，成本调高额为 50×8.3×（1＋6％）×0.01－0.62＝3.78 元。

2）b 为外贸货物（包括几种同类货物），已知价格换算系数为 1.65（平均值），贸易费率为 6％，成本调高额为 1.65×1.59×（1＋6％）－1.59＝1.19 元。

3）c 为非外贸货物，影子价格 74 元/t，贸易费率为 6％，成本调高额为 74×（1＋6％）×0.01－0.44＝0.344 元。

4）d 为非外贸货物，价格换算系数为 1.61，贸易费率为 6％，成本调高额为 1.61×（1＋6％）×0.78－0.78＝0.55 元。

5）电力为非外贸货物，影子价格取其分解成本 0.20 元/度，成本调高额为 0.20×0.06×1000－3.79＝8.21 元。

6）铁路货运按价格换算系数 1.84 调整，成本调高额为 0.16×1.84－0.16＝0.13 元。

7）在其他均不予调整的情况下，综上成本调高额为 14.20 元，原料 B 的分解可变成本为 14.20＋16.03＝30.23 元，将其作为影子价格，考虑 6％的贸易费用后为 32 元，该项成本调低额为 21.64-32×0.25=13.64 元。

8）综合以上各步骤，该种货物成本总计调高 1842 元，其分解成本为 863.50+1842=2705.5 元。

该货物的分解成本可作为出厂价，加上到厂的运输费和贸易费用，成为货物到厂价，就可用来作为对项目进行分析评价时投入物的影子价格了。

四、对货物影子价格的分析评价

（1）在选用外贸货物影子价格时，要分析国际市场供求变化趋势，应特别注意由于倾销或暂时紧缺出现价格过低或过高的情况，口岸价要考虑货物的来源和产品出口流向，力求做到准确、合理。

（2）在分析评价非外贸货物影子价格时，应根据项目具体情况，审核选用参数或转换系数的使用条件及调整数据的依据及其合理性，要注意各种影子价格之间的协调，使用国家部门或地区最新颁布的数据。对于市场机制比较完善、财务价格基本上是由市场竞争决定的重要通用货物或服务，影子价格可采用市场价格。

（3）对作为特殊投入物的影子汇率、影子工资和土地费用等影子价格的分析评价，应重点审核项目分析评价中影子价格的估算方法是否符合规定，选取的数据是否符合项目的具体情况，并根据市场发展新情况，综合考虑测算特殊投入物的影子价格。

第四节　国民经济评价的通用参数

【本节提要】国民经济评价的通用参数主要包括能反映把外汇转换成国民经济真实价值汇率的影子汇率，反映劳动力影子价格或项目工资成本影子价格的影子工资和站在国家角度项目投资应达到基本收益率标准，即最低收益水平的社会折现率，以及因项目占用土地，国民经济要付出代价的土地费用，也就是土地的影子价格等，各参数的确定都有相应的条件和要求。具体确定时应做好相关条件的分析计算。

国家发改委和原建设部颁行的《建设项目经济评价方法与参数》（第 3 版）中明确规定，由国家行政主管部门统一测定发布的有关特殊投入物的通用参数，社会折现率和影子汇率换算系数（口岸价综合转换系数）在各类建设项目的国民经济分析评价中必须采用，而影子工资换算系数和土地影子价格等，则在各类建设项目的国民经济分析评价中可参考选用。

一、影子汇率

1. 影子汇率概述

汇率是一国货币折算成另一国货币的比率，是以本国货币表示的外国货币的"价格"。官方汇率（OER）是政府规定的汇率，不同于经过调整后国外货币与国内货币购买力真实比率的影子价格，即影子汇率（SER）。影子汇率是指能反映外汇转换为国民经济真实价值的单位外汇的经济价值，体现了从国家角度对外汇真实价值的估量而区分于外汇的财务价格和市场价格，是有别于官方汇率、代表着外汇的影子价格，是项目国民经济分析评价的重要通用参数。在项目国民经济评价中使用影子汇率，是为了正确计算外汇这种特殊资源的真实价值，以作为正确计算各类项目投入物和产出物的贸易货物影子价格的计算基础。影子汇率是衡量经济换汇成本和经济节汇成本等项目经济外汇效果指标的判据。国家发改委和原建设部颁行的《建设项目经济评价方法与参数》（第 3 版）规定，若存在明显的迹象表明本国货币对外币的比价存在扭曲现象，在将外汇折算成本币时，应采用能正确反映国家外汇经济价值的影子汇率。

作为一个重要的经济参数，在对项目进行的经济性分析与评价中，国家可利用影子汇率作为杠杆，影响项目投资决策，影响项目方案的选择和项目的取舍。影子汇率由国家统一测定，以两种形式发布：直接发布影子汇率，或将影子汇率与国家外汇牌价挂钩，发布影子汇率换算系数，并定期调整。影子汇率转换系数取值较高，反映外汇的影子价格较高。外汇的影子价格高，表明项目使用外汇时的社会成本较高，而项目为国家创造外汇收入时的社会价值也较高。对那些主要产出物是外贸货物的项目或投入物中有较大进口货物的项目，影子汇率较高，即外汇影子价格较高，将使得项目收入的外汇经济价值较高，这会增加项目投入外汇的社会成本。影子汇率的取值对于项目决策有重要的影响，即影响着那些主要投入物和产出物为贸易货物（含直接出口、间接出口、替代进口的货物）的建设项目的取舍或项目进出口的抉择。例如，当外汇的影子价格高时，项目投资中使用进口设备或零部件或原材料，与国产设备或零部件或原材料进行比较时，若影子汇率取值较高，影子价格计算的进口设备或零部件或原材料的社会成本就较高，国产设备或零部件或原材料的社会成本相对较低，就不利于引进方案，而有利于方案选择中有关国产设备或零部件或原材料的选用，进行可行性决策时，较有利于这些项目获得批准实施；反之亦然。

2. 影子汇率测定的原则与方法

世界上对影子汇率的研究较多，现有多种理论上和实践中产生的影子汇率测定方法。

依照影子价格的基本理论，作为外汇影子价格的影子汇率，应等于外汇的社会边际成本或边际贡献。是国家每增加或减少一单位的外汇收入所需付出或节约的社会成本，或是所增加的这一单位外汇收入对社会的边际贡献。

在现有的外汇收支状况下，国家在现有水平上增加一个单位的外汇收入，可用于增加进口或减少出口。通常认为，在边际上，此单位外汇中将有一部分用于增加进口，另一部分用于减少出口。有多少用于进口、出口，要取决于国家外贸的进出口弹性。用于增加进口，可增加国内消费或投资，获得社会经济效益。用于减少出口，可减少国内生产出口产品的资源消耗，减少社会资源消耗费用。一个单位外汇的社会经济价值，取决于其用于增加进口而获得的社会经济效益与减少出口获得的社会资源消耗费用节省的两部分之和。增加进口的社会经济效益应当以使用者的支付意愿定价。减少出口节省的社会资源消耗费用由这些社会资源的社会经济价值决定，应当也决定于这些资源的社会使用者的支付意愿。基于此理论，影子汇率可采取测算公式为式（4-10）：

$$SER = \sum_{i=1}^{n} f_i \times \frac{PD_i}{PC_i} + \sum_{i=1}^{n} x_i \times \frac{PD_i}{PF_i} \qquad (4\text{-}10)$$

式中，SER 为影子汇率；f_i 为边际上增加单位外汇时将用于进口 i 货物的那部分外汇；x_i 为边际上增加单位外汇时将导致减少出口 i 货物的那部分外汇；PD_i 为 i 货物的国内市场价格（人民币计价）；PC_i 为 i 货物的进口到岸价格（人民币计价）；PF_i 为 i 货物的出口离岸价格（人民币计价）。

f_i 与 x_i 代表边际上单位外汇使用与各种进出口货物的分配权重，其总和为1。

若外汇的边际成本等于边际贡献，则国家的外汇收支应处于可由市场自动平衡的状态，即外汇收支处于均衡状态，这种可使外汇收支平衡的汇率称为均衡汇率。影子汇率的另一种理论上的确定方法即以均衡汇率为基础。因国家的外汇收支并未处于市场自动平衡状态，国家外汇牌价相对于影子汇率存在着差异。外汇牌价与影子汇率间的差异，有的来自外汇牌价对均衡汇率的扭曲，有的来自进出口关税带来的扭曲。用均衡汇率理论测定影子汇率的方法可用式（4-11）~（4-13）表达：

$$SER = W_s \times BER \times (1 + T_o) + W_d \times BER \times (1 + T_i) \tag{4-11}$$

$$W_s + W_d = 1$$

$$W_s = \frac{-U_i(Q_i/Q_o)}{U_o - [U_i(Q_i/Q_o)]} \times 外汇需求权重 \tag{4-12}$$

$$W_d = \frac{U_o}{U_o - [U_i(Q_i/Q_o)]} \times 外汇供给权重 \tag{4-13}$$

式中，SER 为影子汇率；BER 为均衡汇率；T_o 为出口补贴率；T_i 为进口税率；U_i 为进口价格弹性；U_o 为出口价格弹性；Q_i 为进口总额；Q_o 为出口总额。

均衡汇率需通过一定的模型估算。实践中，影子汇率的测定也有多种实用的简化方法：①采用进出口平均关税率确定影子汇率；②采用进出口贸易逆差确定影子汇率；③以出口换汇成本确定影子汇率；④黑市汇率通常也可以给出影子汇率的一定取值界限参考。

实践中常通过以外汇牌价乘以影子汇率换算系数的方法得到影子汇率。此时，影子汇率按式（4-14）计算：

$$影子汇率 = 外汇牌价 \times 影子汇率换算系数 \tag{4-14}$$

影子汇率换算系数是影子汇率与国家外汇牌价的比值，可直观地反映外汇影子价格相对于官方汇率的溢价比例，说明国家外汇牌价对外汇经济价值的低估比率。例如，外汇牌价 1USD（美元）=6.3RMB（人民币）时，影子汇率 1USD=6.3×1.08=6.80RMB。该系数在项目国民经济分析评价中用于计算外汇影子价格时，直接或间接地影响项目进出口货物的价值。

3. 影子汇率换算系数的取值

《建设项目经济评价方法与参数》（第3版）说明了对影子汇率换算系数的取值。根据对均衡汇率的专题研究，并考虑到我国进出口关税和补贴，先将影子汇率转换系数定为1.04。即外汇牌价乘以1.04等于影子汇率。若再考虑到进口增值税税率一般为17%，出口产品通常免征增值税。另外，考虑非贸易外汇收支不征收增值税，非贸易外汇收支占我国外汇收支一定比例，最终把影子汇率换算系数的取值定为1.08。

在人民币存在升值呼声、被外界认为我国的外汇牌价低估人民币币值的均衡汇率数量模型分析也得出了类似的结论。但外汇牌价与影子汇率的作用不同，价值含义有异。外汇牌价用于实际经济活动的货币兑换，是在有进出口关税和增值税的环境下进行的，关税、增值税对外汇收支均衡及其价格存在作用，在有关税、增值税条件下的外汇均衡价格应低于无关税、增值税条件下的价格。影子汇率用于估算建设项目未来进出口货物的影子价格，该价格应考虑关税增值税的影响和进出口货物的口岸价与国内市场价格的差异。若采用有关税、增值税条件下的外汇均衡汇率作为项目经济性分析与评价的影子汇率，汇率中不含关税和增值税的影响，外汇价值估计偏低，项目进口货物的影子价格将会低于国内市场价格，则在分析评价中将会产生扩大选择进口的误导。

二、影子工资

在对项目进行的常规资源投入条件下的国民经济分析与评价中，将劳动力作为一种特殊投入物对待，劳动力的劳务费用（工资）应按影子工资计算。

所谓影子工资，是指建设项目使用劳动力、耗费劳动力资源而使社会付出的代价，是项目工资成本的影子价格或劳动力的影子价格。它是该项目所雇用的工人在被雇用前对国民经济生产所做的贡献。其计量的实质是工人为本项目提供劳务而使整个经济为此付出的代价。在建设项目国民经济分析评价中以影子工资计算劳动力费用。影子工资直接影响着经济分析与评价的许多方面。影子工资的大小与一个国家的社会经济状况、劳动力充裕情况及经济分析评价的方法体系等因素密切相关。如何确定影子工资是国内外争论较多的一个十分复杂的问题。影子工资主要包括劳动力的机会成本，即该劳动力不被拟建项目使用时，在原来岗位上为社会创造的净效益，而劳动力的机会成本又与其技术熟练程度和此类劳动力的过剩或稀缺程度有关，技术熟练程度要求高且是稀缺的劳动力，其机会成本就高，反之则低。劳动力的机会成本是影子工资的主要组成部分，另外还包括社会为劳动力就业而付出的、但员（职）工又未得到的其他代价，如为劳动力就业而花费的搬迁费、培训费、城市交通费、城市基础设施配套等相关投资和费用的增加。

影子工资以劳动力机会成本与新增资源消耗来定义，可通过影子工资换算系数得到。该换算系数系指影子工资与项目财务分析评价中的劳动力工资（工资与提取的员（职）工福利基金之和）之间的比值，具体关于影子工资可按下式计算：

影子工资 = 劳动力机会成本 + 新增资源消耗 = 财务工资 × 影子工资换算系数

式中，劳动力机会成本为劳动力在本项目被使用，而不能在其他项目中使用而被迫放弃的劳动收益；新增资源消耗为劳动力在本项目新就业或由其他就业岗位转移来本项目而发生的社会资源消耗，这些资源的消耗并没有提高劳动力的生活水平。

关于影子工资（劳动力影子价格）的计算，国家发改委和原建设部于2006年颁布的《建设项目经济评价方法与参数》（第3版）在测算影子工资时，就分类方式的改动采用技术与非技术劳动力的分类方式做出了说明，是分别测算其劳动力影子价格再推荐取值的：对于技术劳动力，采取影子工资等于财务工资，即影子工资换算系数为1；对于非技术劳动力，推荐在一般情况下采取财务工资的0.25~0.8倍作为影子工资，即影子工资换算系数为0.25~0.8；考虑到我国各地经济发展不平衡，劳动力供求关系有一定差别，规定应当按照当地非技术劳动力供给富余程度调整影子工资换算系数。

鉴于我国人口众多，城镇人口就业不足，相当数量的城镇人口下岗、待业，更为严峻的是农村人口大量过剩，农民人均耕地面积很少，大量农业劳动力闲置，需到城镇寻找工作。在开发建设中，应当鼓励新的建设项目多使用劳动力。考虑到这些因素，在项目的国民经济分析评价中，对劳动力的影子工资应取较低的数值。特别对非技术劳动力，其机会成本可认为等于零，因从全社会来看，非技术劳动力大量过剩。考虑到劳动力就业带来一定的新增资源消耗，包括劳动力从原来居住地迁移、增加的食品和其他生活必需品消费等，且非熟练劳动力当前的工资水平较低，最终可选择 0.25～0.8 作为非熟练劳动力的影子工资换算系数。

总之，影子工资的确定，应符合下列三条规定：①影子工资应根据项目所在地劳动力就业状况、劳动力就业或转移成本测定；②技术劳动力的工资报酬通常可由市场供求决定，即影子工资一般可以财务实际支付工资计算；③对于非技术劳动力，按照我国非技术劳动力就业状况，其影子工资换算系数一般取为 0.25～0.8；具体可根据当地的非技术劳动力供求状况确定，非技术劳动力较为富余的地区取值可较低，不太富余的地区取值可较高，中间状况可取 0.5。

三、社会折现率

1. 社会折现率的定义、经济含义和作用

社会折现率是资金的影子价格，系指投资项目的资金所应达到的按复利计算的最低收益水平，即站在国家角度，项目投资应达到的基本收益率标准。用费用-效益分析法或费用效果分析法进行的项目国民经济分析与评价，其中费用-效益分析法主要采用动态计算法，计算经济净现值时，需用一个事先确定的折现率；或在使用经济内部收益率指标时，需用一个事先确定的基准收益率做对比，以判定项目的经济效益是否达到了标准。为此，一般将经济净现值计算中的折现率和经济内部收益率判据的基准收益率统一起来，规定为社会折现率。如此使用的社会折现率在项目国民经济分析与评价中具有既作为项目费用-效益在不同时间上价值之间的折算率，同时作为项目经济效益要求的最低经济收益率的双重职能。社会折现率作为衡量建设项目国民经济分析与评价经济内部收益率的基准值和计算项目经济净现值的折现率，是进行项目经济可行性和方案比选的主要判据。

作为项目费用-效益不同时间价值之间的折算率，社会折现率反映了对于社会费用效益价值的时间偏好。社会费用或效益的时间偏好代表人们对于现在的社会价值与未来价值之间的权衡。社会费用效益的时间偏好在一定程度上受社会经济增长的影响，但并非完全由经济增长所决定，而经济增长也并非完全是由社会投资所带来的。

作为项目经济效益要求的最低经济收益率，社会折现率代表着社会投资所要求的最低收益率水平。项目投资产生的社会收益率若达不到此最低水平，项目在经济上就不应被接受。社会投资所要求的最低收益率，理论上认为应由社会投资的机会成本决定，即由社会投资的边际收益率决定。由社会资本投资的机会成本所决定的社会折现率，并不一定会等于由社会时间偏好所决定的社会折现率。通常认为，社会时间偏好率应低于社会资本投资机会成本。由于此偏差的存在和社会折现率在项目国民经济分析评价中具有的此种双重作用，使分析评价的结果不可避免地存在一定的偏差。这是由于该分析评价方法本身的局限性所决定的。

作为项目国民经济分析评价基本经济参数的基准收益率，社会折现率的取值高低成为宏观调控投资活动的重要杠杆之一，直接影响项目经济可行性的判断结果。若取值过低，将会使一些经济效益不好的项目投资得以通过，经济性分析与评价起不到应有的作用。若取值提高，又会使一部分原本可通过评价的项目因难于达不到判别标准而被舍弃，从而间接起到调控投资规模的作用。从而影响国家积累和消费的比例，影响总投资效果和经济发展速度。因此，社会折现率可作为国家在宏观上，进行总投资规模控制的主要参数，需要缩小投资规模时，就提高社会折现率；反之亦然。

在项目的选优和方案比选中，社会折现率的取值高低会影响比选的结果。较高的取值，将会使远期收益在折算为现值时发生较高的折减，故有利于社会效益产生于近期，但在远期有较高的社会成本的方案和项目入选，而使社会效益主要产生于远期的项目被淘汰。这可能会导致对分析评价结果的误导。如对生态环境造成破坏的项目，高折现率会将未来环境污染的成本负担折减计算。

实践中，国家根据宏观调控意图和现实经济状况，制定和发布统一的社会折现率，以利于统一评价标准，避免参数选择的随意性。进行项目评价的论证分析人员应充分理解社会折现率在项目国民经济分析评价中的作用，理解社会折现率取值对评价结果的影响，避免对分析评价结果的误导。

2. 社会折现率的测定原则与取值

在对项目进行的经济性分析与评价中，社会折现率既代表了资金的机会成本，也是不同年份间的费用-效益折算率。理论上，若社会资源供求在最优状态平衡，资金的机会成本应等于不同年份间的折算率。但现实经济中，社会投资资金总表现出一定的短缺，资金的机会成本总是高于不同年份之间的费用-效益折算率。同时，因投资风险的存在，资本投资所要求的收益率总要高于不同年份折算率。故按资金机会成本原则确定的社会折现率总高于按费用效益的时间偏好率原则确定的数值。国家发改委和原建设部颁行的《建设项目经济评价方法与参数》（第3版）要求，社会折现率应根据国家的社会经济发展目标、发展战略、发展优先顺序、发展水平、宏观调控意图、社会成员的费用效益时间偏好、社会投资收益水平、资金供给状况、资金机会成本等因素综合测定。其中公布的社会折现率取值，就是以资本的社会机会成本与费用效益的时间偏好率二者为基础进行测算的结果。

目前社会折现率的确定主要有两种基本思路：一是基于资本的社会机会成本的方法；二是基于社会时间偏好率的方法。

根据一些经济学者的研究，社会时间偏好率可分解为两部分：纯时间偏好率、随边际收入递增未来价值的贬值。纯时间偏好率估计为1%～2%。

近30年来我国人均GDP的增长率，长期按7%～8%计，伴随边际收入递增，未来价值的贬值系数估计为0.5，则随边际收入递增未来价值的贬值估计为3.5%～4%。两项合计，社会时间偏好率估计为4.5%～6%。

根据一些数量经济学者的研究，采用生产函数方程，依据新中国成立以来经济发展统计数据，预测我国未来20年内的社会资本收益率为9%～11%。

考虑到社会资本收益率与社会时间偏好间的折中，结合当前的实际情况，《建设项目经济评价方法与参数》（第3版）中测定和推荐的社会折现率为8%；而未采用不同行业使用不同社会折现率的方案。但对远期收益较大的项目，允许对远期效益计算采取较低的折现率。即受益期长的建设项目，若远期效益较大，效益实现的风险较小，社会折现率可适当降低，但要求不应低于6%。

对不同类型的具体项目，应视项目性质取不同的社会折现率，如对于交通运输项目的社会折现率要比水利工程项目高。对一些特殊的项目，主要是水利工程、环境改良工程、某些稀缺资源的开发利用项目，采取较低的社会折现率，可能会有利于项目的选优和方案优化。

对诸如水利设施等大型基础设施和具有长远环境保护效益的工程项目永久性工程或者

受益期超长的项目，宜采用低于8％的社会折现率。对超长期项目的社会折现率可用按时间分段递减的取值方法。以水利项目和环境保护项目为例，实际上，水利及环境的远期效益价值本身是人们在目前的认识水平下难以判断的，从资源的稀缺性考虑，水利资源和环境资源的价值是会随着时间的推移不断增长的，某些不可再生资源，其价值增长速度甚至会高于国民经济增长的速度。因此，超长期之后的费用和效益的现值计算，不应仅仅由社会折现率来调整，而更应着眼于对费用效益价值本身的估算。

发达国家近年来有将社会折现率取值降低的趋势。较早年份制定的社会折现率较高，近年修订的折现率较低。世界银行、亚洲开发银行等国际组织为发展中国家使用的社会折现率较高，发展中国家制定的社会折现率也较高。故可认为，我国尚属较先进的发展中国家。

四、土地影子价格

1. 土地影子价格的定义和作用

土地是一种重要的经济资源和特殊的投入物。在我国有限的国家土地是一种稀缺资源，项目使用了土地，占用了国家的土地资源，对国家产生社会费用，应当计算由此所带来的费用。因项目占用土地使国民经济付出的代价就是土地费用，即土地影子价格。土地影子价格就代表了对土地资源与费用的真实价值衡量。国家对建设项目使用土地实行政府管制。土地使用价格受到土地管制的影响，可能并不能反映土地的真实价值。在对项目基于常规资源条件进行的经济性分析与评价中应正确地估计土地资源的价值，国民经济分析评价须正确衡量土地资源的影子价格，提高土地资源的利用效率。

通常，在对项目进行的财务分析评价中，土地征购的有关费用作为支出，计入固定资产投资。但从国民经济角度看，这笔费用中除居民搬迁费等是社会为项目增加的资源消耗仍应计为项目的费用外，其余支出系国民经济内部的转移支付，在国民经济分析评价中不应列为费用。国民经济分析评价中的土地费用应能反映该土地不用于本项目所能创造的净效益（土地机会成本）及社会为此增加的资源消耗（如居民搬迁费等）。

2. 土地影子价格的组成及计算方法

通常，土地的影子价格包括土地用于建设项目而使社会放弃的原有效益和土地用于建设项目而使社会增加的资源消耗两部分内容。按照项目国民经济分析评价的基本方法，土地的影子价格就应等于土地的机会成本加上土地转变用途所导致的新增资源消耗，即应按式（4-15）计算：

$$土地影子价格 = 土地机会成本 + 新增资源消耗 \qquad (4-15)$$

式中，土地机会成本按拟建项目占用土地而使国民经济为此放弃的该土地"最佳替代用途"的净效益计算；土地改变用途而发生的新增资源消耗主要包括拆迁补偿费、农民安置补助费等。在实践中，土地平整等开发成本通常计入工程建设费用中，在土地影子价格中不再重复计算。

在项目的国民经济分析与评价中，占用土地的机会成本和新增资源消耗应充分估计。项目占用的土地位于城镇与农村，具有不同的机会成本和新增资源消耗构成，要采取不同的估算方法。土地的地理位置对土地的机会成本影响较大，也是影响土地影子价格（土地费用）的关键因素。无论是城市市区、郊区、集镇和农村的土地，以及市区内的不同地区的不同地段，农村不同地块的肥力，土地影子价格都应根据项目占用土地所处地理位置、项目情况及取得方式的不同分别确定。一般地，应符合下列五项具体的规定：①通过招标、拍卖和挂牌出让方式取得使用权的国有土地，其影子价格应按财务价格计算；②通过划拨、双方协议方式取得使用权的土地，应分析价格优惠或扭曲情况，参照公平市场交易价格，对价格进行调整；③经济开发区优惠出让使用权的国有土地，其影子价格应参照当地土地市场交易价格类比确定；④当难以用市场交易价格类比方法确定土地影子价格时，可采用收益现值法或以开发投资应得收益加土地开发成本确定；⑤当采用收益现值法确定土地影子价格时，应以社会折现率对土地的未来收益及费用进行折现。

国民经济分析评价对土地费用的处理一般有两种具体方式：①计算占用土地在整个占用期间逐年净效益的现值之和，作为土地费用计入项目建设投资中；②将逐年净效益的现值换算为年等值效益，作为项目每年的投入。通常可用第一种方式。

3. 城镇土地影子价格的确定

国家实行土地出让制度。建设项目通过协议出让、公开招标或拍卖三种方式，从国家取得出让土地的使用权，由此形成协议价格、招标价格和拍卖价格三种土地出让价格。

在城镇土地的出让中，国家逐步引入市场机制、建立起由市场机制决定的土地价格。项目使用城镇出让土地使用权，若是通过政府公开招标、拍卖取得的，土地使用权出让的招标价格、拍卖价格，可视为由市场决定的价格，作为项目使用土地的影子价格。尽管土地招标中，并不一定是出价最高者能中标，但评标总是在各种条件的优劣中进行平衡优化选择，目的是促使土地得到最好的利用，因此土地的招标价格可近似认为竞争机制的结果。公开拍卖则是由市场竞价决定土地出让价格，应更能充分体现市场竞争。但若有证据表明，在招标、拍卖过程中，存在影响市场公平交易价格的因素，交易价格可能显著偏离正常的市场交易价格，影子价格应重新估价。

建设项目使用城市土地，若是以协议出让方式取得，则协议地价由出让方和受让方"一对一"地谈判形成。协议地价不是由土地市场供需状况和土地预期收益决定的，而是取决于供需双方的动机。该动机可能较为复杂，最终的协议价格可能会大大偏离公开市场交易所应有的价格，故不能作为影子价格。协议地价不能自动地被认为可以代表土地的影子价格，而要将协议地价与同类土地的公平交易价格做比较后，方可据以确定以协议出让方式取得的土地影子价格。

依法取得的出让土地使用权，在法律许可的范围内，可在市场上转让。以土地转让方式取得的土地使用权，其影子价格有可能等于或不等于其转让价格。

我国各城市先后制定了土地出让基准地价，按土地分级对土地出让地价规定了计算的基准出发值，在具体地块的招标出让中，该值作为出让底价计算的基础。

实际交易中，依地块的不同和交易条件的不同，每宗地块的成交地价可能不同程度地高于或低于基准地价。如果没有类似的市场交易价格可以作为参考，测定项目地块的影子价格时，各城市制定的分级土地基准地价可以作为估算土地影子价格的基准出发值，按照当地对具体地块出让价格的修正方法，估算项目使用地块的影子价格。

4. 农村土地影子价格的确定

在我国，项目使用的农村土地，通常来自政府征用的农村农民集体所有的土地。政府征用农民的土地，被征用土地的农民失去土地，需由政府重新安置（安置新的居住房屋和新的就业），使农民获得新的生活资料来源。政府征用农民土地，要向农民支付征地补偿费用，包括耕地补偿费、青苗补偿费、地上建筑物补偿费、安置补助费等。该项费用一般全部或部分由项目建设一方向政府交付。此外，项目建设方还要向政府缴纳征地管理费、耕地占用税、耕地开垦费、土地管理费、土地开发费等其他费用。且对土地征用费中的耕地补偿费及青苗补偿费应视为土地机会成本，地上建筑物补偿费及安置补助费应视为新增资源消耗，征地管理费、耕地占用税、耕地开垦费、土地管理费、土地开发费等其他费用应视为转移支付，不列为费用。

项目所支付的征地费中，耕地补偿费、青苗补偿费、安置补助费等的确定如与农民进行了充分的协商，能充分保证农民的应得利益，则土地影子价格可按土地征地费中的相关费用确定。若未与农民进行充分协商，导致相应的补偿和安置补助费低于市场定价，不能充分保证农民利益，则土地影子价格应参照当地正常征地补助标准进行调整。

若项目建设方支付给政府的耕地补偿费、青苗补偿费、安置补助费等未全部覆盖政府实际支付的补偿费用，政府另外以货币或非货币形式对农民进行补偿，则相应的土地影子价格应根据政府的额外补偿进行调整。

要注意的是，在测定农村土地的机会成本时，需测定土地未来的净产出，将未来各年的净产出贴现加和汇总，以所有可能的最大净产出的现值之和作为土地的机会成本。因土地所在区域（区位或地段）的不同和可选的耕作方式与农作物种类不同，都对土地的机会成本有很大影响，并将直接影响到项目占用土地的费用计算。

土地具有不可移动性，土地的区位或地段对于土地价值有着决定性的影响，不同地理位置，价值可能相差很大。甚至相邻的两块土地，价值差异也可能会很大。每块土地的影子价格也应当具体情况具体分析，不能简单套用已有的数据。

总之，通常计算土地费用的原则，首先把项目所占用的土地归为下列三种类型之一：

（1）荒地或不毛之地，土地的影子价格为零。也就是说项目占用了这样的土地，国家不受任何损失。

（2）经济用地，不管原来是用于农业、工业还是商业，项目占用之后都会引起经济损失。这时应该用机会成本的观点考察土地费用，计算社会被迫放弃的效益。对于农业，应计算项目占用土地导致的农业净收益的损失。

（3）居住用地或其他生产性建筑，非营利单位的用地。项目占用之后要引起社会效益的损失，但又很难用价值量计量。这时主要应考察的内容如前所述。

其次，对土地费用进行计算，其方法是对需占用农村土地的建设项目，以土地征用费调整计算土地影子价格。且应符合下列三条具体的规定：①项目占用农村土地，土地征收补偿费中的土地补偿费及青苗补偿费应视为土地机会成本，地上附着物补偿费及安置补助费应视为新增资源消耗，征地管理费、耕地占用税、耕地开垦费、土地管理费、土地开发费等其他费用应视为转移支付，不列为费用；②土地补偿费、青苗补偿费、安置补助费的确定，如与农民进行了充分的协商，能够充分保证农民的应得利益，土地影子价格可按土地征收补偿费中的相关费用确定；③如果存在征地费用优惠，或在征地过程中缺乏充分协商，导致土地征收补偿费低于市场定价，不能充分保证农民利益，土地影子价格应参照当地正常土地征收补偿费标准进行调整。

实际操作中，对项目占用农村地区的土地，除按前述方法外，还可简化为按土地的农业生产率来算其影子价格。即将该地的总产值减去上年实现这一产出的成本（包括影子劳动力成本）的差额就是该地的租金（地租）。即已知租金，根据经营土地的资本收益率可推算出地块的影子价格。其计算公式为式（4-16）：

$$L_s = N_s / I_s \qquad\qquad (4\text{-}16)$$

式中，L_s 为土地的影子价格；N_s 为租金；I_s 为土地报酬率。

若项目占用的是城镇地区的土地，不宜用此式估价，而须用前述要求的确定城镇土地影子价格的方法计算。因城市地块的机会成本更可能取决于它在某个可供选择的非农业用途上的生产率，通常应大大高于农村地区的租金，且差别很大。大多数城市项目的发展初期占用农业土地，地价较低，而随着人口的增多，地价会不断地上升，故典型的城市地区的地价均含有历史的因素，不可能用一个简单的公式做估价基础。上述分析和处理，对自然资源地区土地的估价通常也适用。如一个荒山的矿物资源，初始开发时的地价可能为零。矿山建成发展以后，地价会上升，矿区都市化后，矿区的地价应按某个非农业用途上的生产率来推算。

【例 4-7】 某工业项目建设期 3 年，生产期 17 年，占用水稻耕地 2000 亩，占用前三年每亩平均产量为 0.5t，每吨收购价为 800 元，出口口岸价预计每吨 180 美元。设该地区的水稻年产量以 4% 的速度递增，社会折现率取 12%，水稻生产成本（调价后）按收购价的 40% 计算，影子汇率为 8.27 元/美元，贸易费用按 6% 计算。试求该项目的土地费用。

【解】 （1）每吨稻谷按口岸价格计算的影子价格。

口岸价格（FOB）180 美元折合人民币为 $180 \times 8.27 = 1488.6$ 元

贸易费用 $1488.6 \div (1 + 6\%) \times 6\% = 94.67$ 元

产地至口岸运输费用 $0.05 \times 500 = 960$ 元

（2）每吨稻谷的生产成本（调价后）按收购价的 40% 计算，为 $800 \times 40\% = 320$ 元。

（3）该土地生产每吨稻谷的净效益为 $960 - 320 = 640$ 元。

（4）20 年内每亩土地的净效益现值 P。

$$P = \sum_{t=1}^{20} 640 \times 0.5 \times [(1 + 4\%) \div (1 + 12\%)]^t = 3210 \text{ 元}$$

（5）项目占用的 2000 亩土地 20 年内的净效益现值 P。

$$P = 3210 \times 2000 = 642 \text{ 万元}$$

国民经济分析评价中，取该总效益现值为土地费用，计入项目固定资产的投资。

（6）计算净效益现值 P 的等值年金 A：

$$A = P(A/P, 0.12, 20) = 642 \times 0.13383 = 85.92 \text{ 万元}$$

在项目的国民经济分析评价中，亦可取此等值年金作为项目占用土地期间逐年的土地费用，计入项目的经常性投入。

第五节　国民经济分析评价的基本方法

【本节提要】 在项目投入一定的常规资源条件下，进行国民经济分析与评价的基本方法通常是先调整和确定所要评价项目的经济费用和效益数值，再编制经济评价的基本报表，进而做有关经济效益指标的计算和分析评价，最后按照相关国民经济评价指标的判别准则做出比较和选择。

进行国民经济分析评价，在常规资源投入的条件下要在调整和确定所分析评价项目的经济费用和效益数值的基础上，编制经济性分析评价的基本报表，再计算经济效益指标，最后进行分析评价和根据有关判据做出取舍与选择。下面分别做出说明。

一、项目经济费用和效益数值进行调整和确定

通常按照三条基本原则做出调整：一是先剔除不属于经济效益和费用的内容，属于国民经济内部转移支付的部分应从经济费用和效益中调整出去；二是计算和分析项目的外部效果，即间接费用和效益；三是按照投入物和产出物的影子价格与国民经济参数（如影子汇率、影子工资和社会折现率等），调整有关的经济数据。

1. 对固定资产投资进行调整

（1）从财务分析与评价的投资中剔除设备和材料的进口关税和增值税等转移支付。

（2）用影子汇率、影子价格和运输费与贸易费用，调整国内外设备的购置费及其安装费和其他费用。如调整引进设备价值，要调整汇率和国内运输费与贸易费用；而调整国内设备价值则需采用设备影子价格计算设备本身价值和影子运费与贸易费用。

（3）建筑费用的调整，常用两种方法一种方法是采用直接调整三材（钢材、木材和水泥）费用，还有其他用量大的大宗材料和施工用电等费用；另一种方法是可直接运用国家统一颁发的建筑工程影子价格换算系数，调整工程费用。

（4）安装费用的调整，可按照主要安装材料采用材料影子价格进行调整，如果使用引进的安装材料，还要采用影子汇率调整。

（5）土地费用的调整，可按照项目占用土地的机会成本重新计算。

（6）其他费用调整。如其他国外费用可采用影子汇率进行调整，剔除涨价预备费。

各项调整完成以后，把调整后的各项数值列入"国民经济评价投资调整计算表"（见表 4-5）。

国民经济评价投资调整计算表（单位：万元、万美元）　　　　　表 4-5

序号	项目	财务评价				国民经济评价				国民经济评价比财务评价增减（±）
		合计	其中			合计	其中			
			外币	折合人民币	人民币		外币	折合人民币	人民币	
1	固定资产投资 建筑工程设备									
1.1	进口设备									
1.2	国内设备									
1.3	安装工程									
1.3.1	进口材料									
1.3.2	国内部分材料及费用									
1.4	其他费用 其中：①土地费 ②涨价预备费									
2	流动资金									
3	合计									

2. 对流动资金进行调整

按照流动资金构成（或经营成本）逐项调整。对因流动资金估算基础的变动引起的流动资金占用量的变动进行调整。具体方法如下：

（1）先剔除作为转移支付的非定额资金（如货币资金、结算资金等）部分，因为它们未造成国家资源的实际消耗或增加。

（2）再按照影子价格进行详细的分项调整。

（3）当然，也可按调价后的销售收入、经营成本或固定资产价值乘以相应的资金率进行粗略的估算调整。这时需注意剔除非定额流动资金部分。把调整后的流动资金各项数值列入"国民经济评价流动资金调整计算表"（见表4-6）和"国民经济评价投资调整计算表"（见表4-5）。

3. 对销售收入进行调整

首先要确定项目产出的影子价格，重新计算销售收入。

（1）根据项目规定的生产规模（产量）采用影子价格计算出产出品的销售收入。

（2）应根据项目产品的货物类型，确定产出品的影子价格，可以按照规定的不同定价原则进行推算。

国民经济评价流动资金调整计算表（单位：万元、万美元）　　表 4-6

序号	项目	财务评价				国民经济评价				国民经济评价比财务评价增减（±）
		合计	其中			合计	其中			
			外币	折合人民币	人民币		外币	折合人民币	人民币	
1	应收账款									
2	存货									
(1)	原料									
(2)	辅助材料									
(3)	燃料									
(4)	在产品									
(5)	产成品									
(6)	其他									
3	现金									
4	应付账款									
5	流动资金									
6	流动资金增加额									

注：原材料、燃料栏目应分别列出具体名称，分别计算。

4. 对经营费用进行调整

按财务效益分析评价的经营成本进行分解，分别调整可变成本与固定成本。可先用货物的影子价格、影子工资等参数调整费用要素，然后再加总求和得出经营费用。

（1）可变成本部分按原材料、燃料、动力的影子价格重新计算各项费用。

（2）固定成本部分应剔除折旧费和流动资金利息，并计算固定资产和流动资金的资金回收费用。

（3）对维修费进行调整，其他费用不予调整。维修费可按调整后的固定资产原值（扣除国内借款的建设期利息和投资方向调节税）和维修费率重新计算。

（4）按工资换算系数计算出影子工资。

把调整后的各项费用编列为"国民经济评价经营费用调整计算表"（见表 4-7）。

国民经济评价经营费用调整计算表　　　　　　表 4-7

序号	项目	单位	年耗量	财务评价		国民经济评价	
				单价（元）	年经营成本（万元）	单价（元）（或调整系数）	年经营费用（万元）
1	外购原料 （1） （2） （3） …… 小计						
2	外购燃料和动力 （1）煤 （2）水 （3）电 （4）汽 （5）重油 …… 小计	t t 度 t t					
3	工资及福利费	万元					
4	维修费	万元					
5	其他费用	万元					
6	合计						

（5）当产品品种较多时，可用影子价格重新计算销售收入，列入"国民经济评价销售收入调整计算表"（见表 4-8）。

5. 对固定资产的余值和流动资金的回收额进行调整

为此，通常应该按照调整后的固定资产原值和流动资金进行计算。

当涉及外汇借款时，还应该用影子汇率计算出外汇借款本金与利息的偿付额。

国民经济评价销售收入调整计算表（单位：万元、万美元）　　表 4-8

序号	产品名称	年销售量					财务评价					国民经济评价				
		单位	内部销售	替代进口	外销	合计	内销		外销		合计	替代进口		外销		合计
							单价	销售收入	单价	销售收入		单价	销售收入	单价	销售收入	
1	投资第一年负荷（××%） …… 小计															
2	投资第二年负荷（××%） …… 小计															
3	正常生产年份 …… 小计															

二、编制和评价项目国民经济的基本经济分析评价报表

1. 项目国民经济分析评价基本报表的编制要求

通常，项目国民经济分析评价基本报表是在对可行性分析与研究报告有关经济费用和效益数值调整的基础上编制的。在此一般应注意如下三方面的问题。

（1）对一般国内投资项目均应编制全部投资的"国民经济效益和费用流量表"（见表 4-9）。该表以全部投资作为计算的基础，因而可利用此表对全部投资的国民收入净产值（净增加值）、经济净现值、净现值率、社会净收益率、经济内部收益率和社会收益的内部收益率等主要评价指标进行静态和动态的分析评价。

国民经济效益费用流量表（全部投资）（单位：万元）　　表 4-9

序号	项目	建设期（年）		投产期（年）		达产期（年）				合计
		1	2	3	4	5	6	...	n	
1 (1) (2) (3) (4)	生产负荷（%） 效益流量 产品销售收入 回收固定资产余值 回收流动资金 项目间接收益									
2 (1) (2) (3) (4)	费用流量 固定资产投资 流动资金 经营费用 项目间接费用									
3	净效益流量 1—2									

计算指标：经济净现值（$ENPV$）（当 $i_s=$　　%）；
经济内部收益率（$EIRR$）：

注：生产期发生的更新改造投资作为费用流量单独列项或列入固定资产投资项中；对某些项目，例如，合资企业或老厂改造项目需要计算改造后效益的，必要时可在建设期前另外加上一栏"建设起点"，把建设期初以前发生的费用作为费用流量填入该栏，且在计算效益时不用折现。

（2）对利用外资的项目或使用了国外贷款的项目，一般除需编制全部投资经济效益流量表外，还应该编制国内投资的"国民经济效益费用流量表"（见表 4-10）。因为此表是以国内投资为计算的基础编制的报表，要能够反映国外贷款利息和本金的偿还情况、外国资金的股息和红利的支付情况，以及外籍人员工资等财务情况，故可用以计算国内项目投资的各项国民经济分析评价指标，并作为利用外资项目进行经济性分析与评价和方案比选时取舍的重要依据。

（3）对某些涉及产品出口创汇或替代进口节汇的项目，一般还要编制"外汇流量表"（见表 4-11）和"出口（替代进口）产品国内资源流量表"（见表 4-12）。

国民经济效益费用流量表（国内投资）（单位：万元）　　　　　　　　　　　　表 4-10

序号	项目	建设期（年）		投产期（年）		达产期（年）				合计
		1	2	3	4	5	6	⋯	n	
1	生产负荷（%） 效益流量									
(1)	产品销售（营业）收入									
(2)	回收固定资产余值									
(3)	回收流动资金									
(4)	项目间接收益									
2	费用流量									
(1)	固定资产投资中国内资金									
(2)	流动资金中国内资金									
(3)	经营费用									
(4)	流到国外的资金 1）国外借款本金偿还 2）国外借款利息支付 3）其他									
(5)	项目间接费用									
3	净效益流量 1－2									

计算指标：经济净现值（$ENPV$）（当 $i_s=$　　%）：

经济内部收益率（$EIRR$）：

注：同表 4-9。

外汇流量表（单位：万美元）　　　　　　　　　　　　表 4-11

序号	项目	建设期（年）		投产期（年）		达产期（年）				合计
		1	2	3	4	5	6	⋯	n	
1	生产负荷（%） 外汇流入 （1）品外销收入 （2）外汇贷款 （3）其他外汇收入									
2	外汇流出 （1）固定资产投资中外汇支出 （2）进口原材料 （3）进口零部件 （4）技术转让费 （5）偿还外汇借款本息 （6）其他外汇支出									
3	净效益流量 1－2									
4	产品替代进口收入									
5	净外汇效果 3＋4									

计算指标：经济净现值（$ENPV$）（当 $i_s=$　　%）：

经济内部收益率（$EIRR$）：

注：技术转让费是指生产期支付的技术转让费。

171

出口（替代进口）产品国内资源流量表（单位：万元）　　　　表 4-12

序号	项目	建设期（年）		投产期（年）		达产期（年）				合计
		1	2	3	4	5	6	…	n	
1	生产负荷（%） 固定资产投资中国内投资									
2	流动资金中国内资金									
3	经营费用中国内费用									
4	其他国内投入									
5	国内资源流量合计（1+2+3+4）									

计算指标：经济净现值（$ENPV$）（当 i_s＝　　%）：
经济内部收益率（$EIRR$）：

注：当部分产品出口时，可以按照项目出口产品占销售收入或成本的实际情况来确定。

需说明的是，以上基本报表中所列的现金流入和流出（效益和费用）的各项内容，都应在剔除属于国民经济内部转移支付的部分后，按影子价格、影子汇率和影子工资来计算。

2. 对经济分析评价报表的鉴定与评价

通常，在对项目的上述经济分析评价报表进行鉴定和评价时，应特别注意以下两点：

（1）要复核项目的国民经济分析评价报表在表格设置、编制内容和数据计算方面是否符合要求，检查数据的计算正确与否。若发生外汇收支或产出品货物种类是外贸货物的情况，因该项目的产出品可以减少有关货物的进口，故可以作为替代进口产品（一般应该获得外贸部门的同意和批准），在该项目的"经济外汇流量表"中算做产品替代进口的收入。

（2）在经过详细认真的复核后，要提出关于基本报表的评价表。即"国民经济效益费用流量评价表"（全部投资）、"国民经济效益费用流量评价表"（国内投资）和"经济外汇流量评价表"。并应在原报表的修改处逐项对变更的原因加以具体说明。

三、计算和分析评价项目的经济效益指标

1. 国民经济分析评价的有关经济效益指标

按照国家发改委和原建设部颁发的《建设项目经济评价方法与参数》（第 3 版）要求，进行项目的国民经济分析评价应以经济内部收益率作为主要评价指标。根据项目特点和实际需要，可计算经济净现值和经济净现值率等指标。进行项目的实际选择时，也可采用投资净效益等静态指标。

涉及产品出口创汇及替代进口节汇的项目，应进行外汇效果分析，计算经济外汇净现值、经济换汇成本、经济节汇成本等指标。

（1）经济内部收益率（$EIRR$）。它是反映项目对国民经济贡献的相对指标，是使项目计算期内的经济净现值累计等于零时的折现值资金时间价值率。

（2）经济净现值（$ENPV$）和经济净现值率（$ENPVR$）。经济净现值是反映项目对国民经济所做贡献的绝对指标。经济净现值率是反映项目对国民经济所做贡献的相对指标，它是经济净现值与投资现值之比。

（3）经济外汇净现值（$ENPV_F$）。它是指国民经济分析评价中效益费用的划分原则，是一个综合采用影子价格、影子工资和社会折现率计算、分析、评价项目实施后对国家外汇收支影响的重要指标。

（4）经济换汇成本（CF_E）和经济节汇成本。经济换汇成本和经济节汇成本是分析和评价项目实施后在国际上的竞争力，进而判断其产品应否出口或进口的指标。

2. 国民经济效益指标的分析与评价判据

对项目在常规资源投入条件下进行的国民经济评价和分析，是从国民经济整体角度来考察其给国民经济带来的净贡献（净收益）。一般可通过国民经济盈利能力评价和外汇效果的评价来进行。对那些不易进行价值量化的外部效果通常只做定性的分析和评价。

（1）对经济盈利能力的评价。通常主要采用内部经济收益率和经济净现值等评价指标进行分析。按照项目的特点和实际需要，在多方案经济效益比选时，还可以采用经济净现值率和差额投资内部收益率等动态指标对不同的投资项目作出排序；在项目初选时，也可用投资净收益率和投资净增值率等静态指标进行分析。

1）经济内部收益率（$EIRR$）。此指标是项目在常规资源投入条件下进行国民经济分析评价的主要判断依据。它作为反映项目对国民经济净贡献的一项相对效果指标，是指项目在生命周期（计算期）内逐年累计的经济净效益流量的现值为零时的折现率，即项目动态投资的最大收益率。其计算式和判据为式（4-17）：

$$\sum_{t=1}^{n} (B-C)_t (1+EIRR)^{-t} = 0; \text{且 } EIRR \geqslant i_s \tag{4-17}$$

式中，B 为效益流入量；C 为费用流出量；$(B-C)_t$ 为第 t 年的净效益流量；n 为计算期；i_s 为社会折现率。

通常，经济内部收益率可以通过经济现金流量表利用式（4-18）的线性内插法算得：

$$EIRR = i_1 + \frac{PV(i_2-i_1)}{PV+|NV|} \geqslant i_s \tag{4-18}$$

实际计算时，试算的两个折现率之差（i_2-i_1）要求最大不得超过 5%。当然也可用图解法求得经济内部收益率。通常情况下，可考虑接受的通过国民经济评价的项目应是那些经济内部收益率大于或等于社会折现率（i_s）的项目，此时表明该项目对国民经济的净贡献能力超过或达到了所要求的水平。

2）经济净现值（$ENPV$）。作为常规资源投入条件下反映项目对国民经济净贡献的一项绝对效果指标，该指标是用来进行项目经济性分析与评价和方案选择的主要依据和基础性判据指标。它是指按指定的社会折现率（i_s），将常规资源投入条件下项目建设和生产服务（经营）年限内各年的净效益流量折算到基准年的现值之和。其计算公式为式（4-19）：

$$ENPV = \sum_{t=1}^{n} (B-C)_t (1+i_s)^{-t} \tag{4-19}$$

且当 $ENPV \geqslant 0$ 时，项目可行。式中，i_s 为社会折现率。

通常，其判则为：当 $ENPV \geqslant 0$ 时，表示该项目除得到符合社会折现率的经济效益外，还可以获得以现值计算的超额社会盈余（经济效益），因此可以考虑接受。

3）经济净现值率（$ENPVR$）。该指标是反映常规资源投入条件下项目单位投资对国民经济所做贡献的相对效果的动态评价指标。它是指净现值与总投资现值之比，即单位投资现值的经济净现值。该指标和社会净收益率等静态和动态的评价指标一起，可用于对若干个不同投资规模拟定的项目或多种投资方案进行排队选择，做出比较分析与评价。其计算公式为式（4-20）：

$$ENPVR = ENPV/I_P \tag{4-20}$$

式中，$ENPVR$ 为项目的经济净现值率，可按国内投资和全部投资分别计算；$ENPV$ 为项目的净现值（也可以按两种投资计算）；I_P 为项目总投资（包括固定资产的投资和流动资金）的现值。

用 $ENPVR$ 做判则时，通常在对不同投资规模或不同部门（行业）的多个投资方案进行比选时，应该选择该项指标高（即该 $ENPVR$ 值大）的投资方案为宜。此外，该指标还可以作为按经济效果高低给综合投资部门和计划部门进行排队作出比选安排的依据。

4）差额投资内部收益率（ΔIRR）。该指标可由线性内插法求得，是两个方案净现金流量差额现值之和等为零时的折现率。通常用于多方案比选中。其定义和计算公式为式（4-21）：

$$\sum_{t=1}^{n}\left[(CI-CO)_A - (CI-CO)_B\right]_t(1+\Delta IRR)^{-t} = 0 \tag{4-21}$$

式中，$(CI-CO)_A$ 为投资大的方案净现金流量；$(CI-CO)_B$ 为投资小的方案净现金流量；ΔIRR 为差额投资内部收益率。

利用 ΔIRR 进行评价的基本判则是，当差额投资内部收益率 $\Delta IRR \geqslant i_s$（社会折现率）时，投资大的方案较优（大者选大）；反之，若其小于社会折现率时，则投资小的方案较优（小者选小）。

（2）对国民经济外汇效果的分析与评价。在常规资源投入条件下，所谓对国民经济外汇效果的评价，即分析和评价项目实施后对国家外汇状况的影响程度及其外汇经济效益。这里需进行外汇效果分析的项目是指那些涉及产品出口创汇及替代进口节汇的项目，分析和评价所用的指标是经济外汇净现值、经济换汇成本和经济节汇成本等。

1）经济外汇净现值（$ENPV_F$）。该指标在常规资源投入条件下，是用来衡量项目对国家的外汇真正的净贡献（创汇）或净消耗（用汇）的指标，也是分析和评价项目实施后对国家外汇收支产生直接影响和间接影响的重要指标。通常 $ENPV_F$ 是指在常规资源投入条件下，生产出口产品的项目外汇流入和外汇流出的差额，采用影子价格和影子工资计算，按特定的折现率（如国外贷款利率或社会折现率）折算到基年的现值之总和。可通过经济外汇流量表直接求得该值。其计算公式如，式（4-22）：

$$ENPV_F = \sum_{t=1}^{n}(FI_t - FO_t)(1+i_s)^{-t} > 0 \tag{4-22}$$

式中，$ENPV_F$ 为项目经济外汇净现值（在整个生命周期）；FI_t 为第 t 年生产出口产品的外汇流入量（包括外汇贷款、取代进口价值和出口产品的外汇收入）；FO_t 为第 t 年生产出口产品的外汇流出量（包括原材料、设备、外籍人员工资、技术转让费、外汇借款本息等）；$(FI_t - FO_t)$ 为第 t 年的净外汇流量；i_s 为社会折现率；n 为计算期。

在常规资源投入条件下当有产品替代进口时，可用净外汇效果计算经济外汇净现值。当进行项目的多方案比选和排队时，通常情况下，经济外汇净现值大于零时的项目是可取的，即应选择净外汇效果和经济外汇净现值大的项目。

2）经济换汇成本（CF_E）。该指标又称换汇率，是分析和评价在常规资源投入条件下项目实施后生产的出口产品在国际上的竞争能力的一项重要指标。通常 CF_E 是指价格调整后，为生产出口产品而投入的国内资源现值（元）与生产出口产品的经济外汇净现值（美元）之比，它反映换取一美元外汇所需投入的人民币金额。其计算公式和判据为

式 (4-23) 和 (4-24):

$$CF_E = \frac{\displaystyle\sum_{t=1}^{n} DR_t \, (1+i_s)^{-t} \, (元)}{\displaystyle\sum_{t=1}^{n} (FI - FO)_t \, (1+i_s)^{-t} \, (美元)} \leqslant 影子汇率 \qquad (4-23)$$

$$经济换汇成本 = \frac{生产出口产品的国内资源投入现值}{生产出口产品的经济外汇现值} \leqslant 影子汇率 \qquad (4-24)$$

式中，DR_t 为项目在第 t 年为生产出口产品投入的国内常规资源（包括国内投资、原材料投入和劳务工资、其他投入以及贸易费用）；FI 为生产出口产品的外汇流入（美元）；FO 为生产出口产品的外汇流出（包括应由出口产品分摊的固定资产投资及经营费用中的外汇流出）（美元）；n 为计算期。

该指标可用于判断某项目在常规资源投入条件下的产品能否出口，适用于对产品出口的建设项目进行的分析评价。

3）经济节汇成本。该指标是指某些在常规资源投入条件下产品内销的项目在经主管部门批准可按替代进口产品对待时，每节约一美元外汇所需的人民币金额，应等于项目计算期内生产替代进口产品所投入的国内资源现值与生产替代进口产品的经济外汇净现值的比值。其表达式和判据为式 (4-25)：

$$经济节汇成本 = \frac{\displaystyle\sum_{t=1}^{n} DR'_t \, (1+i_s)^{-t}}{\displaystyle\sum_{t=1}^{n} (FI' - FO')_t \, (1+i_s)^{-t}} \leqslant 影子汇率 \qquad (4-25)$$

式中，DR'_t 为项目在第 t 年为生产替代进口产品所投入的国内常规资源（元）；FI' 为生产替代进口产品所节约的外汇（美元）；FO' 为生产替代进口产品的外汇流出（美元）。

在运用换汇率和经济节汇成本（元/美元）对项目在常规资源投入条件下的外汇平衡情况进行分析时，其一般判则要求，该两项指标都应小于或等于影子汇率，这表明该项目产品的出口或替代进口都是有利的，该项目可以考虑接受。

综合案例 4-1　对投资大河水库改造项目的国民经济效益分析

大河水库是一座具有集中防洪、灌溉、航运和水产品生产制造诸多功能为一体的巨型平原水库，承泄大河河流上中游 20 万 km^2 的来水。该工程项目通过建设一条新的入海通道，使大堤的防洪标准从 50 年一遇提高到百年一遇以上。该工程项目除具有巨大的防洪效益和潜在的航运效益外，还可使沿线 A 地区的排涝标准从 3 年一遇左右提高到 5 年一遇，并缓解 A 地区高低片之间的灌排矛盾。该工程项目拟于 2004 年开工建设，2008 年完工，工期 5 年，工程运行期 50 年。该工程项目在常规资源投入条件下，有关国民经济效益和费用的识别及国民经济效益分析评价的过程简述如下。

1. 工程项目国民经济效益的识别和计算

该工程项目具有巨大的防洪效益和明显的治涝效益，是该案例国民经济效益计算需要重点考虑的问题。

（1）防洪效益。该工程项目的防洪效益主要体现在减少水库周边圩区淹没及下游保护区的分、蓄洪概率上。

水库大堤的保护区主要有 A、B、C 三个地区。遇百年一遇及以上标准特大洪水，该工程项目可减少这些地区的分洪概率和淹没范围。各区基本情况如表4-13所示。

大河水库周边不同地区人口及耕地情况　　　　　　　　　　表4-13

地区	人口（万人）	耕地（万亩）
水库周边圩区	93	165
A 地区	213	165
B 地区	173	128
C 地区	1727	2038
合计	2206	2496

注：亩为非法定计量单位，1 亩＝666.67m²。

1）减少淹没面积的计算。根据水库的工程具体情况，对各种频率下的设计洪水进行了调洪演算，分析确定了在不同洪水下水库各分洪口的起用顺序，分析结果表明，遇各种频率洪水时，入海水道工程都可不同程度地减少圩区和各保护区的分蓄洪量。洪水重现期按 50 年一遇、100 年一遇、300 年一遇、1000 年一遇、2000 年一遇五个等级，分别分析在各种等级的洪水出现时各地区有无项目时的淹没面积，以及通过"有无对比"计算的该工程项目的减灾面积及损失率。

各地区、各种频率下洪水工程前后的淹没面积如表 4-14 所示。

洪水工程前后分洪量、淹没面积　　　　　　　　　　表4-14

	洪水重现期（年）	分洪总量（亿 m³）	分洪天数（天）	各地区分洪量（亿 m³）			分洪后增加淹没面积（万亩）			
				A	B	C	周边圩区	A	B	C
无项目情况	50			0	0	0	165	0	0	
	100	29.2	8	11.2	8		165	165	36	
	300	133.7	20	38.2	21	752	165	165	32	1680
	1000	247.7	25	38.2	21	188.2	165	165	52	1680
	2000	299.0	25	38.2	21	239.5	165	165	52	1680
有项目情况	50									
	100						165			
	300	38.2	20	38.2			165	165		
	1000	170.5	24	38.2	21	111.1	165	165	52	1680
	2000	209.3	24	382	21	149.8	165	165	52	1680

上述分析结果表明，对应于不同的标准洪水，通过有无对比分析得到的该工程项目的减淹面积情况，如表 4-15 所示。

减淹面积有无情况对比　　　　　　　　　　表4-15

洪水重现期（年）	有无对比该项目的减淹面积（万亩）			
	周边圩区	A	B	C
50	165	0	0	0
100	0	165	36	0
300	0	0	52	1680
1000	0	0	0	0
2000	0	0	0	0

2）直接洪灾损失计算。应首先计算单位洪灾损失指标，它是洪水淹没地区单位面积

（亩）资产损失总值（以元/亩为单位），与资产值（以元/亩为单位）、洪灾损失率（％）及洪灾损失增长率等因素有关。

① 资产值。根据 2002 年对该地区的抽样调查，水库周边圩区资产值亩均 9500 元，其中：A 地区亩均 17600 元，B 地区亩均 13500 元，C 地区亩均 18200 元。

② 洪灾损失率。通过对过去历次洪水淹没情况的统计数据，研究确定洪灾的损失率为：水库周边圩区遭遇 50 年一遇洪水的损失率为 15％～75％，遭遇 100 年一遇及以上标准洪水的损失率为 20％～90％；A 地区和 B 地区的损失率为 25％～90％，C 地区的损失率为 15％～75％（有关损失情况见表 4-16 至表 4-19）。

周边圩区资产损失情况（平均资产值 9500 元/亩）　表 4-16

洪水重现期（年）	无项目		有项目	
	平均损失率（％）	损失值（元/亩）	平均损失率（％）	损失值（元/亩）
50	60	5700	0	0
100	75	7125	60	5700
300	80	7600	70	6650
1000	90	8550	85	8076
2000	90	8550	90	8550

A 地区资产损失情况（平均资产值 17600 元/亩）　表 4-17

洪水重现期（年）	无项目		有项目	
	平均损失率（％）	损失值（元/亩）	平均损失率（％）	损失值（元/亩）
50	0	0	0	0
100	65	11440	0	0
300	70	12320	60	10560
1000	90	15840	80	14080
2000	90	15840	90	15840

B 地区资产损失情况（平均资产值 13500 元/亩）　表 4-18

洪水重现期（年）	无项目		有项目	
	平均损失率（％）	损失值（元/亩）	平均损失率（％）	损失值（元/亩）
50	0	0	0	0
100	40	5400	0	0
300	65	87750	0	0
1000	75	10125	70	9450
2000	90	12150	90	12150

C 地区资产损失情况（平均资产值 18200 元/亩）　表 4-19

洪水重现期（年）	无项目		有项目	
	平均损失率（％）	损失值（元/亩）	平均损失率（％）	损失值（元/亩）
50	0	0	0	0
100	40	72800	0	0
300	50	9100	0	0
1000	60	10920	50	9100
2000	75	13650	75	13650

③ 基准年的资产损失值。根据上述指标，计算基准年的多年平均资产损失情况如表 4-20 所示。

基准年的多年平均资产损失计算（单位：万元） 表 4-20

类别	周边圩区	A 地区	B 地区	C 地区	合计
无项目	36862	29572	4307	80772	151513
有项目	15100	9438	807	26754	52099
有无对比之差	21762	20134	3500	54018	99414

上述计算结果表明，该工程项目的多年平均直接防洪国民经济效益为 9.94 亿元。

④ 洪灾损失增长率。根据分析，该工程项目约定采用洪灾损失年增长率为 2008～2015 年为 3%，2015～2030 年为 2.5%，2031～2053 年为 2%。

3）间接防洪国民经济效益。工程可减免的间接国民经济损失称为间接防洪国民经济效益。根据已有资料分析并且结合该工程项目情况，间接损失按直接损失的 15% 计算。

该工程项目多年平均间接防洪的国民经济效益为 1.49 亿元。

4）防洪国民经济效益。直接防洪的国民经济效益和间接防洪国民经济效益之和为防洪国民经济效益。该项目多年平均防洪的国民经济效益为 11.43 亿元。

5）防洪国民经济效益调整。需要调整的洪灾损失指标主要是粮食（以水稻为代表）；其他财产的影子价格调整系数按 1.0 计算，不做调整。

大米按外贸出口货物计算，经计算其影子价格为 2398 元/t、财务价格为 2150 元/t、影子价格调整系数为 1.1，即粮食的影子价格调整系数为 1.1。房屋及其他公共设施用房屋建筑工程的影子价格换算系数按 1.1 进行调整。这三项需要调整的国民经济费用占洪灾损失指标中损失值的约 30%～50%，取 40%。综上可知，对整个洪灾损失指标按 1.04 系数进行调整，即防洪国民经济效益调整系数为 1.04。调整后，该项目基期年防洪的国民经济效益为 11.89 亿元。洪灾损失增长率不做调整。基期以后年份按洪灾损失增长率递增。

（2）治涝国民经济效益的识别和计算。工程建设可使 A 地区的排涝标准从 3 年一遇提高到 5 年一遇，其治涝国民经济效益主要反映在提高排涝标准上。A 地区的排水、耕地面积情况如表 4-21 所示。

该工程项目可使多年平均减灾面积达到 7.5 万亩。根据灾情统计分析，A 地区涝灾面积中受灾程度大部分为轻、重灾，少数为绝收，平均减产率为 5%～60%。本次计算平均减产率取 35%。

A 地区排水、耕地面积 表 4-21

地块类别	排水面积（km²）	耕地（万亩）
普通地面	1428	127
滩区	399	34
水面及其他	31	
合计	1858	161

该地区洪涝灾害受影响的主要是秋粮种植，且基本上都种植较耐水淹的水稻，所以把

178

水稻作为秋粮的代表。2002年大米的财务价格为2150元/t。水稻正常年景下的单产为480kg/亩，水稻出米率为75%。粮食单产以年均1%的速度递增。

经计算，基年（2002年）该项目多年平均治涝国民经济效益为2031.75万元，2002年后按1%的增长率递增。

将大米的财务价格用影子价格来代替，然后计算治涝国民经济效益。大米按外贸出口货物计算，其影子价格为2398元/t；调整后治涝国民经济效益为2266.11万元，按1%的速度递增。

2. 工程项目国民经济费用的识别和计算

（1）国民经济费用的构成。该项目的国民经济费用由工程建设费用和年运行费用、流动资金、更新改造费用和预留分洪口门费用构成。

1）工程建设费用。该项目的工程建设费用由河道工程投资（含移民安置）、枢纽建筑物工程投资、桥梁工程投资、排灌工程投资、穿堤建筑物工程投资等构成，共计546772万元，自2004年开始分5年投入（见表4-22）。

大河水库改造项目分年投资情况（单位：万元）　　　　　　　表4-22

工程投资项目	静态投资	分年度投资				
		2004	2005	2006	2007	2008
枢纽建筑物工程	202306	30346	49565	65749	43294	13352
桥梁工程	71181	10662	17415	23101	15212	4691
排灌工程	97326	14599	23845	31630	20828	6424
穿堤建筑物工程	77642	11646	19023	25233	16616	5124
河道工程（含移民安置）	98417	14762	24112	31986	21061	6496
合计	546772	82015	133960	177699	117011	36087

2）年运行费用。经测算，该工程项目正常年份的年运行费用为4357万元，并按2.5%递增，2006～2008年按50%分年投入，2009年以后开始足额投入。

3）流动资金。流动资金2005～2008年按50%分年投入，2008年后足额投入。

4）更新改造费用。更新改造费用共9850万元，其中机电设备（含安装工程）1820万元，于工程投产后的第20年一次性投入；金属结构（含安装工程）8030万元，于工程投产后的第25年一次性投入。

5）预留分洪口门费用。国民经济效益分析评价费用计算中应包含分洪口门的工程费用，经估算为22500万元，在开工后前三年的投资中摊列。

（2）工程项目国民经济费用的调整。由于该项目投资构成较为单一，国民经济费用调整简化处理如下。

1）确定国民经济内部转移支付费用（A）。属于内部转移支付费用的有各种税金，约占建安工作量的10%，即A为19534万元。

2）计算主要材料国民经济费用调整后与调整前的差值（B）。该投资项目的主要材料中，汽油、柴油、木材、钢材按外贸进口货物计算；水泥按非外贸货物计算。经调整计算，B为−18752万元，如表4-23所示。

材料名称	规格	数量 (t・m³)	财务价格 [元/(t・m³)]	影子价格 [元/(t・m³)]	价格差额 [元/(t・m³)]	国民经济费用 差值（万元）
汽油	70	4057.1	2665.90	1586.82	(1079)	−438
柴油	0	133561.95	2499	1458	(1042)	−14125
水泥	425	221609.3	384	349	(35)	−775
板材		8062	2538	1339	(1199)	−967
钢材		25373	3291	2327	(965)	−2448
合计						−18753

3）主要设备购置的调整。我国机电设备由市场进行调节，与国际市场价格行情相近，故该项目主要设备投资的国民经济费用不予调整。

4）土地国民经济费用的调整。

① 土地机会成本的计算。根据占有土地的适用性和其所处的环境等条件，土地利用情况及土地机会成本计算如表 4-24 所示。

土地类别	占地面积 （亩）	可能替代用途	征用年限 （年）	年净国民经济效益 [元/(年・亩)]	净国民经济效益年 均增长率（%）	机会成本 （元/亩）	机会成本总额 （元/亩）
挖压耕地	57180	小麦水稻种植	50	580	1%	6390	36538
滩地耕地	40920	小麦水稻种植	1.5	420	1%	618	2529
挖压鱼塘	7495	淡水养殖	50	2070	2%	25655	19228
滩地鱼塘	2542	淡水养殖	1.5	2070	2%	3384	860
挖压园地	6646	桑园	50	572	2%	7089	4711
宅基地	4003	蔬菜	50	1118	2.5%	14780	5916
合计	118786						69782

在表 4-24 中，耕地、鱼塘、园地征用年限为施工期 6 年加上运营期 54 年，滩地征用 1.5 年后还原；园地以桑园为代表。

土地机会成本计算公式为式（4-26）：

$$OC = NB_0 (1+g)^{\tau+1} \times \frac{1-(1+g)^n (1+i)^n}{i-g} (i \neq g) \qquad (4-26)$$

式中，OC 为土地机会成本；n 为项目占用土地的期限；NB_0 为基年土地的"最佳可替代用途"的单位面积净效益；τ 为净效益计算基年 2002 年距项目开工 2004 年的年数；g 为土地的最佳可替代用途的年平均效益增长率；i 为社会折现率按 10% 计。

例如，对于挖压耕地，$NB_0 = 580$，$g = 1\%$，$i = 10\%$，$n = 50$，$\tau = 2$，则：

$$OC = 580 \times (1+1\%)^{2+1} \times \frac{1-(1+1\%)^{50} (1+10\%)^{50}}{10\%-1\%} = 6300 \text{ 元}$$

利用同样的方法计算可得：滩地耕地的每亩机会成本为 618 元；挖压鱼塘的每亩机会成本为 25655 元；滩地鱼塘的每亩机会成本为 3384 元；挖压园地的每亩机会成本为 7089 元；宅基地的每亩机会成本为 14780 元。然后根据占用土地的面积，计算土地的机会成本总额为 69782 万元。

② 新增资源消耗的计算。新增资源消耗用房屋建筑工程的影子价格换算系数为 1.1，

换算成影子国民经济费用，调整后的新增资源消耗为72680万元。

土地的国民经济费用为土地的机会成本和新增资源消耗之和，即142462万元。该项目占地的国民经济费用与投资估算中土地补偿费用的差值（D）为24619万元。分项调整结果如表4-25所示。

移民安置及土地补偿国民经济费用（单位：万元）　　　　　表4-25

费用类别	调整前费用	调整后费用	差额
土地补偿及安置补助	49339	69782	20443
林木、果树补偿	10474	10474	0
房屋迁建补偿	27522	30274	2752
专项设施重建补偿	2913	3205	292
附属设施补偿	1309	1440	131
企事业单位搬迁	14011	15412	1401
其他费用	11875	11875	0
合计	117443	142462	24619

5）按影子工资计算劳动力国民经济费用与投资估算中的劳动力财务费用的差值（E）。劳动力的影子工资按工资及福利费乘影子工资换算系数1.0计算。据此，E为0。

6）确定工程投资估算中的基本预备费（F）。基本预备费为主体工程投资中的工程费用和工程建设其他费用之和的6%，经测算为19027万元。

7）计算投资项目国民经济总费用及各年投资分配额。

投资项目国民经济总费用＝（工程静态总投资－$F-A+B+C+D+E$）×

（1＋基本预备费率）

＝（546772－19027－19534－18753＋0＋24619＋0）×（1＋6%）

＝544922万元。

各年投资分配额由投资国民经济费用乘以各年度的投资比例得到。

8）流动资金的调整。流动资金不予调整，仍按1532万元计算。

9）年运行费用的调整。工程年运行费用不予调整，仍按4375万元计算。

10）更新改造费用的调整。更新改造费不予调整，仍按9850万元计算。

11）预留分洪口门费用调整。预留分洪口门费用不做调整，仍按22500万元计算。

国民经济评价分年度的投资、年运行费用、流动资金和更新改造费用详见国民经济费用效益流量表（见表4-26）。

国民经济费用效益流量表（单位：万元）　　　　　表4-26

年份	效益流量	直接防洪效益	间接防洪效益	治涝效益	回收流动资金	费用流量	固定资产投资	预留口门费用	投入流动资金	年运行费用	更新改造费用	净效益流量
2004	0					87426	81801	5625				－87426
2005	0					141485	133610	7875				－141485
2006	0					189024	177235	9000	766	2023		－189024
2007	0					118779	116705			2074		－118779
2008	0					38883	35992		766	2125		－38883
2009	121312	103376	15506	2430		4357				4357		116955

年份	效益流量	直接防洪效益	间接防洪效益	治涝效益	回收流动资金	费用流量	固定资产投资	预留口门费用	投入流动资金	年运行费用	更新改造费用	净效益流量
2010	124902	106177	15972	2454		4466				4466		120436
2011	128600	109672	16451	2478		4578				4578		124022
2012	132409	112962	16944	2503		4692				4692		127717
2013	136332	116351	17453	2528		4809				1809		131523
2014	140370	119841	17976	2554		4930				4930		135440
2015	144540	123436	18515	2579	5053					5053		139477
2016	148105	126522	18978	2605	5179					5179		142926
2017	151769	129685	19453	2631	5309					5309		146460
2018	155523	132927	19939	2657	5441					544		150082
2019	159372	136251	20438	2684	5577					5577		153795
2020	163316	139657	20949	2711	5717					5717		157599
2021	167358	143148	21472	2738	5860					5860		161498
2022	171501	146727	22009	2765	6006					6006		161495
2023	175747	150395	22559	2793	6156					6156		169591
2024	180098	154155	23123	2821	6310					6310		173788
2025	184559	158009	23701	2849	6468					6468		178091
2026	189130	161959	24294	2877	6630					6630		182500
2027	193815	166008	24901	2906	6795					6795		187020
2028	198301	170158	25524	2935		6965				6965		191356
2029	203220	174412	26162	2965		8959				7139	1820	194261
2030	208260	178773	26816	2944		7318				7318		200942
2031	212398	182348	27352	3024		7501				7501		204897
2032	216620	185995	27899	3054		7688				7688		208932
2033	220929	189715	28457	3085		7881				7881		213043
2034	225316	193509	29026	3116		16108				8078	8030	209208
2035	229794	197379	29607	3147		8280				8280		221514
2036	234362	201327	30199	3178		8487				8487		225875
2037	239021	205354	30803	3210		8699				8699		230322
2038	243773	209461	31419	3242		8916				8916		234857
2039	248619	213650	32047	3275		9139				9139		239480
2040	253562	217923	32688	3307		9368				9368		24494
2041	258604	222281	3342	3341		9602				9602		249002
2042	263747	226727	34009	3374		9842				9842		253905
2043	268991	231261	34689	3408		10088				10088		258903
2044	274240	235887	35383	3442		10340				10340		263900
2045	279796	240604	36091	3476		10599				10599		269197
2046	285361	245417				10864				10864		274497
2047	291037	250325	37549	3546		11413				11413		285414
2048	296827	255331	38300	3581		11699				11699		291032
2049	302731	260438	39066	3617		11991				11991		296762
2050	308753	265647	39847	3653		12291				12291		302605

年份	效益流量	直接防洪效益	间接防洪效益	治涝效益	回收流动资金	费用流量	固定资产投资	预留口门费用	投入流动资金	年运行费用	更新改造费用	净效益流量
2051	314896	270960	40644	3690		12598				12598		308563
2052	321161	276379	41457	3727		12913				12913		316169
2053	329082	281906	42286	3764	1532							

3. 国民经济评价指标的计算与分析

根据用影子价格调整后工程项目各年的国民经济费用和效益情况，编制国民经济效益费用流量表（见表 4-26）。国民经济效益分析评价的计算期包括工程的建设期和运行期。该项目建设期为 6 年，运行期为 44 年，计算期是 2004～2053 年（共 50 年）。计算期的时间基准点定在工程建设期的第 1 年（2004 年年初），各项费用和效益均按年末发生和计算。

根据国民经济效益费用流量表，计算得出计算期内各项国民经济评价指标为：

$$EIRR = 16.86\%$$
$$ENPV(i = 10\%) = 54.43 \text{ 亿元}$$

计算结果表明，该工程项目的国民经济内部收益率大于国家规定的社会折现率 10%。以社会折现率计算的国民经济净现值大于零，因此该工程项目在国民经济上是可行的。

综合案例 4-2　R 地区新建钢铁联合企业项目财务与国民经济分析评价报告

1. 概述

某城市拟在 R 地区新建一钢铁联合企业，该企业所在地区临近港口，铁路纵贯全境，公路四通八达，交通运输十分便利。另外，该地区的煤及其他辅助原料资源也极为丰富。企业所需原料——铁矿石拟由进口解决，洗精煤、无烟煤、白云石、石灰石就地解决，企业所需电力也由该地区电网供应。新建企业的外部条件较好。在该地区发展钢铁工业，还能利用该地区的工农业、城市服务、卫生教育等各种社会力量，可取得加快建设进度、节约投资等实际经济效益，同时还能促进该地区各项事业的发展。

新建的生产系统包括烧结、焦化、炼铁、炼钢、连铸、热连轧板、冷连轧板等主要生产车间及相应的辅助公用设施。设计规模为年产商品热轧板卷 120 万 t，冷轧板卷 100 万 t，镀锌板 80 万 t，商品材合计 300 万 t。该企业需征购土地 8066.7 亩，全厂劳动定员 14600 人。

2. 基础数据

项目的基础数据如表 4-27 所示。

项目的基础数据　　　　　　　　　　　　　　　　　　　　表 4-27

序号	项目	单位	数据
1	正常生产年产品产量	万 t	300
	其中：热轧板卷		120
	冷轧板卷		100
	镀锌板		80
2	建设期	年	5
3	生产期		20
4	按基本价格计算的固定资产投资	亿元	242.58
5	按基本价格计算的流动资金		20.07

序号	项目	单位	数据
6	国外借款年利率		9.2
7	建设银行借款年利率	%	9
8	短期借款年利率		9
9	流动资金借款年利率		8.64
10	国外借款期限	年	5
11	国外借款本金等额偿还期		10
12	基期汇率	人民币/美元	5.50
13	影子汇率		5.94
14	财务评价折现率	%	11
15	社会折现率		12

3. 项目财务效益分析

（1）项目投资、资金筹措及实施进度。

1）固定资产投资。以基期价格计算的固定资产投资（含建设期利息）为242.58亿元，其中外汇为15.85亿美元［见固定资产投资总额估算表（略）］。项目投产后形成的固定资产价值为233.808亿元，无形及递延资产价值为8.77亿元。

2）流动资金。参照老厂及类似项目资料，并结合该项目具体情况，按分项估算的正常生产年份（内销85%，外销15%）的流动资金为20.0686万元［见流动资金估算表（略）］。

3）资金筹措、建设进度及达产计划。固定资产投资242.58亿元（含外汇15.85亿美元）中，自有资金约占32%（77.58亿元），借款约占68%（165亿元）。国外借款为10亿美元（55亿元），年利率9.2%，宽限期5年，偿还期10年（等额偿还本金）。国内人民币借款110亿元，由建设银行提供，年利率9%。

流动资金20.07亿元中，自有资金占33%（6.7亿元），银行借款占67%（13.37亿元），借款年利率为8.64%。

项目建设期5年，投产期3年，投产第1年生产负荷为50%，第2年为75%，第3年为90%，第4年达到设计生产能力。

固定资产投资在建设期5年内投入，各年的投入比例分别为4.5%、13.9%、28.4%、30.2%和23.0%。

各年的资金筹措及使用计划表（略）。

（2）产品成本和费用计算。

1）计算说明。

① 所需铁矿石（块矿及粉矿）全部由国外进口，其价格参照近年国际市场价格确定。

② 固定资产综合折旧年限取20年，年折旧费为：

（固定资产原值－净残值）/ 折旧年限 ＝（2338080－233808）÷20 ＝ 105213.6 万元

③ 无形资产及递延资产分5年摊销，年摊销费为：

$$87700 \div 5 = 17540 \text{ 万元}$$

④ 职工工资。新建生产企业职工总数为14600人，年人均工资及福利费按7000元/人年计算。

⑤ 成本中其他投入物价格按项目所在地区目前的市场价格确定。

2）产品总成本费用。生产期各年的总成本费用表（略）。按基期价格计算，达到设计生产能力并还完借款本息时的年总成本费用为 497898.5 万元，年经营成本为 381134.9 万元。

（3）产品销售收入计算。

1）计算说明。

① 产品售价。产品内销价格按项目所在地区近期市场价确定；产品外销价格参照同类产品近年国际市场离岸价确定。

② 产品内外销比例。为使项目外汇平衡，在项目偿还国外借款期间，产品外销比例为 25%～50%，内销比例为 50%～75%；在偿还完国外借款本息后，产品外销比例为 15%，内销比例为 85%。生产期内平均外销比例为 21.8%，内销比例为 78.2%。

2）销售收入。按基期价格计算的生产期各年产品销售收入计算表（略）。当产品外销比例为 15%、内销比例为 85% 时，年销售收入为 1003430 万元。

（4）利润与借款还本付息计算。项目应缴纳的销售税金及附加有增值税、城市维护建设税和教育费附加。增值税税率为 14%，城市维护建设税为增值税的 7%，教育费附加为增值税的 2%，项目所得税税率为 33%。

生产期各年的利润及利润分配计算见损益表（略）和项目借款还本付息计算表（略）。当项目偿还完国外借款本息、产品外销比例为 15% 和内销比例为 85% 时，年利润总额为 369077 万元，年可供分配利润为 185461 万元。投产后第 1 年，由于生产负荷低，产品外销比例大，平均售价低，项目将产生亏损，其亏损额为 120241 万元。投产后第 3 年，弥补以前年度亏损后出现盈余，开始交纳所得税。

根据损益表计算的各项静态指标如下：

① 投资利润率＝年平均利润总额/项目总投资＝5752418÷20÷（2119100＋306680＋190972）＝287621÷2616752＝11%

② 投资利税率＝年平均利税总额/项目总投资＝407761÷2616752＝15.6%

③ 资本金利润率＝年平均利润总额/资本金＝287621÷833072＝34.5%

（5）财务盈利能力分析。按基价计算的全部投资和自有资金现金流量表（略）。项目的各项指标情况如表 4-28 所示。

项目的各项指标情况　　　　　　　　　　　　　　　　表 4-28

序号	指标名称	所得税后	所得税前
1	按全部投资计算		
1.1	财务内部收益率（%）	10.00	13.68
1.2	财务净现值（万元）		403900（i_c＝11%）
1.3	投资回收期（年）	12.50	11.1
2	按自有资金计算		
2.1	财务内部收益率（%）	10.44	

项目所得税前财务内部收益率（13.68%）高于行业基准收益率，说明该项目在财务上是可以接受的。

（6）清偿能力分析。由资金来源及运用表（略）可以看出项目计算期内各年的资金盈余与短缺情况。项目建设期利息用自有资金支付。投产后第 1 年产生资金短缺，用短期借款支付，并相应在下一年偿还。国外借款在投产后 10 年内等额偿还。国内建设银行借款偿还期为：

$$(13-1)+163984\div(48443+163984)=12.8\ \text{年}$$

项目第 14 年出现盈余资金，计算期内累计盈余资金为 163.9 亿元。各年累计盈余资金可作为编制资产来源与运用表和资产负债表的依据（使用这些数值时，其最后一年数值应扣除固定资产余值和回收的自有流动资金）。

资产负债表可以反映项目计算期内各年资产、负债和所有者权益情况。通过表中所列各年的资产负债率、流动比率和速动比率，进一步进行项目清偿能力分析：

1）项目建成后的资产负债率为 68%，偿债期间各年的资产负债率最高为 71.6%、最低为 8.7%，说明项目面临的风险程度不是很大，偿债能力是较强的。

2）从第 7 年开始，项目流动比率超过 136.5%，说明项目流动资产在短期债务到期以前可以变为现金用于偿还流动负债的能力是较强的。

3）项目还完借款的当年（第 15 年）开始，其速动比率超过 108.6%，说明项目在第 15 年以后，各年流动资产中可以立即用于偿付流动负债的能力也是较强的。

（7）外汇平衡分析。在偿还国外借款本息期间，项目外销比例为 25%～50%，国外借款本息偿还完毕后，外销比例为 15%。项目所需原料（块矿和粉矿）全部由进口解决。在计算期内，各年均可达到外汇平衡，并在生产期内有部分外汇余额。项目全部计算期内外汇余额总计为 85771 万美元。财务外汇平衡表（略）。

（8）不确定性分析。

1）盈亏平衡分析。项目达到设计能力和还清借款时的年总成本费用为 497899 万元，其中年固定总成本为 212914 万元，年可变总成本为 284985 万元，年销售收入为 1003430 万元，年销售税金及附加为 136455 万元。所得税前盈亏平衡点的生产能力利用率为：

$$BEP=212914\div(1003430-284986-136455)=36.6\%$$

盈亏平衡点的产量为：

$$300\times36.6\%=109.8\ \text{万 t}$$

由盈亏平衡分析可知，按基价计算时，项目生产能力利用率达到 36.6%，产量达到 109.8 万 t 时，即能达到盈亏平衡。超过此产量即有盈利，否则将产生亏损。该项指标表明，项目抗风险能力较强。

2）敏感性分析。敏感性分析主要分析产品平均销售价格、经营成本、预测销售量（产量）和固定资产投资四个因素的变化对所得税前全部投资财务内部收益率（FIRR）的影响，计算结果如表 4-29 所示。

敏感性分析表（按基期价格计算）（单位：%） 表 4-29

变动因素	-15	-10	基本方案（FIRR）	10	15
销售价格	5.67	8.58	13.68	18.20	20.32
经营成本	16.08	15.30	13.68	11.94	11.02
销售量	12.82	13.12	13.68	14.21	14.46
固定资产投资	15.63	14.93	13.68	12.59	12.10

由表 4-29 可知，相对来说，产品价格对 FIRR 较为敏感。当产品价格提高 15% 时，FIRR 由 13.68% 提高到 20.32%，增长 6.64%。其次是经营成本，如果经营成本增加

15%，则 *FIRR* 由 13.68% 降为 11.02%；如果经营成本减少 15%，则 *FIRR* 由 13.68% 提高到 16.08%。

4. 国民经济效益分析

（1）基础数据调整。

1）固定资产投资调整。

① 土地费用调整。该项目需新征土地 8066.7 亩，每亩征购费为 3 万元，共计 2.42 亿元。

根据现场调查，新征土地原为旱田，每年种两茬：一茬为小麦，另一茬为玉米。小麦和玉米的净收益分别为 157 元/（亩·茬）和 186 元/（亩·茬），因此，每亩新征土地的净收益为：

$$157 + 186 = 343 \, \text{元}/（亩·年）$$

设小麦和玉米的年产量平均递增 2%，收益调查年与开工年为同一年份，并按 12% 的社会折现率计算，则 25 年内每亩土地的净收益现值为：

$$\sum_{t=1}^{25} 343 \times \left(\frac{1+2\%}{1+12\%} \right)^t = 3161 \, \text{元}$$

8066.7 亩土地 25 年内的净收益现值为：

$$8066.7 \times 3161 = 2550 \, \text{万元}$$

即征用土地的机会成本为 2550 万元。

$$土地影子费用 = 土地机会成本 + 新增资源消耗费用 \qquad (4-27)$$

新增资源消耗费用包括老年人赡养费、养老保险金、剩余农业劳动力安置费、农转非人口粮食价差补贴、拆迁总费用、征地管理费等，每亩为 2 万元，共计 16133 万元。

$$土地影子费用 = 2550 + 16133 = 18683 \, \text{万元}$$

即土地费用由财务评价的 2.42 亿元调整为 1.8683 亿元。

② 三材费用的调整。按影子价格计算，三材费用由 20.96 亿元调整为 15.31 亿元（见表 4-30）。

三材费用调整（单位：亿元）　　　　　　　　　　　　　　表 4-30

序号	项目	消耗量	调整前（1）	调整后（2）	差额(3)=(2)-(1)
1	钢材/万 t	88	17.60	12.76	-4.84
2	木材/万 m³	6	0.36	0.39	0.03
3	水泥/万 t	120	3.00	2.16	-0.84
	合计		20.96	15.31	-5.65

③ 引进设备费用的调整。

A. 进口设备到岸价为 12.4 亿美元。财务评价时，按基期官方汇率（1 美元＝5.5 元 RMB）折算为 68.20 亿元，国民经济评价按影子汇率（1 美元＝5.94 元 RMB）调整为 73.66 亿元。

由于港口到厂区的距离较短，故港口到厂区的运费不予调整。

B. 引进设备其他费用为 0.9 亿美元，由 4.95 亿元调整为 5.35 亿元。

C. 引进设备基本预备费为 0.66 亿美元，由 3.63 亿元调整为 3.92 亿元。

D. 固定资产投资中转移支付部分。进口设备的关税及增值税和建设期支付的国内建行借款利息均属于国民经济内部的转移支付，在国民经济评价中应予以剔除。

引进设备关税及增值税为 14.8 亿元，建行借款利息为 20.3 亿元。

包括未调整部分在内，调整后的固定资产投资为 208.26 亿元。固定资产投资调整如表 4-31 所示。

固定资产投资调整（单位：亿元）　　　　　　　　　　表 4-31

序号	项目	调整前（1）	调整后（2）	差额(3)=(2)-(1)
1	不予调整部分	96.95	96.95	
2	调整部分	145.63	111.31	-34.32
2.1	土地费用	2.42	1.87	-0.55
2.2	三材费用	20.96	15.31	-5.65
2.3	引进设备费用	68.20	73.66	5.46
2.4	引进设备其他费用	4.95	5.35	0.40
2.5	引进设备预备费用	3.63	3.92	0.29
2.6	引进设备关税及增值税	14.80		-14.80
2.7	国外借款建设期利息	10.37	11.20	0.83
2.8	国内借款建设期利息	20.30		-20.30
	合计（1+2）	242.58	208.26	-34.32

注：上述投资中不考虑建设期涨价预备金。

2）产品价格的调整。热轧板、冷轧板和镀锌板都是国内短线产品，每年均需进口。项目的产品中既有内销也有外销。对于内销产品，可视为替代进口产品，因钢板具体用户难以确定，其影子价格可按到岸价格乘以影子汇率计算。项目建成后有自备码头，外销产品的影子价格可按近年来国际市场同类产品的离岸价格乘以影子汇率计算。

产品销售价格调整如表 4-32 所示。

产品销售价格调整表　　　　　　　　　　表 4-32

序号	项目	基期财务价格 （元/t）（1）	到岸（离岸）价 （美元/t）（2）	影子价格 （元/t）（3）	差额（元/t） (4)=(3)-(1)
1	内销产品				
1.1	热轧板卷	2800	370	2198	-602
1.2	冷轧板卷	3800	460	2732	-1068
1.3	镀锌板	4200	600	3564	-636
2	外销产品				
2.1	热轧板卷	1925	350	2079	154
2.2	冷轧板卷	2420	440	2514	94
2.3	镀锌板	3190	580	3445	255

注：影子汇率=5.94 元/美元；
　　内销产品影子价格=到岸价×影子汇率；
　　外销产品影子价格=离岸价×影子汇率。

按影子价格计算，当产品外销比例为 15%、内销比例为 85% 时，产品销售收入为 816750 万元。

3）流动资金的调整。调整后的流动资金为 163350 万元。

4）投入物价格和经营费用的调整。

① 经营成本中占比重最大的是铁矿石，全部为进口铁矿石。铁矿石经过项目自备码头运进厂内。其影子价格可按影子汇率进行调整。

$$进口粉矿:32(美元/t)\times5.94 = 190 元/t$$
$$进口块矿:37(美元/t)\times5.94 = 220 元/t$$

② 洗精煤在经营成本中占的比重仅次于矿石。洗精煤为外贸货物，可按减少出口考虑。离岸价格取 60 美元/t。设煤矿到口岸的距离与到该项目的距离相等，则洗精煤的影子价格为：

$$60\times5.94 = 356.4 元/t$$

③ 外购电按地区电网影子价格（0.22 元/度）进行调整。

其他投入物在经营成本中所占比重较小，未予调整。

调整后，达到设计能力时的年经营费用为 408434.6 万元，国民经济效益分析经营费用调整计算表（略）。

5）产品销售税金及附加是国民经济内部的转移支付，在国民经济评价中不参与计算。

6）调整后的资金使用计划表（略）。

（2）国民经济盈利能力分析。全部投资国民经济效益费用流量和国内投资国民经济效益费用流量计算表（略）。

三个主要国民经济效益分析指标如表 4-33 所示。

三个主要国民经济效益分析指标（单位：亿元）   表 4-33

序号	指标名称	数量	
		全部投资	国内投资
1	经济内部收益率（%）	12.79	13.98
2	经济净现值（$i_s = 12\%$）	9.73	19.95
3	累计净效益流量	589.6	559.6

由表 4-33 可知，全部投资经济内部收益率（12.79%）高于社会折现率（12%），全部投资的经济净现值为 9.73 亿元。

由于全部投资经济内部收益率高于国外借款利率（9.2%），因此，国内投资经济内部收益率与经济净现值均高于按全部投资计算的相应指标。

从上述主要指标来看，项目的国民经济效益是较好的。

（3）经济外汇效果分析。在国民经济效益分析中，项目每年产品外销比例与财务评价相同。计算期（25 年）内项目净外汇流量为 85771 万美元，各年均做到了外汇平衡。经济外汇净现值为 20374 万美元，考虑到产品替代进口的外汇收入，经济外汇效果净现值为 409690 万美元。

经济外汇流量计算表（略）。

经济换汇（含节汇）成本为：

国内资源现值/经济外汇效果净现值 = 2255905 ÷ 409690 = 409690 元/美元

经济换汇（含节汇）成本低于影子汇率（5.94 元/美元）。

出口产品和替代进口产品国内资源流量计算表（略）。

（4）敏感性分析。产品销售价格、经营费用、产品销售量和固定资产投资四个因素变化时对全部投资经济内部收益率（$EIRR$）的影响如表 4-34 所示。

敏感性分析（国民经济效益分析）（单位：%）　　　　　　　　　　表 4-34

变动因素	—15	—10	基本方案（EIRR）	10	15
销售价格	4.50	7.55	12.79	17.36	19.49
经营费用	14.22	13.74	12.79	11.87	11.43
销售量	10.41	11.24	12.79	14.22	14.91
固定资产投资	14.68	14.00	12.79	11.73	11.25

由表 4-34 可知，$EIRR$ 对产品售价的变化最为敏感，产品售价提高 15%，$EIRR$ 将由 12.79%提高到 19.49%；其次较为敏感的因素是销售量，当销售量降低 15%时，$EIRR$ 将由 12.79%下降到 10.41%。

5. 评价结论

由于本项目的财务效益分析全部投资内部收益率为 13.68%，高于基准收益率 11%；投资回收期 11.1 年，低于行业基准投资回收期 12.6 年。国民经济效益分析以影子价格测算的全部投资经济内部收益率为 12.79%，高于社会折现率 12%。除此之外，项目不仅可以在第 15 年如期偿还国外借款，还可以在第 12.6 年偿清国内建行借款。如此，表明项目财务效益分析和国民经济效益分析均较好，经济上是可以接受的。

【案例点评】 这是一个参考《建设项目经济评价方法与参数》（中国计划出版社）建设项目经济评价案例而得出的评估报告。作为项目可行性分析的核心内容和决策的重要依据，经济评价的目的在于最大限度地避免风险，提高经济效益。通常，财务效益分析和国民经济效益分析合称为项目的经济评价或经济效益分析，是项目评价最为关键和重要的内容。按照国家发改委和原建设部 2006 发布的《建设项目经济评价方法与参数》（第 3 版）的规定，在完成对项目基本方案的评价后，要做不确定性分析，并指出"不确定分析包括敏感性分析、盈亏平衡分析和概率分析"。盈亏平衡分析只用于财务效益分析，敏感性分析和概率分析则可同时用于财务效益分析和国民经济效益分析。因此，经济效益分析作为项目可行性研究的核心内容和决策的重要依据，其分析评价过程就需预先估算拟建项目的经济效益，包括财务和国民经济两个层次。建设项目的经济效益分析要做到既有利于引导投资方向，控制投资规模，提高计划质量，又能使项目和方案经过需要→可能→可行→最佳的步骤得到深入分析、比选。这样可以避免由于依据不足、方法不当，盲目决策所导致的失误，把有限的资源用于经济效益和社会效益真正最优的建设项目上，实现项目和方案决策的优化或最佳化。

由于该报告是对 R 地区拟新建一特大型钢铁联合企业项目进行可行性分析的经济评价——效益分析报告，其内容要求完全符合有关规定。故在新建项目经济评价中具有一定代表性。为了提高经济评价的准确性和可靠程度，在该案例中，对项目进行的经济评价就做到了以下四点：

（1）以经济效益为中心，把提高国民经济效益作为项目投资决策的主要目标。

（2）该项目及其方案评价的指标、计算指标的口径与尺度以及计算效果（直接与间接的效果、正效果与负效果）的深度与广度都具有一致性。

（3）价格与经济参数在时间上具有可比性。

（4）在财务与国民经济效益分析的基础上，详细进行了不确定性因素的分析，以保证建设项目能适应企业生产经营和国内外市场的变化。这对于（特）大型项目的建设尤为重要。

第五章 项目经济性分析论证之四
——不确定性与风险分析

【本章提要】前面根据常规资源约束条件的要求对项目进行的经济性分析基本上都是在某种确定性假设（如市场或物价不变化等）的前提下进行的。事实上，进行项目经济性分析与评价所采用的数据大多来自预测和估算，常常要随市场等因素的变化而变化具有一定程度的不确定性，为分析不确定性因素变化对评价指标的影响，估计项目可能承担的风险，应对项目进行不确定性分析与经济风险分析，提出项目风险的预警、预报和相应的对策，以为正确的投资决策服务。本章系统地介绍了常规资源约束条件下进行不确定性分析的主要方法，包括盈亏平衡分析和敏感性分析，经济风险分析应采用定性与定量相结合的方法，分析风险因素发生的可能性及给项目带来经济损失的程度，其分析过程包括风险识别、风险估计、风险评价与风险应对。

第一节 不确定性分析

【本节提要】在常规资源投入条件下，为了考察风险和不确定性因素对项目经济性分析评价指标带来的影响，通常需要进行不确定性分析和风险分析。一般而言，进行不确定性分析可用盈亏平衡分析、敏感性分析和概率平衡分析三类基本方法。实际上，除了企业财务效益分析可用盈亏平衡法外，适用宏观及微观情况分析不确定性的基本方法只有敏感性分析和概率分析两种，盈亏平衡分析也只不过是敏感性分析的一个特例。本节就不确定性分析的作用、相关因素产生的原因、分析的基本内容和方法及对不确定性分析和风险分析的评价等有关问题做了初步说明。

前述在常规资源投入条件下，对项目财务分析与评价和国民经济分析与评价，都是假设前提一定，即假定在分析评价中所用的基础数据完全确定即不考虑其本身变化的情况下对项目所产生的经济性效益进行的经济性分析。实际情况往往因分析评价的条件变化而变得复杂，通常投资项目的未来与目前的预测不可能完全一致，二者的偏差称为不确定性。所以在已进行了常规资源投入既定分析评价条件下的经济性分析基础上必须考虑效益因受这些条件变化后的影响，即还需进行评价条件发生某种变动时的不确定性分析，预估一些主要因素发生变化对项目经济性分析评价指标的影响程度，这在分析评价中十分必要。

一、不确定性分析概述

对分析评价条件一定（或称确定性）情况下所做的项目财务分析评价和国民经济分析评价，首先应明确此处所指的"确定性"仅具相对性，只表示分析评价人员和决策者在调查研究的基础上，根据经验与收集的历史资料对项目分析与评价所涉及的一些基础数据和基本指标做的特定假设、估计和预测在某种程度上具有的一定的把握性（或未虑及其随外部条件发生变化的可能性）。但因要研究的问题是项目建成后未来能产生的经济效益，且项目分析评价所估算的数据和指标只是对未来政治、社会、经济和技术发展的一种假设和预测，有鉴于客观环境在不断发展变化，项目分析评价时可能会缺乏足够的信息资料或没有全面考虑到未来可能发生的所有情况，加之人们对客观事物变化的认识始终存在一定的局限性，故在目前的预测和假设与未来的实际情况之间不可避免地会产生误差，也就是说会包含不同程度的风险和不确定性。

为分析风险和不确定性因素对项目经济性分析与评价指标带来的影响，通常需要进行不确定性分析和风险分析。所谓不确定性分析和风险分析，是指在对项目进行的企业微观和国民经济宏观两层面分析评价中，要分析和研究项目投资、生产成本、销售收入、外汇率、产品价格和生命周期等主要不确定因素或其他风险因素的变化所引起的项目投资收益等各种经济效益指标的变化及其变化的程度，这也被称为不确定性评价或风险评价。不确定性分析考核评价的是项目经受各种风险的冲击的能力，目的是要借此证明对该项目投资的可行性。由此可明确深化对如下两个方面的认识。

（1）项目经济性分析评价所采用的基本变量都是对未来的预测和假设，因而具有不确定性。通过对拟建项目具有较大影响的不确定性因素进行分析，计算基本变量的增减变化引起项目财务或经济效益指标的变化，找出最敏感的因素及其临界点，预测项目可能承担的风险，使项目的投资决策建立在较为稳妥的基础上。

（2）风险是指未来发生不利事件的概率或可能性。投资建设项目的经济风险是指因不确定性的存在导致项目实施后偏离预期财务和经济效益目标的可能性。经济风险分析是通过对风险因素的识别，采用定性或定量分析的方法估计各风险因素发生的可能性及对项目的影响程度，揭示影响项目成败的关键风险因素，提出项目风险的预警、预报和相应的对策，为投资决策服务。经济风险分析的重要性还在于其有助于对项目进行可行性分析与评价过程中，通过信息反馈，改进或优化项目设计方案，直接起到降低项目风险的作用。

在实践中，人们往往会混淆不确定性分析与风险分析间的界限。严格来说，二者是既有联系又有区别的。由于人们对未来事物认识的局限性、可获信息的有限性和不对称性及未来事物本身的不确定性，使得投资建设项目的实施结果可能偏离预期目标，这就形成了投资建设项目预期目标的不确定性，从而使项目可能得到高于或低于预期的效益，甚至遭受一定的损失，导致投资建设项目"有风险"。通过不确定性分析可找出影响项目效益的敏感因素，确定敏感程度，但不知此种不确定性因素发生的可能性及影响程度；借助于风险分析可得知不确定性因素发生的可能性及给项目带来经济损失的程度。不确定性分析找出的敏感因素又可作为风险因素识别和风险估计的依据。总之，不确定性分析主要侧重于因情报、资料或经验的不足，对未来情况所做的估计与实际值之间的差异；而风险分析则着重于不确定因素出现的可能性，也即随机（概率）原因所引起的实际值与估计值或预期值之间的差异。如在未来某给定年份，项目的成本可能是 100 万元、200 万元、500 万元甚至 1000 万元，若对每一个可能值我们还能知道其发生的可能性（几率或概率），则对这种情况进行的分析就称为风险分析；若对这些值出现的概率不得而知，则需运用别的方法来进行处理，此情况下的分析评价就称为不确定性分析。人们习惯于把两种情况通常统称为不确定性分析，在此意义上说，不确定性分析的内容就被大大扩展了。

作为项目经济性分析与评价的重要组成部分，不确定性分析在明确项目不确定性因素对项目成本效益指标的影响、界定项目分析评价结论的有效性及其范围、提高项目分析评价结论的可靠性和有效性与确定项目成本效益指标的变化情况等方面作用非凡、意义重大。如当两个项目或其备选方案的其他各项评价指标都相差无几时，就应通过不确定性分析和风险评价去选择风险较小的项目或备选方案。此分析通过运用一定的方法给出项目各种具体的不确定性因素对项目经济效益等方面的影响来推断项目的风险程度，以为项目决策提供更加准确的依据，同时也有利于对未来可能发生的各种风险与不确定情况有所预计，从而事先提出必要的防范措施和相应的实施控制手段。

一般地，对项目进行不确定性分析的基本思路是在企业财务和经济效益分析的基础上，通过估计可能出现的不确定因素，来调整预测数据，在容许误差的幅度内进行再分析和再评价。进行不确定分析的根本目的是要尽量弄清和减少不确定性因素对经济效益评价的影响，避免项目建成投产后不能获得预期的利润或造成亏损的现象发生，提高项目投资决策的科学性和可靠性。为此，从企业财务效益的角度，微观层面通常进行的不确定性分析应包括盈亏平衡分析、敏感性分析、概率分析和风险分析。在项目经济性分析与评价中，一般是先做盈亏平衡分析，再做敏感性分析，若有必要再进行概率分析。在此三种分析过程中，可能会遇到的一些不利于项目建设的因素，这正是项目所要承担的风险。很多情况下，风险分析是与这三种分析同步进行的，且风险分析的程序包括风险因素识别、风险估计、风险评价与防范应对。

二、不确定性因素产生的主要原因

根据建设项目可行性分析与评价工作的实践，各种不确定性因素的存在是不可避免的。通常情况下，分析产生不确定性的主要原因有以下几方面。

（1）物价的浮动。在任何一个国家都存在着不同程度的物价变动，由于商品经济造成的市场竞争，通货膨胀造成的价格浮动司空见惯。因此，随着时间的推移，项目经济性分析与评价中所采用的产品价格和原材料价格，以及有关的各项费用和工资等必然会发生相应的变化。

（2）技术装备和生产工艺的变革。随着社会科学技术日新月异的迅速发展，在项目可行性分析与评价阶段拟定的生产工艺和技术方案，有可能在项目建设和实施的过程中发生变更。由此，按照原有技术条件和生产水平估计的项目收入和产品的数量、质量与价格，也将因新技术、新产品、新工艺以及新设备的出现和替代而发生相应的变化。

（3）生产能力的变化。由于知识经济时代，技术革新和改造的步伐加快，往往会导致项目建成投产后或者远远超过评价分析时预期额定的设计生产能力而节约生产成本；或因种种原因会导致项目建成投产后达不到评价分析时预期额定的设计生产能力，使生产成本上升和销售收入下降等情况的发生，随之将造成各种经济效益指标的改变。

（4）建设资金的不足和建设工期的延长。分析评价项目时，往往因基础的原始数据选择和估算不准或统计方法的局限性，而忽视了对非定量的无形因素的估计，或过低估算了项目固定资产投资和流动资金；或投资筹集资金的措施不落实，外购生产设备不及时到货等原因，都会使项目建设的工期延长，推迟投产时间，从而引起投资总额、经营成本、销售收入和其他各种收益的变化。

（5）政府的政策和规定发生变化。由于国内外政治形势和经济发展与体制改革等宏观因素的影响，各级政府的各项经济政策和财务制度的规定会发生必要的改变，尤其在当前我国正处于经济体制转型阶段，许多不可预测和不可控制的因素所发生的变化，也都会给项目的分析评价带来不同程度的不确定性和一定程度的投资风险。

此外，除上述主因外，还会有许多难以控制的、影响项目经济效果和决策的其他一些政治、经济"风险"。如1997年席卷东南亚和其他一些国家的"金融风暴"，2001年发生在美国的"9·11"恐怖袭击事件，以及2008年以来由美国次贷危机引发的全球金融风暴等。尤其是某些国家经常发生的罢工、市场垄断、重大技术突破、政治事件（政变）、国际性金融危机和经济贸易情况的变化（如汇率波动），甚至自然灾害和暴力恐怖活动等。由此可见，对项目进行不确定性分析是十分必要的，进行此分析和评价，可以预测项目未来可能承担的风险，进一步确定项目投资在财务上和经济上的可靠程度。

三、不确定性与风险分析的评价要求

一般来说，对项目进行不确定性分析，就是要按照建设项目的类型、特点及该项目对国民经济的影响程度，来确定分析的具体内容和方法。通常，按国家发改委和原建设部规定，效益分析在大中型项目的企业经济性财务评价中只做盈亏平衡分析，而敏感性分析和概率与风险分析则可同时用于财务效益分析评价和国民经济分析评价。目前由于统计数据不齐全，概率分析还不普及，可按照项目的特点和实际需要，在条件具备时进行概率分析。对某些重大关键骨干项目或风险性较大的项目，可由项目分析评价负责人和决策者提出要求，确定不确定性分析的深度。

对项目不确定性进行分析与评价，即对可行性分析与研究报告中不确定性分析的结果进行评价，以判别不确定性因素对项目产生的影响。

对项目进行的风险分析与评价，是不确定性分析评价的补充和延伸，主要分析评价的是可行性分析与研究报告符合风险管理要求的程度，在对项目投资活动达到预期效果目标可能存在的各种风险因素进行必要的分析时，要找出项目计算期内可能出现的影响项目生存和发展的关键风险因素，并进行专项的调研和评价，提出规避风险的具体措施和建议。

需要注意的是，风险与不确定性也是有区别的。风险是可测定的不确定性（可确定其发生的概率或几率，即可能性大小），而只有"不可测定的不确定性"才是真正意义上的不确定性。而项目的不确定性分析就是对项目风险大小的分析，即分析项目在其存在的时空内自然存在的导致经济损失变化的可能性及其变化程度。

第二节　项目的盈亏平衡分析

【本节提要】盈亏平衡分析（也称量本利或 BEP 分析）是通过计算项目的盈亏平衡点（BEP 点），来寻求项目在常规资源约束条件下保持正常的基本经营效果所需要的项目对市场需求等相关条件变化以进行后续分析的基础，即要找出项目经营过程中对产量、成本和盈利三者间的平衡关系的适应能力，并做出相关的研究分析与评价判断。盈亏平衡分析涉及线性和非线性两类具体的分析计算、应用与评价等问题。

一、盈亏平衡分析概述

盈亏平衡分析又称量本利分析或 BEP 分析，它是研究在常规资源投入条件下，项目

的产品产量（量）、生产成本（本）、销售收入（盈利能力）等因素的变化对项目经营过程中盈亏程度的影响，其实质是分析产量、成本和盈利三者之间的平衡关系。它是项目达到设计生产能力的条件下，通过计算项目的盈亏平衡点（Break-Even-Point，BEP），分析项目成本与收益的平衡关系，并就项目对市场需求变化的适应能力做出反映的一种方法。盈亏平衡点是项目的盈利与亏损的转折点，在该点上，项目的销售（营业、服务）、收入等于生产的总成本费用，正好盈亏平衡，标志着该项目不盈不亏（保本）的生产经营水平，反映项目在达到一定生产水平时的收益与支出的平衡关系，故也叫收支平衡点（BEP点）。用 BEP 点分析可以考察项目对产出品变化的适应能力和抗风险能力。盈亏平衡点越低，表明项目适应产出品变化的能力越大，抗风险能力越强。

盈亏平衡分析通常是按照建设项目正常生产年份的产品产量或销售量、可变成本、固定成本、产品价格和销售税金及附加等数据来计算盈亏平衡点（BEP 点）的。按照《建设项目经济评价方法与参数》（第 3 版）的规定，可变成本主要包括原材料、燃料、动力消耗、包装费和计件工资等。固定成本主要包括工资（计件工资除外）、折旧费、无形资产及其他资产摊销费、修理费和其他费用等。为简化计算，财务费用一般也将其作为固定成本。正常年份应选择还款期间的第一个达产年和还款后的年份分别计算，以便分别给出最高和最低的盈亏平衡点区间范围。盈亏平衡点通常用产量（BEP_Q）或最低生产能力（BEP_E）的利用率（η 或 BEP_r）表示，也可用最低的销售收入（BEP_s）和保本价格（BEP_P）来表示。

作为盈利与亏损的分界点，盈亏平衡点在盈亏平衡图上表现为成本函数线与收入函数线之间的交点，故也称之盈亏临界点或 BEP 点。由于销售收入与产品产量、产品成本与产量之间存在着线性的或非线性的函数关系，因此，盈亏平衡分析往往又可分为线性盈亏平衡分析和非线性盈亏平衡分析。盈亏平衡点有多种表达形式，项目经济性分析与评价中最常用的是以产量和生产能力利用率表示的盈亏平衡点。且一般的项目分析评价仅要求做线性盈亏平衡分析。

二、线性盈亏平衡分析的计算和应用

所谓线性盈亏平衡分析，是指项目投产后正常年份的产量、成本、盈利利润三者之间的关系均呈线性的函数关系，说明项目的收益和成本都随着产品产量的增减，而按正比例关系呈直线增减的趋势。确定这种线性关系的盈亏平衡点，一般用公式计算，也可用盈亏平衡图的方法来求取。

1. 图解法

在以表示项目收入与支出的价值量为纵轴、以表示产品产量或销售量的价值量为横轴坐标的图上（见图 5-1），按照正常年份的产量画出固定成本线（$y=f$）和可变成本线（$y=vx$）；再按公式 $y=f+vx$ 画出总生产成本线；然后按正常年份的生产量、销售量和产品单价画出销售收入线（$y=px$），这两条直线的交点即为盈亏平衡点（BEP）。图中销售收入线（若销售收入和成本费用都是按含税价格计算的，还应减去增值税）与总成本费用线的交点即为盈亏平衡点（BEP 点），这一点所对应的产量即为 BEP 产量，也可换算为 BEP 生产能力利用率等指标。

由图 5-1 可知，在平衡点上的总成本与总收入相等，若项目生产的产量或销量超过平衡点产量，则项目就盈利；反之，若低于此点，项目就亏损。因此，平衡点越低，达到平衡点的产量和销售收入与成本也就越少，只要生产或销售少量的产品就能达到项目的收支平衡，且达到设计生产能力时企业盈利就越多。故平衡点的值越小，企业或项目的生命力

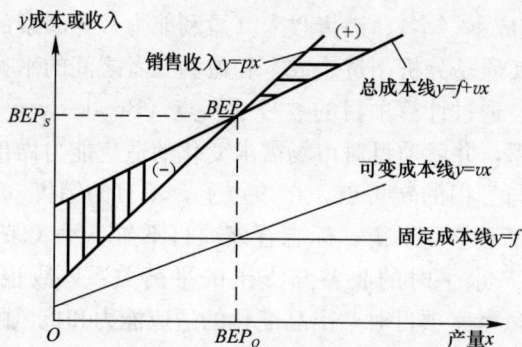

图 5-1　盈亏平衡图

就越强，项目的盈利机会就会越大，亏损的风险当然就越小。为达此目的，就须降低产品的固定成本和可变成本，适当提高产品的质量和销售价格。因此，在实际的运营过程中必须十分重视产品生产的科技进步，注意提高企业的经营管理水平。

2. 数学公式计算法

运用数学方法确定盈亏平衡点，其操作要求是在如下四个假设的前提条件下进行的。

（1）按单一产品计算，当生产多种产品时，应换算为单一产品，不同产品的生产负荷率的变化应保持一致。

（2）产量等于销量，即当年生产的产品（或服务）当年销售出去。

（3）产量变化，单位可变成本不变，从而可视总成本费用为产量的线性函数。

（4）产量变化，产品售价不变，从而可视销售收入为销售量或产量的线性函数。

假如生产总成本函数为式（5-1）：

$$y_1 = f + vx \tag{5-1}$$

销售收入的函数为式（5-2）：

$$y_2 = px \tag{5-2}$$

当 $y_1 = y_2$ 时，有式（5-3）：

$$f + vx = px \tag{5-3}$$

式中，y_1 为正常生产年份内生产总成本；f 为总固定成本；v 为单位产品可变成本；y_2 为项目投产后正常年份销售收入；p 为单位产品价格；x 为正常年份内的产量。

由此，根据盈亏平衡的原理，在平衡点上产品的生产总成本与销售收入相等时，可得到以下数学计算公式。

① 用实际产量（或销售量）表示的盈亏平衡点（BEP_x）。根据平衡点公式 $px = f + vx$，求得平衡点上的最低生产量（或销售量），式（5-4）：

$$BEP_x = f/(p-v) \tag{5-4}$$

即式（5-5）：

　　平衡点产量(销售量)=总固定成本/(产品单价-单位可变成本)　　　(5-5)

② 用销售收入表示的平衡点（BEP_s），式（5-6）：

$$BEP_s = p \times BEP_x = p \times f/(p-v) \tag{5-6}$$

即式（5-7）：

　平衡点销售收入(产值)=产品单价×总固定成本/(产品单价-单位可变成本)　(5-7)

196

③以生产能力利用率表示的盈亏平衡点（η 或 BEP_r），如式（5-8）：

$$\eta = BEP_r = f/R_x(p-v) \times 100\% = BEP_x/R_x \times 100\% \tag{5-8}$$

式中，R_x 为正常年份的设计年产量。

平衡点的生产能力利用率＝平衡点产量/设计年产量×100%

＝总固定成本/(产品单价－单位可变成本)×设计年产量×100%

＝年总固定成本/(年销售收入－年可变总成本)×100%　　　（5-9）

④以单位产品保本价格表示的盈亏平衡点（BEP_p）。

由公式 $px = f+vx$ 可以推导出式（5-10）：

$$BEP_p = f/x + v \quad (\text{当 } x=R_x \text{时}) \tag{5-10}$$

式中，x 为产量，在分析售价的盈亏平衡点时，它按设计的年产量计算。

故有式（5-11）：

$$BEP_p = f/R_x + v \tag{5-11}$$

即式（5-12）：

平衡点单价(保本价格)＝单位可变成本＋总固定成本/设计年产量＝单位产品成本

（5-12）

从上式中可知，保持企业经营不亏不盈的最低产品销售价格就是产品的单位生产成本，也叫保本价格。这里的盈亏平衡价格不但没有盈利，且未包括应缴纳的税金等。但在实际的具体分析中，就应按财税规定考虑销售税金的因素。在此情况下，上述盈亏平衡点的计算公式就应改为式（5-13）~（5-18）：

BEP 产量＝年固定总成本/(单位产品价格－单位产品可变成本－单位产品销售税金及附加)

（5-13）

BEP 生产能力利用率＝年固定成本/(年营业收入－年可变成本－年销售税金及附加)

（5-14）

即：

$$BEP_x(产量) = f/(p-v-t) = f/[p(1-t\%)-v] \tag{5-15}$$

式中，t 为单位产品的销售税金及附加；$t\%$ 为单位产品的销售税率。

$$BEP_s(收入) = p \times BEP_x = p \times f/(p-v-t) = p \times f/[p(1-t\%)-v] \tag{5-16}$$

$$\eta = BEP_r(生产能力利用率) = BEP_x/R_x \times 100\% = f/(p-v-t) \times R_x \times 100\%$$
$$= f/[p(1-t\%)-v] \times R_x \times 100\% \tag{5-17}$$

＝年固定总成本/(年销售收入－年可变总成本－年销售税金及附加)×100%

$BEP_p(保本价格) = f/R_x + v + t =$ 固定总成本/设计生产能力＋单位可变成本＋单位产品的销售税金及附加

（5-18）

在衡量项目承担风险能力时还可采用如式（5-19）和式（5-20）所示的安全指标。

价格安全度＝$(p_o - p_b)/p_o \times 100\%$＝(原定销售价格－保本价格)/销售价格×100%

（5-19）

产量安全度＝$(Q_r - Q_b)/Q_r \times 100\%$＝(设计年产量－平衡点产量)/设计年产量×100%

（5-20）

上述两个安全度指标说明，数值越大的项目盈利能力越强，也就越远离亏损而更安全，这说明项目具有一定的承担风险的能力。

3. 线性盈亏平衡分析应用举例

【例 5-1】 假定某化纤厂设计年产量为 18 万 t 涤纶纤维，总成本为 8.32 亿元，其中总固定成本为 1.12 亿元，单位可变成本为 4000 元/t，销售单价为 7000 元/t。试用实际生产量、生产能力利用率、销售收入和保本价格计算盈亏平衡点。

【解】 按上述公式计算。

(1) 用实际产量表示 BEP_x：

$$BEP_x = f/(p-v) = 11200 \div (7000-4000) = 3.73 \text{ 万 t}$$

说明产量达到 3.73 万吨时，该项目即可保本。

(2) 用销售收入表示 BEP_s：

$$BEP_s = p \times f/(p-v) = 7000 \times 3.73 = 2.61 \text{ 亿元}$$

说明当销售收入为 2.61 亿元时，企业即可保本。

(3) 用生产能力利用率表示 η（BEP_r）：

$$\eta = BEP_r = f/R_x \times (p-v) = 3.73 \div 18 \times 100\% = 0.21 \times 100\% = 21\%$$

说明当生产能力为设计能力的 21% 时，企业即可不亏不盈。

(4) 用销售单价表示 BEP_p：

$$BEP_p = (f+vx)/R = 8.32 \div 18 = 4622 \text{ 元/t}$$

说明能保本的最低销售价格为 4622 元/t。

(5) 计算价格安全度：

$$\text{价格安全度} = (p_o - p_b)/p_o \times 100\% = (7000-4622)/7000 \times 100\% = 33.97\% \approx 34\%$$

(6) 计算产量安全度：

$$\text{产量安全度} = (Q_r - Q_b)/Q_r \times 100\% = (18-3.73) \div 18 \times 100\%$$
$$= (1 - BEP_r) = 1 - 21\% = 79\%$$

计算结果说明，涤纶纤维产量达到 3.73 万 t，生产能力利用率达到设计年产量的 21%，销售收入为 2.61 亿元，每吨售价为 4622 元时，企业即可保本，不会产生亏损，又因价格安全度为 34%、产量安全度为 79%，因此，该项目具有较大的承担风险的能力。

4. 线性盈亏平衡分析的局限性

虽然，在常规资源投入条件下，运用线性盈亏平衡分析方法有助于考察和检验各种变量因素（如价格、固定与可变成本）的变化对项目收支平衡的影响，但由于在计算盈亏平衡点时所假设的理想条件，要求项目在整个生产期内的产品组合是单一的或相似的，或是符合产品组合的规定；并要求在正常生产年份内生产成本与销售价格不变，收入必须成为销售量的线性函数；生产量等于销售量等绝对条件的约束和限制。在实际运用时，大多数情况下，这些约束条件不可能同时得到全部的满足，这样就给盈亏平衡分析带来了某些不确定性。故此分析方法只能作为对项目进行分析评价与检验的辅助手段，不过是一种满足了某些绝对（或特定）条件后的不确定性分析。

三、非线性盈亏平衡分析的计算和应用

1. 非线性盈亏平衡分析简介

企业或项目在实际的生产经营和销售过程中，在常规资源投入条件下，生产成本和销售价格不可能在生产期内一成不变，往往会随着生产条件和市场的变化发生上下波动。因

此，产品总成本与产量、销售收入与产量之间不可能总是保持线性的函数关系，而更多的可能性是非线性的函数关系。为此，就需要进行有关非线性的盈亏平衡分析来寻找生产成本、产品价格、产量和利润之间的相互对应关系（联系），以利于提高项目投资的盈利能力，降低投资的风险。

所谓非线性盈亏平衡分析，实际上仍然是关于产量（量）和生产成本（本）盈利（利）之间的相互对应关系（联系）的分析。

在常规资源投入条件下，出现产品的生产成本和销售收入与产量之间不能保持线性关系的情况，分析起来其主要原因有以下几个方面。

（1）当生产规模扩大到一定限度时，正常价格的原料、燃料、动力就不能保证供应，企业不得不付出较高的代价去购买计划外的较贵原材料和动力，从而会增加变动成本。

（2）扩大生产能力（产量）后，通常不能以正常的（原有的）生产班次来完成生产任务，而需要加班加点，支付工人的加班费等，这会加大工资等劳务费用，由此产生固定成本的增加，或是由于扩大生产引起的拥挤或堵塞而导致生产效率的下降等。

（3）要扩大生产能力，通常就要添置新的设备或对设备进行更新，或因设备超负荷运行而加快磨损，缩短生命周期，从而增加了折旧和维修费用，也造成固定成本的上升。

（4）还可能因为项目达到经济规模后会导致产量增加，而使得单位产品的生产成本会有所下降。

（5）因为批量采购带来的资金节约或机械化和自动化生产能力的充分发挥所产生的单位产品成本的下降等。

（6）在产品的销售税率不变的条件下，由于市场需求关系或批量销售折扣等因素的变化，也会使销售净收入与产量不成线性关系。

2. 非线性盈亏平衡分析的计算

（1）非线性的成本函数与销售收入函数均可用一元二次曲线表示，其表达式通常如式（5-21）、（5-22）。

成本函数：
$$C=a+bx+cx^2 \tag{5-21}$$

式中，a、b、c 为常数；x 为产量。

销售收入函数：
$$S=dx+ex^2 \tag{5-22}$$

式中，d、e 为常数；x 为产量。

（2）求盈亏平衡点，如式（5-23）。
$$R=S-C=0 \tag{5-23}$$

式中，R 为利润；C 为成本；S 为收入。

$$a+bx+cx^2=dx+ex^2 \tag{5-24}$$
$$a+(b-d)x+(c-e)x^2=0 \tag{5-25}$$
$$X=\frac{-B\pm\sqrt{B^2-4AC}}{2A} \tag{5-26}$$

利用对二次方程式求根的公式，对式（5-24）~式（5-26）求解可求得式（5-27）：

$$x_{1,2}=\frac{-(b-d)\pm\sqrt{(b-d)^2-4(c-e)a}}{2(c-e)}=\frac{-(b-d)}{2(c-e)}\pm\frac{\sqrt{(b-d)^2-4a(c-e)}}{2(c-e)} \tag{5-27}$$

从而可知，生产总成本曲线与销售收入曲线有两个交点，即盈亏平衡点的最低产量 x_1 点（也叫开门点 B_1）和最高产量 x_2 点（也叫关门点 B_2）（见图 5-2）。

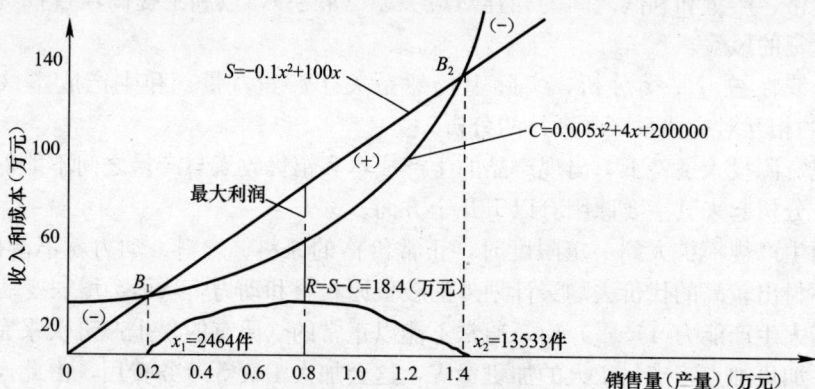

图 5-2　非线性盈亏平衡图

（3）求利润最大的产量。在最大利润点上，利润变化率（边际利润或利润曲线斜率）为零，因此要对利润方程求导，使导数等于零，才可求得产量 x。

$$\frac{\mathrm{d}R}{\mathrm{d}x}=\frac{\mathrm{d}(S-C)}{\mathrm{d}x}=\frac{\mathrm{d}\left[(c-e)x^2+(b-d)x+a\right]}{\mathrm{d}x}=0 \tag{5-28}$$

$$2(c-e)x+(b-d)=0 \;\Rightarrow\; x=\frac{-(b-d)}{2(c-e)} \tag{5-29}$$

3. 非线性盈亏平衡分析应用举例

【例 5-2】　假设某家从事新制造业的工厂年生产量为 12000 件，单位产品的销售价格 $p=(100-0.1x)$ 元/件，固定成本为 20 万元，单位产品的变动成本 $v=(0.005x+4)$ 元/件。试求该工厂的盈亏平衡点和最大利润时的产量。

【解】　（1）列出生产总成本函数和销售收入函数方程式。

① 生产总成本的函数方程式：

$$C=f+vx=200000+(0.005x+4)x=0.005x^2+4x+200000$$

② 销售收入的函数方程式：

$$S=px=(100-0.1x)x=-0.1x^2+100x$$

（2）求盈亏平衡点（见图 4-2）。

$$R=S-C=-0.1x^2+100x-(0.005x^2+4x+200000)=-0.006x^2+96x-200000=0$$

$$x_{1,2}=\frac{96\pm\sqrt{96^2-4\times0.006\times200000}}{2\times0.006}=\frac{96\pm66.4}{0.012}$$

即：盈亏平衡点最低时（也称之为开门点）的产量为 $x_1=2467$ 件；而盈亏平衡点最高时（也称之为关门点）的产量为 $x_2=13533$ 件。

（3）计算利润最大的产量。

$$\mathrm{d}R/\mathrm{d}x=\mathrm{d}(S-C)/\mathrm{d}x=\mathrm{d}(-0.006x^2+96x-200000)/\mathrm{d}x=-0.012x+96=0$$

$$x=96\div0.012=8000（件）$$

代入公式 $R=S-C$ 求得：

$$-0.006\times8000^2+96\times8000-200000=-384000+768000-200000=184000（元）$$

200

由此可知，该项目（工厂）的生产产量达到 8000 件时，其利润最多为 184000 元。

四、关于盈亏平衡分析的作用及其评价

由于盈亏平衡分析是对建设项目在常规资源投入条件下进行不确定性分析的第一步，其计算便捷，又可直接对项目最关键的能否盈利问题做出初步的分析和判断，所以在通常情况下是运用较广的一种方法。

此外，通过盈亏平衡分析还可粗略地对项目的一些主要变量因素（如销售价格、生产成本、销售量和销售收入）与利润之间的关系进行分析计算。预先估计出项目对市场需求变化的适应能力，这有助于了解项目可承受的风险程度。实际工作中，经常通过盈亏平衡分析来确定项目的合理经济规模和对项目工艺技术方案进行投资抉择。但要注意的是，应尽量选择盈亏平衡点低的投资方案，以确保项目的盈利能力和提高项目经营管理水平。

至于对盈亏平衡分析的评价，通常主要是通过对项目投产后正常生产年份的盈亏平衡点（BFP）进行测算，来衡量项目适应生产或销售情况变化的能力，考察项目的风险承受能力，其重点是评价盈亏平衡的计算内容、方法和结果的正确性。

第三节　项目的敏感性分析

【本节提要】敏感性分析是研究和分析投入项目的常规资源因素围绕盈亏平衡（BEP）点在投资、成本、价格、产量与工期等主要变量发生变化时，导致对分析评价项目经济效益主要指标发生变动所产生影响的敏感程度，用来判断相对于某个项目的指标在其外部条件发生不利变化时的承受能力。敏感性分析侧重于对最敏感的关键因素（不利因素）及其敏感程度进行单因素和多因素两种主要情况下敏感性的分析检查，其中通常以单因素分析为主。本节系统详细地介绍了对单因素和多因素敏感性分析的基本步骤方法与应用。

一、敏感性分析概述

在对常规资源投入的项目进行前期经济性的评价和分析中，经常需要计算的一些指标，因其影响因素很多，如前面章节中讲到的评价分析指标 NPV（净现值）的计算就受到诸如投资、价格、产量、经营费用、生命周期和折现率等因素的影响，而这些因素又因为具有某些不确定性，故在对项目进行经济性分析评价时，有必要分析和研究各种因素的变化对指标的影响，以便减少项目的风险性。

敏感性分析是投资建设项目进行经济性分析与评价过程中应用十分广泛的一种技术。作为分析项目因素变化对项目经济效益影响程度的方法，敏感性分析通过考察项目涉及的各种不确定因素对项目基本方案经济性分析评价指标的影响，找出敏感因素，分析并测定各个因素的变化对指标的影响程度，即研究和分析项目的投资、成本、价格、产量和工期等主要变量发生变化时，导致对所要分析评价项目经济效益的主要指标发生变动的敏感程度，借以粗略预测项目可能承担的风险，判断相对于某个项目的指标在其外部条件发生不利变化时的承受能力，为进一步的风险分析打下基础。敏感性分析在项目经济性分析与评价中又称为敏感性评价或敏感性评估。

所谓敏感性，通常是指由于特定因素变动而引起的项目分析评价指标的变动幅度或极限变化程度的情况。敏感性分析着重于对最敏感的关键因素（不利因素）及其敏感程度进行的分析检查。由于项目经济性分析评价指标通常主要是项目内部收益率、净现值、投资收益率、投资回收期或偿还期等，通过敏感性分析可在诸多不确定因素中找出对经济效益指标反应敏感的因素，并确定其影响程度，计算出这些因素在一定范围内变化时，有关效益指标变动的数量，从而建立主要变量因素与经济效益指标之间的对应定量关系（变化率）。同时，可预测项目经济效益情况变化的最乐观和最悲观的临界条件或临界数值，求出各因素变化的允许幅度（极限值），计算出临界点，分析评价其是否在可接受的范围之内。若一种或几种特定因素在相当大的范围内变化，但不对投资决策产生很大影响，那么可以说拟议中的（投资）项目对该种（或几种）特定因素是不敏感的；反之，若有关因素稍有变化就使投资决策发生很大变异，则该项目对那个（或那些）因素就有高度的敏感性。敏感性强的因素的不确定性将给该项目带来更大的风险。故在了解给定常规资源投资情况下投资项目的一些最不确定的因素，并知道这些因素对该投资项目的影响程度后，就能在更合理的基础上做出投资项目的经济决策。

一般而言，敏感性分析包括单因素敏感性分析和多因素敏感性分析两种。单因素敏感性分析是指每次只改变一个因素的数值来进行分析，估算单个因素的变化对项目效益产生的影响；多因素分析则是同时改变两个或两个以上因素进行分析，估算多因素同时发生变化对项目效益产生的影响。为找出关键的敏感性因素，通常多需要进行单因素敏感性分析。仅在必要时才分析两个或多个不确定因素的变化，看其对项目经济效益指标的影响程度，做所谓多因素的敏感性分析。

二、单因素敏感性分析的方法和基本步骤

在实践中，根据项目特点结合经验判断，在常规资源投入条件下，通常选择对项目效益影响较大且重要的不确定因素进行分析。在单因素敏感性分析中，每次只设定一个因素变化，而考虑其他因素保持不变，这样每次就可以分析出这个因素的变化对指标的影响大小。经验表明，一般主要须对产出物价格、建设投资、主要投入物价格或可变成本、生产负荷、建设工期及汇率等不确定因素进行敏感性分析。建设项目经济性分析与评价有一整套指标体系，敏感性分析可选定其中一个或几个主要指标进行分析，最基本的分析指标是内部收益率，根据项目的实际情况也可选择净现值或投资回收期作为分析评价指标，必要时可同时针对两个或两个以上的指标进行敏感性分析。

至于项目对某种因素的敏感程度，通常可表示为该因素按一定比例变化（敏感性分析中一般选择的不确定因素基于确定性条件发生变化的百分率为±5%、±10%、±15%、±20%等；对不便用百分数表示的那些因素，如建设工期等，可用延长一段时间来表示，如延长一年）时所引起的分析评价指标的变动幅度（一般测算出来的有关指标的变化情况汇总后用列表方式表示）；也可表示为分析评价指标达到临界点（如财务内部收益率等于财务基准收益率，或经济内部收益率等于社会折现率）时，某个因素允许变化的最大幅度，即极限值。若超过此极限，通常就认为该项目不可行。而此极限值则可通过绘制敏感性分析图或运用数学方法求得。必要时，还要对若干个最为敏感的因素重新进行预测和估算，并做出项目投资风险的估计。

单因素敏感性分析的基本流程和方法，传统上习惯按以下几个步骤进行操作。

（1）确定敏感性分析研究的对象，针对不同项目的特点和要求、不同的研究阶段和实际需要情况，选择最能反映项目经济效益的综合性评价指标（如投资利润率、投资回收期、内部收益率、净现值等），作为具体分析对象。

（2）选用分析和对比的不确定因素。根据建设项目特点选用对经济效益指标有重大影响的主要变量因素。这些供选择用的、可能发生变化的共同的主要因素一般是产品产量、产品价格、主要原材料价格、外汇牌价、生产总成本费用、可变成本、固定成本、固定资产投资及建设工期等。

（3）计算各变量因素对经济效益指标的影响程度，寻找和分析敏感因素。即按预先指定的变化幅度（±5％、±10％、±20％等），先改变某一个变量因素，而保持其他各因素暂不变，计算该因素的变化对经济效益指标（如收益率或还本期等）的影响数值，并与原方案的指标对比，得出该指标变化的差额幅度（变化率）；然后再选另一个变量因素，同样进行效益指标的变化率计算，必要时可改变多个变量。这样，将不同变量计算出针对同一效益指标的不同变化率，再进行比较，即可选择其中变化率最大的变量因素为该项目的敏感因素，变化率小的为不敏感因素。为此，可按式（5-30）计算变化率：

$$变化率(\beta) = \left| \frac{\Delta y_j}{\Delta x_i} \right| = \left| \frac{效果指标变化幅度}{变量因素变化幅度} \right| = \frac{y_{ji} - y_{j0}}{\Delta x_i} \tag{5-30}$$

式中，y_{j0} 为第 j 个指标原方案的指标值；y_{ji} 为第 j 个指标由于变量因素 x_i 变化后所得的效益指标值。

（4）绘制敏感性分析图求出变量变化极限值。用图表示各变量因素的变化规律，可更直观地反映出各个变量因素的变化对经济效益指标的影响，且可求出内部收益率等经济效果指标达到临界点（指财务内部收益率等于财务基准收益率或经济内部收益率等于社会折现率）时，各种变量因素允许变化的最大幅度（极限期）。

绘制敏感性分析图（见图 5-3）的具体方法：用纵坐标表示项目投资内部收益率（或投资回收期等）；用横坐标表示几种不确定变量因素的变化幅度（％），图中按照敏感性分析计算的结果画出各种变量因素的变化曲线，选其中与横坐标相交的角度即斜率最大的曲线为敏感性因素变化曲线。同时，在图上还应标出财务基准收益率或社会折现率。从某种

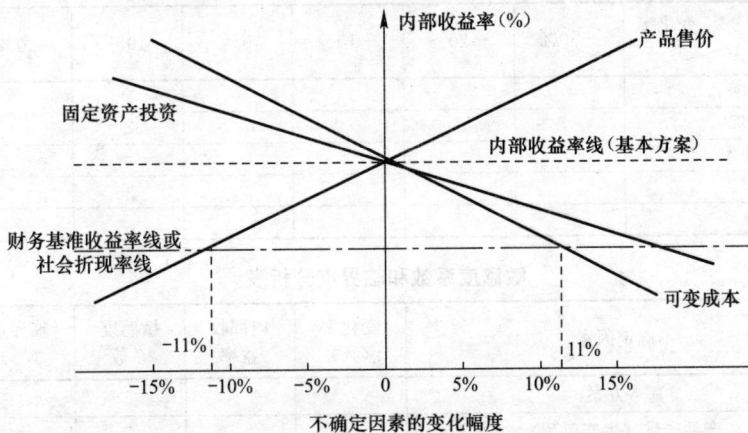

图 5-3　敏感性分析图

因素对全部投资内部收益率的影响曲线与基准收益率或社会折现率线的交点（临界点），可以得知该种变量因素允许变化的最大幅度，即该变量盈亏界限的极限变化值。变化幅度超过这个极限值，项目就不可行。如果发生这种极限变化的可能性很大，则表明项目承担的风险很大。故此极限值对决策十分重要。

确定变量因素盈亏界限的极限变化值（临界值）的方法，可用式（5-31）说明：

$$V(X_k') = V_0 \tag{5-31}$$

式中，V_0 为评价指标 V 的基准值。

如分析评价指标为 NPV 时，则 $V_0 = 0$；当分析评价指标为内部收益率（IRR）时，则 V_0 取基准收益率 i 值，等等。而 X_k' 称为变量因素相对变化 X_k 的盈亏界限的极限变化值（临界值）。

式（5-31）说明，当分析评价指标与其分析评价基准值相等时，对应的变量因素变化幅度允许的极限值，即为变量因素盈亏界限的极限变化值（临界值）。

根据变量因素的变化率（β）和盈亏界限的极限值（X_k'）就可以对投资项目做出风险估计。此估计算式为式（5-32）：

$$R = \frac{|\beta|}{|X_k'|} = \frac{|变化率|}{|盈亏界限的极限值(临界值)|} \tag{5-32}$$

这表明，变量因素变化给评价指标带来的风险取决于评价指标对变量因素变化的敏感性（变化率大小）和变量的盈亏极限临界值。并由式（5-32）可见，项目的风险性与变量因素的敏感性成正比，即变化率（β）大的敏感因素对项目风险影响大，而与变量因素盈亏界限的临界值成反比，即临界值越小的项目其风险性越高。

当然，也可以按《建设项目经济评价方法与参数》（第 3 版）给出的在项目决策中使用敏感度系数和临界点的更新方法（两种方法的基本原理一致）。该方法在时间中比较常用，即先将敏感性分析的结果进行汇总，再编制敏感性分析表（见表 5-1）和敏感度系数与临界点分析表（见表 5-2）；绘制敏感性分析图（见图 5-3）；并对分析结果做出文字说明，将不确定因素变化后计算的经济性分析评价指标与基本方案分析评价指标进行对比分析后，结合敏感度系数及临界点的计算结果，按不确定性因素的敏感程度进行排序，找出最敏感的因素，分析敏感因素可能造成的风险，并提出应对措施。

敏感性分析表　　　　　　　　　　　　　　　　　　　　　　表 5-1

变化因素＼变化率	−30%	−20%	−10%	0%	10%	20%	30%
基准折现率 i_c							
建设投资							
原材料成本							
汇率							
……							

敏感度系数和临界点分析表　　　　　　　　　　　　　　　表 5-2

序号	不确定因素	变化率（%）	内部收益率	敏感度系数	临界点（%）	临界值
	基本方案					
1	产品产量（生产负荷）					
2	产品价格					

204

序号	不确定因素	变化率（%）	内部收益率	敏感度系数	临界点（%）	临界值
3	主要原材料价格					
4	建设投资					
5	汇率					
……						

当不确定因素的敏感度很高时，应进一步通过风险分析，判断其发生的可能性及对项目的影响程度。这里，所谓的敏感度系数，是指项目分析评价指标变化的百分率与不确定因素变化的百分率之比。敏感度系数高，表示项目效益对该不确定因素敏感程度高。其计算公式为式（5-33）：

$$S_{AF} = (\Delta A/A)/(\Delta F/F) \tag{5-33}$$

式（5-33）中，S_{AF} 为评价指标 A 对于不确定因素 F 的敏感系数；$\Delta F/F$ 为不确定因素 F 的变化率；$\Delta A/A$ 为不确定因素 F 发生 ΔF 变化率时，评价指标 A 的相应变化率。

$S_{AF} > 0$ 表示评价指标与不确定因素同方向变化；$S_{AF} < 0$ 表示评价指标与不确定因素反方向变化。$|S_{AF}|$ 较大者敏感度系数高。而临界点（转换值）是指不确定性因素的变化使项目由可行变为不可行的临界数值，可采用不确定性因素相对基本方案的变化率或其对应的具体数值表示。当该不确定因素为费用科目时，即为其增加的百分率；当其为效益科目时为降低的百分率。临界点也可用该百分率对应的具体数值表示。当不确定因素的变化超过了临界点所表示的不确定因素的极限变化时，项目将由可行变为不可行。

临界点的高低与计算临界点的指标的初始值有关。若选取基准收益率为计算临界点的指标，对同一项目，随着设定基准收益率的提高，临界点就会变低（临界点表示的不确定因素的极限变化变小）；而在一定的基准收益率下，临界点越低，说明该因素对项目经济性分析评价指标的影响越大，项目对该因素就越敏感。临界点计算一般用试插法，有条件的也可用计算机软件的函数或图解法求得。由于项目分析评价指标的变化与不确定因素变化间存在非线性关系，当通过敏感性分析图求得临界点的近似值时，有时会有一定误差。

总之，通过上述两法均可对常规资源投入条件下项目的分析评价指标做单因素敏感性分析，使决策者掌握各个因素对指标影响的程度，方便其在对相关因素发生变化时基于预测、判断条件下能就项目的经济效果做出进一步的判断，或在项目实施过程中对敏感性因素加以控制，达到减少项目风险的目的。

三、单因素敏感性分析实例

1. 应用敏感性分析选择敏感因素

【例 5-3】 某炼铁厂的建设规模假设为年产生铁 10 万 t，预测生铁平均售价为 550 元/t，估算不含折旧的单位产品生产成本为 350 元/t（其中固定费用约占 30%），基建投资估算为 6000 万元，流动资产为销售收入的 25%。建设期为 2 年，生命周期为 5 年，投产后上交销售税为年税率 8%。试进行该项目的敏感性分析。

【解】 （1）确定分析对象和选择变量因素。由于是在项目可行性分析与评价的规划阶段进行敏感性分析，故采用静态投资收益率指标进行评价分析，分析的主要变量因素选择价格、投资、成本和产量四个因素。

（2）根据假设条件计算各项基本指标数值。

$$年销售收入＝单价×产量＝550×10＝5500 万元$$
$$年税金＝年销售收入×8\%＝5500×8\%＝440 万元$$
$$流动资金＝销售收入×25\%＝5500×25\%＝1375 万元$$
$$年总成本费用＝10×350＝3500 万元$$

净利润＝年销售收入－年总成本费用－年税金＝5500－3500－440＝1560 万元

按上述基本数据计算出规划方案的投资收益率。

投资收益率＝（年销售收入－年总成本费用－年税金）×100%／（基建投资＋流动资金）
$$＝（5500－35000－4000）×100\%÷（6000＋1375）＝21.15\%$$

（3）列表计算各变量因素的变化率。对产品价格、产量、投资与成本四个变量因素，考虑按照±10%、±20%的变动幅度，分别计算出投资收益率的变化率（见表5-3）。

从表5-3中可见，当产品价格变动±10%时，投资收益率的平均波动（变化率）为－0.67%～＋0.64%；当产量变动±10%时，投资收益率的平均波动为－0.33%～＋0.31%；当投资变动±10%时，投资收益率的平均波动为－0.16%～＋0.20%；当成本变动±10%时，投资收益率的平均波动为－0.47%～＋0.48%。由此得出，产品价格的变化率波动幅度最大，为最敏感因素；其次是成本和产量；而投资的变化影响最小，为不敏感因素。

（4）根据表5-3中所列示的数据，绘制敏感性分析曲线（见图5-4）。图示表明，产品价格（P）和产量（Q）的提高可使项目投资收益率上升，这两条曲线是处于坐标的第Ⅰ、Ⅲ象限，因而与投资收益率成正比关系；而投资（K）与成本（C）的增加就会导致项目投资收益率的下降，这两条曲线处于坐标的第Ⅱ、Ⅳ象限，它们与投资收益率成反比关系。由于产品价格的变动对投资收益率指标的影响最大，其敏感曲线与横轴的夹角即斜率最大，故为最敏感因素；而投资变动的影响最小。此结论与表5-3中计算结果的分析一致。

（5）对分析评价指标达到临界点的情况进行极限分析。假设该项目的财务基准收益率为12%，则由图5-4可见，当项目投资收益率达到财务基准收益率12%时，允许变量因素变化的最大幅度（极限变化）是：产品价格的下降不超过13%，生产成本的增加不超过19%。如果这两项变量变化幅度超过了上述极限，项目就不可接受；如果发生这种情况的可能性很大，说明项目投资的风险很大。

2. 应用敏感性分析进行多方案的比较和选择

在投资决策对多方案（超过两个或两个以上方案）进行比较时，通常采用项目内部收益率作为敏感性分析对象，并通过计算主要变量（如投资、成本、售价和投产期等）的变化对内部收益率指标的影响，选择敏感因素变化幅度（变化率）小的方案为最佳方案，因其投资风险小。因此，只有内部投资收益率大，又能经得起风险变化和敏感度小的项目，才是最可靠的投资方案。

【例5-4】 设有两个投资方案：方案一的内部收益率为23.6%，方案二的内部收益率为26.7%。若考虑总投资、固定成本、可变成本、原材料价格都比原方案增加10%，而产品单位售价、年销售量都比原方案降低10%，又推迟一年投产。试用敏感性分析方法选择最优方案。

表 5-3

项目不确定性因素对静态投资收益的影响　单位：万元

序号	项目	规划方案	价格因素变动				投资因素变动				成本因素变动				产量因素变动			
			−20%	−10%	+10%	+20%	−20%	−10%	+10%	+20%	−20%	−10%	+10%	+20%	−20%	−10%	+10%	+20%
1	年销售收入	5500	4400	4950	6050	6600	5500	5500	5500	5500	5500	5500	5500	5500	4400	4950	6050	6600
2	年总经营费	3500	3500	3500	3500	3500	3500	3500	3500	3500	2800	3150	3850	4200	3010	3255	3745	3990
3	年税金	440	352	396	484	528	440	440	440	440	440	440	440	440	352	396	484	528
	净利	1560	548	1054	2066	2572	1560	1560	1560	1560	2260	1910	1210	860	1038	1299	1821	2082
4	基建投资	6000	6000	6000	6000	6000	4800	5400	6600	7200	6000	6000	6000	6000	6000	6000	6000	6000
	流动资金	1375	1100	1238	1513	1650	1375	1375	1375	1375	1375	1375	1375	1375	1100	1238	1513	1650
5	全部投资	7375	7100	7238	7513	7650	6175	6775	7975	8575	7375	7375	7375	7375	7100	7238	7513	7650
6	投资收益率（%）	21.15	7.72	14.56	27.50	33.62	25.26	23.03	19.56	18.19	30.64	25.90	16.41	11.66	14.62	17.95	24.24	27.22
7	变量因素变动1%对投资收益率的变化幅度（变化率,%）		−0.67	−0.66	+0.64	+0.62	+0.20	+0.19	−0.16	−0.15	+0.47	+0.48	−0.47	−0.47	−0.33	−0.32	+0.31	+0.30

注：年经营费中，固定费用占30%产量降低10%的总成本＝10×350×0.7×0.9＋10×350×0.3＝2205＋1050＝3255（万元）
产量降低20%的总成本＝10×350×0.7×0.8＋10×350×0.3＝1960＋1050＝3010（万元）
产量增加10%的总成本＝10×350×0.7×1.1＋10×350×0.3＝2695＋1050＝3745（万元）

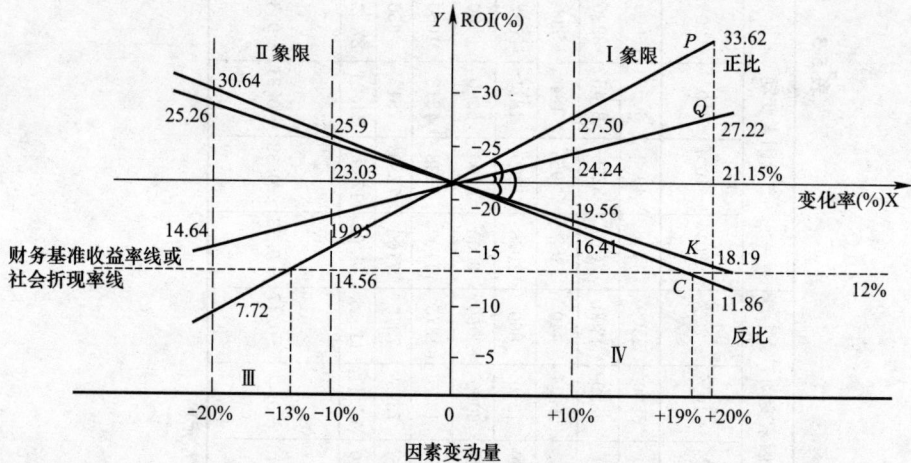

图 5-4　炼铁厂项目敏感性分析曲线图

【解】 经过敏感性分析计算，将具体的风险程度反映于表 5-4 中。

由表 5-4 中数据可见：在第一方案中最敏感因素为单位售价、可变成本和原材料价格；而第二方案的敏感因素为投产期、单位售价和年销售量。总的来看，第一方案敏感因素的变化幅度（变化率）要比第二方案大得多，如售价的变化率第一方案是第二方案的三倍多。因此，第一方案投资的风险程度较大；而且第二方案原方案的内部投资收益率又大于第一方案的内部投资收益率（26.7%＞23.6%）。因而第二方案是收益高、风险小的最优方案。

不同方案的敏感度比较　　　　　　　　　　　　　　　　　表 5-4

序号	主要变量因素	变动情况	第一方案		第二方案	
			内部收益率（%）	变化率（%）	内部收益率（%）	变化率（%）
1	原方案	0	23.6	0	26.7	0
2	总投资	+10%	21.6	−0.2	24.5	−0.22
3	原材料价格	+10%	12.4	−1.12 *	25.8	−0.09
4	可变成本	+10%	11.4	−1.22 *	25.2	−0.015
5	固定成本	−10%	22.1	−0.15	25.7	−0.10
6	单位售价	−10%	6.4	−1.72 *	22.2	−0.45 *
7	年销售量	−10%	19.8	−0.38	23.2	−0.34 *
8	投产	推迟一年	16.2	−0.74	19.5	−0.72 *

注：表中标有 * 号的数字表示该值在±10%范围内的变化率。

四、多因素敏感性分析与双因素（敏感面）分析

在常规资源投入条件下，项目的多因素敏感性分析是指考察两个或多个不确定因素同时变化，看其对项目经济效益指标的影响程度，通过分析可以判断项目对不确定性因素的承受能力，从而对项目风险的大小进行分析评价，为投资决策提供依据。

常用的多因素敏感性分析主要有双因素（如敏感面）分析和三因素（敏感体）分析等，例如（双因素）敏感面分析和乐观-悲观分析等。

1. 双因素（敏感面）分析原理

单因素敏感性分析只能分析在单个不确定因素发生变化而其他因素不变的条件下，对项目

经济效果分析评价指标产生的影响程度，而不能对多个不确定因素同时发生变化所引起的影响程度进行综合分析。作为多因素敏感性分析中的一种，双因素敏感性分析是研究两个敏感因素同时发生变化时对项目在常规资源投入条件下分析评价指标的影响程度。通常，对多因素敏感性因素进行分析时，假定的前提条件是要求同时变动的两个或多个变量因素是相互独立的。因此，在分析两个因素同时变化时的敏感性就可以得到一个敏感面，故也称之为敏感面分析。

分析过程：把敏感性曲线的分布与等量曲线合列在同一张图中，根据方案的几个参数可把敏感面所构成的分析图划分成两个区域：可接受（可行）区域和否决（不可行）区域。我们可选择两个或三个关键参数进行敏感性研究。如果是选两个参数，就要列出一个方程式（计算公式），以便确定该方案的现值或年值。其中一个参数用图上的 X 轴表示，另一个参数则用 Y 轴表示。列出公式的目的在于导出一个表示使现值或年值为零时参数 X 与 Y 的对应关系的表达式，并用一条敏感性曲线在敏感性曲线图上反映出来，在曲线的一侧的百分比变化（与原数值相比）使方案的现值（或等值）为正值，而曲线的另一侧的百分比变化能使方案的现值（或等值）为负值，以此曲线划分出方案可行的界限。

2. 双因素敏感面分析举例

【例 5-5】 某工程项目的总投资假设为 1 亿元，固定资产残值为 2000 万元，年销售收入为 5000 万元，年经营成本为 2000 万元，项目生命周期为 5 年，部门基准收益率为 8%。试进行关于投资和年收入两个因素变动时的敏感面分析。

【解】 在此，将分析的对象选用投资收益率，并研究当投资与年收入两个因素同时变化时对投资收益率的影响如何。即观察若使投资收益率不低于 8% 时该两个因素又如何变化的情况。

设 x 为初始投资变化的百分比，y 为年收入变化的百分比，则按 8% 投资净效益的等值年金（A）可由下式算得：

$$A(8\%) = -10000(1+x)(A/P, 8\%, 5) + 5000(1+y) - 2000 + 2000(A/F, 8\%, 5)$$
$$= 636.32 - 2504.6x + 5000y$$

为使项目投资能获得应有的盈利（≥8%），则要求年金 A（8%）≥0。

由此可得：$y \geqslant -0.127264 + 0.50029x$。

若令 $y = -0.127264 + 0.50029x$，则可据此表达式在坐标图上画出一条直线，该直线把分析用的敏感图画划分成上、下两部分（见图 5-5）。在直线上方 $A(8\%) > 0$ 的一侧是可接受区域；而在直线下方 $A(8\%) < 0$ 的一侧就是否决区域。也就是说，若投资方案位于直线上方的部位，则说明该项目可以获得 8% 以上的投资收益率，项目可行；若投资方案位于直线下方的部位，则项目就得不到 8% 的基准收益率，项目就不可行。此例中，还反映出初始投资与年收入这两个变量因素同等变化时所允许发生的范围。

五、对敏感性分析局限性的探讨

敏感性分析是项目投资决策中在常规资源投入条件下从多方案选择最优方案，以及评审项目进行取舍时不可或缺的决策步骤。但是，由于敏感性分析只能指出项目分析评价指标对各种不确定因素的敏感程度，以及促使项目可行所能允许的不确定因素变化的极限值及其范围，并据此来预测项目可能承担的投资风险的程度，而不能表明不确定因素的变化对分析评价指标的这种影响所发生的可能性的大小，以及在这种可能性下对分析评价指标

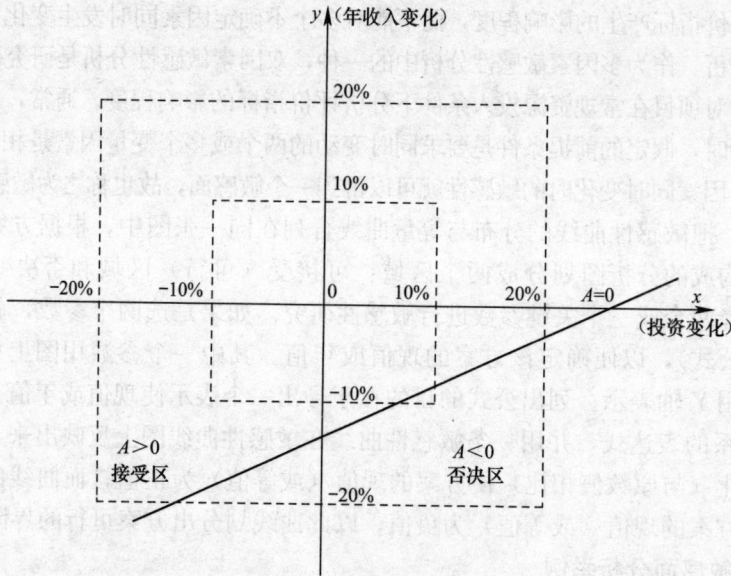

图 5-5　双因素敏感面分析

的影响数值。因此，敏感性分析仍属于定性分析的范畴，而不确定因素和风险的定量分析尚有赖于进一步的概率分析方法才能加以解决。

第四节　项目的概率分析与风险分析

【本节提要】概率分析是运用概率来研究和预测常规资源投入条件下项目不确定因素和风险因素对其经济性分析评价指标所产生的影响程度的定量分析方法。该分析的目的是确定影响项目经济效益的关键变量和可能的变动范围及其在此范围内的概率；计算概率的期望值，并得出定量分析的结论。常用期望值和决策树两种分析方法。项目的风险分析与评价是就项目发生不利事件的可能性，用以概率统计为主的分析方法，按照识别、估计、评价和应对风险以提供决策依据的基本思路，对相关影响因素所进行的一整套系统的研究。本节就相关内容做了较全面、系统的介绍。

一、概率分析概述

1. 概率分析的基本概念

概率是度量某一事件发生的可能性大小的量，它是随机事件的函数。对必然发生的事件，其概率为 1，不可能发生的事件，其概率为零，一般随机事件的概率为 0～1。

所谓概率分析，是指运用概率来研究和预测（进行度量）不确定因素和风险因素对常规资源投入条件下项目经济性分析与评价指标所产生的影响程度的一种定量分析方法。通常对于大型的重要骨干项目，在分析评价其经济效益时，可根据项目特点和实际需要，在有条件的情况下进行概率分析。概率分析评价的重点是统计数据和经验推断的可靠性，以及计算方法的正确性。

概率分析的目的一般是要确定影响项目经济效益的关键变量及其可能的变动范围，并确定关键变量在此范围内的概率；然后进行概率期望值的计算，以得出定量分析的结果。

概率分析方法通常采用期望值法、决策树法和效用函数与模拟分析法等。由于这些方法在常规资源投入条件下的项目分析评价中应用不普遍，在客观上也缺少必要的统计资料数据（如概率值），因此在此仅简要介绍一下其中最常用的期望值和决策树的分析方法。

期望值分析法一般计算项目净现值的期望值及净现值大于或等于零时的累计概率；同时也可以通过蒙特卡洛（Monte-Carlo）模拟法来测算项目分析评价指标（如内部收益率）的概率分布，为项目决策提供依据。

由于任何一个不确定因素的某种特定情况出现的概率（或可能性）都是独立于人们主观意志之外的客观现象，它的出现或不出现和如何出现都与它们自身规律和客观环境密切相关，不以人的意志为转移，具有随机性，因此这种概率通常称为"客观概率"。对于这种客观概率，虽然可能从历史资料中做出估计，但是由于建设项目从建设到生产使用的整个生命周期中，各种不确定因素有很多，有经济性质的或政策性质的，有自然变化的或人为变化的，有国内影响的或国外影响的，对于这些复杂的不确定因素，都要求客观判断其概率，而且还要考虑各种因素出现的概率与概率之间的相互影响和作用，这种计算工作几乎是不可能的。出于这样的原因，在常规资源投入条件下的项目分析与评价工作中通常都不应用客观概率，而是采用有丰富经验的分析评价人员根据各种经济、技术、政策等资料来估计的概率。这种估计出来的概率就是"主观概率"。

项目分析评价中的概率是指各种基本变量（如投资、成本、收益等不同参数）出现的频率或几率。在概率分析中，主要是应用主观先验概率，即在事件发生前，按照过去发生的经验数据进行以人为的预测和估计为基础的概率，它带有一定的主观随意性。此概率分析结果的可靠性，在很大程度上取决于对每个变量概率值判断的正确性。因此，在选择和判断项目分析评价中的经济效益指标数据时，如何正确选取其中有代表性的数值，就要根据各种数据可能出现的频率（先验概率），运用加权平均方法求取平均值，也就是计算期望值。一般的概率分析方法有如图5-6所示的几种，本节只重点介绍其中最常用的决策树法。

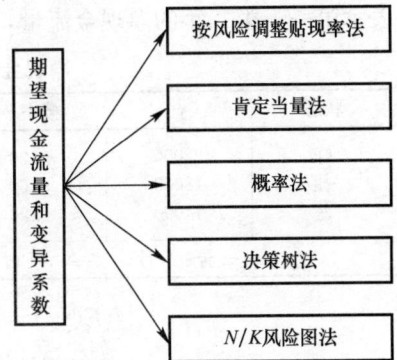

图5-6 一般的概率分析方法

2. 计算期望值的一般公式与分析步骤

由于概率分析的关键是计算概率发生的期望值的大小，故了解和掌握计算期望值的一般公式与分析步骤就显得十分必要。其计算的基本思路和方法如下。

（1）确定一个或两个不确定因素或风险因素（如投资、收益）。

（2）估算每个不确定因素可能出现的概率。这种估算需借助历史统计资料和分析评价人员的丰富经验，以先验概率（先前各类数据出现可能性的大小）为依据进行估计和推算。

（3）计算变量的期望值。按公式（5-34）计算：

$$E(x) = \sum_{i=1}^{n} x_i p_i = x_1 p_1 + x_2 p_2 + \cdots + x_n p_n \tag{5-34}$$

$$\frac{x_i \mid x_1, \ x_2, \ \cdots, \ x_n}{p_i \mid p_1, \ p_2, \ \cdots, \ p_n} \tag{5-35}$$

式中，$E(x)$ 为变量 x 的期望值；$p_i = P(x_i)$ 为对应所出现变量 x_i 的概率值；x_i 为随机变量的各种取值。

由式（5-35）可见，期望值实际上就是各种变量取值以其概率加权平均得到的。

（4）计算方差和均方差。

方差用来衡量变量 x 的各值 x_i 与期望值的平均偏离程度。

$$方差\ \sigma^2 = E[x_1 - E(x)]^2 + E[x_2 - E(x)]^2 + \cdots + E[x_n - E(x)]^2$$

$$= \sum_{i=1}^{n} P_i [x_i - E(x)]^2 \tag{5-36}$$

$$均方差\ \sigma = \sqrt{\sum_{i=1}^{n} P_i [x_1 - E(x)]^2} \tag{5-37}$$

【例 5-6】 某公司以 25000 元的价格购置计算机一台，假设使用寿命为 2 年。项目第一年净现金流的三种估计是 22000 元、18000 元和 14000 元，概率分别为 0.20、0.60 和 0.20；项目第二年净现金流的三种估计是 28000 元、22000 元和 16000 元，概率分别为 0.15、0.70 和 0.15，折现率为 10%。问购置该微机的项目是否可行？

【解】 作为简单的概率分析，我们先分析和研究此项目之净现值的期望值与方差的情况。

① 计算这两年净现金流量的期望值和方差。计算情况见表 5-5 和表 5-6。表中 y_1 和 y_2 表示第一、第二年的净现金流量，它们都有三种出现的可能性。

净现金流量的期望值与方差的计算（一）　　　表 5-5

状态	y_1	概率 p_i	$E(y_1)$	$y_1 - E(y_1)$	$[y_1 - E(y_1)]^2$	$E[y_1 - E(y_1)]^2$
好	22000	0.20	4400	4000	16000000	3200000
一般	18000	0.60	10800	0	0	0
差	14000	0.20	2800	−4000	16000000	3200000
合　计			18000	0	32000000	6400000

$$E(y_1) = 18000, \ \sigma_1^2 = 6400000, \ \sigma_1 = 2530$$
$$E(y_2) = 22000, \ \sigma_2^2 = 10800000, \ \sigma_2 = 3286$$

② 计算项目净现值的期望值与方差。

$$E(NPV) = \frac{E(y_1)}{(1+i)} + \frac{E(y_2)}{(1+i)^2} - 25000 = \frac{18000}{1+0.1} + \frac{22000}{(1+0.1)^2} - 25000 = 9543\ 元$$

净现金流量的期望值与方差的计算（二）　　　表 5-6

状态	y_2	概率 p_i	$E(y_2)$	$y_2 - E(y_2)$	$[y_2 - E(y_2)]^2$	$E[y_2 - E(y_2)]^2$
好	28000	0.15	4200	6000	36000000	5400000
一般	22000	0.70	15400	0	0	0
差	16000	0.15	2400	−6000	36000000	5400000
合　计			18000	0	72000000	10800000

$$\sigma^2(NPV) = \frac{\sigma_1^2}{(1+i)^2} + \frac{\sigma_2^2}{(0+i)^4} + \frac{2\mathrm{cov}(y_1, y_2)}{(1+i)^3} = \frac{6400000}{(1+0.1)^2} + \frac{10800000}{(1+0.1)^4} + \frac{2 \times 19200000}{(1+0.1)^3}$$
$$= 41501200$$

$$\sigma = \sqrt{41501200} = 6442 \text{ 元}$$

所以，项目净现值的取值情况是 9534±6442，即波动范围在 3092 与 15976 之间，下限 3092 大于零，由此可以判断该购置计算机的项目是可行的。

二、决策树分析方法的应用

1. 决策树的概念

决策树是直观运用概率分析的一种图解方法。此名称来自该方法分析问题过程中的树状图形。通常，对某一决策点来说，其各个可行方案皆如树枝般表现在图上。决策树考察的方案都是相关的，也就是说，每个方案都分成许多阶段，后面阶段的损益状况完全依赖于前一阶段的状况，像树枝一样出于同一根部，又有许多分支。这种方法将方案的因果关系形象地表示出来，同时又可以将方案有关的概率、成本、收益等资料显示在图上，从而使决策的制定过程简单明了。

决策树法主要用于对各方案的状态、概率和收益的情况进行比选，为决策者选择最优方案提供依据。决策树法特别适用于多阶段的决策分析。

2. 决策树的绘制方法

画决策树时通常以方块（□）代表一个决策点，而以圆圈（○）表示机会点或可能情况点，决策点与机会点彼此都是交互出现，并以树枝状的直线连接的。此外，当决策者面对决策点（到达□点）时，所考虑的交替方案必须是互斥的。

图 5-7 就是一个简单的决策树，其具体的绘制步骤如下。

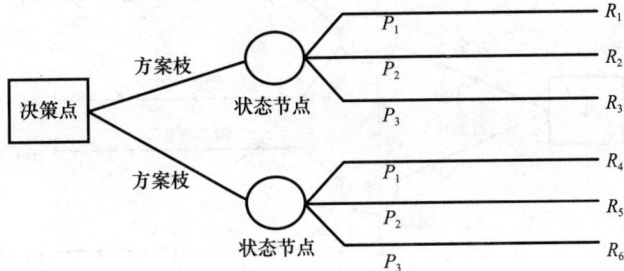

图 5-7 决策树

第一步是先画一个方块，方块表示决策点；再从方块后引出若干支线（直线），用来代表待选的各方案，称为方案枝。方案枝的长短没有意义，在其旁边注明方案及方案的投资支出（此为方案枝意义所在）；后面的圆圈表示状态结点；节点（在每个方案的末端都有的一个机会点）后引出的若干枝代表将来的不同状态，即每枝代表一种自然状态，并把状态写在相应直线的上方（如销售情况好、中、差）。由于不同状态出现的概率已知，故可注明各状态的概率 P_i。这些枝线称为状态枝或概率枝，在概率枝的最末端注明相应的损益值，即状态枝后面的数值 R_i 代表不同方案在不同状态下可获得的收益值。

如果是多阶段（或多级）决策，则决策树在此基础上还要逐级展开。

下面是一个说明如何运用决策树进行方案比较和选择的具体案例。

【例 5-7】 M 项目有两个预选方案 A 和 B，方案 A 需投资 500 万元，方案 B 需投资 300 万元，其使用年限均为 10 年。据估计，在此 10 年间产品销路好的可能性有 70%，销路差的可能性有 30%，设折现率 $i = 10\%$。由于采用的设备及其他条件不同，故 A、B 两方案的年收益也不同，其数据如表 4-7 所示。试对该项目各方案进行比选。

【解】 此例只有一个决策点，两个可选方案，每个方案都会面临两种自然状态，故可画出如图 5-8 所示的决策树。

依纵向准则，从左至右地给各结点编上序号之后，就可以计算各点的期望值。

节点①的期望值 $= 150(P/A, 10\%, 10) \times 0.7 + (-50)(P/A, 10\%, 10) \times 0.3$
$$= (105 - 15) \times 6.144 = 533 \text{ 万元}$$

节点②的期望值 $= 100(P/A, 10\%, 10) \times 0.7 + 10(P/A, 10\%, 10) \times 0.3$
$$= (70 + 3) \times 6.144 = 448.5 \text{ 万元}$$

所以：

$$\text{方案 A 的净现值收益} = 533 - 500 = 33 \text{ 万元}$$

$$\text{方案 B 的净现值收益} = 448.5 - 300 = 148.5 \text{ 万元}$$

显然，应选取方案 B。

M 项目方案在不同状态下的年收益   表 5-7

自然状态	概率	方案 A	方案 B
销路好	0.7	150	100
销路差	0.3	−50	10

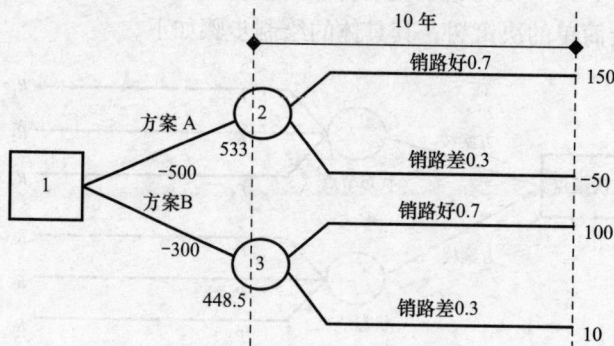

图 5-8 M 项目方案的决策树

三、净现值的期望值和净现值大于或等于零时累计概率的计算

计算净现值的期望值或净现值大于（或等于）零时的累计概率，通常的计算步骤如下：

(1) 先列出各种须要考虑的不确定因素。

(2) 设想各种不确定因素可能发生的情况，即其数值发生变化的各种状况。

(3) 分别确定各种状态出现的可能性（概率）。

(4) 分别求出各种可能发生事件的净现值、加权平均净现值，然后求出净现值的期望值。

(5) 求出净现值大于或等于零的累计概率。若累计概率值越大，则项目所承担的风险就越小。

【例 5-8】 某项目需投资 20 万元，建设期为 1 年。根据预测，有三种建设方案在项目生产期内的年收入为 5 万元、10 万元和 12.5 万元的概率分别为 0.3、0.5 和 0.2。按折现率10%计算。生产期为2、3、4、5年的概率分别为0.2、0.2、0.5、01。若该项目的年收入为10万元，生产期为4年，试计算各种可能发生事件的概率和净现值。

【解】 事件发生的概率＝$P(A=10万元)\times P(N=4年)=0.5\times0.5=0.25$

$$净现值=-200000\times\frac{1}{(1+0.10)}+100000\times\left[\frac{1}{(1+0.10)^2}+\frac{1}{(1+0.10)^4}+\frac{1}{(1+0.10)^4}+\frac{1}{(1+0.10)^5}\right]=106300元$$

根据计算结果可画出图5-9，列出净现值的累计概率表（见表5-8），并画出净现值累计概率图（见图5-10）。

由表5-8和图5-10可以得出：
$$P(NPV\geqslant0)=1-P(NPV<0)=1-0.42=0.58$$

根据计算结果，这个项目的净现值的期望值为47916元，净现值大于或等于零的概率为0.58（大于0），说明该项目是可行的。

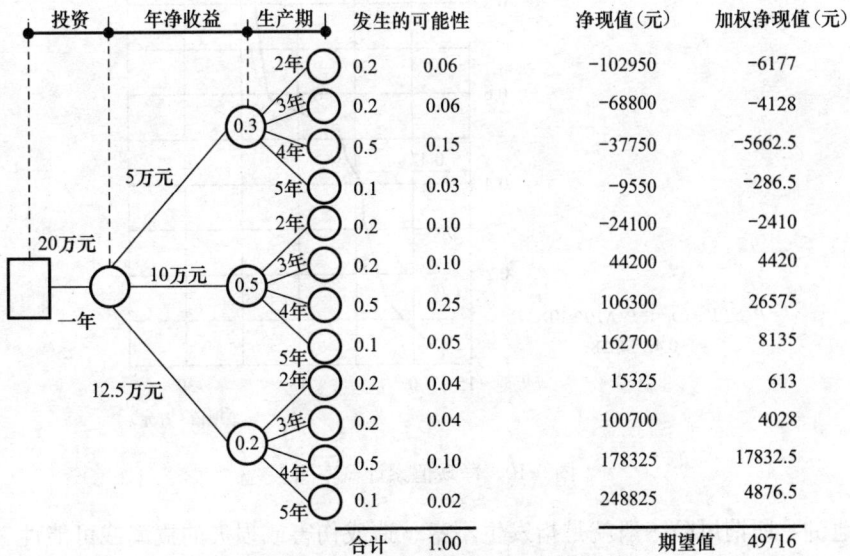

图5-9 某项目净现值期望值计算

某项目净现值累计概率表 表5-8

净现值（元）	事件发生的概率	累计概率	净现值（元）	事件发生的概率	累计概率
−10950	0.06	0.06	44200	0.10	0.54
−68850	0.06	0.12	100700	0.04	0.58
−37750	0.15	0.27	106300	0.25	0.83
−24100	0.10	0.37	162700	0.05	0.88
−9550	0.03	0.40	178325	0.10	0.89
15325	0.04	0.44	248825	0.02	1.00

四、项目的风险分析与评价

1. 风险与风险分析概述

关于风险，迄今未有公认的标准化定义。20世纪80年代日本学者武井勋归纳出风险定义本身具有客观存在性、与不确定性有差异和可被测算三大基本特征，并据此提出"风险是在特定环境中和特定期间内自然存在的导致经济损失的变化"的风险新定义。我国学者也提出，风险是基于存在着实现渠道或可能的一种现实的危险的观点，认为风险是针对危险并有着现实危害或损失的概念。由此把项目风险看成项目在其环境中和生命周期内自然存在的导致经济损失的变化。风险不同于危险。危险意味着一种坏兆头的存在，而风险不仅意味着坏兆头的存在，且还意味着同时存在着发生此坏兆头的渠道和可能性。故而有时虽然存在着危险，但也并不一定非要冒此风险。但为了获取与危险同在的利益，有时人们会设法避免危险而甘冒风险。由此引出了当同时处于某一具体方案中时，利益与危险（或危害）二者各自出现的可能性大小（或称概率）的风险的概念及其分析与评价问题（见图 5-10）。

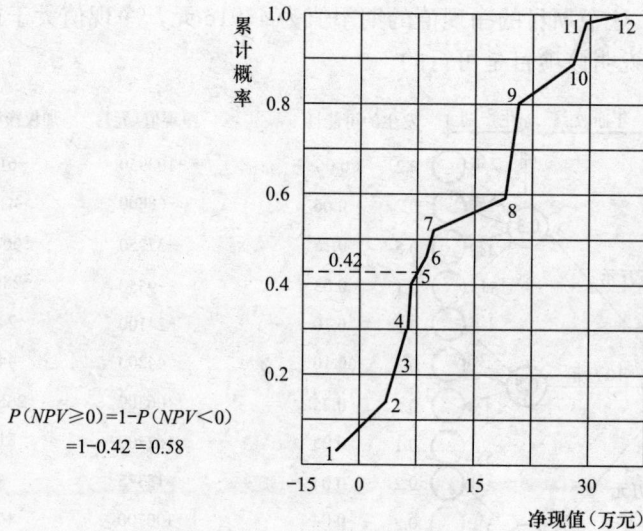

图 5-10　净现值累计概率图

通俗地讲，所谓风险一般就是指发生不幸、造成伤害或损失的概率或可能性。

所谓项目风险，通常认为是项目所处环境及其条件本身的不确定性与项目业主或客户、项目组织或项目其他相关利益主体主观上不能准确预见或控制影响因素，使项目最终结果与项目相关利益主体的期望产生背离，而给其带来损失的可能性。

2. 项目风险的来源因素及其分类和特征

（1）影响项目实现预期经济目标的风险因素，即经济风险通常来源于法律法规及政策、市场供需、资源开发与利用、技术的可靠性、工程方案、融资方案、组织管理、环境与社会、外部配套条件等一个或几个方面。一般表现如下：

1）在政策方面，因政府税收、金融、环保、产业政策等的调整变化，使项目原定目标难以实现所造成的损失，如税率、利率、汇率、通货膨胀率的变化等都会对项目经济效益带来影响。

2）在市场方面，因市场需求变化、竞争对手调整竞争策略，项目产品销路不畅，产品价格低迷等致使产量和销售收入达不到预期的目标，给项目预期收益带来的损失。

3）在资源方面，对资源开发与利用的项目，因矿产资源的储量、品位、可采储量、开拓工程量及采选方式等与原预测结果发生较大偏离，导致项目开采成本增高，产量降低或经济生命周期缩短，造成巨大的经济损失；在水资源短缺地区的投资建设项目，可能受水资源勘察不明、气候不正常等因素的影响；对农业灌溉项目还可能有水资源分配问题等。

4）在技术方面，项目采用的技术，特别是引进技术的先进性、可靠性、适用性和经济性与原方案发生重大变化，导致项目不能按期进入正常生产状态，或生产能力利用率降低，达不到设计要求，或生产成本提高，产品质量达不到预期要求等。

5）在工程方面，工程地质和水文地质条件出乎预料的变化，工程设计发生重大变化，导致工程量和投资的增加、工期延长所造成的损失；因前期准备工作不足，导致项目实施阶段建设方案的变化；工程设计方案不合理，可能给项目的生产经营带来影响等，造成经济损失。

6）在融资方面，由于项目资金来源的可靠性、充足性和及时性不能保证；或工程量预计不足、设备材料价格上升导致投资增加；因计划不周或外部条件等因素导致建设工期拖延；利率、汇率变化导致融资成本升高所造成的损失。

7）在组织管理方面，因项目组织结构不当、管理机制不完善或是主要管理者能力不足等，导致项目不能按计划建成投产，投资超出估算；或在项目投产后，未能制定有效的企业竞争策略，在市场竞争中失败。

8）在环境与社会方面，许多项目的外部环境受自然环境和社会环境因素的影响。若项目选址不当，项目对社区的影响、生态环境影响估计不足，或项目环保措施不当，在项目建成后，可能对社区和生态带来严重影响，导致社区居民和社会的反对，造成直接或间接的经济损失。

9）在配套条件方面，建设项目需要的外部供水排水、供电供气、公路铁路、港口码头及上下游配套设施等配套措施，在可行性分析与研究中虽都做了考虑，但实际上仍可能存在这些配套设施没有如期落实的问题，致使建设项目不能发挥应有效益，从而带来风险。

10）其他方面还涉及对某些项目应考虑特有的风险因素。如对合资项目要考虑合资对象的法人资格和资信问题；对农业建设项目要考虑因气候、土壤、水利等条件的变化对收成不利影响的风险因素等；许多无形成本和效益的度量则是分析专家个人的主观价值判断，不能量化的外部或间接效果的定性判断更全都是主观的。

据此，可将建设项目的财务与经济性分析所涉及的风险因素归纳为以下六大类型。

① 项目收益风险。涉及产出品的数量（服务量）与预测（财务与经济）价格。

② 建设风险。涉及建筑安装工程量、设备选型与数量、土地征用和拆迁安置费、人工、材料价格、机械使用费及取费标准等。

③ 融资风险。涉及资金来源、供应量与供应时间等。

④ 建设工期风险。主要是工期的延长。

⑤ 运营成本费用风险。涉及投入的各种原料、材料、燃料、动力的需求量与预测价格、劳动力工资、各种管理费取费标准等。

⑥ 政策风险。包括税率、利率、汇率及通货膨胀率等。

对项目进行经济性风险分析的任务之一，就是通过对政策、市场、资源、技术、工程、资金、管理、环境、外部配套条件和其他因素等前述十方面内容的分析找出风险因素。注意这些方面经常是相互关联，有时也是难以分清的。为寻找风险根源，可如表5-9

列出事件、后果和根源以区分其间的关系。在此所举例子是关于建设工期延误的原因和可能的后果的分析。

建设工期延误的可能原因与后果　　　　　　　　　　表 5-9

原因	事件	可能后果
资金短缺		投资超支
建筑材料供应延误		推迟建设
熟练劳动力不足		推迟投产
恶劣的天气	建设工期延误	还款期延长
设计变更，工程量增加		市场机会延误
管理或协调不力		项目破产
……		……

（2）项目风险的分类与特性。通常，本身具有一次性、独特性和创新性等特点的项目，其发生风险的规律也有其特性：①项目风险事件有随机性，即偶然发生的项目风险，虽具有符合某种统计分析的随机性规律，但却大大地增加了其危害性；②项目风险有相对的可预测性，对于具有不同损害和影响的不同项目风险，人们不可能全部认识和预测，只能就其部分规律进行有限的探索，故使项目风险有了相对的可预测性；③项目风险发展有渐进性，除极小部分是由突发事件引发的，即绝大部分项目风险属非突然爆发，而是随环境、条件和自身固有规律逐渐发展演变而形成的，故随项目内外部条件和环境的逐步发展变化，其风险的大小和性质也会随之增大或减少；④项目风险的发展有阶段性，即项目风险的发展有明确的阶段性界限和似里程碑的标志或风险征兆。通常，项目风险发展有潜在风险阶段、风险发生阶段和造成后果三个阶段；⑤项目风险发展有突变性，如对一些有预警信息风险而转变为无预警信息的风险，即有时会出现有些项目风险突然消失而另一些却突然发生的情况。

为加深对项目风险及其特性的认识，可按不同标志对项目风险进行分类，如图 5-11所示。项目风险一般分为六种类型。

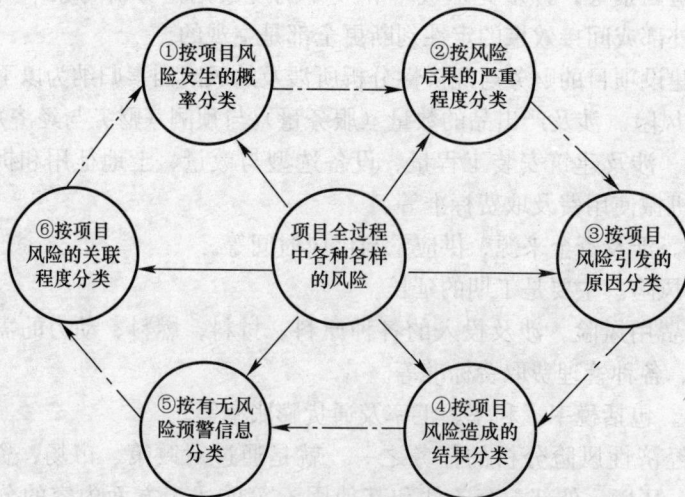

图 5-11　项目风险的分类及其关系

① 按项目风险发生的概率及其后果的严重程度，将其分为3～5级（高、中、低或高、较高、中、较低、低）或多级，以区分不同项目风险发生可能性的大小，或使人们充分认识项目后果的严重程度。

② 同①。

③ 按项目风险引发的主客观原因分类，可使人们有针对性地采取风险管理措施，如通过上述有关项目经济性因素的分析过程即可得项目的财务与经济性风险。

④ 按项目风险造成的结果，可按人、财、物的损失分类，以使人们充分认识到项目可能带来的损失，从而预先采取防范措施。

⑤ 按有无预警信息分成两类，在项目全部风险中占比很小、突然爆发的无任何预警信息的项目风险和有预警信息的项目风险。前者只能在风险发生时（或其后）以类似救人（或货物）等方法去控制和削减其不利后果，而后者则可通过收集相关信息来识别和预测，并经由跟踪管理去影响该种风险发生和发展的进程，以避免或消除其危害。

⑥ 按项目风险的关联程度，把该关联程度小、很少对项目的其他事物造成关联影响的多归为独立发生的项目风险；反之则视为关联发生的风险。如此分类后，可有助于人们对项目采取针对性的风险分析评价与管理措施。

3. 项目风险分析与评价的内容

所谓项目的风险分析，是从项目在常规资源投入条件下，进行建设的宏观经济条件、投资环境及投资决策的实际要求出发，借助不确定性分析的测算结果，重点分析项目存在哪些风险、风险的性质、类型和可能造成的影响以及可能采取的防范措施。项目风险分析作为不确定性分析的补充和延伸，二者在内容上各有侧重。风险分析特别要把决定项目成败与否的关键风险因素识别出来，进行重点研究，其分析过程包括风险识别、风险估计、风险评价与风险应对四部分。作为人们系统的对风险进行辨识、估计和评价与应对全过程的规范方法，风险辨识、风险估计和风险评价与应对是风险分析不可缺少的有机组成部分。因为只有在对风险的类型及产生的原因有了正确认识的基础上，才能对风险的大小做出较为准确的估计。同样，也只有在对风险有了正确的认识和估计的基础上，才能有针对性地提出处理风险的具体措施。

在项目前期对项目的风险分析进行的评价，主要是对所识别的投资风险及其属性、估算的风险量及规避风险的方案做出分析评价。为此，有如下一些基本要求。

（1）全面、认真地识别和审核可行性研究报告中分析的项目资金筹措、投资建设、投产经营中可能面临的各类风险，看评价风险存在的理由是否充分。为保证将项目面临的各类潜在风险全部识别出来，在进行项目可行性分析评价时，要通过调查项目（企业）的全面情况，包括市场情况，涉及社会、政治、经济、法律等投资外部环境，以及生产过程、经营管理体系与运作机制，还有项目法人的财务实力等情况，结合投资项目的具体特点，一个不漏地分析项目可能面临的各种风险，再进一步采取调查、访谈、分析等方式，寻找出该类项目投资风险因素存在的一般规律，充分利用同类项目曾经出现风险的历史经验，以及同类项目后评价的资料，依据项目实际情况，正确判断项目存在的各类风险。

（2）在识别和揭示出项目可能面临的各类风险的基础上，进一步分析各类风险的属性和特性。评价风险因素发生的概率及其可能对项目造成的影响，从中找出项目的主要风险，重点分析这些主要风险可能对项目造成的各种影响，估算其风险量并进行定量分析，据此提出风险规避的措施方案，最后对风险防范措施方案进行分析评价。

4. 项目风险分析与评价的基本程序和要求

（1）项目风险分析评价的基本程序。图 5-12 给出了项目前期进行风险分析与评价的基本程序，运用该流程可进行项目风险识别与风险度量（含估计与评价和应对）的具体过程和步骤。主要有以下一些基本环节：

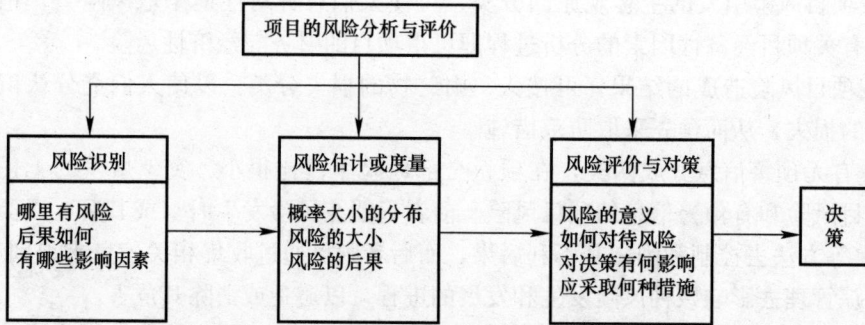

图 5-12 项目风险分析与评价的基本内容与流程

1）开发和建立项目风险管理的信息系统。

2）跟踪、收集、处理和生成项目的风险信息。

3）识别与判断项目风险。

4）分类和列表显示项目风险。

5）分析和确定项目风险发生的概率。

6）分析和确定项目风险的原因或来源。

7）分析与确定项目风险的后果。

8）分析与确定项目风险发展的时间进度（阶段情况）。

9）确定项目的风险程度与控制的优先序列。

10）提出应对措施并报告。

（2）项目风险分析与评价操作的具体内容和要求。

1）风险识别。风险识别是项目前期进行风险分析的基础和一项贯穿项目全过程的风险评价工作，目标是识别和确定项目存在哪些风险，其特征是什么，会影响项目的哪些方面等。主要工作包括：识别和确定项目有哪些潜在的风险，识别引起这些项目风险的主要因素和识别项目风险可能引起的后果三项内容。通常，敏感性分析是初步识别风险因素的重要手段。

风险识别的方法一般须依项目的特点做适当的选用。常用的方法有问卷调查法、专家调查法和情景分析等。具体操作中，通常是通过问卷调查或专家调查法完成，建立项目风险因素调查表。在风险识别过程中应注意六方面的问题：①建设项目的不同阶段存在的主要风险有所不同；②风险因素依项目不同而具有特殊性；③对项目的有关各方（不同的风险管理主体）可能会有不同的风险；④风险的构成具有明显的递阶层次，风险识别应层层剖析，尽可能深入到最基本的风险单元，以明确风险的根本来源；⑤要正确判断风险因素间的相关性与独立性；⑥识别风险应注意借鉴历史经验，要求分析者富有经验、创建性和系统观念。

2）风险估计或度量。风险估计又称风险测定、测试、衡量和估算等，它是对项目风险评价中所有已识别风险所做的进一步分析和以此来量化项目风险大小的一种项目风险分析评价活动。即在风险识别之后，通过定量分析的方法测度风险发生的可能性（项目风险大小）及风险对项目的影响程度和后果，并进行全面的预计和评价。风险估计包括对项目风险发生可能性（概率大小）的测度，对其后果严重程度（损失大小）的度量，对其影响范围和发生时间的估计等多个方面。

风险估计是估算风险事件发生的概率及其后果的严重程度，故而风险与概率密切相关。风险估计分为主观概率（估计）和客观概率（估计）两种。对项目风险估计，通常采用主观概率和客观概率的统计方法，确定风险因素的概率分布。即运用数理统计分析法，计算项目分析评价指标相应的概率分布或累计概率、期望值、标准差。所谓主观概率（估计），是指人们基于所掌握的大量信息或长期经验的积累，而非随意的"拍脑袋"时对某一风险因素发生可能性的主观判断，用介于 0～1 的数据来描述；而客观概率（估计）则是根据大量的试验数据，用统计的方法计算某一风险因素发生的可能性，是一种不以人的主观意志为转移的客观存在的概率，客观概率的计算需足够多的试验数据做支持。在项目分析与评价中，要对项目的投入与产出进行从机会研究到投产运营全过程的预测，因不可能获得足够时间与资金对某一事件发生的可能性做大量的试验，又因事件是将来发生的，也不可能做出准确的分析，很难计算出该事件发生的客观概率，但决策又需要对事件发生的概率做出估计，因此项目前期的风险估计最常用的方法是由专家或决策者对事件出现的可能性做出主观估计（相关原理同前述概率分析）。

通常用概率分布来描述损失原因所致各种损失发生可能性的分布情况，显示各种风险事件发生概率的函数。风险一般可表示为（不利）事件发生的概率及其后果的函数，即式（5-38）：

$$风险 = F(p, c) \tag{5-38}$$

式中，p 为事件发生的概率；c 为事件发生的后果。

一般概率分布函数给出的分布形式、期望值、方差、标准差等信息，可直接或间接用来判断项目的风险。要正确衡量风险，有两个测度标准：一是标准差 σ，二是变异系数 C_V。

且标准差的计算公式是式（5-39）：

$$\sigma = \sqrt{\sum_{i=0}^{n} (E_i - E)^2 p_i} \tag{5-39}$$

式中，$(E_i - E)$ 为从每个可能结果 E_i 中减去期望值 E 得出的偏离差；p_i 为各结果发生的概率，$E = \dfrac{1}{n} \sum_{i=0}^{n} E_i$。

标准差越小，概率分布就越密集，有关方案的风险性也就越小。

而变异系数的计算公式是式（5-40）：

$$C_V = \sigma / E \tag{5-40}$$

通过计算变异系数，可进一步反映决策方案的风险程度。变异系数越大，该方案的相对风险就越大。

常用的概率分布类型有离散和连续两种概率分布。当输入变量可能值为有限个数的这种随机变量称为离散随机变量，其概率称为离散概率，适于变量取值个数不多的输入变量；当输入变量的取值充满一个区间，无法按一定次序逐一列出时的这种随机变量称为连续随机变量，其概率称连续概率，常用的连续概率分布有正态分布、对数正态分布、泊松分布、三角分布、二项分布、Γ分布等。各种状态的概率取值之和等于1。在风险估计中，确定概率分布时，需注意充分利用已获得的各种信息进行估测和计算，在获得的信息不够充分的条件下则需要根据主观判断和近似的方法确定概率分布，具体采用何种分布应根据项目风险特点而定。确定风险事件的概率分布常用的方法有概率树、蒙特卡洛模拟及CIM模型等分析法。

3) 风险评价与对策。这是对项目经济性风险进行的综合分析，是依据风险对项目经济目标的影响程度进行项目风险分级排序的过程。风险评价是基于项目风险识别和风险估计的结果，通过建立项目风险的系统评价模型，列出各种风险因素发生的概率及概率分布，来确定可能导致的损失大小，再依据项目风险判别标准，从而找出影响该项目成败的关键风险因素，确定项目的整体风险水平，为如何处置这些风险提供科学的依据。

项目风险大小的评价判别标准是根据风险因素发生的可能性及其造成的损失来确定的，通常有以下三种具体的类型作为判定项目风险大小的衡量标准。

① 以要计算的各方案的期望值和变异系数为标准。对于项目备选方案中风险相同或相近的情况，通常选择期望值大的方案为优，而在备选方案期望值的结果相同或相近的条件下，通常要选择风险小的方案；而变异系数的大小因与方案存在的风险成正比，故选小者为优。

② 以经济指标的累计概率、标准差为判别标准。通过计算经济指标的累计概率和标准差，作出判断：当财务（经济）内部收益率大于或等于基准收益率的累计概率值越大，风险越小；标准差越小，风险越小。或者，当财务（经济）净现值大于或等于零的累计概率值越大，风险越小；标准差越小，风险越小。

③ 以综合风险等级为判别标准。有多种划分项目风险等级的表述方法，但既要考虑风险因素出现的可能性，又要考虑当风险出现后对项目的影响程度，一般应选择矩阵列表法来划分风险等级。矩阵列表法简单、直观，将风险因素出现的可能性及对项目的影响程度构造成一个矩阵（如表5-10的形式），表中每一单元对应一种风险的可能性及其影响程度。为适应现实生活中人们往往以单一指标描述事物的习惯，将风险的可能性与影响程度综合起来用某种级别表示。

综合风险等级分类 表 5-10

综合风险等级		风险影响的程度			
		严重	较大	适度	低
风险的可能性	高	K	M	R	R
	较高	M	M	R	R
	适度	T	T	R	I
	低	T	T	R	I

表5-10给出的是以风险应对的方式来表示风险的综合等级。所示风险等级亦可采用数学推导和专家判断相结合的方法确定。在此使用的综合风险等级分为K、M、T、R、I五个等级：K（Kill）表示项目风险很强，出现这类风险必须放弃项目；M（ModifyPlan）表示项目风险强，需修正拟议中的方案，通过改变设计或采取补偿措施等；T（Trigger）表示风险较强，设定某些指标的临界值，指标一旦达到临界值，就要变更设计或对负面影

响采取补偿措施；R（ReviewandReconsider）表示风险适度（较小），适当采取措施后不影响项目；I（Ignore）表示风险弱，可忽略。且落在该表左上角的风险会产生严重后果；落在该表左下角的风险发生的可能性相对低，必须注意临界指标的变化，提前防范与管理；落在该表右上角的风险影响虽然相对适度，但是发生的可能性相对高，也会对项目产生影响，应注意防范；落在该表右下角的风险，损失不大，发生的概率小，可忽略不计。此风险等级的划分标准并非唯一的，其他可供选择的划分标准还有很多，如常用的风险等级划分为 1～9 级等。

4）风险应对。风险应对即根据风险分析与评价的结果，研究规避、控制与防范风险的措施，为项目全过程风险管理提供依据。在经济性风险分析中找出的关键风险因素，对项目的成败具有重大影响，需采取相应的应对措施，尽可能降低风险的不利影响，实现预期投资效益。

为此，应重点关注下列几点。

① 风险应对四原则：一是作为贯穿项目可行性分析与评价的全过程原则，可行性分析与研究是一项复杂的系统工程，而经济风险来源于技术、市场、工程等各个方面，故应从规划设计上就采取规避防范风险的措施，才能防患于未然；二是针对性原则，风险对策研究应有很强的针对性，应结合行业特点，针对特定项目主要的或关键的风险因素提出必要的措施，将其影响降到最小限度；三是可行性原则，可行性分析与评价阶段所进行的风险应对，此时的研究应立足于现实客观的基础之上，提出的风险应对应该在财务、技术等方面是切实可行的；四是经济性原则，规避防范风险是要付出代价的，如果提出的风险应对所花费的费用远大于可能造成的风险损失，该对策将毫无意义。在风险应对研究中应将规避防范风险措施所付出的代价与该风险可能造成的损失进行权衡，旨在以最少的费用获取最大的风险效益。

② 提出决策阶段风险应对的主要措施：强调多方案比选，要提出多个备选方案，通过多方案的技术、经济比较，选择最优方案；对有关重大工程技术难题有潜在风险因素的，要提出必要研究与试验课题，准确地把握有关问题，消除模糊认识；对影响投资、质量、工期和效益等如价格、汇率和利率等风险因素的有关数据，在编制投资估算、制定建设计划和分析财务（经济）效益时，应留有充分的余地，谨慎决策，并在项目执行过程中实施有效监控；对建设或生产经营期的潜在风险可建议采取回避、转移、分担和自担措施。

这里的风险回避是断绝风险来源、彻底规避风险的一种做法。风险回避通常适用于某种风险可能造成相当大的损失或风险及应对防范风险的代价昂贵、得不偿失两种情况。风险分担是针对风险较大，投资人无法独立承担，或是为了控制项目的风险源，而采取与其他企业合资或合作等方式，共同承担风险、共享收益的方法。风险转移则是将项目业主可能面临的风险转移给他人承担，以避免风险损失的一种方法。常有两种转移风险的方式：将风险源转移出去，如将已做完前期工作的项目转给他人投资，或将其中风险大的部分转给他人承包建设或经营；用保险转移或非保险转移两种方式之一，只把部分或全部风险损失转移出去。至于风险自担就是将风险损失留给项目业主自己，让其自身独立承担项目的风险。这在投资者已知有风险但因可能获利而需冒险，同时又不愿将获利的机会分给别人时，要保留和承担此种风险。

（3）风险分析的基本方法。分析风险的方法很多，常用的风险分析法有专家调查法、层次分析法、概率树（决策树分析）法、CIM 模型及蒙特卡洛模拟等，在进行项目可行性分析与评价时应根据项目具体情况，选用一种或几种方法组合使用。下面仅简要介绍几种常用方法的基本原理及其操作步骤。具体应用可参见相关书籍和著述。

1) 专家调查法。对风险的识别和分析评价可用操作简易的专家调查法。该法因其较一般的经验识别法更具客观性，故得到较广泛应用。其原理是通过发函、开会或其他形式向专家进行调查，凭借分析者（含可行性分析与评价人员和决策者等）的经验对项目各类风险因素、风险发生的可能性及风险对项目的影响程度做出定性估计和评定，再将多位专家的经验集中起来形成分析结论。采用此法时，专家应熟悉该行业和所要分析评价的风险因素，并能做到客观、公正。为减少主观性，聘用的专家应有一定数量，通常应在10~20位。具体操作上，将项目可能出现的各类风险因素、风险发生的可能性及风险对项目的影响程度采取表格形式逐一列出，请每位专家凭借经验独立对各类风险因素的可能性和影响程度进行选择，最后将各位专家的意见归集起来，填写专家调查表。专家调查法是获得主观概率的基本方法。

2) 层次分析法（AHP）。这是一种多准则决策分析方法，是由美国著名运筹学家T. L. Saaty 于20世纪70年代中期提出的结合定性与定量的一种决策分析方法。该法在风险分析中有两种用途：①正向地将风险因素进行如图5-13所示的逐层分解识别，直至最基本的风险因素；②反向合成，即在图中两两比较同一层次风险因素的重要程度，列出该层风险因素的判断矩阵（判断矩阵可由专家调查法得出），判断矩阵的特征根即该层次各个风险因素的权重（具体算法可参见相关书籍），利用权重与同层次风险因素概率分布的组合，求得上一层风险的概率分布，直至求出总目标的概率分布。运用层次分析法解决实际问题通常有五步：①建立所研究问题的递阶层次结构；②构造两两比较的判断矩阵；③由判断矩阵计算被比较元素的相对权重；④计算各层元素的组合权重；⑤将各子项的权重与子项的风险概率分布加权叠加，从而得出项目的经济性风险的概率分布。

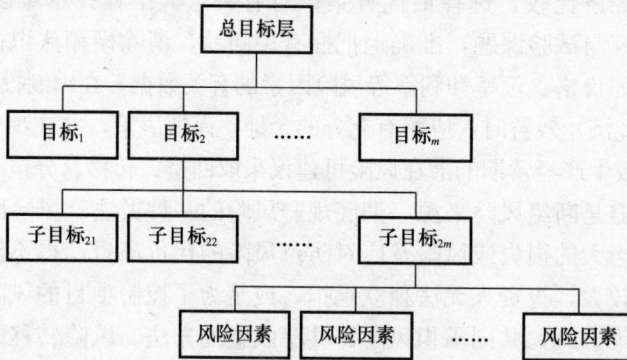

图 5-13　风险因素的递阶层次

3) CIM法。CIM模型是含有串联响应和并联响应两种模型（Controlled Interval and Memory Model）的控制区间和记忆模型，也叫概率分布的叠加模型或"记忆模型"，是C·钱伯曼（C. Chapman）和D·库珀（D. Cooper）于1983年提出的，分别以随机变量的概率分布形式进行串联或并联叠加的有效方法。该法的主要特点是：用离散的直方图表示随机变量的概率分布，用和代替概率函数的积分，并按串联或并联响应模型进行概率叠加。在概率叠加的时候，CIM法可将直方图的变量区间进行调整，即所谓的区间控制，一般是缩小变量区间，使直方图与概率解析分布的误差显著减小，提高了计算的精度。CIM模型同时也可用"记忆"的方式考虑前后变量的相互影响，把前面概率分布叠加的结果记忆下来，应用"控制区间"的方法将其与后面变量的概率分布叠加，直至最后一个变量为止。应用CIM法解决实际问题时，可参照层次分析法的应用步骤进行。

4）概率树法，也称为决策树分析法。该法是假定风险变量间相互独立，在构造概率树的基础上，将每个风险变量的各种状态取值组合计算，分别计算每种组合状态下的评价指标值及相应的概率，得到评价指标的概率分布，并统计出评价指标低于或高于基准值的累计概率，计算评价指标的期望值、方差、标准差和离散系数。可绘制以评价指标为横轴，累计概率为纵轴的累计概率曲线。概率树计算项目净现值的期望值和净现值大于或等于零的累计概率的计算步骤：①通过敏感性分析，确定风险变量；②判断风险变量可能发生的情况；③确定每种情况可能发生的概率，每种情况发生的概率之和必须等于1；④求出可能发生事件的净现值、加权净现值，然后求出净现值的期望值；⑤可用插入法求出净现值大于或等于零的累计概率。相关的具体操作可参见本节前述的内容。

5）蒙特卡洛模拟法。一种通过对随机变量进行统计试验和随机模拟，求解数学、物理及工程技术等有关问题的近似的数学求解法，又称随机模拟法或统计试验法。作为模拟技术，蒙特卡洛法是用随机抽样的方法抽取一组满足输入变量的概率分布特征的数值，输入这组变量计算项目的分析评价指标，通过多次抽样计算可获得有关评价指标的概率分布及累计概率分布、期望值、方差、标准差，计算项目可行或不可行的概率，从而估计项目投资所承担的风险。其模拟过程通常有七步：①通过敏感性分析，确定风险变量；②构造风险变量的概率分布模型；③为各输入风险变量抽取随机数；④将抽得的随机数转化为各输入量的抽样值；⑤将抽样值组成一组对项目进行分析评价的基础数据；⑥根据基础数据计算出有关评价指标值；⑦整理模拟结果所得分析评价指标的期望值、方差、标准差和它的概率分布及累计概率，绘制累计概率图，计算项目可行或不可行的概率。

总之，根据项目特点和分析评价要求的不同，归纳起来做有关项目的风险分析时可按下列情况分别进行：①财务风险和经济性风险分析可直接在敏感性分析的基础上，采用概率树分析和蒙特卡洛模拟分析法，确定各变量（如收益、投资、工期、产量等）的变化区间及概率分布，计算项目内部收益率、净现值等评价指标的概率分布、期望值及标准差，并根据计算结果进行风险评价；②建设项目需要进行专题风险分析时，风险分析应按项目风险分析与评价操作的步骤进行；③在定量分析有困难时，可对风险进行定性分析。

（4）风险分析操作过程的简要说明。在具体进行项目风险的分析过程中，经济风险分析要区别以下两种主要情况：

一种是项目经济性风险分析在敏感性分析的基础上进行，只需分析敏感因素发生的可能性及对经济性分析评价指标的影响程度，没必要再进行详细的风险识别，可选择适当的方法估计风险发生的概率，再做风险估计、风险评价与风险应对研究。此时，风险因素主观概率的估计是在给定风险因素的变化区间后，由专家估计风险因素在不同区间变化的可能性，填入格式如表5-11所示的概率分布统计表，使各变化区间填写的数值之和等于1，再由该调查统计表得出各个风险因素的概率分布后，可利用蒙特卡洛模拟法计算经济分析评价指标的概率分布及相应的累计概率、期望值和标准差等指标。

另一种是项目需做系统的专题经济风险分析时，应按前述四个阶段的要求进行。采用专家调查与层次分析相结合的方法识别风险因素，建立格式如表 5-12 的风险因素专家调查统计表，估计风险因素出现的可能性和对项目的影响程度，确定各个风险因素等级的概率分布。

财务现金流量分析风险因素变化区间的概率分布统计表　　　　　　　　　表 5-11

序号	风险因素	−20%~−15%	−15%~−10%	−10%~−5%	−5%~0%	0%	0%~5%	5%~10%	10%~15%	15%~20%
1	现金流入									
1.1	产出品价格			0.1	0.2	0.5	0.1	0.1		
1.2	产量	0.01	0.04	0.1	0.15	0.4	0.15	0.10	0.04	0.01
	……									
2	现金流出									
2.1	设备价格	0	0	0.05	0.1	0.2	0.3	0.2	0.1	0.05
2.2	土地价格	0	0	0	0.05	0.35	0.3	0.2	0.1	
2.3	材料消耗量	0	0.1	0.2	0.4	0.2	0.1	0	0	0
2.4	原材料价格									
	……									

风险因素专家调查统计表　　　　　　　　　表 5-12

序号	风险因素名称	出现的可能性				出现后对项目的影响程度				序号	风险因素名称	出现的可能性				出现后对项目的影响程度			
		高	强	适度	低	高	强	适度	低			高	强	适度	低	高	强	适度	低
1	市场方面										……								
1.1	市场需求量			√					√	5	投融资方面								
1.2	竞争能力	√						√		5.1	汇率								
1.3	价格	√						√		5.2	利率				√			√	
	……					√				6	投资额				√		√		
2	技术方面									6.1	工期								
2.1	可靠性							√			……								
2.2	适用性								√	7	配套条件								
3	资源方面									7.1	水、电、气供应								
3.1	资源储量			√				√		7.2	交通运输条件								
3.2	开采成本				√			√		7.3	其他配套工程								
	……										……								
4	工程地质方面																		

专家姓名　　　　　　　　专　业

职　称　　　　　　　所在单位

　　具体的分析步骤参见表 5-13。

风险识别	步骤1	1	设立适宜的风险分析内容和目标
		1.1	保证有足够的信息以开展风险分析
		1.2	明确分析目标、条件和要求
		1.3	确定假设条件
		1.4	确定项目成功的关键判据
	步骤2	2	收集有关风险信息
		2.1	风险细分
		2.2	分析每个子项（或称目标、子目标）包含的内容
		2.3	分析子项之间的关系：独立性及相关性
		2.4	列出可能的风险原因
		2.5	识别每个子项的基本风险因素
		2.6	准备子项风险清单
	步骤3	3	风险分类
		3.1	根据风险原因对风险进行分类
		3.2	定性分析影响的效果：风险发生的可能性及后果
		3.3	判断风险因素的权重
		3.4	填写子项风险清单
风险估计或度量	步骤4	4	风险量化估计
		4.1	确定是否需要进行定量估计
		4.2	运用 AHP、CIM、蒙特卡洛定量分析风险发生的可能性及后果，获得风险等级的概率分布、最可能发生的风险等级
		4.3	按照风险的影响程度对其进行排队
		4.4	绘制风险等级概率分布图和表
		4.5	风险确定项目综合风险等级
风险评价与对策	步骤5	5	风险综合评价
		5.1	确定每个风险或每组风险水平
		5.2	根据风险等级的判别标准衡量其可接受性
	步骤6	6	制定风险对策
		6.1	为不能接受的风险设计替换方案
		6.2	制定项目全过程风险控制方案
		6.3	建立项目实施与运营过程风险监控信息系统

第五节　银行贷款效益及其风险防范分析与评价

【本节提要】在常规资源约束条件下对投资项目进行的不确定性分析和风险分析与评价中，有时还会涉及对银行贷款效益和项目贷款风险防范方面的分析评价问题。本节从银行贷款效益和银行实施项目贷款的风险防范两个主要方面的分析评价内容，通过多个层次和角度做了详细的说明。

一、对银行贷款效益的分析评价

商业银行作为市场经济体制下以营利为目的的经济实体，通常都是十分讲究资金的利用效益与贷款效益的。因此，对常规资源投入条件下的贷款项目，银行除了要进行项目自身的经济效益分析与评价外，还应该对项目贷款的银行效益进行分析评价，所要分析评价的内容主要包括流动性分析评价和相关效益分析评价两类。

1. 流动性分析评价

对银行流动性进行的分析评价，通常主要是分析借款人（或项目）在银行开立的基本结算账户或资金分流的情况，并计算存贷比率和银企资金相向流动现值比率。

（1）存贷比率。它是指企业在贷款银行的存款与其固定资产和流动资金贷款之和的比值。其计算公式为，式（5-41）：

$$存贷比率＝企业存款/（固定资产贷款＋流动资金贷款）×100\% \qquad (5-41)$$

在此公式中，企业存款是指借款企业正常生产年份在贷款银行的企业存款，应包括结算户存款和其他存款两部分。其中，结算户存款是指借款企业在正常生产年份平均存款余额，通常按照销售收入的一定比例测算；其他存款应按企业正常生产年份折旧和未分配利润两项的滞留额（企业计划以后年份使用的部分）估算。存贷的比率越大，说明银行以贷引存的效果越好。

（2）银企资金相向流动现值比率。它是反映银行综合动态效果的评价指标，其计算公式为，式（5-42）：

$$银企资金相向流动现值比率＝回流银行资金现值/流出银行资金现值×100\% \qquad (5-42)$$

在此公式中，回流银行资金现值为项目计算期内实际固定资产和流动资金贷款的回收及企业存款、贷款利息回收的现值之和；而流出银行资金现值即为在项目计算期内固定资产和流动资金的贷款及企业存款支用、存款利息支出的现值之和，如表5-14所示。

银企资金相向流动现值计算表　　　　　　　　　　表5-14

序号	项　目　　　年　份	合　计	建设期		投产期		达产期			
			1	2	3	4	5	6	...	n
一、	回流银行资金									
1	固定资产贷款回收									
2	流动资金贷款回收									
3	企业存款									
4	贷款利息回收									
	回流资金小计									
	回流资金现值（$i=××\%$）									
二、	流出银行资金									
1	固定资产贷款									
2	流动资金贷款									
3	企业存款支用									
4	存款利息支出									
	流出资金小计									
	流出资金现值（$i=××\%$）									

根据通常的经验分析，若该指标的比值大于1，表明回流银行资金现值大于流出现值，流动性效果好；如果比值在0.8～1，说明流动性效果一般；如果比值小于0.8，则说明流动性效果较差。

2. 效益分析评价

由于银行通过对投资项目发放贷款，并从贷款中获得某些间接利益，因而可从定性的方面对此进行分析评价，即所谓相关效益分析评价。该分析评价的主要内容包括如下方面。

(1) 分析项目建成后使银行的结算业务增长的情况。

(2) 通过项目贷款掌握行业动态和经济信息的情况。

(3) 通过项目贷款增进与地方政府和主管部门关系的情况。

(4) 通过项目贷款扩大银行其他业务和机构网点建设的情况。

(5) 通过项目贷款提高银行的社会知名度和业务竞争能力的情况。

通过对银行进行流动性分析评价和相关效益的分析评价，可以较好地体现金融资产流动性和营利性的要求。

二、对银行项目贷款风险防范的分析评价

通常，银行在对企业投资项目做出贷款决策，准备发放贷款前，不仅要把考察企业的资信等级评价结果作为贷款的依据之一，还应该结合项目贷款的风险程度进行综合分析评价，以利于贷款的安全性、流动性和营利性。因为银行的每项营利性资产，都可能存在不同程度的债务人违约的风险，特别是项目贷款资产的信用风险更大。

所谓银行项目贷款的风险，是指由于债务人不能按照协议（或约定）的时间如期偿还银行对项目贷款的本金和利息而使银行的利益受到损失的可能性。正因为存在项目贷款风险，所以银行在进行贷款决策时，不仅应对项目进行不确定性分析和抗风险分析，还必须对投资项目贷款进行风险防范的分析评价，这主要是通过对借款人提供保证、抵押、质押等贷款风险防范措施的可行性进行分析评价来进行。

具体说来，对银行项目风险防范的分析评价通常可以从贷款风险度，贷款的信用担保，抵押、质押的价值与权属三方面进行。

1. 对贷款风险度的分析评价

这是银行从债权人的角度出发，综合考虑和分析项目贷款方式与贷款对象的选择对银行信贷资产风险程度的影响。一般地，贷款风险度等于贷款方式对信贷资产安全的影响系数（贷款方式基础系数）与贷款对象对信贷资产安全的影响系数（企业信用等级转换系数）的乘积。其计算公式为，式 (5-43)：

$$\text{贷款风险度} = \text{企业信用等级转换(变)系数} \times \text{贷款方式基础系数} \qquad (5-43)$$

此式中的"企业信用等级转换（变）系数"和"贷款方式基础系数"通常由各家银行统一规定或由分析评价单位自行评定，也可以参照信用评级机构的结果再考虑调整系数加以测定。贷款风险度的数值越小，说明银行项目贷款的风险性也越小。

2. 对银行贷款的信用担保进行分析评价

这是银行对贷款的保证措施所做的分析评价。其任务主要是对保证人（担保人）的主体资格和偿债能力进行分析与评价。通常，信用担保企业的担保能力主要由担保企业的性质、经营实力和经营状况等方面决定的。为此，应该分别进行分析评价。

(1) 分析评价保证人的主体资格。所谓保证人，是指第三方为债务人承担连带责任的保证主体，当债务人不愿或无力按期偿还借款本息时，应由第三方（担保人）按期偿还。因此，为了保证银行贷款资产的安全，在项目前期进行的经济性分析评价时，必须明确贷款的担保单位（保证人），并出具正式的担保证明文件作为银行贷款决策的重要依据文件

之一；同时，银行也应该对项目贷款保证（担保）主体的资格进行分析评价。

按照担保法的有关规定，银行应该审查项目贷款保证人是否经国家工商行政管理部门核准注册登记，持有"企业法人营业执照"和"税务登记证"，并且办理了年检手续，有无重大债权债务纠纷等情况；审查保证人是否达到或相当于银行规定的 AA 级以上的企业信用。在对保证人的担保能力进行分析评价时，主要是对影响担保企业担保能力的各种因素进行定性分析，如有可能，还可以对保证人近三年来的借款按期偿还、利息按期承付及经济合同如期履行等情况进行综合评价，分析保证人的资信状况。

（2）分析评价保证人的偿债能力。在对项目经济性分析进行评价的过程中，不仅可以通过保证单位的历年财务会计报表对保证主体的资产负债率、经营效益和信用程度做测算与分析评价，还可以通过计算与分析保证人的担保率指标来衡量其担保能力。计算公式为，式（5-44）：

$$担保率＝（保证人负债总额＋累计保证金额）/保证人资产总额×100\% \qquad (5-44)$$

该指标表示，若担保率越低，则证明保证人的担保能力越强；反之，担保能力越弱。通常要求担保率应达到 100%。

此外，还应特别注意调查和分析保证人是否存在连环担保和为多家企业担保的问题。如果连环担保链中的一方发生问题，就会使担保链中断，从而造成银行贷款风险的增大；如果企业保证人为多方担保的金额大大超出其资产总额，则也会出现虚假担保风险，使银行贷款的安全度受到冲击。

3. 分析评价银行贷款的抵押、质押措施

分析评价贷款的抵押措施，主要是对抵押人、抵押物及抵押物权属进行分析评价。

（1）对抵押人进行分析评价，主要是审查提供抵押物的借款人或第三者（担保或保证人）是否是依法对抵押物享有所有权或经营管理权的法人、其他组织或个人。

（2）对抵押物进行分析评价，主要是对抵押物进行选择、鉴定和估价，并提出合理的抵押率。对抵押物的选择应符合担保法的规定要求，明确该抵押物是否属于可作为抵押的财产的范围，防止以不可作为抵押物的财产作抵押。

通常要求抵押物应该变现（兑现）能力强；变现市场广大，能适销适用；易保管转让，不易变质；价格变动小或不易跌价。抵押物的使用期应长于项目贷款期，有关抵押的财产必须办理保险手续等。

应遵照国家发布的资产评价办法，对抵押物的价值进行估算，或对有资产评价资格的机构提供的抵押物价值的分析评价结论进行审查。抵押物价值的估算通常有两部分主要内容：第一是重新分析评价抵押财产的现值和净值；第二是估算财产转让后债权人可能获得的实际收入。财产现值可由债权债务双方商定，按清算价格法评定，也可以请有资质（格）进行资产评价的单位重新评定，并得到双方确认。当财产转让后必须依法缴纳有关税费（如房地产增值税等），则变现收入扣除有关税费后，方可作为债权人的实际收入。

抵押率指标可作为发放贷款决策的依据。可按公式（5-45）计算：

$$抵押率＝贷款本息总额/抵押物评价价值额（或实际价值额）×100\% \qquad (5-45)$$

该指标表示，若抵押率越低，说明抵押物抵押措施所带来的风险越小。

（3）对抵押物权属进行分析评价。对已经选定和估价的抵押物，还须验证其产权归属。审查和验证的主要内容包括抵押物的所有权；有价证券的真伪及其发行单位的资信程度；抵押人是否将已设定抵押的价值部分再作抵押；以共有财产为抵押物的，应有抵押人

对该财产占有份额的证明及其他共有人同意以该财产设定抵押的证明。对属于有限责任公司、股份有限公司、合营合作企业或承包经营企业所有的抵押物，应有该公司（企业）董事会或发包人审议批准的文件。

（4）对质押措施进行分析评价。所谓质押，指的是债务人以其本人或第三者（担保人）的动产或权利作为质物而获得银行贷款的行为。通常质押包括动产质押和权利质押两种不同的质押。这里的动产质押指的是债务人或第三者将其动产移交给债权人占有，并将该动产作为债权担保，当债务人不履行债务时，债权人就有权依法将该动产折价或拍卖，变卖的价款可优先偿付债务；而权利质押则是以所有权以外的可让渡的财产权，作为质权标的一种担保方式。

在我国，目前质押物的范围较有限，一般只包括以下三方面。

1）汇票、支票、本票、债券、仓单、提单、存款单等有价票证。

2）依法可转让的股份和股票。

3）依法可转让的商标专用权、专利权、版权中的财产权。

除了法律另作规定扩大范围外，上述以外的其他物品均不能作为质押物。

银行对于质押措施的评价，主要是对出质人质押的动产或权利的真实性、完整性、合法性与有效性进行严格的审查、分析与评价。

综合案例 4-1　关于 TTT 公司 AAA 房地产开发项目贷款申请评估报告

第1章　项目主办单位概况

1. 主办单位名称、经济类型和经营范围

主办单位名称：北京 TTT 房地产开发有限公司。

经济类型：中外合资经营企业。

经营范围：在规划范围内对 AAA 项目的公寓及配套商业设备进行开发、建设、出租、出售、及物业管理，并提供相关的咨询服务。

2. 合资各方名称、注册国家、法定地址和法定代表人姓名、国籍

（1）华成总公司（简称甲方），法定地址为北京市×××街××号，法定代表人华×，中国籍。

（2）美国 M&M 公司（简称乙方），是根据美国法律成立的公司，法定地址是美国马萨诸塞州波士顿市，法定代表人撒·本杰明，美国籍。

（3）北京新城建设工程有限公司（简称丙方），法定地址为北京市×区××路 11 号，法定代表人邹××，中国籍。

3. 项目总投资、注册资本、各方出资比例、出资方式

（1）合资公司的投资总额为 5236 万美元（合 43456 万元人民币）。

（2）注册资本为 1000 万美元。

甲方认缴 100 万美元，占注册资本 10%；

乙方认缴 890 万美元，占注册资本 89%；

丙方认缴 10 万美元，占注册资本 1%。

（3）注册资本出资方式。

甲、丙方：以认缴折合人民币现金出资；

乙方：以 890 万美元现金出资。

截至 1998 年 3 月，公司注册资本计折合人民币 8300 万元已全部到位。

（4）按投资方贷款。除资本金和 15000 万元贷款外，项目的其余投资由股东按工程进度的需要贷款，不计利息。

4. 合营期限、利润分配

合营期限 50 年。在合资经营期间，合营各方按注册资本出资比例分配利润和分担风险及亏损。

5. 审批单位

该公司是 1996 年 10 月经北京市对外经济贸易委员会同意并报请北京市计划委员会批准建立的（见《京计基字［1996 年］第×××号》文），1997 年 11 月北京市人民政府向该公司颁发了《外商投资企业批准证书》（外经贸京［1997］×××号），1998 年×月国家工商总局向该公司颁发了《企业法人营业执照》（企合经总副字第×××号）。

<h2 align="center">第 2 章　项目概况</h2>

1. 项目背景

AAA 项目前身系北京市××单位建设的综合业务楼，并已于 1996 年破土动工。由于建设资金不足，经北京市计划委员会批准，该项目与 1996 年 10 月转给北京 TTT 房地产开发有限公司继续开发建设与经营。1997 年 11 月，经北京市计划委员会批准，该项目原综合业务楼建设内容变更为公寓，项目名称变更为"×××花园"。1998 年×月×日，经北京市地名办公室核准，取得"AAA 公寓"《建筑名称核准证》。1998 年×月，经首都规划委员会办公室认定，AAA 为住宅项目。

2. 项目内容

AAA 项目位于北京市朝阳区，项目总占地面积为 5126m²，总建筑面积为 56600m²。其中，地上 18～26 层，共 45776m²；地下 4 层，共 10824m²；地下 4 层为汽车停车库，有车位 237 个；首层及 2 层为供住户使用的商务、办公、餐饮、健身娱乐及变配电、保安、消防等用房；地面 3 层以上为住宅，共有 9 种户型（计 238 套），属中高档住宅。该项目的住宅采取预售与现房出售，销售对象主要是外国驻华机构、外资企业和国内企业等单位和个人。

AAA 项目开发、建设总投资为 43456 万元（除特别说明外，指人民币，下同）。北京 TTT 房地产开发有限公司自筹资金 14941 万元（包括注册资本 8300 万元和股东贷款 6641 万元），占项目总投资的 34%。1997 年以来已投入 7910 万元。目前该项目土建工程已进入标准施工阶段。

AAA 项目的设计单位是北京市海科设计研究院，施工单位是北京新时代建筑工程公司，工程监理单位是北京新天缘监理公司。

为销售 AAA 项目的住宅，北京 TTT 房地产开发有限公司已成立销售部，培训了销售人员，确定了销售策略和计划，聘请拉润斯先生担任市场总监。

<h2 align="center">第 3 章　项目工程建设</h2>

1. 主体工程

（1）工程概况。拟建高层住宅楼——AAA 项目由北京市新时代设计研究院设计，经

232

北京市有关部门各级审定，并于 1998 年×月×日首都规划委员会办公室认定。现已完成主体结构工程地下 4 层和地上 2 层的施工，计划 1998 年年底主体工程封顶，1999 年×月全部工程竣工入住。

1) 工程总用地面积：5126m²。

2) 建筑面积：56600m²（地上 45776m²，地下 10824m²）。

3) 建筑层数：地上 18 层，23 层，26 层，地下 4 层。

4) 绿化面积：810m²，占总用地面积的 16％。

5) 容积率：8.9％。

6) 建筑密度：39％。

7) 停车数：237 辆，室外 30 辆。

8) 该建筑 3 层以上为住宅，设有四房二厅、三房二厅、二房二厅等 9 种户型，共有 238 套住房，其中主力户型为二居室，共 152 套。

9) 首层及 2 层为供住户使用的商务、办公、餐饮、健身、娱乐及变配电、保安、消防等用房。

10) 地下 4 层除设备及人防用房外，均为汽车停车库及自行车库房。

11) 建筑外形根据城市规划部门要求，结合该地区环境特点，设计成北低南高台阶形，体形规整，气派典雅。

(2) 工程特点。

1) 地理环境优越。该工程周围已建成多座作为城市标志型的高层建筑，如长城饭店、京城大厦、燕莎中心、中日交流中心等，它们已构成了北京现代化城市的新面貌，是目前北京的黄金地带，是高级商务、商业区。该项目所处地区空气质量为北京市仅有的两个二级标准地区，加之靠近东三环交通十分便利，建成后对项目销售业务十分有利。

2) 区域内的人文环境较好。AAA 项目建于北京第三使馆区和国际学校的对面，毗邻中日交流中心、凯宾斯基饭店，大部分为外国使馆和国内外宾客工作及生活的地区、人文环境较好，项目建立后最适合提供国内外驻京机构人员居住。

3) 工程设计用地节约、平面布置紧凑，公用设施完善，户型齐全，户内外功能分区合理，客厅规整，视野开阔，空间分隔灵活，可满足住户不同的要求。建筑外形典雅，具有欧陆色彩。项目建成后适合外销。

4) 该工程场地呈南北长、东西短，建筑主要朝向为东西向，设计上为了最大限度地提高用地效益和建筑面积的要求，对住户的朝向功能未能完美解决。因此，居室单朝向房间多、双朝向房间少，居室室内环境若不采取措施改善，会对销售产生一定影响。

5) 该工程内的厨房及卫生间均通过天井通风、采光。由于一部分天井的面积过小（3.7m×2.4m）和过高（8.9m），难以满足卫生要求，并对消防不利。尽管设计已采取了相应措施，但今后在使用上必须加强专业管理。

综上所述，AAA 项目所处的地段及投资环境是良好的，如销售价格合理、销售前景良好。

2. 公用工程

(1) 给排水系统。

1) 该工程项目西侧，现有市政给水管线 DN400 通过。经市自来水给水规划审批，同意待工程竣工后，从上述 DN400 管线上引入两条 Φ100 以上水管，供给该工程建成后所需的生活及消防用水。

　　① 最高生活用水量 306m³/天。

　　② 室内消防用水量 30L/s。

　　③ 室外消防用水量 20L/s。

　　④ 自动喷洒灭火用水量 26L/s。

　　2）红线内设有生活污水及雨水排水出管线，并分流排入工程建筑物北侧亮马桥路和西侧麦子店西路的市政雨水、污水管网内。生活污水平均排水量为 245m³/d。

　　(2) 供电系统。该工程采用两路 10kV 电源供电。经市供电局 1998 年×月×日批准，由工程东侧光明公寓 π 接室，引出埋地电缆入户。该工程建筑物一层设有刀闸室及变配电室。变配电室内设有两台 10kV·A 干式变压器，正常时可同时运转，并互为备用。

　　工程总设备容量 4619.6kW。

　　其中：动力设备 698.6kW。

　　　　　照明设备 3921.0kW。

　　总计算容量 2368.7kW。

　　需要系数 0.51。

　　该工程主要用电为三级负荷用电：消防用电设备属一级负荷；普通电梯、生活水泵、公用照明及通风为二级负荷；住宅为三级负荷。

　　(3) 热力系统。该工程所需采暖和生活热水均由市政热力管网提供。

　　工程项目冬季采暖用热量 263 万大卡/h。

　　工程项目生活热水用热量 138 万大卡/h。

　　全年供热范围：冬季供给室内采暖、生活用热水及维持游泳池水温；夏季仅供生活用热水。

　　(4) 天然气系统。该工程项目所需生活用燃气由市天然气公司供给。在该工程建筑物附近亮马桥路一侧，现有 Φ400 中压市政天然气管线通过。该工程拟引入管线，经调压箱降为低压天然气入户，供使用。

　　(5) 弱电系统。

　　1）电信。市政电信干线已设置在该工程楼前。为方便大楼管理部门需要，项目设有一个 500 门内部电话系统。大楼住宅部分均用市话，在各层预留电话配线箱，待住户入住后，可根据需要报装。

　　2）工程设有公用电视系统、可视对讲电话系统，火灾自动报警系统、保安监视系统及停车场管理系统。

　　综上所述，该工程项目的水、电、气、热力、通信等公用工程基础条件基本落实，技术设施齐全、合理、能满足项目发展的需要。

第 4 章　市场分析与营销评估

　　AAA 项目地处 CY 区 YS 商城附近的繁华商业区，北临开发中心的第 M 使馆区，周围外资企业和国内商家云集，物业地理位置优越，这些都是住宅销售的有利条件。因此，开发商将该项目定位为中高档专项住宅，销售对象定位为外国驻华机构、外资企业、港澳客商、东南亚客商和部分国内企业家，在综合考虑住宅的开发成本和客户的购买力后，开发商将住宅的起步价定为 1750 美元/m²。若按此价格计算，项目内部收益率可高达 46%。

234

（1）中高档住宅的供给。1994 年以来，北京市中高档住宅发展迅速，仅外销房总供给量就高达 100 万 m²，目前仍有 30 余万 m²。若加上内销房部分中高档住宅的待销和在建面积，近期中高档住宅的总供给量可能超过 130 万 m²。尽管如此，由于有上述的高额回报，不少开发商仍在寻找商机。因此，短期内中高档住宅的供应仍会保持上升趋势。

（2）中高档住宅的需求。项目主要销售对象是外交人士和海外客商。海外客商在京购置地产的目的是投资增值和工作住房。投资增值量取决于资源的稀缺程度。目前市场中高档住宅供给量充足，购入地产增值空间不大，回报率比前两年有所下降，买家观望者增多。尽管北京是中国外商入住最多的城市，但北京也是国际权威机构评定的全世界生活费用最高的三个城市之一，其中包括住宅价格。因此，为降低经营费用，外商增加雇用当地高级管理人员，缩减驻京高级管理人员，减少了外销房的一部分客源。从功能和质量上来讲，外销房和内销房出入不大，价格却差 2000～3000 元。这一价差也会抢走一些外销房的中外方客户。但是，我们也应看到，随着住房制度的改革，国内各个阶层人士购买私房的意识增强，一部分成功的企业家和高级职员会在房屋市场低迷的时候买入适用的高档住宅，这样便会增加一部分客户。因此，预计未来中高档住宅的需求会与目前大体持平。

（3）市场现状。据 1998 年北京居民贷款购房发展统计，预售的 10 万 m² 普通住宅平均售价为 4300 元，预售的 3.4 万 m² 中高档住宅平均售价为 7700 元，预售的 0.5 万 m² 别墅平均售价为 10000 元。

表 5-15 为正在出售的类似于 AAA 项目的中高档住宅售价统计资料。

中高档住宅售价统计资料 表 5-15

住宅名称	位置	内外销	销售方式	价格（元/m²）
MH 大厦	二环路港澳中心南侧	外销	预售	12035
国际友谊花园	三元桥		预售	12035
SF 豪情	京城大厦		预售	11000
罗马花园	中日友谊医院西		现房	13280
YG 广场	亚运村		现房	11000
BD 花园	长城饭店东		现房	12500
锦绣园	工体北路	内销	预售	8588
SJGH 公寓	国贸中心北		预售	9988

（4）评估价格建议。开发商销售部门主持人郭·斯坦瑞先生是业内资深专家，有多年在美国和中国香港、广州、北京等地的售房经验，熟悉房地产市场，为该项目制定了切实可行的销售战略，兼有训练有素的营销队伍，预计在未来市场销售上会有良好的业绩。

但是，综合考虑该项目自身的优势（如地理位置、专项住宅和优良的物业管理）、中高档住宅的供给量和可预见的需求量，对未来房地产市场复苏的期望，参考目前同类住宅的市场成交价，同时依照项目评估的稳妥原则，建议在该项目评估中楼盘销售价格以 1450 美元（或 12035 元）起步为宜。

第 5 章 企业资信评估

（1）北京 TTT 房地产开发有限公司是我国政府批准的中美合资企业。中方股东是华成总公司和北京新城建设工程有限公司；美方股东是美国 M&M 公司。

（2）北京 TTT 房地产开发有限公司的董事会由中美合资三方人员组成。其董事会成员均有大学以上学历和管理能力，领导群体素质较高，在北京 TTT 房地产开发有限公司的工作中，三方合作很好。

（3）北京 TTT 房地产开发有限公司设有办公室、工程部、财务部和销售部，财务部的财务制度健全；财务部经理为乙方委派，具有大学以上文化水平，且有较高业务水平和管理能力。销售部的人员均为最近公开招聘的研究生和大学生；同时聘请香港某测量师行在北京地区的总经理担任市场总监。

（4）AAA 项目是在建项目，也是北京 TTT 房地产开发有限公司目前唯一从事的项目。自 1997 年以来，该项目已投入 7910 万元，财务状况较好。由于该项目目前尚在施工，未能销售，故无收入。

第 6 章　投资总额及资金来源评估

1. 评估依据

（1）北京市东方设计研究院编制的《AAA 项目初步设计概算》。

（2）北京市 TTT 房地产开发有限公司《贷款申请报告》。

（3）项目实施进度与实际投资使用情况。

（4）未完工程所需投资的预测。

2. 项目投资总额

该项目投资总额为 43456 万元，全部用于开发产品投资，开发产品成本中不含财务费用部分为 41367 万元。其中，土地开发费用 16570 万元；前期工程费用 532 万元；基础设施及配套工程 1379 万元；建筑安装工程费用 19490 万元；预备费用 1351 万元（见附表 1）。

3. 项目建设及用款计划

该项目自 1997 年开始建设，计划 2000 年完工。资金使用计划 4 年，1997 年已投资 7910 万元，1998 年投资 20955 万元，1999 年投资 9792 万元，2000 年投资 4214 万元。

4. 项目资金来源

资金来源有注册资本金 8300 万元，股东贷款 6641 万元，拟向××银行申请住房建设贷款 15000 万元，以上约 29000 万元，其余部分可用商品房预售收入款解决，因此，资金来源是可以落实的（见附表 2）。

第 7 章　项目的财务效益评估

1. 评估依据

（1）建设部发布的《房地产开发项目经济评价方法》（计划出版社，2000 年）。

（2）《中国××银行中长期贷款项目评估方法》。

（3）北京 TTT 房地产开发有限公司的《贷款申请报告》。

（4）国家现行的财税制度和有关法律。

2. 主要数据的确定

评估的基本数据经与借贷方共同研究确定如下：

（1）可销售的商品房面积 56600m²，其中住宅 42100m²；服务用房 4195m²；汽车车位

237 个/10305m^2。

(2) 贷款。向银行借款 15000 万，借贷利率 5%，项目第 2 年借款 11000 万元，第 3 年借款 4000 万元。全部借款在第 4、5 年等本还款。

(3) 商品房的销售价格。住宅每平方米第 1 年 1450 美元、第 2 年 1550 美元、第 3 年 1650 美元（1 美元＝8.3 元人民币），折合人民币分别为 12035 元、12865 元及 13695 元。服务用房每平方米 2000 美元，折合人民币 16600 元。汽车车位每个 250000 元。

(4) 销售计划。住宅及汽车车库车位进行预售，计划 3 年内售完，第 2 年销售 15%，第 3 年销售 50%，第 4 年销售 35%；服务用房则于第 4 年销售。预售房分期付款，合同签订当年交 50%，余款第 2 年交 30%，第 3 年交 20%。

(5) 项目计算期。根据房地产开发项目的特点，以商品房全部售完为限，计算期定为 6 年，从第 2 年起继续施工，3 年内完工。

(6) 税费率。营业税税率为 5%；城市维护建设税税率 7%，教育费附加费率 3%；土地增值税税率按不同的增扣比为 0%～40%；企业所得税税率为 33%；管理费用按建筑工程费用的 3% 提取，销售费用按建筑工程费的 5% 提取；不可预见费为 1351 万元；职工奖励及福利基金、储备基金和企业发展基金均按 5% 计提，余下可供分配的利润在借款未偿还前暂不分配，留在企业，直至项目计算期末再分配。

基准收益率设定为 $i_c = 15\%$。

3. 收入及成本

商品房收入共为 67749 万元，与之相对应的开发产品成本为 43456 万元。其中管理费用及销售费用分别为 582 万元和 970 万元，财务费用为 2089 万元（见附表 1、附表 3 和附表 4）。

4. 利润与税金

该项目经营税金为 3726 万元，土地增值税为 6048 万元，利润总额为 14519 万元，所得税为 4791 万元，减去三项基金后，可供分配的利润为 7490 万元（见附表 4）。

5. 盈利能力分析

全部投资内部收益率：所得税前为 21.1%，净现值为 2868 万元；资本金内部收益率为 37.1%；投资各方的内部收益率都是 15.7%；均大大高于银行利率及基准折现率。因此在财务上是可行的。投资回收期为 4.1 年（见附表 5 和附表 6）。

6. 清偿能力分析

申请抵押贷款 15000 万元，约定从第 4 年起两年内偿还，其资金来源主要为可利用预售收入。经测算，预售收入除少量用于项目投资外，其余款项用来还款是绰绰有余的（见附表 7 和附表 8）。项目资产负债率是比较低的，仅在第 2 年达到 67%，其余年份均在 37%～58% 之间（见附表 9）。

第 8 章　国民经济评估（略）

第 9 章　不确定性分析

1. 项目的敏感因素

影响项目收益的主要敏感因素为开发产品投资、售房价格和售房款回笼进度三项（见表 5-16 和图 5-14）。

序号	项目	变动幅度(%)	全部投资(所得税前)		
			内部收益率(%)	净现值(万元)	投资回收期(年)
0	基本方案		21.1	2868	4.1
1	开发产品投资	+10	28.7	−191	4.4
		−10	28.7	5926	3.8
2	售房价格	+10	28.7	6563	3.8
		−10	13.2	−826	4.5
3	售房款回笼进度	+10	22.8	3440	3.9
		−10	17.2	991	4.4

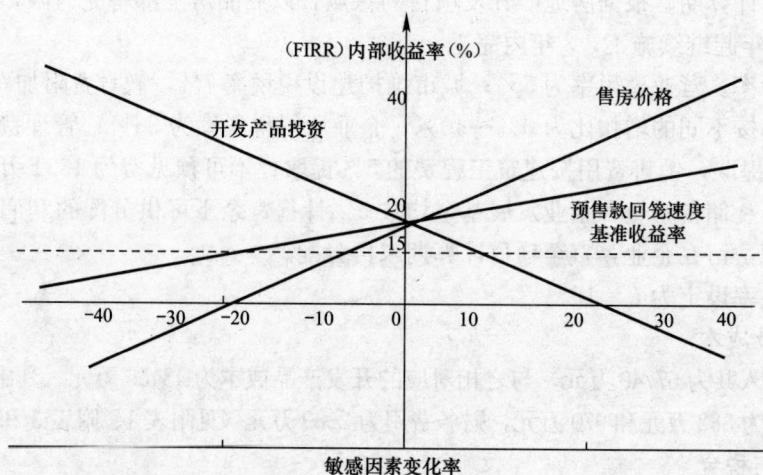

图 5-14　AAA 项目敏感性分析（全投资、所得税前）

从表 5-16 和图 5-14 来看，开发产品投资和售房价格是两大敏感因素，若它们分别向不利方向变动 10%，内部收益率会分别下降 14.6% 和 13.2%，投资回收期也将分别增加至 4.4年。相比之下，售房款回笼进度对项目影响不太大。据此看来，项目有一定的抗风险能力。

2. 临界点分析

为考察对开发产品效益有影响的因素变化的极限承受能力，对开发产品投资、售房价格、土地费用和售房面积等因素进行临界点分析，若期望的可接受内部收益率为 15%，则开发投资的临界点为 47530 万元，增长 4074 万元；售房价格的临界点为 11041 元，降低 929 元；土地费用的临界点为 22138 万元，增长 5568 万元；降低 929 元；土地费用的临界点为 22138 万元，增长 5568 万元；售房面积的临界点为 50548m²，下降 6052 万 m²。从临界点分析可知（见表 5-17），项目对土地费用变动的承受能力最强。

项目的临界点分析　　　　　　　　　　　　　　　　　　　　　　　表 5-17

指标名称	基本方案结果	临界点计算	
内部收益率（%）	21.1	期望值	15.0
开发投资（万元）	43456	最高值	47530
售房价格（元/m²）	11970	最低值	11041
土地费用（万元）	16570	最高值	22138
售房面积（m²）	56600	最低值	50548

第 10 章　贷款风险评估

1. 申请贷款的种类、金额、期限

项目主办单位根据工程进度用款情况拟向××银行××支行以抵押方式申请贷款15000 万元，宽限期为 2 年，2 年等本还款。

2. 抵押物及其估价

抵押物为项目主办单位自己的《国有土地使用权证》。该抵押物由主办单位委托北京××房地产咨询评估有限公司评估，估价内容为总建筑面积 56600m²、建设用地面积5126m²。根据该公司《估价报告》，房地产估价结果为 34438.57 万元。

《估价报告》将价格定义为：委托物业市场价值包含地块的熟地地价和部分工程费用、部分设备费用。熟地价是委托评估地块达到七通一平，公寓用地 70 年土地使用权的市场价格。同时，含开发所支付的前期工程费（部分）、设备款（部分）及其他费用。

3. 抵押贷款风险的评估

《评价报告》是 1998 年×月××日签署的。当时该项目正处在施工期，当年 3～8 月又投入建设资金约 5000 万元。该估价依据的市场价为 2500 美元/m²，目前看来似乎偏高。上述两相相抵，抵押物原评估价值额仍应有所调低。

按《评估报告》的估价值，按抵押率占 50% 及 70% 计，可贷款的本息额为 17219 万～24000 万元。该项目贷款 15000 万元，加利息共 17400 万元。如此按抵押率计算的抵押物价值是可以接受的。

4. 贷款偿还能力的评估

根据该报告财务效益评估，该项目的借款可以在约定的两年内归还，评估进一步分析销售渠道影响，即使 3 年内销售率只达到 90%，也不影响贷款的偿还。因此，贷款偿还能力是强的。

第 11 章　评估结论和建议

（1）北京 TTT 房地产开发有限公司是经北京市人民政府批准的、具有企业法人资格的中外合资企业。其经营范围就是 AAA 项目的开发、建设、出租、出售与物业管理。该公司注册资本为 8300 万元，已全部到位。

（2）北京 TTT 房地产开发有限公司的管理机构，特别是财务、销售等部门，机构简练、制度健全、工作严谨。

（3）AAA 项目设计外形典雅，住宅户型多，内部设施合理，施工质量一流。

（4）北京市朝阳区是北京市规划的商务办公区，AAA 项目正处于该区范围的中心地带，为外商机构、外资企业包围，又与北京新开辟的第三使馆区隔路相望，交通便利，服务设施齐全，因此，相对于北京市其他中高档住宅而言，具有较优越的地理环境。

（5）AAA 项目是一项在建工程，已投入资金 7910 万元，预计 1998 年年底结构封顶，1999 年进行设备安装与内装修，于 11 月即可入住。目前是该项目工程使用资金较集中的时间，如能获得贷款支持，将有利于工程进展和投资效益的发挥。

（6）经预算分析，AAA 项目的财务效益好，抗风险能力较强。只要销售价格合理，营销得力，可以按计划完成销售任务，回收资金。因此，该项目偿还贷款是有保证的（见表 5-18）。

项目的主要经济指标表　　　　　　　　　　　　　　　　表 5-18

序号	名　　称	单位	数据	备注
I	设计规模			
1	房地产开发产品建筑面积		56600	
	商品房销售		56600	
2	其中：住宅	平方米	42100	
	服务用房		4195	
	汽车库车位		10305	
II	经济数据			
1	总投资	万元	43456	
2	开发产品投资		43456	
	其中：财务费用		2089	
3	资金筹措		43456	
	其中：资本金		8300	
	借款		15000	
4	经营收入		13550	年平均
5	经营税金及附加		745	年平均
6	总成本费用		8691	年平均
7	利润总额		2904	年平均
8	所得税		958	年平均
9	税后利润		1946	年平均
10	土地增值税		1210	年平均
III	财务评价指标			
1	商品房投资利润率	%	33.4	
2	商品房投资利税率		55.9	
3	商品房资本金净利润率		117.2	
4	全部投资内部收益率（所得税前）		21.1	
5	全部投资的投资回收期（所得税前）	年	4.1	
6	全部投资内部收益率（所得税后）	%	15.3	
7	全部投资的投资回收期（所得税后）	年	4.4	
8	资本金内部收益率	%	37.1	
9	长期借款偿还期（房地产总投资）	年	4.0	贷款期限

（7）该贷款为抵押贷款，抵押率符合国家规定的范围。

总之，该项贷款是可行的，安全度较高。

建议在房地产市场特别是中高档住宅市场竞争激烈的形势下，要加强营销工作，以合理的价格和优良的服务，去赢得用户。

项目总投资估算表（单位：万元）　　　　　　　　　　表 5-19

序号	项　　目	开发产品	估算说明
1	开发建设投资	43456	
1.1	土地费用	16570	
1.2	前期工程费	532	
1.3	基础设施建设费	1379	
1.4	建筑安装工程费	19409	

序号	项　目	开发产品	估算说明
1.5	公共配套设施建设费		
1.6	开发间接费		
1.7	管理费用		
1.8	销售费用		
1.9	开发期税费	368	
1.10	其他费用	206	
1.11	不可预见费用	1351	
1.12	财务费用	2089	
2	经营费用		
3	项目总投资	43456	
3.1	开发产品成本		
3.2	固定资产投资	43456	
3.3	经营资金		

投资使用计划与资金筹措表（单位：万元） 表 5-20

序号	项　目	合计	1	2	3	4	5	6
1	总投资	43456	7910	20955	9792	4214	585	
1.1	自营资产投资							
1.2	自营资产投资借款建设期利息							
1.3	自营资产投资方向调节税							
1.4	经营资金							
1.5	开发产品投资	43456	7910	20955	9792	4214	585	
	其中：不含财务费用	41367	7910	20675	9130	3450	203	
	财务费用	2089		280	662	764	382	
2	资金筹措	43456	7910	20955	9792	4214	585	
2.1	资本金	8300	4980	3320				
2.2	预售收入	13515		2924	5792	4214	585	
2.3	预租收入							
2.4	其他（股东贷款）	6641	2930	3711				
2.5	借款	15000		11000	4000			
	固定资产投资长期借款	15000		11000	4000			
	自营资产人民币借款							
2.5.1	房地产投资者民币借款	15000		11000	4000			
	自营资产投资外币借款							
	房地产投资外币借款							
2.5.2	自营资产投资建设期利息借款							
2.5.3	经营资金人民币借款							

售房收入与经营税金及附加估算表（单位：万元） 表 5-21

序号	项　目	合计	1	2	3	4	5	6
1	售房收入	67749		4244	17568	25319	14774	5843
1.1	可销售面积（m²）	56600		7861	26203	22537		

序号	项 目	合计	1	2	3	4	5	6
1.2	平均售价（元/m²）			10799	11466	12964		
1.3	销售比例（%）	100		14	46	40		
2	经营税金及附加	3726		233	966	1393	813	321
2.1	营业税	3387		212	878	1266	739	292
2.2	城市维护建设税	237		15	61	89	52	20
2.3	教育附加税	102		6	26	38	22	9
3	土地增值税	6048		406	1597	2239	1300	506
4	商品房销售净收入	57975		3605	15005	21668	12661	5016

损益表（单位：万元）　　　　　　　　　　表 5-22

序号	项 目	合计	1	2	3	4	5	6
1	经营收入	67749		4244	17568	25319	14774	5843
1.1	商品房销售收入	67749		4244	17568	25319	14774	5843
1.2	房地产租金收入							
1.3	自营收入							
2	经营收入	43456		2924	11503	16074	9333	3622
2.1	商品房经营成本	43456		2924	11503	16074	9333	3622
2.2	成本（摊销）							
3	出租房经营费用							
4	自营部分经营费用							
5	自营部分折旧/摊销							
6	自营部分财务费用							
7	经营税金及附加	3726		233	966	1393	813	321
8	土地增值税	6048		406	1597	2239	1300	506
9	利润总额	14519		681	3503	5613	3328	1394
10	弥补以前年度亏损							
11	应缴纳所得税	14519		681	3503	5613	3328	1394
	税后利润	9728		456	2347	3761	2230	934
12	职工奖励及福利基金	486		23	117	188	112	47
	储备基金	778		36	188	301	178	75
	企业发展基金	973		46	235	376	223	93
13	所得税	4791		225	1156	1852	1098	460
14	加：年初未形成分配利润				351	2158	2527	2122
15	可供投资者分配的利润			351	2158	5054	4244	2841
	应付利润	7490				2527	2122	2841
16	A方	749				253	212	284
	B方	6666				2249	1889	2529
	C方	75				25	21	28
17	年末未分配利润			351	2158	2527	2122	

财务现金流量表（全部本金）（单位：万元）　　　　　　　　表 5-23

序号	项　　目	合计	1	2	3	4	5	6
1	现金流入	67749		4244	17568	25319	14774	5843
1.1	售房收入							
1.2	租房收入							
1.3	自营收入							
1.4	其他收入							
1.5	回收固定资产余值	67749		4244	17568	25319	14774	5843
1.6	回收经营资金							
1.7	净转售收入							
2	现金流出	55933	7910	21539	12849	8934	3414	1287
2.1	固定资产投资（含方向税）		7910					
2.2	开发产品投资（不含财务费用）	41367		20675	9130	3450	203	
2.3	经营资金							
2.4	自营部分经营费用							
2.5	出租房经营费用							
2.6	经营税及附加	3726		233	966	1393	813	321
2.7	土地增值税	6048		406	1597	2239	1300	506
2.8	所得税	4791		225	1156	1852	1098	460
3	净现金流量	11816	−7910	−17295	4720	16385	11360	4556
	累计净现金流量		−7910	−25205	−20485	−4100	7260	11816
4	所得税前净现金流量	16608	−7910	−17070	5875	18238	12458	5016
	累计所得税前净现金流量		−7910	−24980	−19105	−867	11592	16608

计算指标	所得税前	所得税后
内部收益率（FIRR）	21.08%	15.29%
财务净现值（FNPV）	2868	134
投资回收期	4.07	4.36
基准收益率（I_C）	15.00%	15.00%

财务现金流量表（资本金）（单位：万元）　　　　　　　　表 5-24

序号	项　　目	合计	1	2	3	4	5	6
1	现金流入	74390		4244	24209	25319	14774	5843
1.1	售房收入	67749		4244	17568	25319	14774	5843
1.2	租房收入							
1.3	自营收入							
1.4	其他（回收股东贷款）	6641			6641			
1.5	回收固定资产余值							
1.6	回收经营资金							
1.7	净转售收入							
2	现金流出	58508	7910	10842	9628	17386	11407	1334
2.1	资本金	8300	4980	3320				
2.2	预售收入用于开发产品投资	13515		2924	5792	4214	585	
2.3	自营部分经营费用							
2.4	出租房经营费用							

序号	项　目	合计	1	2	3	4	5	6
2.5	经营税金及附加	3726		233	966	1393	813	321
2.6	土地增值税	6048		406	1597	2239	1300	506
2.7	所得税	4791		225	1156	1852	1098	460
2.8	长期借款本金偿还	15000				7500	7500	
2.9	流动资金借款偿还							
2.10	短期借款本金偿还							
2.11	其他（股东贷款）	6641	2930	3711				
2.12	职工奖励及福利基金	486		23	117	188	112	47
3	净现金流量	15882	−7910	−6598	14581	7933	3366	4509
4	累计净现金流量		−7910	−14508	73	8007	11373	15882

计算指标
内部收益率（FIRR）　　　37.1%
财务净现值（FNPV）　　　5879
基准收益率（I_C）　　　15.00%

长期借款还本付息估算表（单位：万元）　　　表 5-25

序号	项　目	合计	1	2	3	4	5	6
1	长期还款本息累计							
	年初借款本息累计				11000	15000	7500	
1.1	本金				11000	15000	7500	
	建设期利息	15000						
1.2	本年借款	2089		11000	4000			
1.3	本年应计利息			280	662	764	382	
	本年还本付息	15000		280	662	8264	7882	
1.4	还本	2089				7500	7500	
	付息			280	662	764	382	
1.5	年末借款本息累计				11000	15000	7500	
2	房地产投资者民币借款							
	年初借款本息累计				11000	15000	7500	
2.1	本金				11000	15000	7500	
	建设期利息							
2.2	本年借款	15000		11000	4000			
2.3	本年应计利息	2089		280	662	764	382	
	本年还本付息			280	662	8264	7882	
2.4	还本	15000				7500	7500	
	付息	2089		280	662	764	382	
2.5	年末借款本息累计				11000	15000	7500	
3	还本资金来源			456	8514	24504	27981	4556
3.1	上年余额							
3.2	摊销				456	8514	17004	
3.3	折旧							
3.4	利润					369		

序号	项目	合计	1	2	3	4	5	6
3.5	可利用售房收入			456	8057	15621	10978	4556
3.6	其他							
4	偿还等额还款本金					7500	7500	
5	偿还长期贷款—本金能力			456	8514	17004	20481	4556
6	长期借款偿还期		5					

注：有效利率为5.09%。

资金来源与运用表（单位：万元）　　表5-26

序号	项目	合计	1	2	3	4	5	6
1	资金来源	97690	7910	22275	21568	25319	14774	5843
1.1	商品房销售收入							
1.2	房地产租金收入	67749		4244				
1.3	自营收入							
1.4	自营资产长期借款				17568			
1.5	自营资产经营资金借款							
1.6	房地产投资借款					25319		
1.7	短期借款	15000		11000			14774	5843
1.8	资本金				4000			
1.9	其他	8300	4980	3320				
1.10	回收固定资产余值	6641	2930	3711				
1.11	回收经营资金							
1.12	净转售收入							
2	资金运用	87639	7910	21842	20269	19913	13530	4175
2.1	自营固定资产投资（含方向税）							
2.2	自营固定资产建设期利息							
2.3	房地产投资（含财务费用）	43456	7910	20995	9792	4214	585	
2.4	经营资金							
2.5	自营部分经营费用							
2.6	自营部分财务费用							
2.7	出租方经营费用							
2.8	经营税金及附加	3726		233	966	1393	813	321
2.9	土地增值税	6048		406	1597	2239	1300	506
2.10	所得税	4791		225	1156	1852	1098	460
2.11	应付利润	7490				2527	2122	2841
2.12	自营资产长期借款本金偿还							
2.13	自营资产经营资金借款偿还							
2.14	房地产长期借款本金偿还	15000				7500	7500	
2.15	偿还其他应付款（股东贷款）	6641			6641			
2.16	短期借款本金偿还							
2.17	职工奖励及福利基金	486		23	117	188	112	47
3	盈余资金	10051		433	1299	5406	1244	1668
4	累计盈余资金			433	1732	7138	8383	10051

资产负债表（单位：万元）　　　　　　　表 5-27

序号	项目	1	2	3	4	5	6
1	资产	7910	26374	25963	19509	12005	10051
1.1	流动资产总额						
1.1.1	应收账款						
1.1.2	存货	7910	26374	25963	19509	12005	10051
	其中：在建开发产品						
1.1.3	现金	7910	25914	24230	12370	3622	
1.1.4	累计盈余资金	7910	25914	24230	12370	3622	
1.2	在建工程						
1.3	固定资产净值		433	1732	7138	8383	10051
1.4	无形及递延资产净值						
2	负债及所有者权益	7910	26374	25963	19509	12005	10051
2.1	流动负债总额	2930	6641				
2.1.1	应付账款	2930	6641				
2.1.2	短期借款						
2.2	借款		11000	15000	7500		
2.2.1	经营资金借款						
2.2.2	固定资产投资借款						
2.2.3	开发产品投资借款		11000	15000	7500		
	负债小计	2930	17641	15000	7500		
2.3	所有者权益	4980	8733	10963	12009	12005	10051
2.3.1	资本金	4980	8300	8300	8300	8300	8300
2.3.2	资本公积金						
2.3.3	储备基金		36	224	525	704	778
2.3.4	企业发展基金		46	280	656	879	973
2.3.5	累计未分配利润		351	2158	2527	2122	
	比率指标						
	资产负债率（%）	37	67	58	38		
	流动比率（%）	270	397				
	速动比率（%）						

【案例点评】该案例是某银行关于 TTT 房地产开发有限公司就其位于北京的 AAA 项目开发在已进行了可行性分析基础上对其贷款申请所做的项目评估文件。该报告文本是一份典型的符合可行性分析与项目评估过程规范要求的项目前期管理文件，对满足贷款审批需求的项目可行性分析与评估有着较高的参考价值和典型意义。

对房地产项目进行可行性分析和项目评估，特别是对其新开发项目进行前期研究，要在把握项目所属产业的特殊性，即注意房地产业兼有生产、经营和服务三位一体的三重性质——房地产业不仅经营土地与建筑产品，同时还从事土地的开发和房屋建设，是介于工业——第二产业和服务业——第三产业之间的、以第三产业为主的独立产业部门。该产业与其他行业相比，具有内容丰富、涉及范围广，集房屋的自然属性、社会属性及其间内部联系密切的特点。因此，在进行房地产项目前期研究的过程中，要把研究的重点放在考察房地产项目自身的特性上，认真分析研究房地产项目的特性：①房地产项目经营对象的固定性与项目投资的风险性；②产品生产的单一性和开发建设的差异性；③使用的耐久性；④开发周期长、投资大；⑤保值性和增值性；⑥房地产价格受区域环境变化的影响大；⑦所涉及的法律法规较多；⑧其发展与多个行业密切相关，社会经济效益明显；⑨作为资金、技术和知识密集型行业涉及的相关专业点多面广、知识容量大，对房地产项目的开发投资和经营管理在专门人才的要求上提出了更高的标准。据此，就能够有针对性地开展有关房地产项目的可行性分析与评估工作。

正是基于对房地产业及其相关项目上述属性和特点的认识，人们在实践中才总结探索了对房地产项目进行有别于其他第一和第二、三产业新建项目可行性分析的具体要求和较成熟规范的评估模式。以本报告提供的房地产开发项目可行性分析为例，通常在进行可行性分析或评估的过程中，其作为成果载体形式的报告除了必须要反映一般规范中的内容——如项目概况（总论）、建设条件、投资估算、资源供给和财务效益分析评价等，还必须重点关注和阐明项目的投资环境、市场供需与预测分析、开发方案与项目的策划等内容，只有在如此分析之后才能做出项目的综合评价，得出项目可行与否的结论。这里，市场调查与预测、开发方案的规划设计和项目策划及项目融资是房地产项目可行性分析与项目评估要考察分析和评价判断的几个关键环节和重点内容。若这几个方面在前述涉及的内容可行的基础上也可行，则项目得出可行的结论或通过评估的可能性就会大增。若项目还涉及融资贷款等内容，则还需增加有关就贷款评估对象资信进行评估的要求。

在该案例中，报告按照房地产开发项目可行性分析与评估的要求，较翔实、规范地阐明了可行性分析的具体内容，作为融资需要抵押贷款评估所应涉及的市场与营销评估、企业资信与资金来源评估和财务效益与不确定性及贷款风险评估等关键环节的情况，最后得出了贷款可行、安全度较高的评估结论，从而提供了企业据此文件获得项目贷款的可能性。

第六章 投资方案比较评价和项目总评价与决策

【本章提要】本章以人们习惯的传统方法通过对现行市场常规资源要素投入条件下进行项目投资综合性、多方案的系统性分析，全面地阐述了投资领域有关项目经济性分析与评价最后决策阶段进行项目经济效果决策判断的基本原理。其重要的关键核心节点是：以单方案的绝对效果检验来判断项目在经济上是否有利（可行），而以在通过了绝对效果检验基础上的各个方案要进行多方案的相对效果检验来比较和选出其中经济性相对最优（满意）的方案。以此条件和标准做多方案的取舍决策。

第一节 投资项目多方案比较评价概述

【本节提要】一个项目所具有的各种不同的能够达成同一目的或目标的途径、方法或渠道和手段都可称为项目方案。作为寻求合理的建设和技术方案的必要手段，也是进行项目经济性分析与评价的重要组成部分，在常规资源投入条件下投资方案的比较和选择，一是进行各种可供选择的技术方案和建设条件的技术经济过程的分析评价，以比较和筛选出最佳经济方案纳入项目分析评价报告；二是分析判断项目总体建设方案的最佳经济效果做出最终的分析评价，选出投资效益最佳的总体建设方案纳入项目总评价分析报告，这是项目分析评价决定项目投资命运的关键所在。通常，各类投资方案的经济效果就是方案进行比选的主要依据，投资方案比选要注意不同方案间的计算期及产出效益与产品产量的一致性和资金有无约束条件等实际情况，按照先做单方案绝对效果检验，再做通过了单方案绝对效果检验的多方案间相对效果检验的思路顺序进行。

一、方案和方案间的关系与选择

作为目标载体完成的在有限资源约束条件下的一次性任务，项目通常在其实施过程中可以有多种途径和方法。也就是说，能够完成项目的渠道和手段之间会有很大的不同，或者说有相当多的差异。这种能够达成同一目的或目标的每一种途径、方法或渠道和手段，都可能形成一种实施项目的方案。对于一个具体的投资项目来说，可供选择的方案可能不止一个，一个项目所具有的各种不同的实施方案都称为项目方案。

在实践中，投资主体可能常常会面对一组皆可利用的备选方案，方案间也存在多种相互的联系或关系，且资金的利用也并非无限的。在此情况下，要想正确地分析与评价项目方案的经济性或其他效果，仅凭对单个项目方案分析评价指标的计算和判断就不够了，还须了解方案间的相互关系以确定适合的分析评价方法和指标，为最终做出正确的投资决策提供科学依据。

1. 方案分类

对于一组可利用的备选方案，其间具有的相互关系即方案类型。一般而言，方案间存在的关系可归为互斥关系、独立关系和相关关系三种基本关系。

（1）互斥关系，也称排他关系，是指各个方案间相互独立、存在着互不相容、互相排斥、具有排他性的关系，在进行比选时，在各个备选方案中采纳其中某一方案就会自动排斥其他方案的取舍，即只能选择一个，其余的均需放弃，不能同时存在，属于此类关系的方案是互斥（排他）型方案，且按方案服务项目生命周期长短和规模的不同，又可将互斥型（排他）方案分成两类五种具体的方案（见表 6-1）。例如，投资兴建住宅还是商店或办公楼的方案就是互斥（排他）型方案。

（2）独立关系，是指在经济上互不相关的方案，各个方案的现金流量是独立的不具相关性，其中任一方案的采用与否仅与其自身的可行性有关，而与其他方案是否采用没有关系。即接受或放弃某一方案，并不会影响到对其他方案的选择，有此关系的备选方案即独立型方案。例如，投资制药业的方案和投资家电业的方案就是两个互相独立的方案。

（3）相关关系，是指在各个方案之间，某一方案的采用与否会对其他方案的现金流量带来一定的影响，进而影响其他方案的采用或拒绝。相关关系有正相关和负相关之分，当一个方案（或项目）的执行虽不排斥其他方案（或项目），但可使其效益减少时，方案（或项目）间就具有负相关关系，此时方案（或项目）间的比选可转化为互斥关系来处理；当一个方案（或项目）的执行使其他方案（或项目）的效益增加时，方案（或项目）间则具有正相关关系，方案（或项目）间的比选可采用独立方案比选方法。

由此，可将常规资源投入条件下建设项目的方案分为互斥（排他）型方案、独立型方案和相关型方案三类基本方案，并以独立型、互斥型、互补型、混合型、现金流量相关型、组合-互斥型和混合相关型等方案类型表现（见表 6-1）。这里，混合型方案是指一组方案中有两个层次。其高层次是一些相互独立的方案，而每个独立的方案中又存在（可分为）若干个互斥（排他）型方案，例如，某企业下属子公司分别进行新建、扩建和更新改造三个相互独立的项目 A、B、C，而新建 A 有 A_1 和 A_2 两个互斥型方案，扩建 B 有 B_1、B_2 和 B_3 三个互斥型方案，更新改造 C 有 C_1 和 C_2 两个互斥型方案。互补型方案是指方案间存在技术经济互补关系的一组方案，接受其中之一，有助于其他方案的接受，方案间存在的有可能是对称或非对称的相互补充的依存关系。例如，建设一大型非港口电站，必须同时兴建铁路和电厂，无论在建成时间和规模上都要彼此适应，否则其他项目就不能正常运行。又如，兴建办公楼 A 和增加空调系统 B，A 本身有用，增加 B 后会使 A 更有用，但用了 A 却并非一定用 B。现金流量相关型方案是指在一组方案中，方案间不完全互斥也不完全相互依存，但任一方案的取舍会导致其他方案现金流量的变化。例如，A 市跨海项目有建桥方案 B 和轮渡方案 C 两种收费方案，其中，任一方案的放弃或实施都会影响另一方案的现金流量。组合-互斥型方案是指在若干备选方案中，若有诸如资金、劳动力、材料、设备和其他资源拥有量等资源约束条件，则只能从中选择一部分方案，将其组合为互斥方案来实施。此类方案与混合型或混合相关型方案在方案间基本关系上相似。总之，在进行项目的比选评价方案前，明确各方案间关系，分清所属类型极为重要，因方案类型不同，分析评价方法和比选判则各异，若划分不当，就会造成错误的分析评价结果。

2. 方案的选择与比选分类

方案选择实际是在一组符合条件的备选方案中通过比较选择最佳（或满意）方案的过程。

项目方案与方案比选的类型及相互关系　　　　　　　　　　　表 6-1

分类	一、方案类型											比选	二、方案比选分类			
依据	相互关系	独立关系	互斥关系						相关关系			依据	范围	目的	内容	
细分依据			互斥（排他）型						相关型		其他类型					
			服务生命周期时间长短		规模大小											
类型	方案	独立型方案	相同服务生命周期互斥型方案	不同服务生命周期互斥型方案	无限长生命周期互斥型方案	相同规模互斥型方案	不同规模互斥型方案	现金流量相关型方案	组合—互斥型方案	互补型方案	混合型方案	混合相关型方案	方案比选类型	局部比选 整体比选	综合比选 专项比选	定性比选	定量比选

鉴于方案互斥是项目多方案间进行比较和选择时的基本形态，不论这种互斥性是客观存在的，还是由决策者的主观需要决定的，任何方案间的比选都只能在方案互斥的基础上进行，因此，项目经济性分析与评价宜对互斥型方案和可转化为互斥型方案的方案进行比选。本章介绍的内容是建设项目中互斥关系和可转化为互斥关系的多方案比选，且方案比选的类型按所依据的比选范围、比选目的和比选内容的不同也分成三类（见表 6-1），相关说明如下。

（1）按比选范围不同，项目方案比选可分为局部比选和整体比选。整体比选是按各备选方案所含的因素（包括相同因素和不同因素）进行的定量和定性的全面对比；局部比选是仅就所备选方案的不同因素或部分重要因素所进行的局部对比。通常，局部比选操作简单，相对容易，且易提高比选结果差异的显著性，若备选方案在许多方面都有差异，采用局部比选的方法工作量大，且每个局部比选结果间出现交叉优势，使比选结果呈多样性，难以提供决策时，应采用整体比选方法。

（2）按目的不同，项目方案比选可分为综合比选与专项比选。方案比选贯穿于可行性研究全过程中，一般项目方案比选是选择两个或三个备选方案进行整体的综合比选，从中选出最优方案作为推荐方案。实际操作时，往往伴随着项目的具体情况，有必要对诸如产品规模的确定、技术路线的选择、厂址比较等进行局部的专项方案比选。

（3）按内容不同，项目方案比选可分为定性比选与定量比选。前者较适合于方案比选的初级阶段，在一些比选因素较为直观且不复杂的情况下，其操作简单易行。如在厂址方案比选中，环保政策允许性等可能一票否决，就无必要再比较下去，定性分析已能满足比选的要求。但在较为复杂的系统方案比选工作中，通常先经过定性分析，若直观很难判断各个方案的优劣，再通过定量分析，论证其经济效益的大小，据以判别方案的优劣。有时，还需定性比选与定量比选相结合来判别方案的优劣。

二、对投资方案进行比选的意义和分析评价的目的

作为可行性分析与项目评价的核心，投资项目的经济性分析与评价始终贯穿于可行性分析与项目评价的全过程，反映着项目研究的最终成果。对投资方案进行比选是项目分析

与评价的重要内容，建设项目的投资决策以及项目可行性分析与研究的过程是方案比选和择优的过程。在可行性分析和投资决策的过程中，对涉及的各决策要素和研究方面，都应从技术和经济及社会和环境等相互结合的角度进行多方案分析论证，比选优化，如产品或服务的数量、技术和设备选择、原材料供应、运输方式、厂（场）址选择、资金筹措等方面，根据比较的结果，结合其他因素进行决策。

对投资方案进行比选既是寻求合理的建设和技术方案的必要手段，也是项目分析评价的重要组成部分。经济性分析与评价的最终目的是确定投资项目是否可以接受和推荐出最佳投资方案。经济性分析与评价通常主要从两个方面着手：首先是对各种可供选择的诸如工厂规模、产品方案、工艺流程及设备选型等技术方案和诸如原材料、燃料供应方式、厂址选择及工厂平面布置与资金筹措等建设条件，再结合其他因素进行详细的进行技术经济论证分析与评价，可称为过程评价。该分析评价用于比较和筛选方案，为此，应根据实际情况提出各种可能的备选方案进行筛选，并对筛选出的若干方案进行经济效果计算，目的是选出最佳经济方案纳入项目分析评价报告；之后才进行最终评价，对项目的总体建设方案进行综合经济分析和各方面的比较评价，从项目的整体上分析判断能否获得最佳的经济、社会和环境效果，并从中选择最佳投资效益的总体建设方案纳入项目总分析评价报告。从而最终选择出能最有效地分配和使用有限的资源与资金，以获得最佳投资效益的投资建设方案。这项工作是项目分析评价中重要的组成部分，也是决定项目投资命运的关键所在。

三、对投资方案进行比选的依据和原则

1. 进行方案比选的依据

一般而言，在常规资源投入条件下，对项目进行的经济性分析与评价中，各类投资方案的经济效果就是方案进行比选的主要依据。对不同投资方案的比选，原则上都应以能否通过国民经济分析评价来确定，根据其结论进行比选。但在某些情况下，如对产出物基本相同、投入物构成又基本一致的方案进行比选时，为简化计算，在不与方案的国民经济分析评价的结果发生矛盾的条件下，也可通过方案财务效益评价的结果来确定是否投资。但在同时进行财务分析和经济费用效益分析时，方案的经济比选主要依据经济费用效益分析的结论选择方案。

2. 方案比选的基本原则

在对投资方案进行经济性分析比选时，既可按方案的全部因素（相同因素和不同因素）计算各方案的全部经济效益和费用，做出全面的分析对比；也可仅就不同因素计算相对经济效益和费用，只做局部的分析对比。为此，可遵循以下几项基本的比较原则进行判断：

（1）各个方案时间可比的原则。进行互斥方案比选时，不同结构类型的各备选方案的寿命（计算期）应相等，否则必须利用某些方法进行方案寿命上的转换，以保证各方案具有相同的比较时间。通常宜采用净年值法和费用年值法；若采用差额投资内部收益率法，可将各方案计算期的最小公倍数作为比较方案的计算期（此即最小公倍数寿命法）；或者以各方案中最短的计算期作为比较方案的计算期；在某些情况下还可采用研究期法。

（2）效益与费用计算口径对应一致的原则，即利用货币单位统一度量各备选方案的效益和费用，必要时还应考虑相关效益和相关费用。

（3）现金流量的差额评价原则，即在分析评价互斥方案时，应首先算出两个方案的现金流量之差，然后再考虑某一方案较另一方案增加的投资在经济上是否合算。应用差额现金流量法选择方案时还应遵循两条更具体的原则：①唯有较低投资额的方案被证明是合理时，较高投资额的方案才能与其比较；②若追加投资是合理的，则应选择投资额较大的方案，反之则应选择投资额小的方案。

（4）比较基准原则。相对于某一给定的基准收益率，若追加投资收益率大于或等于该值，则应选择投资大的方案；若追加投资收益率小于基准收益率，则应选择投资小的方案。

（5）环比原则。对于互斥方案的选择，要将各方案按投资额从小到大排序后，再依次进行比较，而不能用将各方案与投资额最小的方案比较。

3. 确定备选方案及其定量分析方法的选择原则

确定备选方案的原则是：所提供的信息资料可靠、均衡；整体功能达到目标要求；经济效益达到可被接受的水平；所包含的范围和时间一致，效益和费用计算口径一致；在备选方案经济指标的取值差异较小时，不可依此判定方案的优劣，只有经济指标的取值存在足够的差异，且估算和测算的误差不足以使评价结论出现逆转时，才能认定比较方案有显著的差异，并据此判定方案的优劣。

项目经济性分析与评价中进行方案定量分析的方法选择原则是：在项目无资金约束的条件下，一般采用净现值比较法、净年值比较法和差额投资内部收益率法；方案效益相同或基本相同时，可采用最小费用法，即费用现值比较法和费用年值法。

四、多方案比选的基本思路、流程、方法与不确定性分析

（1）互斥方案比较评价的基本思路。对项目系统内较为复杂的多方案比选工作，一般先做定性分析，若直观很难判断各个方案的优劣，再通过定量分析，论证其经济效益的大小，据以判别方案的优劣。有时，还需将定性比选与定量比选结合起来进行方案优劣的判别。

在进行多方案比选时，尤其是对互斥方案进行的定量比较分析评价中，通常需经过如下两个基本阶段，满足两次检验的基本要求才能完成。

第一阶段，进行所谓的绝对效果检验。即先根据评价指标，计算和判断项目各方案自身的经济性（可接受性），将符合各指标判据要求的方案挑选出来，淘汰那些不能够通过绝对效果检验的方案（拒绝不经济的方案），也就是进行所谓的绝对效果检验；这也是通常进行项目单方案分析评价的基本原理。

第二阶段，对已通过绝对效果检验的各方案，再进行所谓的相对效果检验。即做有关同一指标值的多方案比较，按照从大到小的顺序排列后，保留和选择所得指标值大的（或小的）方案，但只有通过了相对效果检验的方案才是最优方案。

这里，在相对效果检验阶段通常要特别注意以下几项要点。

1）运用其他指标值进行的比选，基本上以保留和选择所得指标值大的方案为优。

2）在使用最小费用法（费用现值法或费用年值法）进行比选时，要始终坚持费用最小为最优的原则。

3）在使用内部收益率法进行比选时，一定要增加一新的判据参数——在两两方案之间以追加投资形式出现或直接计算求得的差额内部收益率指标作为依据和标准。即利用方

案间的差额投资内部收益率（ΔIRR，也称追加内部收益率）作为最终取舍（选优）的判据，即要在分别两两计算方案间的差额投资内部收益率（ΔIRR）之后，按照从大到小的顺序排列所求得的这些指标数值，依据与基准收益率（i_c 或 i_0）相比较的结果做出选择。通常要求是：在差额投资内部收益率（ΔIRR）大于或等于基准收益率（i_c 或 i_0）时，选择和保留投资额大的方案为最优（当 $\Delta IRR \geqslant i_c$ 或 i_0 时，选投资额大者为优，即大者选大）；在差额投资内部收益率（ΔIRR）小于基准收益率（i_c 或 i_0）时，选择和保留投资小的方案为最优（当 $\Delta IRR < i_c$ 或 i_0 时，选投资额小者为优，即小者选小）。

4）方案比选中通常采用与财务分析或经济费用效益分析统一的基准折现率，即设定的折现率。由于多方案成本比较中成本费用的节约，会使项目收益增加和风险减少，采用设定的折现率对不同年份的成本费用折算，可能会因使用的折现率过高而影响费用现值，故在多方案比选时，应采用统一的折现率。

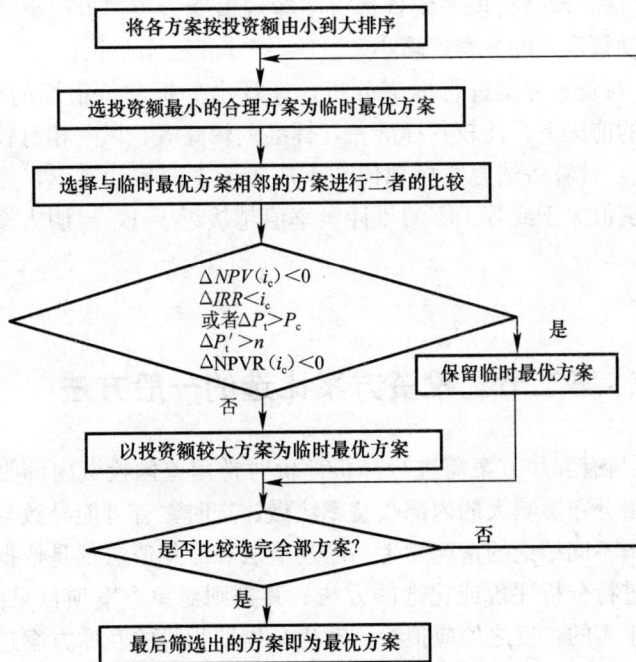

图 6-1 项目基于环比原则进行多方案比选的基本程序

（2）基于环比原则进行多个互斥方案比选的流程。图 6-1 是基于前述环比原则对多个互斥方案进行比选时的基本程序。由图可知，当进行多个互斥方案的比选时，为选出最优方案，各方案除与基准方案 [$NPV(i_c)=0$ 或 $IRR=i_c$ 的方案] 比较外，各方案间还应进行横向的两两比较。且在方案间进行比较时，应采用基准收益率（i_c）进行贴现分析。通常，n 个互斥方案两两比较的可能性会有 $n(n-1)/2$ 种，如 10 个互斥方案就需要比较 45 次，故在实际比较中可用环比法来减少比较次数。

（3）根据不同方案所含的全部因素进行的方案比较，可看成不同方案类型在不同情况和具体条件下的比较，通过选用一组分析评价指标，来进行方案的比较选择；或者分别选用进行方案经济性比选的效益比选法、费用比选法和最低价格法三类定量分析方法。其中：

1）效益比选方法包括净现值法、净年值法、净现值率法和差额（或追加）投资内部收益率法及差额（或追加）投资经济内部收益率（$\Delta EIRR$）法五种具体方法。

2）费用比选法包括费用现值法和费用年值法。

3）最低价格（服务收费标准）法，是在相同产品方案比选中，以净现值为零推算各备选方案的产品最低价格（$P_{\min}$），并以最低产品价格中较低的方案为优的方法。

须注意的是，备选方案比选时方法和分析评价指标的选用应考虑资金有无约束条件和产出效益与产品产量是否相同等实际情况，以免出现因使用不同指标而导致相反的分析评价结论的情况。

（4）多方案比选中的不确定性分析。在多方案比较中，也应注意分析不确定性因素和风险因素对方案比选的影响，判断其对比较结果的影响程度，必要时进行不确定性分析或风险分析，以保证比选结果的有效性。在比选时应遵循效益与风险权衡的原则。不确定性因素影响下的多方案比选通常可用下列三法：

1）折现率调整法，调高折现率使备选方案净现值变为零，折现率变动幅度小的方案风险大，折现率变动幅度大的方案风险小。

2）标准差法，对备选方案进行概率分析，计算出分析评价指标的期望值和标准差，在期望值满足要求的前提下，比较其标准差，标准差较高者，风险相对较大。

3）累计概率法，计算备选方案净现值大于或等于零的累计概率，估计方案承受风险的程度，方案的净现值大于或等于零的累计概率值越接近于 1，说明方案的风险越小；反之，方案的风险大。

第二节　投资方案比选的一般方法

【本节提要】项目有互斥方案需进行分析评价时常用差额投资内部收益率法，以避免直接采用受现金流量分布影响大的内部收益率法做比选时，有可能导致与使用净现值法或净年值法比选后得出不同结论的情况发生。净现值法和净年值法都是依据净现值或净年值指标对项目或方案进行分析评价或比选的方法。其判则对单方案项目只做绝对效果检验、接受指标值大于等于零的，反之均应拒绝；对生命周期相等的互斥方案进行多方案比选的项目，通常必须做相对效果检验、选指标值大于等于零且指标值最大的为最优方案。二者的区别是净现值给出了项目（方案）生命周期内取得的超出目标盈利的余额收益现值，而净年值则给出了项目（方案）生命周期内每年的平均（等额）余额收益。此外，在有明显资金限制情况下最宜采用的方法是净现值率法。作为方案净现值与方案投资总额现值之比的净现值率，反映出单位投资所能获得的超额净效益。应用此指标的判则与净现值法相同，但解决了净现值法不能准确反映方案投资利用效率高或低的不足。

一、差额投资内部收益率法与差额投资经济内部收益率法

在互斥方案的分析评价中，通常是不能直接采用内部收益率法进行比较和选择的，否则有可能导致出现与使用净现值法或净年值法比选后得出不同结论的情况。这是因为，内部收益率的获得受现金流量分布的影响很大，对于两个净现值相同但分布状态不同的现金流量，往往会得出不同的内部收益率。为了避免这种情况的发生，通常采用差额投资内部

收益率法，以使其比选的结果与使用净现值法或净年值法所得出的结论一致。

所谓差额投资内部收益率（ΔIRR），也叫增量（或称追加）投资内部收益率，是指两个互斥方案各年净现金流量差额的现值之和等于零时的折现率，它是对增量现金流的经济性进行分析评价的一个重要分析评价指标。

在进行财务效益分析评价时，其表达式为：

$$\sum_{t=1}^{n}\left[(CI-CO)_2-(CI-CO)_1\right]_t(1+\Delta FIRR)^{-t}=0 \tag{6-1}$$

或

$$\sum_{t=1}^{n}(\Delta CI-\Delta CO)_t(1+\Delta FIRR)^{-t}=0 \tag{6-2}$$

在进行国民经济效益分析评价时，其表达式为：

$$\sum_{t=1}^{n}\left[(B-C)_2-(B-C)_1\right]_t(1+\Delta EIRR)^{-t}=0 \tag{6-3}$$

或

$$\sum_{t=1}^{n}(\Delta B-\Delta C)_t(1+\Delta EIRR)^{-t}=0 \tag{6-4}$$

式中，$(CI-CO)_2$ 为投资大的方案的年净现金流量；$(B-C)_2$ 为投资大的方案的年经济净效益流量；$(CI-CO)_1$ 为投资小的方案年净现金流量；$(B-C)_1$ 为投资小的方案的年净效益流量；ΔCI 为互斥方案（2、1）的现金流入差额（CI_2-CI_1）；ΔB 为互斥方案（2、1）的经济效益差额（B_2-B_1）；ΔCO 为互斥方案（2、1）的现金流出差额（CO_2-CO_1）；ΔC 为互斥方案（2、1）财务的经济费用差额（C_2-C_1）；$\Delta FIRR$ 为差额投资财务内部收益率；$\Delta EIRR$ 为差额投资经济内部收益率。

采用差额投资内部收益率进行方案比选时，先按上式计算备选方案的差额现金流和差额投资财务内部收益率（$\Delta FIRR$），再与设定的基准收益率（i_c 或 i_0）进行对比，当差额投资财务内部收益率大于或等于设定的基准收益率时，以投资大的方案为优，反之，投资小的方案为优。即，在进行多方案比较时，应先按投资大小，由小到大排序，再依次就相邻方案两两比较，从中选出最优方案。具体判则如下：

若 $\Delta IRR \geqslant i_c$（基准收益率或社会折现率），则选择投资规模大的方案为优（大者更大）。

若 $\Delta IRR < i_c$，则选择投资规模小的方案为优（小者更小）。

运用差额投资经济内部收益率（$\Delta EIRR$）法，进行方案比选的原理相同。

差额投资内部收益率的概念及差别准则的含义如图 6-2 所示。

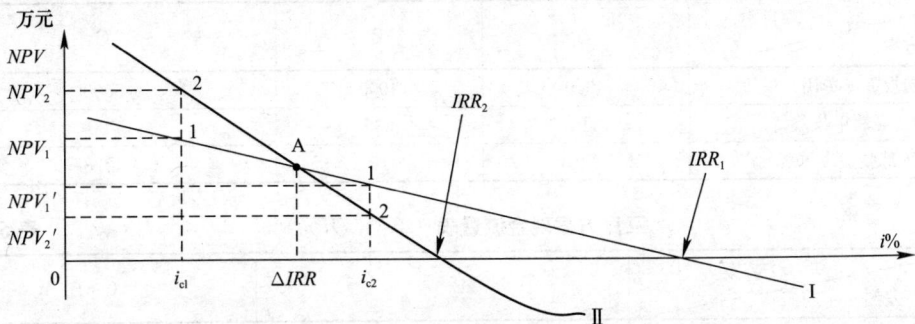

图 6-2　差额投资内部收益率

在图 6-2 中，A 点为两个方案净现值曲线的交点，两方案的净现值在该点相等。交点所对应的折现率为两方案的差额投资内部收益率 ΔIRR。由图 6-2 可看出：当 $\Delta IRR > i_{c1}$ 时，$NPV_2 > NPV_1$（在 A 点的左边），所以，投资规模大的第二方案为优；当 $\Delta IRR < i_{c2}$ 时（在 A 点的右边），$NPV_1' > NPV_2'$，所以，投资规模小的第一方案为优。

用差额投资内部收益率分析评价和比选方案应该注意的是，差额内部收益率不能反映方案的绝对经济效果而仅反映相对经济效果，故而该法只能用于方案间的相对效果检验。

因此，在系统分析评价和进行互斥方案选择时，应将内部收益率（IRR）与差额内部收益率（ΔIRR）两种分析评价指标结合起来使用。

【例 6-1】 已知方案 A、B、C 为互斥方案，其现金流量如表 6-2 所示。若基准折现率 $i_c = 6\%$，试用差额投资内部收益率指标优择最选方案。

互斥方案现金流量表（单位：万元）　　　　表 6-2

年末 方案	0	1～20
A	−2000	410
B	−4000	639
C	−5000	700

【解】 第一步，进行绝对效果检验。先求出各方案的内部收益率。

方案 A：$2000 = 410 \ (P/A, IRR_A, 20)$

$\qquad (P/A, IRR_A, 20) = 2000 \div 410 = 4.87$

$\qquad IRR_A = 20\%$

方案 B：$4000 = 639 \ (P/A, IRR_B, 20)$

$\qquad (P/A, IRR_B, 20) = 4000 \div 639 = 6.26$

$\qquad IRR_B = 15\%$

方案 C：$5000 = 2700 \ (P/A, IRR_C, 20)$

$\qquad (P/A, IRR_C, 20) = 5000 \div 700 = 7.14$

其内部收益率介于 $12\% \sim 15\%$ 之间，用线性内插法，计算得：

$$IRR_C = 12\% + \left(\frac{7.47 - 7.14}{7.47 - 6.26}\right) \times (15\% - 12\%) = 12.8\%$$

互斥方案现金流量表（单位：万元）　　　　表 6-3

项目 方案	A	B	C
期初投资（费用）现值	4000	4000	5000
等额年收益	410	639	700
内部收益表（%）	20	15	12.8

互斥方案现金流量表（单位：万元）　　　　表 6-4

方案 差额	B−A	C−B
投资（费用）差额	2000	1000
等额年收益差额	229	61

可见由于 A、B、C 三个方案的内部收益率 IRR_A、IRR_B 和 IRR_c 都大于基准折现率 i_c，因此它们均通过了绝对效果检验，即各个方案均是可行或可以接受的。

第二步，进行相对效果检验。为此，把互斥方案按投资（费用）的净现值增加的次序排列，并计算各方案间的差额（增量）（见表 6-3、表 6-4）。

第三步，计算方案间的差额投资内部收益率（ΔIRR）。

B-A：$2000 = 229 \ (P/A, \ \Delta IRR, \ 20)$

$\qquad (P/A, \ \Delta IRR, \ 20) = 2000 \div 229 = 8.734$

计算得：$\Delta IRR_{B-A} = 9.7\%$，由于 $\Delta IRR > i_c$（6%），在此可见投资大的方案 B 优于方案 A。

C-B：$1000 = 61 \ (P/A, \ \Delta IRR, \ 20)$

$\qquad (P/A, \ \Delta IRR, \ 20) = 1000 \div 61 = 16.93$

查表得 $\Delta IRR = 2\%$，由于 $\Delta IRR_{C-B} < i_c$（6%），在此可见投资规模小的方案 B 优于方案 C。

最后，比较（1）和（2）中的 ΔIRR_{B-A} 和 ΔIRR_{C-B}，可知，结论应该选择 B 方案为优。

二、净现值法和经济净现值法

净现值指标是对项目做动态经济性分析评价中使用最多的指标之一。所谓净现值，是指把发生在项目（方案）计算期内不同时间点上的各年净现金流量，按一定的折现率（行业基准收益率或社会折现率或给定的资金时间价值率）和统一的基准时间（通常为建设期初）进行折现（折算到 0 时点——期初），其累计值就是净现值。净现值的数学定义式为，式（6-5）：

$$NPV = \sum_{t=1}^{n} \left[(CI - CO)_2 - (CI - CO)_1 \right]_t (1 + i_c)^{-t} = \sum_{t=1}^{n} (S - C - I + S_v + W)_t (1 + i_c)^{-t}$$

$$(6-5)$$

式中，NPV 为净现值；CI 为现金流入量；CO 为现金流出量；$(CI - CO)_t$ 为第 t 年的净现金流量；n 为方案的计算期；i_c 为行业的基准折现率（或设定的折现率）或社会折现率；$(1 + i_c)^{-t} = (P/F, \ i_c, \ t)$ 为净现值（复利）系数；S 为年销售收入；I 为年全部投资；C 为年经营费用；S_v 为计算期末回收的固定资产余值；W 为计算期末回收的流动资金。

依据净现值指标对项目或方案进行分析评价或比选的方法就是净现值法，也称净现值比较法。它采用相同的折现率比较备选方案的财务净现值，以净现值大的方案为优。

净现值指标分析评价方案时的判则如下：

对于单方案的项目，若 $NPV \geq 0$，则项目（方案）应予以接受；若 $NPV \leq 0$，则项目（方案）应予以拒绝。

对于多方案进行比选的项目，在各互斥方案寿命期相等的情况下，通常选择 $NPV \geq 0$ 且 NPV_{max} 为最优方案。也就是将分别计算的各比较方案的净现值再进行比较后，选择净现值较大的方案为优。对于各互斥方案生命周期不相等的情况，通常因不具有可比性，此时要进行某种变通处理使之符合可比条件后才可以进行比选，基本的变通方法是对不同方案设定一个共同的分析期（具体可参加见本章下节的相关内容）。

经济净现值法进行方案比选的原理同上。

【例 6-2】 某工程项目的投资计划中有四个厂址选择方案，每个选址方案的财务现金流量情况如表 6-5 所示，假定项目所在行业的基准收益率为 15%，试用净现值法比较和选择最优的厂址方案。

各选厂址方案财务现金流量表（单位：万元） 表 6-5

选址方案 \ 年份	建设期		生产期		
	1	2	3	4～5	16
A	−2024	−2800	500	1100	2100
B	−2800	−3000	570	1310	2300
C	−1500	−200	300	700	1300

【解】 按行业基准收益率 15% 计算的各方案的净现值如下：

A 方案 $FNPV_A = 58.5$ 万元

B 方案 $FNPV_B = 586.0$ 万元

C 方案 $FNPV_C = 14.3$ 万元

由于计算结果表明，B 方案的财务净现值最高，故 B 应是最优厂址方案。

三、净年值法

所谓净年值，是指将方案生命周期内的净现金流量，按照一定的折现率（行业基准收益率或社会折现率或给定的资金时间价值率）和统一的基准时间（通常为建设期初），通过资金等值计算换算成等额支付系列的年值（或称年金）。其数学表达式如（6-5）～（6-8）：

$$NAV = \left[\sum_{t=1}^{n} (S - C - I + S_v + W)_t (P/F, i_c, n) \right] (A/P, i_c, n) \tag{6-6}$$

$$NAV = NPV(A/P, i_c, n) = \sum_{t=1}^{n} (CI - CO)_t (1 + i_c)^{-t} (A/P, i_c, n) \tag{6-7}$$

$$NAV = \sum_{t=1}^{n} (CI - CO)_t (1 + i_c)^{n-t} (A/F, i_c, n) \tag{6-8}$$

式中，$(A/P, i_c, n)$ 为资金回收系数（现值年金系数），其他符号意义与净现值表达式相同。

净年值法也叫净年值比较法，是依据净年值指标对项目或方案进行分析与评价或比选的一种方法。它采用相同的折现率比较备选方案的净年值，净年值指标的判别准则与净现值指标判则类似，即将分别计算的各比较方案经济净效益的等额年值（NAV）进行比较，以净年值较大的方案为优。

净现值与净年值在经济含义上的区别在于，净现值给出的是项目（方案）生命周期内取得的超出目标盈利的余额收益现值，而净年值则给出的是项目（方案）生命周期内每年的平均（等额）余额收益。在某些方案结构的分析评价中，往往因采用净年值法计算要比采用净现值法更为简便，而使得净年值法在项目的经济性分析与评价中占有相当的地位。

【例 6-3】 根据例 6-2 的数据资料，试用净年值法对各厂址方案进行比选。

【解】 从复利系数表查得 $(A/P, 15\%, 16) = 0.168$，再根据例 6-1 的计算结果，按净年值法可计算出各方案的净年值分别如下。

$$NAV = FNPV(A/P, i_c, n)$$

A 方案：$NAV_A = 582.5 \times 0.168 = 97.9$ 万元

B 方案：$NAV_B = 586.0 \times 0.168 = 98.5$ 万元

C 方案：$NAV_C = 14.3 \times 0.168 = 2.4$ 万元

由计算结果可知，因 B 方案的净年值最高，故应为最优的厂址方案，与例 6-1 的比选结果相同。

四、净现值率法

净现值指标在用于多方案比较和选择时，其判别准则为 NPV_{max} 的方案最优，由于该指标没有考虑各方案投资额的大小，因此不能准确地反映方案投资的利用效率的高低。为了考察资金的利用效率，在常规资源投入的工业项目经济性分析评价中经常以净现值率（$NPVR$），也叫净现值系数（$NPVI$）作为辅助的分析评价指标与净现值指标配合使用。

所谓净现值率，是指方案的净现值与方案投资总额的现值之比，它反映了单位投资所能获得的超额净效益。净现值率法即通过比较备选方案的财务净现值率，以其值最大的方案为优的比选方法。该 $NPVR$ 指标在有明显的资金限制的情况下，特别适宜采用。净现值率的计算公式如式（6-9）：

$$NPVR = \frac{NPV}{I_P} = \frac{\sum_{t=1}^{n}(CI - CO)_t(1+i_c)^{-t}}{\sum_{t=1}^{n}I_t(1+i_c)^{-t}} \tag{6-9}$$

式中，I_t 为第 t 年的投资额。

实际分析评价时，净现值率指标的判别准则如下：

对于单方案项目，若 $NPVR \geqslant 0$，则方案应予以接受，否则方案不可取。

对于多方案比选的项目，若 $NPVR \geqslant 0$ 且 $NPVR_{max}$ 的项目为最优，也就是说，用净现值率进行多方案比选时，以净现值率较（或最）大的方案为优。

【例 6-4】 依然使用例 6-2 的数据资料，试用净现值率法进行多方案的比较并选出最优的厂址方案。

【解】 首先按 15% 的基准收益率，计算各方案的投资净现值，分别如下：

A 方案：$I_{PA} = 2024 \times 0.870 + 2800 \times 0.756 = 3877.68$ 万元

B 方案：$I_{PB} = 2800 \times 0.870 + 3000 \times 0.756 = 4704$ 万元

C 方案：$I_{PC} = 1500 \times 0.870 + 200 \times 0.756 = 1456.2$ 万元

根据例 6-3 计算得出的各方案财务净现值，便可计算出各方案的净现值率如下：

A 方案：$FNPVR_A = \dfrac{NPV_A}{I_{PA}} = \dfrac{582.5}{3877.68} = 0.15$

B 方案：$FNPVR_B = \dfrac{NPV_B}{I_{PB}} = \dfrac{586.0}{4704} = 0.125$

C 方案：$FNPVR_C = \dfrac{NPV_C}{I_{PC}} = \dfrac{14.3}{1456.2} = 0.0098$

由计算结果可知，因 A 方案的财务净现值率最大，故应是最优的厂址方案。这说明与前述两法选择的最优厂址突出余额收益的效果不同，本方法选择该方案的结果将能够使项目对投资的利用效率最高。

第三节　投资方案比选的特殊方法

【本节提要】 本节介绍了在常规资源约束条件下，有关项目分析与评价中对效益、产量和计算期相同或基本相同的方案进行比较分析与评价的方法，以及在项目分析评价中对价格难以确定的方案做出比较分析和评价选择的方法。最后还就投资方案比选指标的适用范围做了详细的说明。

一、对效益相同或基本相同的方案进行比较分析与评价的方法

通常，对于效益相同或基本相同但又难以具体估算的方案进行比较分析与优选时，为简化计算，可以采用最小费用法（包括费用现值比较法和费用年值比较法）。因为应用净现值、内部收益率等分析评价指标和分析评价方案时，必须进行净现金流量的计算，但某些诸如环保、国防、教育和卫生等项目所产生的效益则是无法用货币直接计量的，因此不能用前述的各项指标进行分析评价。但是，在对多个方案进行比选分析时，如果诸方案产出的价值相同或基本相同，或者说诸方案都能够提供相同的服务或能满足相同的需要，则可以通过对各方案的费用比较进行选择。

所谓最小费用法，是指按照效益极大化目标的要求和根据费用少的方案较之费用多的方案更为有利（可取）的原则，以所消耗的总费用最小这一基本标准来选择最优方案的方法。通常，最小费用法包括费用现值比较法和费用年值比较法两种基本方法。其中，将总费用折算成现值的称为费用现值（PC）法，而将总费用折算成年值的则称为费用年值（AC）法。

（1）费用现值比较法（简称费用现值法或 PC 法）。其分析评价思路是计算各备选方案的总费用现值（PC）并进行分析对比，选择费用现值较低的方案为优。其数学定义式如式（6-10）：

$$PC = \sum_{t=1}^{n} C_t (P/F, i_c, t) = \sum_{t=1}^{n} (C' + I - S_v - W)_t \qquad (6-10)$$

式中，I 为全部投资（包括固定资产投资和流动资金垫资）；C' 为年经营总成本；S_v 为计算期末回收固定资产余值；W 为计算期末回收流动资金；（P/F, i_c, t）为复利终值－现值系数；n 为计算期；i_c 为基准收益率。

（2）费用年值比较法（又叫费用年值法或 AC 法）。其分析评价的思路是通过计算各备选方案的等额年费用（AC，费用年金）并进行分析对比，以选择费用年值较低的方案为优。其数学定义式为式（6-11）

$$AC = PC(A/P, i_c, n) \qquad (6-11)$$

式中的符号意义与前面公式中的相同。

【例 6-5】 某建设项目有四个工艺方案 A、B、C、D 均能满足同样的生产技术需要，其费用支出如表 6-6 所示。当基准折现率 $i_c = 12\%$ 时，试根据费用现值（PC）和费用年值（AC）指标分别选择最优方案。

各工艺方案费用（单位：万元）　　　　　　　　　　　　　　　　**表 6-6**

费用 方案	总投资（期初）	年运营费用（1～10 年末）
A	300	35
B	250	45
C	200	55
D	150	60

【解】 （1）按费用现值（PC）计算。

$$PC_A = 300 + 35(P/A, 12\%, 10) = 497.75 \text{ 万元}$$

$$PC_B = 250 + 45(P/A, 12\%, 10) = 504.25 \text{ 万元}$$

$$PC_C = 200 + 55(P/A, 12\%, 10) = 510.75 \text{ 万元}$$

$$PC_D = 150 + 60(P/A, 12\%, 10) = 489 \text{ 万元}$$

（2）按费用年值（AC）计算。

$$AC_A = 35 + 300(A/P, 12\%, 10) = 88.09 \text{ 万元}$$

$$AC_B = 45 + 250(A/P, 12\%, 10) = 89.25 \text{ 万元}$$

$$AC_C = 55 + 200(A/P, 12\%, 10) = 90.4 \text{ 万元}$$

$$AC_D = 60 + 150(A/P, 12\%, 10) = 86.55 \text{ 万元}$$

根据费用最小的选择原则，不论是按费用现值法还是按费用年值法，其分析评价的结论都应一致。故可知：该项目中，方案 D 最优，方案 A、B 次之，方案 C 最差。

二、对产量相同或基本相同的方案进行比较分析与评价的方法

对于两个产量相同或基本相同的投资方案进行比较分析与评价时，通常可以采用静态的简便比较方法，例如，静态差额投资收益率（R_a）法或静态差额投资回收期（P_a）法。因为在两个方案的产量相同或能够满足相同需要的情况下，投资额相对大的方案，其生产经营成本要比投资额相对小的方案低一些，此时需要对两方案的投资与生产经营成本进行综合比较才能得出正确结论。所谓差额投资回收期指的是投资额大的方案以每年所节约的生产经营成本额来回收差额投资的期限；而差额投资收益率则指的是单位差额投资每年所获得的生产经营成本的节约额。这两个指标的算式分别如式（6-12）、（6-13）：

$$P_a = (I_2 - I_1)/(C_1' - C_2') = \Delta I/\Delta C' \tag{6-12}$$

$$R_a = (C_1' - C_2')/(I_2 - I_1) = \Delta C'/\Delta I \tag{6-13}$$

式中，I_1、I_2 为两个比较方案的投资额，且 $I_2 > I_1$，ΔI 为差额投资；C_1'、C_2' 为两个比较方案的年生产经营成本，且 $C_1' > C_2'$；$\Delta C'$ 为生产经营成本节约额。

二者实际运用时的判则为：当差额投资回收期（P_a）短于基准投资回收期（P_c）时，或差额投资收益率（R_a）大于财务基准收益率（R_c）或社会折现率时，说明追加投资的经济效果是好的，即投资大的方案是合理的，否则投资小的方案合理。

【例 6-6】 拟建某产品车间有两个方案，A 方案投资 2000 万元，年生产经营成本为 1500 万元；B 方案采用自动生产线，投资 4000 万元，但年生产经营成本只需要 1000 万元。已知该部门的基准投资回收期为 5 年。哪个投资方案较为合理？

【解】 $P_a = (I_A - I_B)/(C_A' - C_B') = (4000 - 2000) \div (1500 - 1000) = 4$（年）

由于基准投资回收期 $P_c = 5$ 年，$P_a < P_c$，所以 B 方案较为经济合理。用差额投资收益

率（R_a）评价，结论也是一样的。

当多个方案进行比选时，可将所有方案按投资额从小到大的顺序排列，然后从投资额小的方案开始成对地进行比较，每次选出较好的方案依次与后面的方案比较，最终便可选出一个最优方案。

三、对产品产量不同、价格难以确定的方案进行比较分析与评价的方法

当项目各方案的产品为单一产品或能视做单一产品时，对于产品相同但产量（或服务量）不同，而且价格（或服务收费标准）又难以确定的方案比较，通常可以采用最低价格（最低收费标准）法，分别计算各比较方案净现值等于零时的产品价格（或最低收费标准）并进行比较，以产品价格（或收费标准）较低的方案为优。最低价格 P_{min} 的计算可通过式（6-14）进行：

$$P_{min} = \frac{\sum_{t=1}^{n}(C'+I-S_v-W)_t(P/F,i,t)}{\sum_{t=1}^{n}Q_t(P/F,i,t)} \tag{6-14}$$

式中，Q_t 为第 t 年的产品（或服务）量；其他符号意义与前述公式中的相同。

【例 6-7】 假设 W 公司要开发某种新产品，有 A、B 两种投资方案，但产品的销售价格一时难以确定。已知两方案的建设期均为一年，分别投资 2100 万元和 3300 万元；第二年投产，每年的产量分别为 30 万箱和 50 万箱，年生产经营费用为 1100 万元和 1600 万元，到第九年项目终了时可以回收固定资产余值和流动资金分别为 420 万元和 630 万元。财务基准收益率为 12%。试用最低价格法对两个投资方案进行比选。

【解】 根据已知条件，可求得 A、B 两个投资方案产品的最低价。

对 A 方案：

$P_{min} = [2100 \times (P/F,12\%,1) + 1100 \times (P/A,12\%,9 - P/A,12\%,1)$
$\quad + 420 \times (P/F,12\%,9)] \div [30 \times (P/A,12\%,9 - P/A,12\%,1)]$
$= [2100 \times 0.893 + 1100 \times (5.328 - 0.893) + 420 \times 0.362] \div [30 \times (5.328 - 0.893)]$
$= 51.9$ 元/箱

对 B 方案：

$P_{min} = (3300 \times 0.893 + 1600 \times 4.435 - 630 \times 0.362) \div (50 \times 4.435) = 44.26$ 元/箱

由计算结果可知，因 B 方案的最低价格小，故企业应采纳 B 方案为宜。

四、对计算期相同或不同的方案进行比较分析与评价的方法

在各比较方案的计算期相同的情况下，一般可以直接选用差额投资内部收益率法、年值法、净现值法、净现值率法、最小费用法，以及最低价格法等方法进行方案的比较分析和评价选择，此前已做过详细的介绍。

在各比较方案的计算期不相同的情况下，也就是前述各互斥方案寿命期不相等的情况，在考虑单位时间相同的前提下，通常采用净年值法、净现值率法或费用年值法等方法进行方案的比选为宜。而如果要采用净现值法、差额投资内部收益率法、净现值率法、费用现值比较法或最低价格法，通常因计算期时间的长度不同而不具有可比性，此时要进行

变通处理使之符合可比条件后才可以进行比选。为此，要事先对各种比较方案的计算期进行变通，如以最小公倍数或最短计算期作为比较方案的共同计算期，从而确立方案比较分析与评价的指标在时间上具有可比性的基础，之后还要对计算公式作适当的处理才能进行比较选择。具体方法如下。

（1）方案重复法。该法又称寿命期最小公倍数法，它是以各方案计算期的最小公倍数值作为比较方案共同的计算期，对各方案计算期内各年净现金流量进行重复计算，直到与最小公倍数计算期相等；然后计算净现值、净现值率、费用现值或差额投资内部收益率等指标，再进行方案比较的。

以净现值法为例，其计算公式如下：

$$NPV_1' = NPV_1 \times \sum_{j=0}^{m_1-1}(1+i)^{-n_1 j} \tag{6-15}$$

$$NPV_2' = NPV_1 \times \sum_{j=0}^{m_2-1}(1+i)^{-n_2 j} \tag{6-16}$$

$$m_1 = M/n_1 ; m_2 = M/n_2$$

式中，NPV_1'、NPV_2' 为第一、二方案的重复净现值；NPV_1、NPV_2 为第一、二方案的净现值；n_1、n_2 为第一、二方案的计算期；i 为财务基准收益率或社会折现率。

（2）最短计算期法。此法是通过缩短较长计算期来满足时间上可比性要求的方法。与上述方案重复法正好相反，它是按照方案中较短的计算期作为比较方案的计算期的。以净现值为例，其表达式如式（6-17）、（6-18）：

$$NPV_1' = NPV_1 \tag{6-17}$$

$$NPV_2' = NPV_2(A/P、i,n_2)(P/A,i,n_1) \tag{6-18}$$

式中，n_1 为较短计算期方案的计算期；n_2 为较长计算期方案的计算期。

类似地，还有费用现值的表达式：

$$PC_1 = \sum_{t=1}^{n_1}(I_1 + C_1' - S_{v1} - W_1)_t(P/F,i,t) \tag{6-19}$$

$$PC_2 = \left[\sum_{t=1}^{n_2}(I_2 + C_2' - S_{i2}W_2)_t(P/F,i,t)\right](A/P,i,t)(P/A,i,t) \tag{6-20}$$

式中，1、2 为第一、第二个方案；n_1 为较短计算期方案的计算期；n_2 为较长计算期方案的计算期；$(P/F, i, n)$ 为复利现值—终值系数；$(P/A, i, n_1)$ 为复利现值—年金系数；$(A/P, i, n_2)$ 为复利年金—现值系数；i 为计算期；其他符号的意义与前述公式中的相同。

【例 6-8】 A、B 两个项目的计算期分别为 10 年和 15 年，它们的净现金流量情况如表 6-7 所示。试分别用方案重复法和最短计算期法比较这个项目（假设财务基准收益率为 12%）。

A、B 两个项目的净现金流量表（单位：万元） 表 6-7

年数（年） 项目	1	2	3	4~9	10	11~14	15
A	−560	−730	420	420	650		
B	−1200	−1600	−920	820	820	820	1360

【解】 根据财务基准收益率为 12% 的条件，计算可得两项目的财务净现值如下：

$$FNPV_A = 655.4 \text{ 万元}$$

$$FNPV_B = 745.2 \text{ 万元}$$

1) 用方案重复法比较。A、B 两个项目计算期的最小公倍数为 30 年，所以，$m_A = 3$，$m_B = 2$。因此：

$$FNPV'_A = 655.4 \times \sum_{j=0}^{2} (1 + 0.12)^{-10j} = 934.4 \text{ 万元}$$

$$FNPV'_B = 745.2 \times \sum_{j=0}^{1} (1 + 0.12)^{-15j} = 881.3 \text{ 万元}$$

计算结果表明，A 方案优于 B 方案。

2) 用最短计算期法比较。

$$FNPV'_A = FNPV_A = 655.4 \text{ 万元}$$

$$FNPV'_B = FNPV_B (A/P, 12\%, 15)(P/A, 12\%, 10)$$

$$= 745.2 \times 0.1468 \times 5.65 = 618.2 \text{ 万元}$$

各法计算结果都表明，A 方案比 B 方案为优。

下面给出了生命周期不等的互斥方案的净现值、净年值、费用现值、费用年值和内部收益率等分析评价指标的表达式及其判别准则，以便进一步了解寿命期不等的项目互斥方案的分析评价特点。

设 m 个互斥方案的共同计算期为 N，方案 j ($j = 1, 2, 3, \cdots, m$) 的生命周期为 n。

（3）净现值法。

$$NPCV_j = \sum_{t=1}^{n} (CI_j - CO_j)_t (1 + i_c)^{-t} (A/P, i_c, n_j)(P/A, i_c, N) \tag{6-21}$$

判则：当 $NPV_j \geqslant 0$ 且 $NPV_{j\max}$ 者为最优方案。

（4）净年值法。

$$NAV = NPV_j (A/P, i_c, n_j) = \sum_{t=1}^{n} (CI_j - CO_j)_t (1 + i_c)^{-t} (A/P, i_c, n_j) \tag{6-22}$$

判则：当 $NAV \geqslant 0$ 且 $NAV_{j\max}$ 者为最优方案。

（5）只能进行费用比较的方案可用费用现值、费用年值和差额投资内部收益率法进行比选。在这三种情况下所做的比选结论都是完全一致的。

1)
$$PC_j = \sum_{t=1}^{n_j} CO_{jt} (1 + i_c)^{-t} (A/P, i_c, n_j)(P/A, i_c, N) \tag{6-23}$$

2)
$$AC_j = \sum_{t=1}^{n_j} CO_{jt} (1 + i_c)^{-t} (A/P, i_c, n_j) \tag{6-24}$$

判则：$PC_{\min}$ 和 $AC_{\min}$ 者为最优方案。

3) 在仅有费用现金流的互斥方案比选中，差额投资内部收益率就等于两方案的费用年值。

$$\sum_{t=1}^{n_B} CO_{At} (1 + \Delta IRR)^{-t} (A/P, \Delta IRR, n_A) - \sum_{t=1}^{n_B} CO_{Bt} (1 + \Delta IRR)^{-t} (A/P, \Delta IRR, n_B) = 0 \tag{6-25}$$

此时的判别准则为：在 ΔIRR 存在时，若 $\Delta IRR \geqslant i_c$，则年均费用现金流小的方案为优；若 $0 < \Delta IRR < i_c$，则年均费用现金流大的方案为优。若方案 j 的寿命期为 n_j，则方案

j 的年均费用现金流等于 $\sum_{t=1}^{n_j} CO_{jt}/n_j$。

在此情况下，实际上是把增量投资所导致的对其他费用的节约看成增量的收益。

（6）内部收益率和差额投资内部收益率法。这种把两种指标结合起来进行分析评价的方法是一种典型的项目多方案分析比选—评价模式。此法是先对各备选方案用内部收益率（IRR）指标进行绝对效果检验，然后再对通过绝对效果检验的方案用差额投资内部收益率法进行优选（做相对效果检验）。这里，方案间的差额投资内部收益率（ΔIRR，即追加或增量投资内部收益率）可由两方案净年值或净现值相等的方程中求出，式（6-26）和（6-27）：

$$\sum_{t=1}^{n_B} (CI_A - CO_A)_t (1 + \Delta IRR)^{-t} (A/P, \Delta IRR, n_A) -$$

$$\sum_{t=1}^{n_B} (CI_B - CO_B)_t (1 + \Delta IRR)^{-t} (A/P, \Delta IRR, n_B) = 0 \qquad (6-26)$$

或 $\quad \sum_{t=1}^{n_B} (CI_A - CO_A)_t (1 + \Delta IRR)^{-t} (A/P, \Delta IRR, n_A)(P/A, \Delta IRR, N) -$

$$\sum_{t=1}^{n_B} (CI_B - CO_B)_t (1 + \Delta IRR)^{-t} (A/P, \Delta IRR, n_B)(P/A, \Delta IRR, N) = 0 \qquad (6-27)$$

通常，用差额投资内部收益率指标对寿命期不等的互斥方案进行的比选，应该满足下列两个条件中的一个：即初始投资额大的方案年均净现金流量大，且生命周期长；或初始投资额大的方案年净现金流量小，且生命周期短。

此时，对项目多方案差额投资内部收益率指标进行分析比选的基本判别准则为：在 ΔIRR 存在的条件下，若 $\Delta IRR > i_c$，则选择年均净现金流量大的方案为优。

若 $0 \leqslant \Delta IRR \leqslant i_c$，则应选择年均净现金流量小的方案为优。

若方案 j 的生命周期为 n_j，则方案 j 的年均净现金流量为 $\sum_{t=1}^{n_j} (CI_j - CO_j)_t/n_j$。

这里，应该引起注意的是，由于差额投资内部收益率指标（ΔIRR）只能反映增量现金流的经济性（是一个相对经济效果）而不能反映各方案自身的经济性（绝对经济效果）。故差额投资内部收益率法只能用于方案间的比较（作相对效果检验），而不能在没有经过内部收益率 IRR 等指标对方案进行绝对效果检验并通过的情况下，仅根据方案间 ΔIRR 数值的大小就判定方案的取舍。

此外，还应该注意到应用差额投资内部收益率法在仅有费用现金流的互斥方案比选中和在有现金流入的结合了内部收益率法的对生命周期不等的互斥方案进行的比选中，其判据是完全相反的。实际工作中，应注意区分适用条件，防止发生混淆。

【例 6-9】 互斥方案 E、F 的净现金流量如表 6-8 所示，若计算期为 5 年，基准折现率 $i_c = 10\%$，试用净现值和差额投资内部收益率指标评价方案。

互斥方案 E、F 净现金流量（单位：万元）　　　　　表 6-8

年数（年） 方案	0	1~5	6~10
E	−300	80	80
F	−100	50	

265

【解】 ① 据前述公式计算净现值：

$$NPV_E = [-300 + 80(P/A,10\%,10)](A/P,10\%,10)(P/A,10\%,5) = 118.12 \text{ 万元}$$

$$NPV_F = -100 + 50(P/A,10\%,5) = 89.55 \text{ 万元}$$

由于 $NPV_E > NPV_F > 0$，故方案 E 优于方案 F。

② 用差额投资内部收益率比选方案：

根据前述求年均净现金流量的公式 $\sum_{t=1}^{n_j}(CI_j - CO_j)_t/n_j$，可以求得初始投资额大的 E 方案，其年均净现金流量为 50（$-300 \div 10 + 80$），大于初始投资额小的 F 方案年均净现金流量 30（$-100 \div 5 + 50$），且方案 E 的寿命（10 年）长于方案 F 的寿命（5 年），符合使用差额投资内部收益率条件。故根据差额投资内部收益率的计算公式，有：

$$-300(A/P,\Delta IRR,10) + 100(A/P,\Delta IRR,5) + 30 = 0$$

解此方程，得 $\Delta IRR = 14.99\%$。

根据判则，$\Delta IRR > i$（10%）时，应选择年均净现金流量大的方案。故方案 E 应优于方案 F。此结论与净现值所得结论相同。

五、投资方案比选分析指标的适用范围

在投资方案分析评价和比较选择中，作为在对单个方案进行投资项目经济性分析评价、对互斥方案进行比较分析选优和对独立方案项目进行排队与组合选优等方案分析评价时经常使用的分析评价指标，净现值（NPV）、内部收益率（IRR）和净现值率（$NPVR$）等指标得到了广泛的应用，但它们的适用性往往有所不同。

一般来说，在单个项目（单方案）的经济性分析与评价中，用 NPV、IRR 和 $NPVR$ 这三个指标来判断项目的可行性所得出的结论应该是一致的，可以选用任一指标进行评价判断。但是，在多方案比较分析和项目排队组合选优时，这三个指标的分析评价结论有时也可能是完全相悖的，由此也才引出用差额投资内部收益率寻找其间相关性，以相对效果检验来保证结论的一致性。

通常，由于内部收益率（IRR）指标比较直观，能直接表示项目投资的盈利能力，故经常作为项目经济性分析评价的主要指标，但此指标用于在生产期有大量追加（增量）投资的"非常规项目"时有可能出现多个收益率，从而失去其实际分析评价的意义；而净现值（NPV）也只表明项目投资的盈利能力达到与否，是否超过或达到了国家部门（行业）规定的盈利水平，也反映不出与行业基准收益率之间的差距。作为净现值的补充指标，净现值率反映了净现值与投资现值的关系，可以用于不同投资额的方案比选，此时，用净现值率的最大化来要求实现有限投资的净贡献最大化是有利的；同样，作为内部收益率的补充指标，差额投资内部收益率解决了不同方案间增量投资能否被其增量（追加）收益抵消或抵消有余的增量现金流的经济性问题。

总之，在进行多方案比选分析时，总费用现值和年费用现值指标是没有一定限制条件的。在无常规资源的资金约束条件的情况下，通常可用净现值和差额投资内部收益率指标比选，其结论是一致的；但在事先明确常规资源的资金有一定范围的约束时，则应采用净现值率来进行比选择优；而当多个项目进行排队和组合优选时，也可以采用净现值率方法选择既符合资金限制条件，又能使净现值率达到最大的方案组合以实现有限资金的合理利

用。有关以上的分析可汇总归纳表示为分析评价指标的适用范围一览表（见表6-9）。

投资方案经济性比较指标的应用范围 表6-9

序号	指标\用途	净现值（NPV）	内部收益率（IRR）	净现值率（NPVR）
1	项目经济性分析评价（单个方案的可能性判断）	$NPV \geqslant 0$ 可考虑接受	$IRR \geqslant i_c$ 时，可考虑接受	$NPVR \geqslant 0$ 时，可考虑接受
2	多方案比较分析与选择（互斥方案优选）	无资金限制时，可选择 NPV 较大者	一般不用，可计算 ΔIRR，当 $\Delta IRR \geqslant i_c$ 时以投资额较大方案为优；当 $\Delta IRR < i_c$ 时以投资额较小的为优	存在明确的资金限制时，选择 $NPVR$ 较大者为优
3	项目排队（独立方案组合选优）	不单独使用	通常不采用	按 $NPVR$ 大小将项目排序，选满足资金约束条件的项目组合，使 $NPVR$ 最大

【例6-10】 现有关于某项目投资的8个独立方案，其投资现值，净现值情况如表6-10所示。试回答：

(1) 如果可利用的资金限额为240万元，应选择哪些方案？

(2) 如果可利用的资金限额为300万元，应选择哪些方案？

(3) 如果可利用的资金限额为450万元，应选择哪些方案？

各方案的投资现值和净现值（单位：万元） 表6-10

指标\方案	A	B	C	D	E	F	G	H
I_P	50	60	70	80	90	100	110	120
NPV	−10	30	56	72	63	60	44	−12

【解】

第一步，剔除无资格（不合格）方案A和方案H，因为它们的净现值小于零（负值）。

第二步，计算有资格（合格）方案的净现值率。

$$NPVR_B = 0.5;\ NPVR_C = 0.8;\ NPVR_D = 0.9;$$
$$NPVR_E = 0.7;\ NPVR_F = 0.6;\ NPVR_G = 0.4$$

第三步，按净现值率大小排序D、C、E、F、B、G，并作方案优劣顺序图如图6-3所示。

第四步，选择方案优化组合并做比选分析。

① 根据条件（1），优化组合后的方案为D、C、E，投资额正好为240万元，满足资金约束条件。

② 根据条件（2），可以选择方案D、C、E进行组合，投资额为240万元，剩余60万元不够方案F投资之用，由于项目的不可分割性，故不能选F方案，而可以选择B方案，此时投资额刚好为60万元，这样资金全部用完，故最佳方案组合为D、C、E、B。

③ 根据条件（3），可以选择D、C、E、F、B方案进行组合，还剩余50万元，不够

方案 G 的投资之用，又不能选净现值小于零的 A 方案，故只能选择 D、C、E、F、B 为最优方案组合，所剩余资金应投资于任何可能达到基准收益率水平的其他项目。

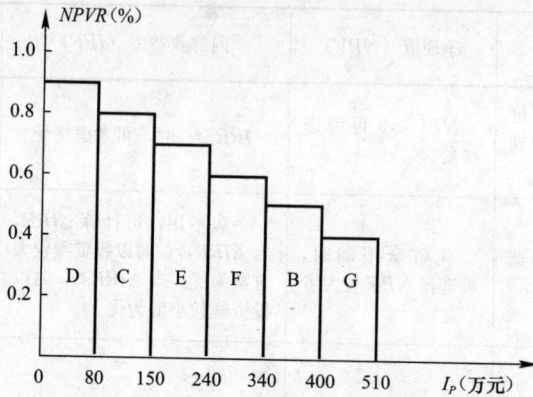

图 6-3　某项目的各方案优劣情况示意

第四节　项目总评价

【本节提要】项目总评价是全部分析评价工作结束前作为综合分析评价的最后一个环节，是在汇总各分项分析评价结果基础上通过系统分析研究，对拟建投资项目的可行性及预期效益进行的全面分析和综合分析评价以提出结论性意见和建议的过程。项目总评价的内容要求对项目分析评价过程中重大方案的选择和推荐意见、项目建设方案的企业财务和国民经济效果、不确定因素和环境问题等对项目经济效益的影响以及项目投资的风险程度、项目中非数量化的社会效果等进行综述和指出项目评价中存在的问题与提出有关的建议等。项目总评价的程序包括检查和整理各分项分析评价资料、对比分析寻找差异原因和编制对照表、归纳判断提出最终结论和建议以及编写项目分析评价报告四大基本步骤。

一、项目总评价概述

所谓项目总评价，是指在汇总各分项分析评价结果的基础上，运用系统分析研究的方法，对拟建投资项目的可行性及预期效益进行全面的分析和综合评价，提出结论性意见和建议。项目总评价是全部分析评价工作的最后一个环节，是项目的综合分析评价。通过对各分项分析评价内容的系统整理，要保证项目分析评价内容的完整性和系统性，通盘衡量整体项目，做出全面、准确的分析判断和总评价，提出明确的结论。项目总评价不仅综合反映了前期各分项分析评价工作的成果和质量，而且还能直接为项目的投资决策提供科学依据。

由于事物本身的复杂性，对投资项目进行总评价就显得很有必要。第一，因为对项目所做的企业财务效益评价和国民经济评价，其结论往往是初步的和分散的，有的分析评价指标有时可能有相互矛盾之处。例如，财务效益好而社会效益差，或经济效益好而社会效益差等，这就需要在充分调查研究、取得大量可靠的数据基础上，把分散的结论进行整理，找出联系，进行综合的分析，评价利弊得失，纠正分项评价中的偏差，明确矛盾的主要方面，用尽可能少的社会劳动消耗，获得尽可能多的经济和社会效益，提出尽可能满意的方案，从而得出正确的评价结论。第二，由于不同的项目有不同的规模和特性，有的项目在某些问题上需要作特别周密、全面、深入的分析，因而在企业财务效益评价和国民经济效益评价完成后，还需要对某些方面作弥补缺漏（如市场需求、社会和环境影响等方面）或重点深入的分析。第三，在项目可行性分析与研究中，往往对项目提出几个不同的方案，有的表现在厂址上，有的反映在工艺上，有的则体现在规模上，还有的也许涉及若干方面。虽然在分项分析评价时已经对不同的方案做了初步的分析，但在分项分析评价完成后，还是需要把各个方面联系起来作进一步的分析，以便对方案做出最后的抉择。

按照通常的国际经验，进行项目的综合分析评价（项目总评价），其目的就是要使项目设计适合所处的整个社会环境，保证项目建设达到预期的经济效果，促进社会的进步与变革。根据有关报道，世界银行已经做过多年的综合分析评价工作，近些年已逐渐形成一套系统地专门的综合分析评价方法。据说，世界银行有30多个与各国社会环境协调的项目，其经济效益要比其他项目高出一倍以上。可见，开展项目的综合分析评价对提高项目的经济、社会和环境等方面的效益，提高项目建设的成功率都有重要的意义。

二、项目总评价的内容

在常规资源投入条件下进行的建设项目总评价应根据国家宏观管理的要求和项目的具体特点，在企业财务效益评价和国民经济评价的基础上，进行综合的计算、分析和论证。项目总评价的主要内容通常应包含以下几个方面。

（1）综述项目研究分析评价过程中重大方案的选择和推荐意见。主要论述项目建设方案的必要性和可行性。必要性是指要能说明项目建设符合国家的建设方针和投资的优先方向，产品适应市场要求，项目建设能解决阻碍原有企业或地方发展的问题，并与原来的生产技术条件协调配合。可行性是指应阐明项目的建设条件和生产条件能得到充分的保证。要对工艺设备、生产技术等是否先进、适用、安全，产品方案、建设规模是否可行，项目所需各项投入物供应能否保证等方面所做的分析论证工作，并确定相关项目的同步建设问题。

（2）综述项目建设方案的企业财务效果。包括项目投资来源和筹措方式，以及生产成本、销售收入、利润、税金和贷款还本付息等财务基础数据的测算工作，编制现金流量表、损益表、资金来源与运用表、财务外汇平衡表和资产负债表，据此进行各种企业财务效益评价指标的计算、分析和论证工作。

（3）综述项目建设方案的国民经济效果。包括国民收入和社会净收益等经济效果指标的计算和分析，还要考虑收入分配效果、劳动就业效果、外汇效果、综合能耗和环境保护等社会效果的计算和分析，以及对各种非数量化的社会效益与影响因素等进行的定性分析。

（4）综述不确定因素对项目经济效益的影响以及项目投资的风险程度。为了检验企业财务效益评价和国民经济评价的可靠性，通常需要运用盈亏平衡分析、敏感性分析和概率分析等不确定性分析的方法，来判断项目经济效果的客观性和真实性，采取积极措施，确保项目投资的可靠性，减少投资的风险程度。

（5）综述项目中非数量化的社会效果。要根据项目的具体情况和特点，确定有关综合分析的具体内容。通常应包括以下几个方面（注意：对中小投资项目并不一定要涉及所有的内容）：

1）项目对提高人民物质文化生活及社会福利的影响。

2）项目提高产品质量对产品用户的影响。

3）项目对节约及合理利用国家资源（如土地、矿产等）的影响。

4）项目对节能的影响。

5）项目对节约劳动力消耗或提供就业机会的影响。

6）项目对环境保护和生态平衡的影响。

7）项目对发展地区经济或部门经济的影响。

8）项目对减少进口、增加出口、节约外汇和创造外汇的影响。

9）项目对提高国家、地区和部门科学技术水平的影响。

10）项目对国民经济长远发展的影响。

11）项目对国防建设和国家安全的影响。

12）项目对工业布局和产业结构的影响。

13）项目对部门、地区公平分配的影响。

（6）综述项目建设方案的环境影响与保护效果。要根据项目的具体情况和特点，确定有关环境影响与保护效果综合分析评价的具体内容。通常应包括建设地区的环境现状、主要污染源和主要污染物、资源开发可能引起的生态变化、设计采用的环境保护标准、控制污染和生态变化的初步方案、环境保护投资估算、环境影响分析评价结论等。

（7）指出项目分析评价中存在的问题并提出有关的建议。在此，主要应对各种技术方案、总体建设方案、投资方案等进行多方案的选择和论证，最后推荐一个以上的可行方案，或者对原方案提出改进或"重新设计"的建议，甚至做出项目不可行的建议。总之，根据上述各项计算、分析的结果，进行综合平衡和分析，将结论提供给上级决策部门，作为项目投资决策的科学依据。

三、项目总评价的基本程序和步骤

项目总评价并不是简单地罗列和汇总各分项分析评价的结论，也不能简单地重复可行性分析与评价工作的内容，而应以可行性分析与研究和各分项分析评价的结果为基础依据，将所获得的数据资料加以检验审核和整理，通过对比分析、归纳判断、进行"去伪存真、去粗取精、由此及彼，由表及里"的综合分析研究，结合拟建项目的实际情况，提出项目总的最终分析评价结论和建议。

通常，在常规资源投入条件下进行的项目总评价应遵循的基本程序和步骤如图6-4所示。具体如下。

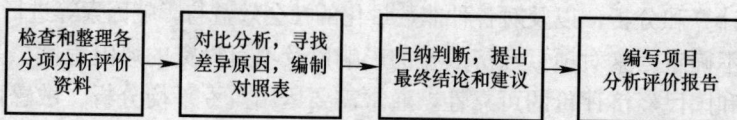

检查和整理各分项分析评价资料 → 对比分析，寻找差异原因，编制对照表 → 归纳判断，提出最终结论和建议 → 编写项目分析评价报告

图6-4　项目总评价基本流程

（1）检查和整理各分项分析评价资料。在进行项目建设必要性、生产建设条件、工艺技术与设备选型、财务效益和国民经济效益等各分项分析评价时，已经收集、测算了各项基础数据和分析评价指标，并做出了相关的判断和结论。因此，到项目总评价分析阶段，首先应该对各分项分析评价所取得的数据资料和测算的指标进行检查、审核、整理和归类：剔除重复和不切实际的内容，修正错误的数据，调整价格和参数，增补一些遗漏的资料，做到数据准确、内容完整、结论可靠，为编写分析评价报告打好基础。

（2）对比分析，寻找差异原因，编制对照表。总评价分析时，通常应进行两方面的对比分析，不仅要对各分项分析评价结论进行对比分析，考虑各分项分析评价的质量和深度，纠正各分项分析评价中某些结论的误差，最主要的是将这些分项分析评价结论同可行性分析与研究报告的结果进行对比分析。由于项目分析评价与可行性研究两者的主体和分析角度不同，很可能出现不同的评价结论，应分析论证两者的差异，寻找原因，发现问题，做出相应的说明。例如，说明是由于基础数据不同、预测和估算的方法不同，或纯属计算误差等。然后，进行切合实际的调整补充和修正，提高分项分析评价的质量，并进一步更全面和系统地编制出项目分析评价前后的基础数据与基本指标对照表（见表 6-11）。

（3）归纳判断，提出最终结论和建议。这是将分项分析评价的初步成果，客观、公正地进行分类，归纳出几个主要问题，判断项目建设的必要性及可行性，并对技术、财务、经济等各方面进行多方案比较和优选，抓住关键问题，进行深入研究、补充分析，最后进行综合分析论证，作出最终结论和建议。同时针对不同服务对象和评价目的，提出各有侧重的建议意见。例如，对于政府有关部门批准立项提出决策依据的项目进行分析评价，应着重考虑项目建设是否符合国家的产业政策和布局政策，提出是否建议有权机构批准该项目的建议。又如，对于由项目贷款银行（含政策性银行和商业银行）和其他金融机构提供贷款决策依据的项目进行分析评价，应着重考虑企业的资信和项目偿还贷款的能力与贷款的风险，提出能否给予贷款的建议意见。

（4）编写项目分析评价报告。这是项目总评价的最后一个阶段，它体现了整个项目分析评价的所有成果。分析评价报告应全面、系统地反映各分项分析评价的内容和结果，提出综合性分析评价结论，写明最终结论和决策建议。

项目分析评价前后的主要基础数据与经济指标对比表　　　　　表 6-11

序号	名称	单位	可行性分析报告	评价报告	增减	备注
1	基础数据					
1.1	年产量（设计规模）	t、台、箱等				
1.2	建筑面积	m²				
1.3	员（职）工人数	人				
1.4	项目总投资	万元				
1.4.1	固定资产投资	万元				
1.4.2	流动资金	万元				
	其中：铺底流动资金	万元				
1.5	资金筹措	万元				
1.5.1	资本金	万元				
	资本金占总投资比例	%				
1.5.2	中长期借款	万元				
	长期借款	万元				
1.5.3	中期借款（用于流动资金）	万元				
	短期借款	万元				

序号	名称	单位	可行性分析报告	评价报告	增减	备注
1.6	年销售收入	万元				
1.7	年销售税金及附加	万元				
	年总成本费用	万元				
1.8	年经营成本费用	万元				
	年利润总额	万元				
1.9	年所得税	万元				
1.10	年税后利润	万元				
1.11	年外汇收入	万美元				
2	经济指标					
2.1	财务内部收益率（FIRR）	%				
	全部投资	%				
	自有资金	%				
2.2	财务净现值（FNPV）	万元				
	全部投资	万元				
	自有资金	万元				
2.3	投资回收期	年				
2.4	投资利润率	%				
2.5	投资利税率	%				
2.6	资本金净利润率	%				
2.7	国内投资借款	年				
2.8	偿还期资产负债率	%				
2.9	流动比率	%				
2.10	速动比率	%				
2.11	经济内部收益率	%				
2.12	经济净现值	万元				
2.13	经济外汇净现值	万元				
2.14	经济换汇成本	万元				
2.15	经济节汇成本	万元				
2.16	盈亏平衡点产量	t、台、箱等				
2.17	盈亏平衡点生产能力利用率	%				
2.18	盈亏平衡点价格	元/台、t等				

第五节　项目决策与投资决策方法

【本节提要】在常规资源约束条件下，工程项目决策是应用数学工具对项目决策过程可供选择的多种方案进行定性与定量相结合的描述和分析，帮助决策者从中选取最佳方案的方法和过程。根据提供信息的明确程度不同，可将其划分为确定型决策、风险型决策和不确定型决策三种。确定型决策方法主要有盈亏平衡的 BEP 法，风险型决策的方法主要有期望值法和概率分析法，不确定型决策常用敏感性分析方法。此外，还有多阶段决策分析法等，本节均作了系统介绍。

一、决策与工程项目决策概述

作为以选优为核心目的或目标明确的一个过程，决策的含义有狭义与广义之分。广义的决策是指人们为达到一定目的，运用科学的理论和方法，提出、选择并实施行动方案的全过程。狭义的决策则指具体表现为在进行多方案比选时的"取舍"确定或决定，即人们通常所说的"拍板定案"，工程项目决策属于狭义决策的范畴。工程项目决策作为项目管理决策中的一种主要类型，其决策过程的基本要素及其结构在对特定管理对象的项目进行创造性思维劳动时，既带有一般决策共性的特点，也更多地表现为在满足目标载体要求的诸多限制性（约束条件）方案中如何作出取舍的有选择性的活动。

按照项目管理决策过程工程信息的完备程度不同，可把工程项目管理决策分为以下三种基本类型。

（1）确定型工程项目决策。在决策过程各备选方案在确知的客观条件下，每个方案只有一种结果，比较其结果优劣做出最优选择的决策。该决策问题具有经常出现的特点，实际约束条件、决策参量、决策变量和决策目标关系清楚、明确，能准确预测确定约束条件及每种方案的结果。故方案制定有固定的程式和选择准则，易做到最优化选择，且一般可用数学模型，借助计算机程序进行模拟决策。

（2）风险型决策。指工程项目决策过程在事先能预知各备选方案于几种可能约束状态下产生几种不同结果及其出现的概率情况下可做出的决策。许多工程项目决策的影响因素较为复杂多变，因而工程项目决策的约束条件就带有较大的随机性，备选方案的结果也就存在随机性。当人们在认识这种随机性规律基础上，能估计出不同可能约束条件下方案的结果及其概率，就可使不肯定性程度减少，但仍存在一定的决策风险。

（3）不确定型决策。指决策过程事先仅能预知各备选方案在几种可能的客观状态下产生的几种不同结果，对其出现概率不明确情况下作出的决策。该决策因人们对几种可能出现的客观状态的随机性规律认识不足，会增大决策的不确定性程度，其风险较大。

此外，工程项目管理决策类型还有其他一些划分方法。一是按决策方法是否程序化可分为例行的程序化决策和非例行的非程序化决策。前者是针对项目管理活动中反复出现、有明确、稳定解决问题程式的业务活动进行的决策。如工程项目管理中的大多数内容的决策就属于例行活动的决策。后者则指项目管理中随市场和社会、经济与环境变化，对很少重复出现，难以用固定模式解决的经营活动问题所进行的决策。如工程项目中改扩建项目属于企业的扩展、破产或兼并；新市场开发，新的管理制度建立；流通渠道或经营环节的调整等均属非例行活动决策。二是按决策目标多少的不同，可分为单目标决策和多目标决策；按决策过程、决策问题划分阶段多少的不同，分为单阶段的静态决策和多阶段的动态决策；或按决策过程方案选择条件的不同，分为最优化决策和满意决策。总之，从项目管理决策的过程可认识工程项目决策的类型，便于具体决策分析方法的选用。

二、工程项目管理决策的程序与基本原则

1. 工程项目管理决策的一般程序

工程项目决策是一个复杂的动态系统，运行有序与否直接影响项目管理决策的质量。其程序是决策系统中有序运行包含的一系列具体步骤，其特定内容和要求及其相互间内在的联系，使之成为严格规范紧密衔接的整体，对保证工程项目决策的准确性和可靠性有极为重要的意义，故在实践中须遵循科学的决策程序，按以下步骤进行。

（1）发现问题，确定目标。问题是工程项目决策的起点，工程项目活动问题多来自应做的事（目标）和实际做成的事（成果）间出现的差距或环境条件变化出现新情况，给工

程项目带来的新机遇和风险两方面。故工程项目遇到问题，只有经过逻辑分析和综合判断，说明其症状，寻找症结，才算真正发现问题。目标是在一定条件下解决问题要达到目的的归结点（用某种标准刻画或表达的目的）。若无目标则无所谓决策，目标错了决策就会失误。为使决策目标明确合理，须注意确定目标要实事求是；目标须明确具体；要区分目标的重要程度和主次顺序。为此，需做到：第一要在满足决策要求的前提下，对多个目标应按其相互关系加以取舍，削减重复目标，合并类似目标，综合同变量目标，把决策目标减少到最低限度。取舍决策目标的原则是两个具有对立关系而无法协调的目标，舍弃其中一个；两个具有主从关系的目标，保留主要目标舍弃从属目标；两个具有并列关系而内容近似目标，合并为一个综合目标；对整个决策影响不大、可有可无的目标完全舍弃。第二应保留最低限度的基本目标，按其重要程度分为必达和希望达到的两类。第三是基于目标取舍和两类目标区分后，再按主次顺序把决策目标分为主要目标和次要目标，将主要目标作为关键和应先达到的目标，其他目标则按顺序依次排序。

（2）拟定备选方案。决策目标确定后，基于已取得的有关信息资料，要拟定各种备选方案，提出解决问题的对策。方案可有多个，各方案又可能有几个对策。如以项目的投资利润最大为决策目标，为增大利润，可有增加产量、增添适销对路新产品、薄利多销等多种方案。增加产量或增添新产品又需要考虑增加哪种产品为宜；同样，薄利多销方案需要考虑不同毛利率哪种为宜。决策能否取得理想成效，在很大程度上取决于备选方案的质量。故应认真对待拟定备选方案的工作，不能草率从事，应尽可能利用参谋机构与决策者共同完成备选方案的方案构思与精心设计工作。在此，针对决策目标寻找实现目标的行动方案架构（路径或渠道等）的过程是方案构思。

方案构思通常可有多种方法：遇到程序化决策，可依据经验构思；遇到非程序化决策，可从以往接触过的相似或可比之处的决策中得到启迪，进行构思创新。方案构思既要发挥经验和知识的作用，也要充分发挥决策主体的想象力和创造力，对拥有的各种不同信息，按新观点做排列组合形成备选方案架构。而在精心设计的方案构思基础上对方案的措施、方法和后果进行研究论证，是形成有实践意义的行动方案过程。其中既有对多种方案构思的筛选与整理以形成相对合理的几种方案构思来充实其各种具体措施和细节的，如资源条件、组织协调、实施方式方法和可能遇到的不测及应急处置措施等，形成几种备选方案；也有对方案执行预期目标结果作出的估计。

对精心设计提供的备选方案常应具备两个基本要求：一是各备选方案的可行性。备选方案应提供资源保证措施、时间保证措施、组织保证措施、应急措施、决策目标可能达到的水平等详尽信息；二是备选方案间的互斥性。即各备选方案总体设计、主要措施和预期效果上必须有明显的区别，既不能把 A 方案的措施包括在 B 方案中，也不能使 A 方案和 B 方案成为实现 C 方案的途径。只有备选方案间互斥，才能保证各方案备选和比较的意义。

（3）评价分析与选择方案。各备选方案分析与评价选择的总原则是看哪个方案能更好地满足工程项目决策目标的要求。主要的分析与评价选择的总原则是：第一，要评价各方案技术上的先进性、经济上的合理性和实现的可能性。既要分析方案各种措施在技术上的科学成分和领先程度；也要比较方案实施的费用与效果，计算直接经济效益和间接收益，以及社会和环境效益的大小；还应研究和分析项目所需投入常规资源条件实现方案目标的客观可能性；同时，要估计到各种备选方案的潜在问题及可能带来的不良影响，从而作出全面、客观的综合评价。第二，在备选方案综合分析与评价的基础上，决策者作出权衡和最终"取舍"的抉择，即所谓"拍板定案"。此时选定的决策方案，其可行性及优化程度直接影响方案的实施过程与结果，是决定决策成败的关键所在。许多情况下各备选方案利弊兼具，各有长短。区分孰优孰劣既有赖于决策者的良好素质，同时与分析评价选择过程所采用的方法有关。

在工程项目多方案比选中常用的决策方法有经验判断法、数学分析方法和实验方法。

1）以经验判断为主的传统选优方法，一般采用淘汰制。即按选择方案的指标（决策目标）对备选方案做筛选、淘汰，逐步缩小备选方案的选择范围。当余下的备选方案具有同等价值而难以进一步抉择时，则可用补充评选标准的办法，以表明某一方案优于其他方案。例如，各方案执行结果所获得的利润额差不多，则可以资金利润率和费用率作为补充标准，选择利润率高和费用率低的方案为较优方案；也可以对数个备选方案采取排队法，经过综合判断，选择较优的方案。假如对一些备选方案经过初步筛选，尚余下七个方案难以抉择，这时就可对余下的方案做两两对比，比两者优劣，优者记1分，劣者记0分，通过比较排队选择积分多的方案为优选方案。经验判断法是选择决策方案的重要方法，但它仅适合于离散型控制变量为有限个备选方案的情况。遇到拥有无限多个连续型控制变量备选方案的情况则宜于采用数学方法。本节后面的内容介绍的就是此法。

2）数学分析方法，是通过建立决策问题的数学模型，按照最优化决策准则进行方案的优化选择，选出最优方案的方法。

3）实验法，是对每个备选方案做模拟实验，选出效果最好的方案。实验法出现在工程项目中常遇到无经验的非例行问题，又无合适的数学方法做问题分析时，以恰当的少数几个典型单位为试点，实施验证方案优劣，然后总结经验做出选择。显然这要耗费较多资源，故须慎重。而今随电脑应用软件的发展利用电脑做人机模拟实验法进行方案选择也已广泛采用。

方案选择十分关键。选择过程应注意理想的选择只是最优化，但影响企业经营或正常运营工程项目的因素很多，难于完全估计到。故选择方案通常只能是在目前条件下权衡利弊后选择较满意的可行方案，并非最优方案。同时，方案选择时要注意各方案的差异，有无不良的后果或潜在问题，以便采取预防措施或制定应变计划。若得不到令人满意的方案，则须按决策程序的基本过程重新审定目标或修正补充方案，达到满意为止。

（4）方案实施与控制。选择出满意方案或最优方案只解决了一半的决策问题，另一半是如何组织实施决策方案。要使决策方案付诸实际行动，达到预期目标，还要拟定强有力的实施计划并付诸实施。方案实施是一个能动的自为过程而非被动、机械地执行行为。需在实施执行方案的同时，按变化的情况对决策方案做修正或调整，灵活、创造性地加以实施与控制。故而为随时发现执行过程中出现的新情况、新问题，及时采取调整措施或针对新问题作出新决策，方案实施与控制首要的是做好信息收集与反馈。

（5）信息收集与反馈。作为决策的基础，必要的信息是决策的前提条件，项目建设的任务从提出到实现都离不开掌握信息。通过前述的四步决策过程已设法将企业资源在时空上科学合理地组织起来，并于实际活动中充分发挥作用，实现着企业的预期目标。其中通过信息收集、处理、传递与反馈将决策过程各个步骤有机地联系起来，使得信息收集与反馈成为贯穿决策程序始终的科学决策程序里必不可少的重要步骤与关键环节之一。

上述各步骤的有机结合可构成图 6-5 所示的工程项目科学决策的基本程序。

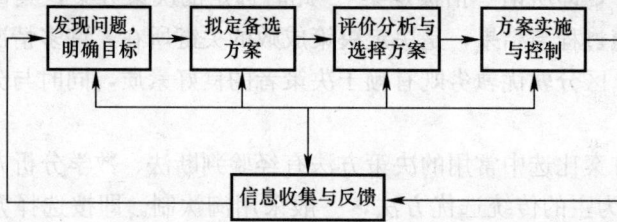

图 6-5　工程项目科学决策的基本程序

2. 工程项目管理决策的基本原则

由于工程项目决策涉及的问题多种多样，决策过程又是复杂的认识与实践过程，要取得理想效果，除遵循科学的决策程序外，遵循工程项目决策的基本原则也十分重要。该决策原则概括了工程项目决策过程的基本规律和要求，按此原则开展工程项目管理决策能少走弯路，减少决策失误，提高决策效率。这些应遵循的基本决策原则主要有如下四点：

（1）系统性原则。即从整体出发，对问题做全面分析比较，确定目标和找出对策。既要把决策活动看成决策要素组成的决策系统，又要把决策方案的基本构成视为相互联系和依存的有机整体，发挥其整体优势，力求避免浪费和损失，运用现代化方法和手段，通过分析系统内各个要素和局部环节间的相关性、层次性和动态性，寻求最优或满意的方案，使工程项目的决策问题在各种约束条件下达到合理、经济、有效。为此要做到：统筹考虑内部条件与外部条件相结合；局部利益与整体利益相结合，当前利益与长远利益相结合。

（2）经济性原则。工程项目决策本身讲究产出效果和投入代价之间的关系，关心决策收益和所花成本的问题。若决策所花代价很大，取得效益甚微，则应考虑进行该项决策有无必要。贯彻工程项目决策的经济性原则应从决策的必要性和决策的形式、方法与手段两方面考虑。

无论是解决现实与要求之间差距还是利用新的市场机会问题，来自问题的决策只有决策者认为值得付出代价去解决的才有必要进行决策。当决策者确认其必要性后，再考虑决策的形式、方法和手段；这要根据决策的重要性、数量化程度、计算与逻辑过程的复杂性及时间等来选择。若只在生产经营或项目运营（或建设）中发生的例行问题或小问题，只要能在项目的一定层次或个人职权范围内解决的，就由个人决策；反之则需由集体决策。通常个人判断作出决策所花费的代价较小；而集体决策或需试点后再作决定所花的时间要长，代价也较高。对运用定量分析数学方法做的工程项目决策，应尽量用简便的数学模型和简单的运算方法。即工程项目在常规资源投入条件下的决策贯彻的经济性原则是以最小的人、财、物及时间耗费取得最大的效益或争取最少的损失。

（3）科学性原则。工程项目取得预期效果的重要条件是决策科学化，这是科学技术和社会生产力高度发展的产物，是在错综复杂的市场环境中避免或减少决策失误的必然要求。要贯彻科学性原则，即在确定工程项目决策目标时要有科学依据和客观可能性，重视信息，切忌脱离实际；遵循科学的程序、步骤开展决策活动，服从决策组织，避免决策过程的混乱；充分运用科学的决策方法，既不能只搞质的定性分析而不搞量的分析，也不能

276

单纯依赖数学模型，应重视质的分析和量的分析两种方法的密切结合运用、坚持实事求是的态度，在决策实施执行中根据客观情况的变化适时调整和修改决策目标和方案，使决策方案符合生产经营的客观实际。

（4）可持续发展原则。处于不断运动和发展变化中的工程项目，其决策作为对未来经营目标、行动方案的抉择活动，形式和内容虽多种多样，并随着项目管理系统的发展及环境变化发生着不断变化，故须遵循可持续发展的原则。

三、投资工程项目决策的一般原理和基本方法

工程项目决策的分析方法即项目决策技术，是应用数学工具对项目决策过程可供选择的多种方案进行定性与定量的描述和分析，提供数量依据，辅助决策者从中选取最佳方案的方法和过程。项目决策过程中可供选择的决策方案，因提供信息的明确程度不同，其决策分类常可划分为决策方案有一个明确结果的确定型决策；决策方案可归结为几种结果中的一个，事先仅知每种结果概率的风险型决策；决策方案可归结为几种结果中的一个，甚至事先也不能知道每种结果概率的不确定型决策三种类型。同时，考虑到三类项目决策在决策过程中分析评价方案的优劣，有时又以决策问题的目标来加以描述，按项目决策的目标个数的不同（如有时为一个，有时决策的目标为多个）来分类。在此我们以单目标的上述三类不同的项目决策为主，简要介绍几种相关的基本决策方法。

（1）确定型决策法。确定型决策是在明确决策目标的情况下，依据通过预测确知未来专门状态下多种方案对目标贡献结果作出的决策。确定型决策要求了解事件间的因果关系，能对可能事件作出情况属实的描述，用之可明确未来会发生什么。工程建设项目中因涉及原料供应、施工进度安排、产品组合和投资估算等都需经常作出具有固定结构的决策，大多属于确定性决策。其决策方法多种多样，其中以盈亏分析法为主要代表。该法是一种依据与工程项目决策方案相关的业务量（产量或销售量）、成本、利润三者之间的相互关系建立的评价决策方案优劣的重要数学模型方法，简称量本利（或 BEP）分析法，广泛用于工程项目选择合理的业务量、目标利润、成本控制、生产方案、制定价格等项决策。

盈亏分析按计划期内企业商品销售量、固定成本、变动成本等变量确知程度的不同，分为确定型盈亏分析和风险型盈亏分析。当工程项目决策方案涉及预期的市场需求量、固定成本、变动成本等变量，能依据以往销售资料的分析预测得出某一确定的数值时，叫确定型盈亏分析，且对于项目投产后正常年份的产量、成本、盈利三者之间的关系均呈线性的函数关系，说明项目的收益和成本都随着产品产量的增减，而呈正比例关系的直线增减趋势，即所谓线性盈亏分析。反之，则叫风险型盈亏分析。对确定型盈亏分析中的线性盈亏平衡点的决策操作方法，有图解法和数学计算两法，可参阅前述有关章节的相关内容。

（2）风险型决策法。项目决策中的风险分析是人们利用系统的、规范的方法对项目风险进行辨识、估计和评价的全过程。风险辨识、风险估计和风险评价是风险分析不可缺少的有机组成部分。因为只有在对风险的类型及产生的原因有了正确的认识的基础上，才能对风险的大小作出较为准确的估计。同样，也只有在对风险有了正确的认识和估计的基础上，才能有针对性地提出处理风险的具体措施。图 6-5 是风险决策分析内容和方法的示意。实际操作上的风险分析——风险型决策，即对存在于一般工程项目决策中的一定风险，

通过对其分析，特别把决定项目成败与否的关键风险因素和风险类型识别出来，进行重点研究，转变为相对确定性的问题后作出取舍决策。相关情况可参阅前述有关章节的内容。

（3）不确定型决策法。工程项目决策分析中的敏感性分析评价是一类决策者虽然知道未来可能发生哪些自然状态，但却无法预先估计或预测各种可能状态发生概率的工程项目决策问题，这就是不确定型决策问题。因在工程项目的经济性评价和分析中常需计算的一些指标，如NPV（净现值）的计算会受到诸如投资、价格、产量、经营费用、寿命期和折现率等各种因素的影响，且此因素又因受各方条件的影响具有某些不确定性，故在对项目做经济性分析评价决策时，需分析和研究各因素的变化对指标的影响，以减少项目的风险性，提高决策的科学性。

所谓敏感性分析是分析并测定各个因素的变化对指标的影响程度，即研究和分析项目的投资、成本、价格、产量和工期等主要变量发生变化时，导致对分析评价项目经济效益的主要指标发生变动的敏感程度，如计算出这些因素在一定范围内变化时，有关效益指标变动的数量，从而建立主要变量因素与经济效益指标之间的对应定量关系（变化率）。同时预测出项目经济效益情况变化的最乐观和最悲观的临界条件或临界数值，求出各因素变化的允许幅度（极限值），计算出临界点，借以判断相对于某个项目的指标在其外部条件发生不利变化时的承受能力或在项目的实施过程中对敏感性因素加以控制，达到减少项目风险，使之在可接受的范围之内的目的。具体可参阅前述有关章节的相关内容。

（4）多阶段决策分析法。在对现代项目进行的管理决策中，凡决策的问题可通过一次决策就求得满意决策方案的称为单阶段决策。若要求做出决策的问题较错综复杂，在决策过程中，需将研究的问题分为两个或两个以上相关阶段或层次进行多阶段、多层次的决策分析来找出整个问题的满意方案，常称为多阶段决策。项目多阶段决策是将整个决策问题分解为若干个关联阶段，构成多阶段的子问题，这些子问题以阶段顺序贯通，形成多阶段决策过程；且整个问题求解遵循最优化原则。一般由最后一个阶段的子问题决策开始，逐个向前一个阶段推进做出决策。在每个阶段上的决策是求得自最后阶段至本阶段的最优解（决策结果），并将此最优解带入前一阶段，直至在起始阶段做出决策为止。多阶段决策分析方法主要有动态规划法和决策树法。此处以决策树法为例说明其原理。

【例6-11】 有一化工原料生产厂，因原工艺不够好，产品成本高。在价格保持中等水平的情况下无利可图，在价格低落时要亏损，只在价格高时才盈利，且盈利不多。现工厂拟进行工艺改革（进行项目改造），用新工艺替代旧工艺。获得新工艺有两个途径：一是自行研究，成功的可能性是0.6；二是买专利，估计谈判成功的可能性是0.8。无论研究成功还是谈判成功，生产规模都考虑两种方案：一是产量不变；二是增加产量。如果研究或谈判都失败，则采用原工艺进行生产，并保持原产量不变。

根据市场预测，估计今后五年内，这种产品降价的可能性是0.1，保持中等价格水平的可能性是0.5，涨价的可能性是0.4。通过估算，得到各方案在不同价格情况下的损益值，如表6-12所示。试做该厂工艺改革项目的决策分析。

【解】 第一步，根据题意，画出如图6-6所示的决策树图。

第二步，计算各节点的损益期望值并进行分析。

节点4：$0.1 \times (-100) + 0.5 \times 0 + 0.4 \times 100 = 30$

节点8：$0.1 \times (-200) + 0.5 \times 50 + 0.4 \times 150 = 65$

损益值 方案 价格状态（概率）	按原工艺生产	买专利成功（0.8）		自行研究成功（0.6）	
		产量不变	增加产量	产量不变	增加产量
价格低落（0.1）	−100	−200	−300	−200	−300
价格中等（0.5）	0	50	50	0	−250
价格高涨（0.4）	100	150	250	200	600

节点 9：$0.1 \times (-300) + 0.5 \times 50 + 0.4 \times 250 = 95$

因为 95＞65，应画掉产量不变的方案，并将 9 点的损益期望值转移到 5 点上。

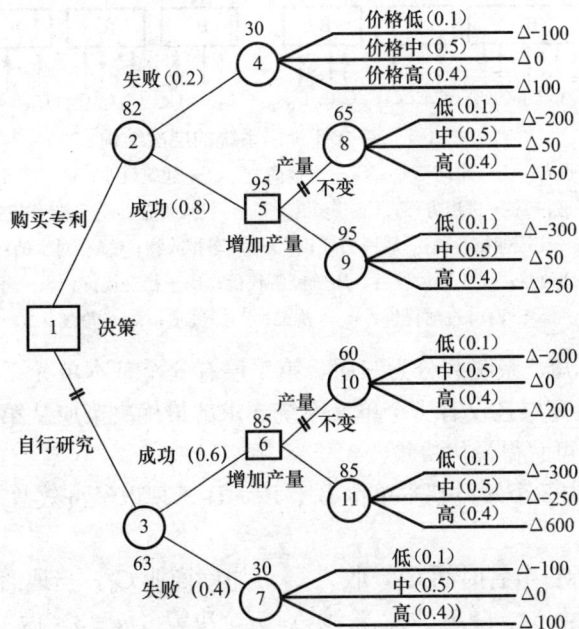

图 6-6　化工原料厂工艺改革项目多阶段决策的决策树图

节点 7：$0.1 \times (-100) + 0.5 \times 0 + 0.4 \times 100 = 30$

节点 10：$0.1 \times (-200) + 0.5 \times 0 + 0.4 \times 200 = 60$

节点 11：$0.1 \times (-300) + 0.5 \times (-250) + 0.4 \times 600 = 85$

因为 85＞60，应画掉产量不变的方案，并将 11 点损益期望值转移到 6 点上。

节点 2：$0.2 \times 30 + 0.8 \times 95 = 82$

节点 3：$0.4 \times 30 + 0.6 \times 85 = 63$

第三步，选择并确定方案。

节点 2 与节点 3 比较，节点 2 的损益期望值 82 大于节点 3 的损益期望值 63，故合理的决策应该是购买专利，进行工艺改革。

【例 6-12】　用层次分析法对两种代替轮渡过河运输的方案进行项目决策

江东工业开发区拟改善一条河道的过河运输条件，为此要确定是否需兴建桥梁或隧道以代替现存的轮渡。现有 3 个决策方案可供选择：桥梁 A_1、隧道 A_2、轮渡 A_3。试作为投资决策者从中选择最优决策方案。

具体的解题分析过程如下：

（1）在进行综合分析评价时，先将影响决策的因素列出并做分层归类。拟考虑过河的效益 E_1 与代价 E_2，其影响因素主要为经济的、社会的、环境的，故可画出系统的层次结构如图 6-7 所示。

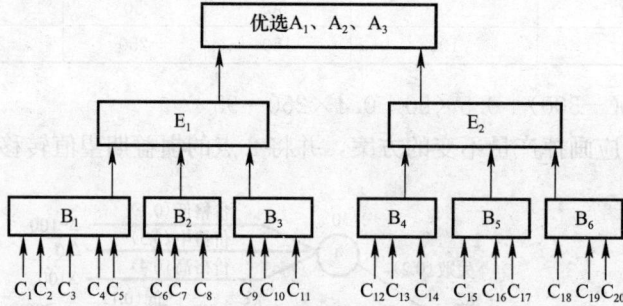

图 6-7　综合评价用系统的层次结构

C_1—节省时间；C_2—收入；C_3—岸间商业；C_4—当地商业；C_5—建筑就业；C_6—安全可靠；C_7—交往沟通；C_8—自豪感；C_9—舒适；C_{10}—进出方便；C_{11}—美化；C_{12}—投入资金；C_{13}—操作维护；C_{14}—冲击渡船业；C_{15}—冲击生活方式；C_{16}—交通拥挤；C_{17}—居民搬迁；C_{18}—汽车排放物；C_{19}—对水的污染；C_{20}—对生态的破坏；B_1—经济效益；B_2—社会效益；B_3—环境效益；B_4—经济代价；B_5—社会代价；B_6—环境代价；E_1—过河效益；E_2—过河代价；A_1—桥梁；A_2—隧道；A_3—轮渡

（2）由图 6-7 可知，系统共分为三层，第 1 层有 6 个基本单元系统，第 2 层有 2 个单元系统，第 3 层即最高层且仅有 1 个单元系统。求解最优决策应从第 1 层开始，再进行第 2 层，最后到第 3 层可解得最优决策。

1）确定第 1 层中 3 个效益基本单位 B_1、B_2、B_3。现以经济效益基本单元系统 B_1 为例做一个说明。

B_1 考虑 5 个目标：节省时间 C_1，收入 C_2，岸间商业 C_3，当地商业 C_4，建筑就业 C_5。

先对 C_1 给出桥梁 A_1、隧道 A_2、轮渡 A_3 三个决策（$m=3$）做关于模糊特性 β——优越性 $m \cdot (m-1)/2$ 次的二元对比。对比结果为，对于节省时间这一目标，桥梁 A_1 决策比隧道 A_2 决策、轮渡 A_3 决策重要，而隧道 A_2 决策比轮渡 A_3 决策重要，则得指标集 C_1 二元对比重要性排序的标度矩阵：

$$E_{C_1} = \begin{pmatrix} 0.5 & 1 & 1 \\ 0 & 0.5 & 1 \\ 0 & 0 & 0.5 \end{pmatrix} \begin{matrix} 2.5 \\ 1.5 \\ 0.5 \end{matrix}$$

可检验矩阵量 E_{C_1} 为排序一致性矩阵。由此得到 3 个决策关于优越性的排序：A_1，A_2，A_3。就节省时间 C_1 而言，考虑到桥梁 A_1 比隧道 A_2 略为优越，通过项目总分析评价中指标权重确定方法（熵值法），可得隶属度值 $\psi_{12}=0.6$；对 C_1 来讲，桥梁 A_1 极其优越于轮渡 A_3，而得 $\psi_{13}=0.111$，$\psi_{11}=1$，故就节省时间目标 C_1 而言，A_1，A_2，A_3 三个决策对优的相对隶属度向量（ψ_{ij} 相当于 r_{ij}）为

$$r_{C_1} = r_1 = (1, 0.6, 0.111)$$

对目标 C_2，C_3，C_4，C_5 进行类似的解算，分别得到：

$$r_{C_2} = r_2 = (0.6, 1, 0.081)$$
$$r_{C_3} = r_3 = (1, 0.379, 0.081)$$

$$r_{C_4} = r_4 = (1, 1, 0.176)$$
$$r_{C_5} = r_5 = (0.739, 1, 0.081)$$

则经济效益基本单元系统的 3 个决策、5 个目标对优的相对隶属度矩阵为：

$$R_{B_1} = R_{ij} = \begin{pmatrix} 1 & 0.6 & 0.111 \\ 0.6 & 1 & 0.081 \\ 1 & 0.379 & 0.081 \\ 1 & 1 & 0.176 \\ 0.739 & 1 & 0.081 \end{pmatrix}$$

现在来确定 B_1 中 5 个目标的权向量。对 B_1 给出 C_1，C_2，C_3，C_4，C_5 共 5 个目标（$n=5$）关于模糊性 β——重要性 $n(n-1) \div 2 = 10$ 次的二元对比，得标度矩阵：

$$E_{B_1} = \begin{pmatrix} 0.5 & 0 & 0 & 0 & 0 \\ 1 & 0.5 & 0 & 0 & 0 \\ 1 & 1 & 0.5 & 0 & 1 \\ 1 & 1 & 1 & 0.5 & 0 \\ 1 & 1 & 0 & 1 & 0.5 \end{pmatrix} \begin{matrix} 0.5 \\ 1.5 \\ 3.5 \\ 3.5 \\ 3.5 \end{matrix}$$

根据各行之和得不到目标关于重要性的排序，对上述矩阵进行一致性检查，易知在矩阵第 3 行给出的 $e_{34} = 0 < 1 = e_{35}$；而在第 4、5 行中却有 $e_{45} = 0 < 1 = e_{54}$，不满足矩阵 E 为排序一致性的第 2 个条件。为此对上述矩阵进行修正，即再考虑 e_{34}，e_{35}，e_{45} 的取值。经慎重考虑将 e_{34} 改为 1，得修正后的标度矩阵为：

$$E_{B_1} = \begin{pmatrix} 0.5 & 0 & 0 & 0 & 0 \\ 1 & 0.5 & 0 & 0 & 0 \\ 1 & 1 & 0.5 & 1 & 0 \\ 1 & 1 & 0 & 0.5 & 0 \\ 1 & 1 & 0 & 1 & 0.5 \end{pmatrix} \begin{matrix} 0.5 \\ 1.5 \\ 4.5 \\ 2.5 \\ 3.5 \end{matrix}$$

得到关于 5 个目标重要性的排序为：C_3，C_5，C_4，C_2，C_1。就经济效益 B_1 而言，考虑商业目标 C_3 比建筑就业目标 C_5 明显重要，C_3 比当地商业目标 C_4 非常重要，C_3 比收入目标 C_2 非常重要，C_3 比节省时间目标 C_1 极端重要，根据项目总分析评价中对定性指标量化（标准化）的处理表可查得 $\beta_{32} = 0.429$，$\beta_{34} = 0.212$，$\beta_{32} = 0.176$，$\beta_{31} = 0.053$。这里，模糊特性 β 指重要性，且 $\beta_{33} = 1$。故对 B_1 来说，C_1，C_2，C_3，C_4，C_5 共 5 个目标对重要性的相对隶属度向量为：

$$\beta_{B1} = (0.053, 0.176, 1.0, 0.212, 0.429)$$

对 β 进行归一化处理得到目标权向量为：

$$W_{B_1} = (0.028, 0.094, 0.535, 0.113, 0.230)$$

将向量 W_{B_1} 与矩阵 R_{B_1} 中的有关数据及 $P=1$ 代入多目标模糊优选模型公式①求解，得

---

① 以 U_i^+ 表示的方案 i 的相对优属度——多目标模糊优选模型公式为：

$$U_i^+ = 1 \div \left\{ 1 + \sum_{j=1}^{n} [W_j (1 - R_{ij})]^P \div \sum_{j=1}^{n} [W_j R_{ij}]^P \right\}^{2/P}$$

这里，W_j 为目标 j 的权重，P 为矩阵参数；R_{ij} 为方案 i 的优属度向量。

到经济效益基本单元系统 B_1 的三个决策 A_1，A_2，A_3 对优的相对隶属度向量：

$$B_1:u_1^+ = (0.988, 0.786, 0.010)$$

类似地，得到社会效益基本单元系统 B_2，环境效益基本单元系统 B_3 的三个决策方案 A_1，A_2，A_3 对优的相对隶属度向量为：

$$B_2:u_2^+ = (1, 0.771, 0.020)$$
$$B_3:u_3^+ = (0.999, 0.268, 0.031)$$

2）进行第 2 层效益单元系统 E_1 的解算。

令 $u_p = r_{ij}$，得效益单元系统 E_1 的输入矩阵为：

$$R_{E_1} = \begin{pmatrix} 0.988 & 0.786 & 0.010 \\ 1 & 0.771 & 0.020 \\ 0.999 & 0.268 & 0.031 \end{pmatrix}$$

类似地，确定 E_1 中三个输入 B_1，B_2，B_3 的权向量为：

$$W_{E_1} = (0.663, 0.221, 0.166)$$

将向量 W_{E_1} 与矩阵 R_{E_1} 中的数据及 $P=1$ 代入多目标模糊优选模型公式求解，得效益单元系统 E_1 的三个决策 A_1，A_2，A_3 对优的相对隶属度向量为：

$$E_1:u_1^+ = (1, 0.572, 0)$$

3）确定第 3 层中三个代价基本单元系统的输入——目标对劣的相对隶属度（因代价与效益相反，代价越大的决策越劣）。与效益系统的解算相类似，得到代价单元系统 E_2 的三个决策 A_1，A_2，A_3 对劣的相对隶属度向量为：

$$E_2:u_2^- = (1, 0.376, 0)$$

根据余集定义，对优的相对隶属度向量为：

$$E_2:u_2^+ = (0, 0.624, 1)$$

对于第 3 层（最高层）决策优选单元系统求解。显然此单元系统的输入矩阵 R 为：

$$R = \begin{pmatrix} 1 & 0.872 & 0 \\ 0 & 0.624 & 1 \end{pmatrix}$$

考虑效益、代价单元系统 E_1、E_2 的权重为：

$$W = (0.6, 0.4)$$

将 $P=1$ 和 R、W 矩阵中的有关数据代入多目标模糊优选模型公式求解，可得三个决策：桥梁 A_1、隧道 A_2、轮渡 A_3 对优的相对隶属度向量为：

$$u_i^+ = (0.692, \quad 0.921, \quad 0.308)$$

按照对优的相对隶属度最大原则，三个决策的优劣排序为：隧道 A_2、桥梁 A_1、轮渡 A_3，故此应选择建造隧道方案为最优。

综合案例　华亭市名城宾馆改扩建项目经济性分析（报告节选）

项目建设背景简介

近些年来，华亭市从一个传统的江南旅游城市发展成为国内旅游强市，进入 21 世纪后，华亭市的旅游业更是进入了一个全新的历史发展阶段，华亭市市委市政府明确提出要以旅游业为龙头，带动第三产业全面发展，使旅游业成为华亭市国民经济的支柱产业之一，把华亭市建设成为生态优美的旅游度假基地。

旅游饭店是旅游基础设施建设的重要方面，是旅游者休息的主要场所。随着华亭市旅游市场的蓬勃发展，国内外游客对该市饭店客房的需求持续增长，面向中高端旅游客人及境外游客住宿的高星级饭店市场有了一定的发展空间。但该市高星级饭店相应的配套服务设施仍与客人的高端需求存在一定差距。

作为华亭市高星级饭店之一，名城宾馆因客房数量少、接待床位有限及设施相对落后，配套的接待档次、客房均价与接待能力不匹配，主要靠提高出租率（长包房）来增加宾馆营业收入，使得宾馆作为高档涉外旅游饭店的经营业务活动受到严重制约，接待能力不能满足实际市场需求，在旅游业和宾馆业都很发达的华亭市市区及所在地区范围内的市场竞争中，近年来一直处于被动的地位，其境况特殊且十分尴尬。因此，除需要在经营方式上进行不断的改革和创新外，对宾馆硬件进行适时的改造和扩建也变得十分必要和紧迫。通过加大对宾馆硬件的投入，提高接待档次、完善功能和增强宾馆的接待能力，增强其市场竞争地位，可适应华亭市及所在地区旅游市场发展的需要，更好地发挥名城宾馆的资产效益，为宾馆和投资者带来新效益，为华亭市的旅游业发展做出新贡献。名城宾馆本次改造的总体指导思想是"花园中的酒店，酒店中的花园"。通过这次改扩建，充分体现出名城宾馆的园林特色，不要求装修中的材质豪华，但要注重装饰的经典文化底蕴，注重营造软件上的人性化和家园化。

受项目单位委托，华亭市 SD 工程咨询设计管理有限公司承担了名城宾馆改扩建项目的可行性分析报告编制工作，组织相关人员成立了项目组。项目组在 S 省工程咨询中心的协作下按照国家有关可行性分析报告编制规定及有关方面的要求，首先开展了项目基础资料的调查工作，在对相关资料进行分析与整理的基础上，编制了本可行性分析报告。

第 9 章　投资估算和资金筹措

一、投资估算

1. 投资估算编制依据

(1)《S 省建设工程造价估算指标（2002 年）》。

(2) 国家、S 省关于建设工程投资估算编制的有关规定。

(3) 该项目拟建各单项工程的建设内容及工程量。

2. 投资估算编制说明

该项目固定资产投资总额包括工程费用、工程建设其他费用、预备费及建设期贷款利息。该项目固定资产投资估算总额为 11991.3 万元。其中，工程费用 10256.8 万元；工程建设其他费用 954.8 万元；预备费用 560.6 万元；建设期借款利息 219.2 万元。

(1) 工程费用估算。

1) 该项目主体土建及装修工程费估算按单位建筑工程投资估算法进行。该项目总建筑面积 29217m²，233 间客房。其中新建 133 间客房，面积为 23252m²；新建地下建筑面积 3032m²；改造建筑物面积 2933m²，36 间客房。工程量及估算指标详见辅助报表 1.1.1 及辅助报表 1.2（此略）。

2）专用设备。专用设备详细估算见固定资产投资估算表。其中客房设备包括家电、家具等，分为 WZ 谊宫总统套房、部长楼、其他客房三种等级并分别估算。餐厅设备包括桌椅、屏风、家电等。会议设备包括彩电、录像机、同声传译系统、电脑、投影仪、幻灯机、麦克风、会议桌椅、饮水机等。康健休闲设备包括游泳池、舞厅、健身房、球类运动（包括乒乓球和台球等）、美容美发等。厨房洗衣房设备包括电热烹饪设备、燃气烹饪设备、电热保温设备、冷柜、餐饮用品用具、洗衣设备等。该项目购置一套机械停车设备，可停车位 38辆，根据询价，设备购置及安装工程费按照 3.48 万元/车位计算。购置电梯预计费用 120 万元。

3）总图工程包括绿化、广场、道路、场景、雕塑等。按土建工程与安装工程费用之和的 15% 计取，总图工程估算为 482.1 万元。

（2）工程建设其他费用

1）建设单位管理费。它包括建设单位开办费、建设单位经费和建设单位临时设施、项目管理费等，参照有关标准，结合项目实际情况，按第一部分工程费用的 2.2% 计算。

2）主要地方行政事业性规费。根据华亭市当地实际情况，应缴纳的主要地方规费包括自来水管网建设费、市政公用基础设施配套费、发展新墙体材料专项用费、新建房屋白蚁防治费等。综合行政事业性规费按 80 元/m^2 计算。

3）招投标等咨询费。招投标等咨询费是指项目招标发包阶段委托招标代理、编标、评标等发生的相关费用，以及前期咨询费。按照国家及省、市有关标准及要求，并结合项目实际情况，按第一部分工程费用的 0.7% 计算。

4）勘察、设计费。勘察、设计费是指建设单位为进行项目建设而发生的勘察、设计费，按第一部分费用的 3% 计算。

5）工程监理、质监、安监费。该部分费用包括工程建设监理费、建设工程质量监督费、建筑施工安全监督管理费等，按第一部分费用的 1.1% 合计。

6）办公及生活家具购置费。项目共有管理人员 49 人，按照人均 2000 元计算。

7）职工培训费。该项目新增人员 168 人，按照人均 1000 元计算。

（3）预备费用。基本预备费按第一部分工程费用与第二部分其他费用之和的 5% 计，为 560.6 万元。

（4）建设期借款利息。项目建设期为 1 年，借款平均按年中投入计算，根据中国人民银行的最新规定，贷款有效年利率为 6.26%，该项目长期投资借款 7000 万元，建设期投资长期借款利息为 219.2 万元。

固定资产投资估算详见辅助报表 1（略）。

3. 新增固定资产投资总额

该项目新增固定资产投资总额为 11991.3 万元，固定资产投资构成按费用类别构成分析如表 6-13 所示。

固定资产投资按费用类别构成分析   表 6-13

序号	类别名称	投资额（万元）	占投资总额比例（%）
1	工程费用	10256.8	85.5
2	工程建设其他费用	954.8	8.0
3	预备费用	560.6	4.7

序号	类别名称	投资额（万元）	占投资总额比例（%）
4	建设期贷款利息	219.2	1.8
5	合计	11991.4	100.0

4. 流动资金估算

根据项目特点，该项目采用扩大指标估算法估算，参照相关企业，按照经营成本的10％估算。项目正常年为286.5万元。

5. 项目新增总资金

项目新增总资金由固定资产投资总额和流动资金组成，项目固定资产投资总额为11991.3万元，流动资金286.5万元，新增总资金为12277.9万元。新增总投资为12077.3万元。

6. 利用原有资产

根据200×年××月××日华亭市国有（集体）资产管理委员会办公室与S省GT国际集团有限公司、S省GT国际集团房地产实业有限公司达成的《关于华亭市名城宾馆资产转让协议》，以及200×年××月××日，由华亭市产权交易所鉴证确认的《成交确认书》，S省GT国际集团有限公司、S省GT国际集团房地产实业有限公司以1486.39万元的价格受让名城宾馆。同时，S省GT名城宾馆有限公司另需偿还银行借款6324.0万元。据此，本评价中利用原有资产价格按照7810.4万元计算。

二、新增资金筹措及投资计划

1. 资金来源

（1）新增固定资产投资。该项目新增固定资产投资总额11991.3万元，申请银行借款7000万元，其余自筹。

（2）流动资金。该项目需要流动资金286.5万元，其中86.0万元自筹解决，其余200.5万元申请银行借款。

2. 投资计划

（1）固定资产投资。根据该项目的实际情况，项目建设期为1年，建设投资于建设期全部投入。建设期利息以项目资本金当年支付。

（2）流动资金。项目正常年流动资金286.5万元，在项目运营期第1年内全部投入。

投资计划和资金筹措方案详见辅助报表2（略）。

第10章　财务效益和国民经济分析

一、财务基础数据

1. 项目、建设期、运营期和财务效益分析计算期

该项目建设期为1年，运营期为11年，财务效益分析计算期为12年。

2. 营业收入计算

根据运营计划，项目建成后，收入构成为客房收入、餐饮收入和其他收入。

（1）客房收入。该项目共设233间客房，根据华亭市四星、五星级宾馆平均入住率和收费标准并考虑到该项目目前的实际情况，根据名城宾馆已有的资料分析，现采用80%的入住率，平均每间客房收费为500元/间·天，每年按照365天计算。则正常年客房收入为3401.8万元。

（2）餐饮收入。名城宾馆的餐饮以拟设服务点的业务为参考，其收入情况如表6-14所示。

（3）其他收入。其他收入包括会议康娱收入、门面房出租收入等。参照当地类似规模档次酒店会议康娱收入情况，该项目按照每年会议康娱收入150万元，门面房出租收入385万元计算。则正常年其他收入为535.0万元。

名城宾馆餐饮收入   表6-14

餐饮地点	座位数	拟上座率	每天餐次	每餐人均消费	年均收入
小餐厅	120个	50%	2次	180元	788万元
零点餐厅	100个	50%	2次	140元	511万元
多功能厅	380个	30%	1次	100元	416万元
早餐席	220个	周转率考虑150%		30元	361万元
合计					2076万元

该项目正常年收入合计为6012.8万元。

3. 营业税金及附加

该项目应缴纳营业税，按相应收入的5%计缴。城市维护建设税按营业税的7%计缴。教育费附加按营业税的4%计缴。

4. 成本和费用估算

该项目的成本包括营业直接成本、水电支出、工资、折旧摊销费、修理费、其他管理费用和其他营业费用等。

（1）营业直接成本包括餐饮原辅材料、客房一次性用品、会议用各种耗材及洗衣房洗涤用品等。根据目前行业惯例及宾馆业的一般经验，该项目餐饮业直接成本按照餐饮收入的30%计算，客房及其他服务设施按照客房及其他收入的6%计算。

（2）该项目用水量、用电量根据工程方案确定。水费根据华亭市200×年×月1日调后价格，按照3.2元/t计算。电费按照省物价局华亭市价工［200×］×××号《省物价局关于进一步规范电价管理调整厂网电价的紧急通知》文件的规定，按照0.899元/度计算。根据该项目特点，若无客人消费时，则水电开支相应减少。则水电费用中20%为固定成本，80%为可变成本。

（3）固定资产折旧依据国家有关规定按照分类直线折旧法计算。利用原有资产中80%计为房屋建筑物，20%计为机器设备。房屋设施按30年折旧，残值率为10%；设备按照10年折旧，残值率为10%。无形资产按照30年摊销，递延资产按照10年摊销。

固定资产的折旧、摊销情况详见辅助报表3.1、辅助报表3.2（略）。

（4）该项目劳动定员342人，其中管理人员49人，人均年工资总额按4万元估算；一般职工293人，人均年工资总额按1万元估算。福利费率按照14%计算。

（5）大修理费按固定资产原值（不含建设期利息）的2.0%估算。

（6）该项目其他管理费用中的差旅费、保管费、业务招待费、低值易耗品等，按职工工资总额的 80％估算；房产税按照门面房出租收入的 12％计算。其他营业费用包括市场调研费、广告费等，按照总收入的 2％估算。

(7) 财务费用为固定资产投资借款利息及流动资金贷款利息。经营期固定资产投资借款按年初贷款余额全年计息，年利率按 6.26％计。流动资金借款按照当年借款额全年计息，年利率按 5.70％计算。

按照以上成本划分方式，项目正常年（第 10 年）总成本费用合计为 3860.2 万元，其中：可变成本 1457.8 万元，固定成本 2402.4 万元，经营成本 2865.4 万元。

总成本费用估算详见辅助报表 3（略）。

二、财务效益分析

1. 盈利能力分析

(1) 利润总额及分配。该项目正常年收入为 6012.8 万元，总成本费用为 3860.2 万元，营业税金及附加为 333.8 万元，利润总额为 1819.7 万元。所得税税率为 33％，正常年所得税为 600.5 万元。税后利润为 1219.2 万元。盈余公积金、公益金分别按照税后利润的 10％、5％提取。

项目损益情况详见基本报表 2（略）。

(2) 损益表静态指标分析。经计算，正常年年项目投资利润率为 9.1％，投资利税率为 10.7％，销售利润率为 30.3％。

2. 清偿能力分析

该项目固定资产投资借款以该项目的固定资产年折旧、摊销和未分配利润偿还，按最大能力还款计算，还款期为 8.6 年（含建设期）。

固定资产投资各年的借款及还本付息情况详见辅助报表 5（略）。

3. 财务现金流量分析

(1) 全部投资财务现金流量分析。全部投资财务现金流量表是以假设该项目建设所需的全部资金均为投资者投入作为计算基础，计算项目本身的盈利能力。该表不考虑资金筹措问题，将项目置于同等的资金条件下，现金流出项中没有借款利息，经营成本中也不包括任何利息。

该项目全部投资财务现金流量分析结果如表 6-15 所示。

全部投资财务现金流量分析结果 表 6-15

序号	指标名称	单位	所得税前	所得税后	备注
1	财务内部收益率	％	11.7	8.9	
2	投资回收期	年	8.1	10.4	含建设期 1 年
3	财务净现值	万元	4138.2	994.9	$i_c = 8\%$

该项目全部投资财务现金流量分析详见基本报表 1.1（此略）。

(2) 自有资金财务现金流量分析。自有资金财务现金流量表是从投资者角度出发，以投资者的出资额作为计算基础，考察投入的自有资金的盈利能力。

该项目自有资金财务现金流量分析结果如表 6-16 所示。表明从企业运营的角度上讲，项目的财务效益良好。

自有资金财务现金流量分析结果

表 6-16

序号	指标名称	单位	所得税后	备注
1	财务内部收益率	%	10.6	
2	投资回收期	年	11.0	含建设期1年
3	财务净现值	万元	1567.4	$i_c = 8\%$

该项目自有资金财务现金流量分析详见基本报表1.2（略）。

三、不确定性分析

项目的敏感性分析是在设定的财务条件下进行的，考虑到项目实施过程中的一些不确定性因素，对影响项目财务效益的变动因素（固定资产投资、营业收入、经营成本）进行敏感性分析，具体结果如表6-17所示。

敏感性分析（全部投资，所得税后）

表 6-17

序号	变动因素	变动幅度（%）	内部收益率（%）	净现值（万元）	投资回收期（年）
0	基本方案		8.9	994.9	10.4
1	固定资产投资	10	7.8	−249.4	10.0
		5	8.3	374.7	10.3
		−5	9.5	1611.4	10.1
		−10	10.2	2224.1	8.8
2	营业收入	10	10.6	2791.2	8.5
		5	9.7	1890.0	8.9
		−5	8.1	103.7	10.1
		−10	7.3	−780.8	10.6
3	经营成本	10	7.6	−423.9	10.3
		5	8.3	286.9	10.2
		−5	9.6	1695.1	10.0
		−10	10.2	2387.6	8.7

从表6-17中可知，该项目固定资产投资、营业收入、经营成本的变化对其财务内部收益率影响都较大。因此建议在项目实施过程中应重视控制有关不利因素的影响。以避免出现较大的负面波动。图6-8为项目的敏感性分析图。

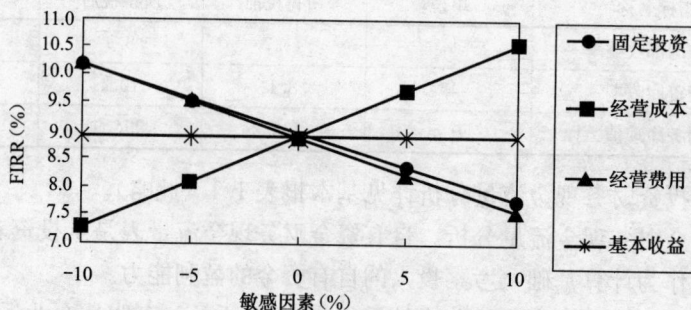

图 6-8 项目的敏感性分析图

四、财务效益分析评价结论

经综合测算，该项目财务效益分析评价指标如表6-18所示。

项目主要经济数据及财务评价指标汇总   表6-18

序号	项目	单位	数值	备注
1	项目新增总投资	万元	12077.3	
1.1	固定资产投资总额		11991.3	
1.1.1	固定资产投资		11772.2	
1.1.2	建设期利息		219.2	
1.2	铺底流动资金	万元	86.0	流动资金总额286.5万元
2	资金筹措		12277.9	
2.1	自筹资金		5077.3	
2.2	银行借款		7200.6	其中流动资金借款200.6万元
3	收入		6013.7	
4	税金及附加		333.8	
5	总成本费用		3860.2	
6	经营成本		2865.4	
7	利润总额		1819.7	
8	所得税		600.5	
9	税后利润		1219.2	第10年
10	盈余公积金		121.9	
11	盈余公益金		61.0	
12	投资利润率		9.1	
13	投资利税率	%	10.7	
14	销售利润率		30.3	
15	内部收益率			
	全部投资所得税后		8.9	
	全部投资所得税前	%	11.7	
	自有资金内部收益率		10.6	
16	财务净现值			
	全部投资所得税后		994.9	
	全部投资所得税前	万元	4138.2	$i_c=8\%$
	自有资金财务净现值		1567.4	
17	投资回收期			
	全部投资所得税后		10.4	
	全部投资所得税前	年	8.1	含建设期1年
	自有资金投资回收期		11.0	
18	长期借款偿还期		8.6	

(1) 财务效益分析评价指标表明，该项目实施后在达到预期投入产出效果的情况下，项目的全部投资财务内部收益率为8.9%（所得税后，大于基准收益率 $i_c=8\%$），现值994.9万元大于零（$i_c=8\%$，所得税后）。

(2) 该项目在财务上可以接受，能较快收回投资，有较好的经济效益。

10.5 项目的国民经济分析

（略）。

第11章 风险分析与对策

一、风险分析

1. 市场风险

该项目的主要服务对象为来华亭市旅游度假以及进行商务活动的人员。华亭市的社会经济水平较高，宾馆饭店数量较多，市场体系发展不断完善，竞争日趋激烈，该项目如果不能形成特色，及早提升市场知名度，运营后可能会面临市场的压力，给该项目的可持续运营带来较大的风险。

2. 经营风险

该项目经营内容为客房出租、餐饮、会议、康健休闲以及其他有关的生活、工作服务项目等。除客房出租外，餐饮、康健休闲等经营项目较多，与社会餐饮康娱相比，有以下几个方面的劣势：（1）价位高。在许多消费者心目中，宾馆（尤其是高星级）餐饮康娱的价位比社会餐饮康娱收费高，这是由于宾馆星级不同带来了价格差异。（2）面积小。由于宾馆建造成本高昂，加上其他各种因素的影响，在改扩建后的名城宾馆中的餐饮康娱所占面积较有限。（3）人力资源缺乏。由于观念的误差，宾馆餐饮康娱很难吸引和留住优秀的人才，无论在产品开发还是营销创新方面都要弱于社会服务，这使宾馆餐饮康娱发展缺乏基础。基于以上三个主要方面，加上缺乏创新和适当营销，宾馆餐饮康娱不可避免陷入困境。如何走出这种困境，无疑对宾馆能否经营成功有着举足轻重的作用。

3. 管理风险

现代宾馆在硬件的发展上日新月异，许多新型宾馆在规模、建筑、设备上比新、比大、比奇、比豪华。一家宾馆硬件的优势，很难形成其独特性和长久性，相反，宾馆的软件，即"人"的因素，显得越来越重要。宾馆内服务人员众多、客人要求多样，人多事杂，如果管理不善，极易造成混乱。作为高星级宾馆，该项目在运营管理上存在一定风险。

4. 资金筹措风险

该项目资金来源主要为自有资金和银行借款，自有资金增加，项目运营后还贷压力减小；若银行贷款增加，将增加融资成本，增加项目的风险。

二、风险对策

1. 市场风险对策

面对市场风险，企业应积极开拓市场，利用已形成的华亭市国宾馆的影响力，宾馆自身所特有的自然景观、人文资源，以本次改扩建为契机，加强营销，突出特质，扩大市场份额和提高市场知名度，以一流的经营环境、规范而上乘的服务和丰富的信息资源来争取和赢得市场。在市场开拓中，企业尤其要注意吸引优质、高端的回头客，为宾馆走上良性循环道路奠定基础。

此外，宾馆应积极争取和国内外大型旅行社合作，不断提升宾馆的市场号召力；关注本地餐饮、会议、康娱市场，依托宾馆硬件设备，做大餐饮、会议、康娱市场。积极主动地研究市场，适时地引进新项目。在常规运营上，及时引进新经营品种并加以拓展，将会给宾馆带来意想不到的收益。

在发展市场的过程中，关键在于经营者如何去发现适合消费者口味的新品种及如何去正确引导消费。若能切实做好这两点，宾馆的潜在市场就会不断地被挖掘出来，同时宾馆也能紧紧抓住大批忠实的消费者，使宾馆经营走上一条良性循环的道路。

2. 经营风险对策

在市场调研的基础上制定严密、科学可行的经营方案，避免经营的随意性，及时总结经营过程中发现的经验和不足，适时地调整经营策略。针对餐饮康娱类项目价位高、面积小、人力资源有限的状况，可以从以下几个方面加以改善：节省成本，严把进货关，既能降低成本又能提高质量；降低价位高的壁垒，利用宾馆硬件条件创造出高雅的用餐环境，强化软件条件，提高服务质量，让就餐者体会到物有所值的感觉；留住人才和培养人才，宾馆餐饮人才的发展空间大，既要积极引进人才，又要在日常工作中及时发现人才，既要注重培训，提高工作技能，又要及时鼓励、激励，提高自我认同感，让员工看到发展和提高的希望和前景，作为自我提高、自我激励的内在动力。

3. 管理风险对策

在引进有关管理人才的同时，积极与国内大型宾馆管理企业、高校、专业咨询公司等机构合作。专业宾馆管理人员可以其丰富的经验、良好的实践为宾馆提供各类专业服务，如为宾馆改扩建提供技术顾问服务，包括内部布局、内部装修设计、灯光设计、厨房设计、餐厅设计、室外环境设计；进行员工培训；在遇到突发事件情况下，提出相应危机管理的对策等。同时，在经营中应及时总结出适合该项目运营特点的企业管理运作规章制度，使管理有章可循，有法可依，同时加强规范化作业监督管理，使规章真正落到实处，向管理要效益。

4. 资金筹措风险对策

针对筹资风险，项目单位将加强计划管理，保证项目按计划开发和完工，加大市场宣传和招商力度，加快资金的回笼；加强财务管理，保持合理的资产负债比例，合理安排资金，提高使用效率；准确把握国家宏观经济形势、产业政策和银行信贷政策的变化，及时调整项目计划，降低融资成本和资金筹措风险。

附录（略）。

附表1~5（略）。

附录 A 财务评价参数

					表 A
			财务评价参数		

行业代码	行业名称	基准收益率（%）	基准投资回收期（年）	平均投资利润率（%）	平均投资利税率（%）	备注
部门	**冶金**					
1010	铁矿采选业（大中型）	−2	22.0	4	5	按现行价格
1010	铁矿采选业（大中型）	12	11.0	14	15	按进口矿石价格
48301	大型钢铁联合企业	9	14.3	9	14	包括矿山
48201	大型钢铁联合企业	11	12.6	11	16	不包括矿山
48201	中型钢铁联合企业	9	13.3	9	13	包括矿山
48301	中型钢铁联合企业	11	11.5	10	15	不包括矿山
48202	特殊钢厂	10	12.0	9	15	
482113	普通钢厂	11	11.0	10	16	
4830	钢压延加工业	15	8.8	13	21	
4880	铝合金冶炼业	11	11.0	10	16	
49）01	大中型耐火制品行业	11	13.0	10	17	
3510	炼焦制气	7	15.0	5	6	
部门	**煤炭**					
0810A	露天开采	17	9.0	14	15	
0810B	矿井（井工）开采	15	8.0	18	19	
08	矿区采洗	10	13.0	10	11	
	矿井采洗	14	9.0	16	18	
部门	**有色金属**					
1111	铜矿山	5	15.0	6	7	
4911	铜冶炼	13	10.0	14	30	
	铜联合企业	8	13.0	9	12	
1112	铜锌矿山	6	13.8	6	7	
4912	铜锌冶炼	11	11.5	13	21	
1115	锡矿山	6	14.0	12	13	
4913	锡冶炼	14	10.0	15	Z	
	锡联合企业	9	13.0	8	12	
1161	钨矿山	3	6.9	3	4	
部门	**冶金**					
1131	铝矿山及氧化铝	9	12.0	12	15	
4931	铝电解	13	9.0	15	24	
49801	铜加工	15	9.0	14	24	
49802	铝加工	14	19.0	18	22	
	有色金属工业部门	10	11.0	11	15	
部门	**石油天然气开采**					
0910	天然原油开采业	12	6.0	17	20	仅用于高价油项目
0920	天然气开采业	12	8.0	10	12	仅用于高价气项目
部门	**邮电**					
7410	邮政业	9	19.0	3	4	
74201	市内电话业	6	13.0	7	7	
74202	长途电信业	10	11.0	11	13	

行业代码	行业名称	基准收益率（%）	基准投资回收期（年）	平均投资利润率（%）	平均投资利税率（%）	备注
部门	机械					
5421	大中型拖拉机	8	13.0	5	7	
5421	小型拖拉机	13	10.0	9	11	
5312	内燃机	17	8.0	15	19	
5422	收获机械	5	16.0	2	3	
5315	拖内配件	9	13.0	7	8	
6311	自动化仪表	17	8.0	14	18	
6313	电工仪器仪表	17	9.0	15	18	
6321	成分分析仪器	16	9.0	13	15	
6315	光学仪器	16	9.0	12	15	
5471	电影机械	13	11.0	12	15	
5484	照相机械	14	9.0	12	13	
5474	科研办公机械	24	7.0	22	26	
6334	仪表元件	15	9.0	13	17	
6339	仪表材料	20	8.0	20	29	
5392	石油化工机械	13	9.0	10	13	
5389	印刷机械	15	9.0	13	16	
5341	冷冻机械	25	8.0	34	30	
5335	工业泵	13	10.0	10	13	
5337	风机	10	2.0	7	10	
5339	气体压缩机	14	10.0	11	14	
5352	高中压阀门	10	11.0	7	11	
5352	低压阀门	16	9.0	13	17	
5399	重型机械	4	17.0	9	3	
5381	矿山机械	5	16.0	3	5	
5331	起重运输机械	15	9.0	11	15	
5449	工程机械	15	9.0	12	16	
5321	机床	9	12.0	6	9	
5323	锻压设备	9	12.0	6	9	
5325	铸造设备	7	15.0	4	6	
5326	机床附件	11	10.0	9	12	
6360	量具刃具	14	9.0	11	14	
4640	磨料磨具	11	10.0	9	12	
5311	工业锅炉	23	7.0	20	24	
5313	电站设备	7	14.0	4	6	
5812	电机	12	10.0	9	13	
5813	微电机、分电机	20	8.0	17	21	
5343	电动工具	18	8.0	16	20	
5821	变压器	18	9.0	15	19	
5824	高压电器	20	8.0	17	22	
5824	低压电器	14	10.0	11	14	
5823	电力电容器	25	7.0	24	29	
5891	电焊机	25	7.0	24	30	
5841	电线、电缆	21	8.0	18	35	
4563	电瓷	12	10.0	10	16	
5843	绝缘材料	21	8.0	19	28	
5845	蓄电池	19	8.0	17	25	
5853	液压、液力件	13	9.0	11	14	

行业代码	行业名称	基准收益率（%）	基准投资回收期（年）	平均投资利润率（%）	平均投资利税率（%）	备注
部门	机械					
5355	气动元件	24	7.0	23	28	
5356	密封件	16	8.0	14	22	
5361	链条	16	9.0	13	18	
5357	粉末冶金及制品	14	9.0	12	15	
5351	轴承	11	10.0	9	12	
5519	包装机械	13	11.0	10	14	
5371	铸造行业	9	12.0	7	9	
5372	锻压行业	9	12.0	7	8	
5183	表面处理行业	19	8.0	19	22	
5134	工模具行业	11	11.0	9	11	
5621	汽车	16	9.0	15	19	
5626	改装汽车	18	7.0	17	21	
5627	汽车配件	13	8.0	10	14	
	机械工业其他行业	12	10.0	9	12	
部门	化工					
36111	硫酸	10	10.0	12	20	
3622	磷肥	10	11.0	14	16	
36132	纯碱	10	11.0	9	14	
36131	烧碱	12	10.0	15	23	
3621	氮肥	9	11.0	8	11	
3631	农药	14	9.0	22	28	
部门	石化					
3420	原油加工	12	10.0	4	10	
3651	有机化工原料制造	14	10.0	15	24	
3721	塑料制造	15	9.0	15	30	
3725	合成纤维单体（聚合物）制造	12	10.0	12	20	
	石油化工联合企业	10	12.0	6	15	
部门	纺织					
222	棉纺织	14	10.1	10	17	
224	毛纺织	14	10.1	10	17	
226	麻纺织	14	10.1	10	17	
40	化学纤维行业					
401	人造纤维					
	黏胶长丝	12	10.3	8	13	
	黏胶短纤维	8	13.1	7	10	
462	合成纤维	12	10.6	11	15	不包含普通长丝
部门	轻工					
28	制浆造纸	15	9.0	13	19	
	其中：重点支持的产品	11	10.5			
548	日用机械	25	7.1	24	36	
587	日用硅酸盐	12	10.3	10	14	
377/378	电光源及照明器具	13	10.2	11	16	
	日用化学制品	19	8.7	17	26	
	其中：洗涤剂原料	12	12.6	12	17	
13	制盐	12	10.5	11	16	
	其中：海盐	8	12.6	7	10	
17/18/19	食品	16	8.3	16	21	
1741/1742	其中：制糖	10	11.0	7	19	
43/44	塑料制品	19	7.8	14	20	
586	家用电器	26	6.8	19	30	
6370	衡器	14	9.1	11	15	

行业代码	行业名称	基准收益率（%）	基准投资回收期（年）	平均投资利润率（%）	平均投资利税率（%）	备注
部门	**轻工**					
20	烟草	17	9.7	14	223	
538/541	轻工装备	12	10.0	9	12	
部门	**建材**					
4510	水泥	8	13.0	8	12	
4541	平板玻璃	10	11.0	14	22	

说明：

1. 表中各参数适用于计算所得税前财务评价指标；
2. 表中行业分类是按中华人民共和国国家标准"国民经济行业分类和代码" GB 4754—1984 进行分类的；
3. 表中各参数均不含通货膨胀因素；
4. 表中各参数适用于大中型项目，可供小型项目参考；
5. 铜行业基准收益率等参数主要适用于由国家供应原材料和统一计划分配产品的中央所属大中型铜矿山、铜冶炼厂及铜采选冶炼联合企业项目，地方中小型建设项目可参考使用；
6. 铝矿山及氧化铝行业基准收益率等参数主要适用于由国家供应原材料和统一计划分配产品的包括矿山在内的大中型氧化铝厂建设项目和独立建设的大中型氧化铝厂项目；
7. 炼焦制气参数适用于钢铁联合企业内的大中型焦化厂，对独立炼焦制气厂仅作参考；
8. 煤炭行业的财务基准收益率等参数只在以 15 年还贷反推煤价条件下使用。

附录 B 国民经济评价有关参数

土地分类 表 B-1

序号	类 别	利用方式或覆盖特征
1	耕地	指种植农作物的土地或以种植农作物为主，间有零星果树、桑树或其他树木的土地
2	园地	指种植以采集果、叶、根茎等为主的集约经营的多年生木本和草木作物，覆盖率大于50%，或每亩株数大于合理株数70%的土地指生产乔木、竹类、灌木、沿海红树林等林木的土地
3	林地	指生产乔木、竹类、灌木、沿海红树林等林木的土地
4	牧草地	指生长草本植物为主，用于畜牧业的土地
5	居民点及工矿用地	指城乡居民点、独立居民点以及工矿、国防、名胜古迹及企事业单位用地
6	交通用地	居民点以外的各种道路及其附属设施和民用机场用地
7	水域	指陆地水域和水利设施用地
8	未利用土地	指目前还未利用的土地，包括难利用的土地

注：参见全国农业区划委员会编《土地利用现状调查》。

经济区域划分 表 B-2

区划名	各区划所包括的省份或自治区
东北区	黑龙江、辽宁、吉林
内蒙古及长城沿线区	内蒙古、宁夏
黄淮海区	河北、山东、河南
黄土高原区	山西、陕西
长江中下游区	江苏、湖北、湖南、江西、福建、安徽、浙江
西南区	四川（含重庆）；云南、贵州
华南区	广东、广西、海南、台湾
甘新区	甘肃、新疆
青藏区	青海、西藏

注：参见中国农业区划委员会编《中国农业资源与区划要览》。

分区划牧草地产出不同品种牲畜的年净效益 单位：元/亩 表 B-3

	一级草场分品种产出的年净效益						二级草场分品种产出的年净效益						五级草场分品种产出的年净效益					
	骆驼	马	牛	山羊	奶牛	绵羊	骆驼	马	牛	奶牛	山羊	绵羊	骆驼	马	牛	奶牛	山羊	绵羊
内蒙古及长城沿线区	36	13	30	54		48	27	11	26		46	40	9	4	8		15	13
甘新区		41	18	48		43		34	16		41	36		19	5		13	12
青海区			8	51	34			7	28	43					2	9	14	

注：表中数据是根据1989年产量按影子价格测算的年净效益。

296

各经济区划及直辖市耕地、水域、园地净收益 表 B-4

区划及直辖市	每亩耕地在不同产出下的净效益（元/亩·茬）											每亩水的年净效益（元/年）	每亩园地分品种产出的净效益（元/亩·茬）								
	小麦	水稻	玉米	大豆	棉花	花生	油菜籽	黄红麻	烟叶	甘蔗	蔬菜	淡水养殖	茶叶	蚕茧	苹果	柑橘	梨	西瓜	核桃	橘子	香蕉
东北区	85	418	2.3	170		154						1782			3214		1315				
内蒙古及长城沿线区	111		243	130		200									4779						
黄淮海区	139	377	172	93	399	602		172	1556		1018	12312	739	452	4294		3950	612	183		
黄土高原区	128		166	115	253	231	32						1181		2629	1728					
长江中下游区	184	462	171	184	511	499	62	306	1493	564	482	2231	1243	616	3619	4362		364		4251	665
西南区	75	467	95	142	272	311	32	89	1458	268	862	347	1380	721		2064		438	337	2388	677
华南区		421	96	77	161	234		156	1306	420	890	2576	1195	705		2221		485		3335	912
甘新区	150		151	160	321	493								158			1111	359	226		
青藏区	126	248	110	188		44															
北京市	188	405	190	152	394	380	11		1367		1074	1702			1586						
天津市	157	452	186	63	270	347					1019	641									
上海市	136	436	244	213	314	493	35				504	1749						119			

注：表中数据是根据 1988 年年（或茬）产量按影子价格换算的年（或茬）净效益。

部分国家和组织的社会折现率 表 B-5

国家	社会折现率	资料来源
美国	1.6%～3.2%（3～30 年及以上） 2%～3%	Circular A-94 Guidelines and Discount Rates for Benefit—Cost Analysis of Federal Programs Appendix C（Revised January 2003） U. S. Environmental Protection Agency. 2000. Guidelines for Preparing Economic Analyses. U. S. GPO, Washington, DC
英国	6%（2003 年 3 月前） 3.5%（2003 年 4 月后）	The Green Book—Appraisal and Evaluation in Central Government HMT，1997 The Creen Book Appraisal and Evaluation in Central Government，2003. 1 H. M. Treasury Cuidance
德国	3%	Macro-Economic Evaluation of Transport Infrastructure Investments，Evaluation Guidelines for the Federal Transport Investment Plan，The Federal Minister of Transport，1992
比利时	4%	Assessing the Benefits of Transport，ECMT，2001
法国	8%（自 1984 年）	
瑞典	4%	
新西兰	10% 4%（无风险）	Evaluation Procedures for Alternatives to Roading，Transfund New Zea-land，1999. 2 Ealuatie Van Infrastructure Ur Precten Leidraad Voor Kosten—Baten Analyse，Carel J. J. Eijgenraam，et，CPB & NEI，2000
亚洲开发银行	10%～12%	Guidelines for the Economic Analysis of Projects，1997
日本	4%	事業分野間における評価指標等設定のぇ考方の整合性の確保への対（案）2003
欧盟	5%	
西班牙	交通 6% 水利 4%	Guide to Cost—Benefit Analysis of Investment Precis，Evaluation Unit DG Regional Policy European Commission for SF，the CF and ISPA，2002（修订）
意大利	5%	

地区	级别	土地影子价格			地区	级别	土地影子价格		
		商业	住宅	工业			商业	住宅	工业
天津	一级	10980	5960	1380	江苏苏州	一级	7600	4000	1600
	末级	840	370	320		末级	750	700	550
济南	一级	4654	3242	2856	湖北十堰	一级	2630	769	289
	末级	499	425	383		末级	249	204	136
广州	一级	13936	8000	2200	陕西铜川	一级	805	550	395
	末级	922	802	449		末级	100	70	50
郑州	一级	4500	2500	1150	新疆克拉玛依	一级	910	546	293
	末级	375	345	330		末级	396	198	103
武汉	一级	8210	3501	1087	云南玉溪	一级	1401	1107	593
	末级	322	313	302		末级	567	530	477
长沙	一级	7750	3875	2325	浙江德清	一级	1580	504	185
	末级	250	250	250		末级	390	168	110
昆明	一级	5873	2670	554	吉林松原	一级	769	259	102
	末级	439	458	425		末级	163	108	71
西安	一级	3300	2610	1950	山东阳谷	一级	500	350	250
	末级	28	26	22		末级	250	170	120
西宁	一级	2707	1220	781	河南柘城	一级	600	250	210
	末级	352	280	214		末级	210	120	110
青岛	一级	5250	3500	900	江苏射阳	一级	900	420	300
	末级	900	775	450		末级	340	240	200
吉林通化	一级	584	271	244	湖北通山	一级	451	205	135
	末级	140	88	77		末级	136	76	70
浙江台州	一级	1485	990	310	新疆鄯善	一级	395	290	130
	末级	805	740	270		末级	185	120	50
河南开封	一级	1410	630	540	安徽凤阳	一级	350	250	
	末级	320	245	200		末级	90	80	
云南开远	一级	819	346	305	其他	略			
	末级	284	198	180					

注：1. 上述不同市县、不同土地用途、不同土地级别的影子价格主要是依据 2000 年土地收益、土地市场价格、成本等资料测算得到的。

2. 对于不同市县商业用地和住宅用地的土地影子价格主要采用了收益法和市场比较法进行了测算。对于有收益的土地采用了收益法；对于存在规范市场交易价格的，采用了市场比较法。

3. 对于不同市县工业、公共设施用地的土地影子价格主要采用了成本法和基准地价修正法进行了测算。对于能收集到征地、土地开发成本等资料的市县，主要采用成本法进行测算土地影子价格；对于有基准地价的区域主要采用了基准地价修正法进行测算。

4. 不同的土地级别主要依据各地按照《城镇土地分等定级规程》所划分的土地级别。根据《城镇土地分等定级规程》的要求，不同土地级别是指依据城镇内土地质量、区位条件等的不同而划分的不同区域。

5. 不同的土地用途主要是依据现行土地用途分类，结合实际工作中的主要用途类型确定的商业、工业、住宅等，其他用途则可以参照这三种用途中的一种。

附录C 复利系数表（货币时间价值计算系数表）

一次投入（支付/整付）终值系数表（F/P, i, n）　　　　　表C-1

期数	1%	2%	3%	4%	5%	6%	7%	8%	9%	10%
1	1.0100	1.020	1.0300	1.0400	1.0500	1.0600	1.0700	1.0800	1.0900	1.1000
2	1.0201	1.0404	1.0609	1.0816	1.1025	1.1236	1.4490	1.1664	1.1881	1.2100
3	1.0303	1.0612	1.0927	1.1249	1.1576	1.1910	1.2250	1.2597	1.2950	1.3310
4	1.0406	1.0824	1.1255	1.1699	1.2155	1.2625	1.3108	1.3605	1.4116	1.4641
5	1.0510	1.1041	1.1593	1.2167	1.2763	1.3382	1.4026	1.4693	1.5386	1.6105
6	1.0615	1.1262	1.1941	1.2653	1.3401	1.4185	1.5007	1.5869	1.6771	1.7716
7	1.0721	1.1487	1.2299	1.3159	1.4071	1.5036	1.6058	1.7138	1.8280	1.9487
8	1.0829	1.1717	1.2668	1.3686	1.4775	1.5938	1.7182	1.8509	1.9926	2.1436
9	1.0937	1.1951	1.3048	1.4233	1.5513	1.6895	1.8385	1.9990	2.1719	2.3579
10	1.1046	1.2190	1.3439	1.4802	1.6289	1.7908	1.9672	2.1589	2.3674	2.5937
11	1.1157	1.2434	1.3842	1.5395	1.7103	1.8983	2.1049	2.3316	2.5804	2.8531
12	1.1268	1.2682	1.4258	1.6010	1.7959	2.0122	2.2522	2.5182	2.8127	3.1384
13	1.1381	1.2936	1.4685	1.6651	1.8856	2.1329	2.4098	2.7196	3.0658	3.4523
14	1.1495	1.3195	1.5126	1.7317	1.9799	2.2609	2.5785	2.9372	3.3417	3.7975
15	1.1610	1.3459	1.5580	1.8009	2.0789	2.3966	2.7590	3.1722	3.6425	4.1772
16	1.1726	1.3728	1.6047	1.8730	2.1829	2.5404	2.9522	3.4259	3.9703	4.5950
17	1.1843	1.4002	1.6528	1.9479	2.2920	2.6928	3.1588	3.7000	4.3276	5.0545
18	1.1961	1.4282	1.7024	2.0258	2.4066	2.8543	3.3799	3.9960	4.7171	5.5599
19	1.2081	1.4568	1.7535	2.1068	2.5270	3.0256	3.6165	4.3157	5.1417	6.1159
20	1.2202	1.4859	1.8061	2.1911	2.6533	3.2071	3.8697	4.6610	5.6044	6.7275
21	1.2324	1.5157	1.8603	2.2788	2.7860	3.3996	4.1406	5.0338	6.1088	7.4002
22	1.2447	1.5460	1.9161	2.3699	2.9253	3.6035	4.4304	5.4365	6.6586	8.1403
23	1.2572	1.5769	1.9736	2.4647	3.0715	3.8197	4.7405	5.8715	7.2579	8.9543
24	1.2697	1.6084	2.0328	2.5633	3.2251	4.0489	5.0724	6.3412	7.9111	9.8497
25	1.2824	1.6406	2.0938	2.6658	3.3864	4.2919	5.4274	6.8485	8.6231	10.835
26	1.2953	1.6734	2.1566	2.7725	3.5557	4.5494	5.8074	7.3964	9.3992	11.918
27	1.3082	1.7069	2.2213	2.8834	3.7335	4.8823	6.2139	7.9881	10.245	13.110
28	1.3213	1.7410	2.2879	2.9987	3.9201	5.1117	6.6488	8.6271	11.167	14.4210
29	1.3345	1.7758	2.3566	3.1187	4.1161	5.4184	4.1143	9.3173	12.172	15.8631
30	1.3478	1.8114	2.4273	3.2434	4.3219	5.7435	7.6123	10.063	13.268	17.449
40	1.4889	2.2080	3.2620	4.8010	7.0400	10.286	14.794	21.725	31.408	45.259
50	1.6446	2.6916	4.3839	7.1067	11.467	18.420	29.457	46.902	74.358	117.39
60	1.8167	3.2810	5.8916	10.520	18.679	32.988	57.946	101.26	176.03	304.48

期数	12%	14%	15%	16%	18%	20%	24%	28%	32%	36%
1	1.1200	1.1400	1.1500	1.1600	1.1800	1.1800	1.2400	1.2800	1.3200	1.3600
2	1.2544	1.2996	1.3225	1.3456	1.3924	1.4400	1.5376	1.6384	1.7424	1.8496
3	1.4049	1.4815	1.5209	1.5609	1.6430	1.7280	1.9066	2.0872	2.3000	2.5155
4	1.5735	1.6890	1.7490	1.8106	1.9388	2.0736	2.3642	2.6844	3.0360	3.4210
5	1.7623	1.9254	2.0114	2.1003	2.2878	2.4883	2.9316	3.4360	4.0075	4.6526
6	1.9738	2.1950	2.3131	2.4364	2.6996	2.9860	3.6352	4.3980	5.2899	6.3275
7	2.2107	2.5023	2.6600	2.8262	3.1855	3.5832	4.5077	5.6295	6.9826	8.6064
8	2.4760	2.8526	3.0590	3.2784	3.7589	4.2998	5.5895	7.2058	9.2170	11.703
9	2.7731	3.2519	3.5179	3.8030	4.4355	5.1598	6.9310	9.2234	12.166	15.917
10	3.1058	3.7072	4.0456	4.4114	5.2338	6.1917	8.5944	11.8059	16.060	21.647
11	3.4786	4.2262	4.6524	5.1173	6.1759	7.4301	10.657	15.112	21.199	29.439
12	3.8960	4.8179	5.3503	5.9360	7.2876	8.9161	13.215	19.343	27.983	40.037
13	4.3635	5.4924	6.1528	6.8858	8.5994	10.699	16.386	24.759	36.937	54.451
14	4.8871	6.2613	7.0757	7.9875	10.147	12.839	20.319	31.691	48.757	74.053
15	5.4736	7.1379	8.1371	9.2655	11.974	15.407	25.196	40.565	64.359	100.71
16	6.1304	8.1372	9.3576	10.748	14.129	18.488	31.243	51.923	84.954	136.97
17	6.8660	9.2765	10.761	12.468	16.672	22.186	38.741	66.461	112.14	186.28
18	7.6900	10.575	12.375	14.463	19.673	26.623	48.039	85.071	148.02	253.34
19	8.6128	12.056	14.232	16.777	23.214	31.948	59.568	108.89	195.39	344.54
20	9.6463	13.743	16.367	19.461	27.393	38.338	73.864	139.38	257.92	468.57
21	10.804	15.668	18.822	22.574	32.324	46.005	91.592	178.41	340.45	637.26
22	12.100	17.861	21.645	26.186	38.142	55.206	113.57	228.36	449.39	866.67
23	13.552	20.362	24.891	30.376	45.008	66.247	140.83	292.30	593.20	1178.7
24	15.179	23.212	28.625	35.236	53.109	79.497	174.63	374.14	783.02	1603.0
25	17.000	26.462	32.919	40.874	62.669	95.396	216.54	478.900	1033.6	2180.1
26	19.040	30.167	37.857	47.414	73.949	114.48	268.51	613.00	1364.3	2964.9
27	21.325	34.390	43.535	55.000	87.260	137.37	332.95	784.64	1800.9	4032.3
28	23.884	39.204	50.066	63.800	102.97	164.84	412.86	1004.3	2377.2	5483.9
29	26.750	44.693	57.575	74.009	121.50	197.81	511.95	1285.6	3137.9	7458.1
30	29.960	50.950	66.212	85.850	143.37	237.38	634.82	1645.5	4142.1	10143
40	93.051	188.88	267.86	378.72	750.38	1469.8	5455.9	19427	66521	*
50	289.00	700.23	1083.7	1670.7	3927.4	9100.4	46890	*	*	*
60	897.60	2595.9	4384.0	7370.2	20555	56348	*	*	*	*

* ＞99999

一次投入（支付/整付）现值系数表（P/F，i，n）　　表 C-2

期数	1%	2%	3%	4%	5%	6%	7%	8%	9%	10%
1	0.9901	0.9804	0.9709	0.9615	0.9524	0.9434	0.9346	0.9259	0.9174	0.9091
2	0.9803	0.9612	0.9426	0.9246	0.9070	0.8900	0.8734	0.8573	0.8417	0.8264
3	0.9706	0.9423	0.9151	0.8890	0.8638	0.8396	0.8163	0.7938	0.7722	0.7513
4	0.9610	0.9238	0.8885	0.8548	0.8227	0.7921	0.7629	0.7350	0.7084	0.6830

期数	1%	2%	3%	4%	5%	6%	7%	8%	9%	10%
5	0.9515	0.9057	0.8626	0.8219	0.7835	0.7473	0.7130	0.6806	0.6499	0.6209
6	0.9420	0.8880	0.8375	0.7903	0.7462	0.7050	0.6663	0.6302	0.5963	0.5645
7	0.9327	0.8606	0.8131	0.7599	0.7107	0.6651	0.6227	0.5835	0.5470	0.5132
8	0.9235	0.8535	0.7894	0.7307	0.6768	0.6274	0.5820	0.5403	0.5019	0.4665
9	0.9143	0.8368	0.7664	0.7026	0.6446	0.5919	0.5439	0.5002	0.4604	0.4241
10	0.9053	0.8203	0.7441	0.6756	0.6139	0.5584	0.5083	0.4632	0.4224	0.3855
11	0.8963	0.8043	0.7224	0.6496	0.5847	0.5268	0.4751	0.4289	0.3875	0.3505
12	0.8874	0.7885	0.7014	0.6246	0.5568	0.4970	0.4440	0.3971	0.3555	0.3186
13	0.8787	0.7730	0.6810	0.6006	0.5303	0.4688	0.4150	0.3677	0.3262	0.2897
14	0.8700	0.7579	0.6611	0.5775	0.5051	0.4423	0.3878	0.3405	0.2992	0.2633
15	0.8613	0.7430	0.6419	0.5553	0.4810	0.4173	0.3624	0.3152	0.2745	0.2394
16	0.8528	0.7284	0.6232	0.5339	0.4581	0.3936	0.3387	0.2919	0.2519	0.2176
17	0.8444	0.7142	0.6050	0.5134	0.4363	0.3714	0.3166	0.2703	0.2311	0.1978
18	.8360	0.7002	0.5874	0.4936	0.4155	0.3503	0.2959	0.2502	0.2120	0.1799
19	0.8277	0.6864	0.5703	0.4746	0.3957	0.3305	0.2765	0.2317	0.1945	0.1635
20	0.8195	0.6730	0.5537	0.4564	0.3769	0.3118	0.2584	0.2145	0.1784	0.1486
21	0.8114	0.6598	0.5375	0.4388	0.3589	0.2942	0.2415	0.1987	0.1637	0.1351
22	0.8034	0.6468	0.5219	0.4220	0.3418	0.2775	0.2257	0.1839	0.1502	0.1228
23	0.7954	0.6342	0.5067	0.4057	0.3256	0.2618	0.2109	0.1703	0.1378	0.1117
24	0.7876	0.6217	0.4919	0.3901	0.3101	0.2470	0.1971	0.1577	0.1264	0.1015
25	0.7798	0.6095	0.4776	0.3751	0.2953	0.2330	0.1842	0.1460	0.1160	0.0923
26	0.7720	0.5976	0.4637	0.3607	0.2812	0.2198	0.1722	0.1352	0.1064	0.0839
27	0.7644	0.5859	0.4502	0.3468	0.2678	0.2074	0.1609	0.1252	0.0976	0.0763
28	0.7568	0.5744	0.4371	0.3335	0.2551	0.1956	0.1504	0.1159	0.0895	0.0693
29	0.7493	0.5631	0.4243	0.3207	0.2429	0.1846	0.1406	0.1073	0.0822	0.0630
30	0.7419	0.5521	0.4120	0.3083	0.2314	0.1741	0.1314	0.0994	0.0754	0.0573
35	0.7059	0.5000	0.3554	0.2534	0.1813	0.1301	0.0937	0.0676	0.0490	0.0356
40	0.6717	0.4529	0.3066	0.2083	0.1420	0.0972	0.0668	0.0460	0.0318	0.0221
45	0.6391	0.4102	0.2644	0.1712	0.1113	0.0727	0.0476	0.0313	0.0207	0.0137
50	0.6080	0.3715	0.2281	0.1407	0.0872	0.0543	0.0339	0.0213	0.0134	0.0085
55	0.5785	0.3365	0.1968	0.1157	0.0683	0.0406	0.0242	0.0145	0.0087	0.0053
期数	12%	14%	15%	16%	18%	20%	24%	28%	32%	36%
1	0.8929	0.8772	0.8696	0.8621	0.8475	0.8333	0.8065	0.7813	0.7576	0.7353
2	0.7972	0.7695	0.7561	0.7432	0.7182	0.6944	0.6504	0.6104	0.5739	0.5407
3	0.7118	0.6750	0.6575	0.6407	0.6086	0.5787	0.5245	0.4768	0.4348	0.3975
4	0.6355	0.5921	0.5718	0.5523	0.5158	0.4823	0.4230	0.3725	0.3294	0.2923
5	0.5674	0.5194	0.4974	0.4962	0.4371	0.4019	0.3411	0.2910	0.2495	0.2149
6	0.5066	0.4556	0.4323	0.4104	0.3704	0.3349	0.2751	0.2274	0.1890	0.1580
7	0.4523	0.3996	0.3759	0.3538	0.3139	0.2791	0.2218	0.1776	0.1432	0.1162
8	0.4039	0.3506	0.3269	0.3050	0.2660	0.2326	0.1789	0.1388	0.1085	0.0854
9	0.3606	0.3075	0.2843	0.2630	0.2255	0.1938	0.1443	0.1084	0.0822	0.0628

期数	12%	14%	15%	16%	18%	20%	24%	28%	32%	36%
10	0.3220	0.2697	0.2472	0.2267	0.1911	0.1615	0.1164	0.0847	0.0623	0.0462
11	0.2875	0.2366	0.2149	0.1954	0.1619	0.1346	0.0938	0.0662	0.0472	0.0340
12	0.2567	0.2076	0.1869	0.1685	0.1372	0.1122	0.0757	0.0517	0.0357	0.0250
13	0.2292	0.1821	0.1625	0.1452	0.1163	0.0935	0.0610	0.0404	0.0271	0.0184
14	0.2046	0.1597	0.1413	0.1252	0.0985	0.0779	0.0492	0.0316	0.0205	0.0135
15	0.1827	0.1401	0.1229	0.1079	0.0835	0.0649	0.0397	0.0247	0.0155	0.0099
16	0.1631	0.1229	0.1069	0.0930	0.0708	0.0541	0.0320	0.0193	0.0118	0.0073
17	0.1456	0.1078	0.0929	0.0802	0.0600	0.0451	0.0258	0.0150	0.0089	0.0054
18	0.1300	0.0946	0.0808	0.0691	0.0508	0.0376	0.0208	0.0118	0.0068	0.0039
19	0.1161	0.0829	0.0703	0.0596	0.0431	0.0313	0.0168	0.0092	0.0051	0.0029
20	0.1037	0.0728	0.0611	0.0514	0.0365	0.0261	0.0135	0.0072	0.0039	0.0021
21	0.0926	0.0638	0.0531	0.0443	0.0309	0.0217	0.0109	0.0056	0.0029	0.0016
22	0.0826	0.0560	0.0462	0.0382	0.0262	0.0181	0.0088	0.0044	0.0022	0.0012
23	0.0738	0.0491	0.0402	0.0329	0.0222	0.0151	0.0071	0.0034	0.0017	0.0008
24	0.0659	0.0431	0.0349	0.0284	0.0188	0.0126	0.0057	0.0027	0.0013	0.0006
25	0.0588	0.0378	0.0304	0.0245	0.0160	0.0105	0.0046	0.0021	0.0010	0.0005
26	0.0525	0.0331	0.0264	0.0211	0.0135	0.0087	0.0037	0.0016	0.0007	0.0003
27	0.0469	0.0291	0.0230	0.0182	0.0115	0.0073	0.0030	0.0013	0.0006	0.0002
28	0.0419	0.0255	0.0200	0.0157	0.0097	0.0061	0.0024	0.0010	0.0004	0.0002
29	0.0374	0.0224	0.0174	0.0135	0.0082	0.0051	0.0020	0.0008	0.0003	0.0001
30	0.0334	0.0196	0.0151	0.0116	0.0070	0.0042	0.0016	0.0006	0.0002	0.0001
35	0.0189	0.0102	0.0075	0.0055	0.0030	0.0017	0.0005	0.0002	0.0001	*
40	0.0107	0.0053	0.0037	0.0026	0.0013	0.0007	0.0002	0.0001	*	*
45	0.0061	0.0027	0.0019	0.0013	0.0096	0.0003	0.0001	*	*	*
50	0.0035	0.0014	0.0009	0.0006	0.0003	0.0001	*	*	*	*
55	0.0020	0.0007	0.0005	0.0003	0.0001	*	*	*	*	*

$$* < .0001$$

（等额/多次支付）年金终值系数表 $(F/A, i, n)$ 表 C-3

期数	1%	2%	3%	4%	5%	6%	7%	8%	9%	10%
1	1.000	1.000	1.000	1.000	1.000	1.000	1.000	1.000	1.000	1.000
2	2.0100	2.0200	2.0300	2.0400	2.0500	2.0600	2.0700	2.0800	2.0900	2.1000
3	3.0301	3.0604	3.0909	3.1216	3.1525	3.1836	3.2149	3.2464	3.2781	3.3100
4	4.0604	4.1216	4.1836	4.2465	4.3101	4.3746	4.4399	4.5061	4.5731	4.6410
5	5.1010	5.2040	5.3091	5.4163	5.5256	5.6371	5.7507	5.8666	5.9847	6.1051
6	6.1520	6.3081	6.4684	6.6330	6.8019	6.9753	7.1533	7.3359	7.5233	7.7156
7	7.2135	7.4343	7.6625	7.8983	8.1420	8.3938	8.6540	8.9228	9.2004	9.4872

期数	1%	2%	3%	4%	5%	6%	7%	8%	9%	10%
8	8.2857	8.5830	8.8923	9.2142	9.5491	9.8975	10.260	10.637	11.029	11.436
9	9.3685	9.7546	10.159	10.583	11.027	11.491	11.978	12.488	13.021	13.579
10	10.462	10.950	11.464	12.006	12.578	13.181	13.816	14.487	15.193	15.937
11	11.567	12.169	12.808	13.486	14.207	14.972	15.784	16.645	17.560	18.531
12	12.683	13.412	14.192	15.026	15.917	16.870	17.888	18.977	20.141	21.384
13	13.809	14.680	15.618	16.627	17.713	18.882	20.141	21.495	22.953	24.523
14	14.947	15.974	17.086	18.292	19.599	21.015	22.550	24.214	26.019	27.975
15	16.097	17.293	18.599	20.024	21.579	23.276	25.129	27.152	29.361	31.772
16	17.258	18.639	20.157	21.825	23.657	25.673	27.888	30.324	33.003	35.950
17	18.430	20.012	21.762	23.698	25.840	28.213	30.840	33.750	36.974	40.545
18	19.615	21.412	23.414	25.645	28.132	30.906	33.999	37.450	41.301	45.599
19	20.811	22.841	25.117	27.671	30.539	33.760	37.379	41.446	46.018	51.159
20	22.019	24.297	26.870	29.778	33.066	36.786	40.995	45.752	51.160	57.275
21	23.239	25.783	28.676	31.969	35.719	39.993	44.865	50.423	56.765	64.002
22	24.472	27.299	30.537	34.248	38.505	43.392	49.006	55.457	62.873	71.403
23	25.716	28.845	32.453	36.618	41.430	46.996	53.436	60.883	69.532	79.543
24	26.973	30.422	34.426	39.083	44.502	50.816	58.177	66.765	76.790	88.497
25	28.243	32.030	36.459	41.646	47.727	54.864	63.249	73.106	84.701	98.347
26	29.526	33.671	38.553	44.312	51.113	59.156	68.676	79.954	93.324	109.18
27	30.821	35.344	40.710	47.084	54.669	63.706	74.484	87.351	102.72	121.10
28	32.129	37.051	42.931	49.968	58.403	68.528	80.698	95.339	112.97	134.21
29	33.450	38.792	45.219	62.966	62.323	73.640	87.347	103.97	124.14	148.63
30	34.785	40.568	47.575	56.085	66.439	79.058	94.461	113.28	136.31	164.49
40	48.886	60.402	75.401	95.026	120.80	154.76	199.64	259.06	337.88	442.59
50	64.463	84.579	112.80	152.67	209.35	290.34	406.53	573.77	815.08	1163.91
期数	12%	14%	15%	16%	18%	20%	24%	28%	32%	36%
1	1.0000	1.0000	1.0000	1.0000	1.0000	1.0000	1.0000	1.0000	1.0000	1.0000
2	2.1200	2.1400	2.1500	2.1000	2.1800	2.2000	2.2400	2.2800	2.3200	2.3600
3	3.3744	3.4396	3.4725	3.5056	3.5724	3.6400	3.7776	3.9184	3.0624	3.2096
4	4.7793	4.9211	4.9934	5.0665	5.2154	5.3680	5.6842	6.0156	6.3624	6.7251
5	6.3528	6.6101	6.7424	6.8771	7.1542	7.4416	8.0484	8.6999	9.3983	10.146
6	8.1152	8.5355	8.7537	8.9775	9.4420	9.9299	10.980	12.136	13.406	14.799
7	10.089	10.730	11.067	11.414	12.142	12.916	14.615	16.534	18.696	21.126
8	12.300	13.233	13.727	14.240	15.327	16.499	19.123	22.163	25.678	29.732
9	14.776	16.085	16.786	17.519	19.086	20.799	24.712	29.369	34.895	41.435
10	17.549	19.337	20.304	21.321	23.521	25.959	31.643	38.593	47.062	57.352
11	20.655	23.045	24.349	25.733	28.755	32.150	40.238	50.398	63.122	78.998
12	24.133	27.271	29.002	30.850	34.931	39.581	50.895	65.510	84.320	108.44
13	28.029	32.089	34.352	36.786	42.219	48.497	64.110	84.853	112.30	148.47
14	32.393	37.581	40.505	43.672	50.818	59.196	80.496	109.61	149.24	202.93
15	37.280	43.842	47.580	51.660	60.965	72.035	100.82	141.30	198.00	276.98
16	42.753	50.980	55.717	60.925	72.939	87.442	126.01	181.87	262.36	377.69

期数	12%	14%	15%	16%	18%	20%	24%	28%	32%	36%
17	48.884	59.118	65.075	71.673	87.068	105.93	157.25	233.79	347.31	514.66
18	55.750	68.394	75.836	84.141	103.74	128.12	195.99	300.25	459.45	170.98
19	63.440	78.969	88.212	98.603	123.41	154.74	244.03	385.32	607.47	954.28
20	72.052	91.025	102.44	115.38	146.63	186.69	303.60	494.21	802.86	1298.8
21	81.699	104.77	118.81	134.84	174.02	225.03	377.46	633.59	1060.8	1767.4
22	92.503	120.44	137.63	157.41	206.34	271.03	469.06	812.00	1401.2	2404.7
23	104.60	138.30	159.28	183.60	244.49	326.24	582.63	1040.4	1850.6	3271.2
24	118.16	158.66	184.17	213.98	289.49	392.48	723.46	1332.7	2443.8	4450.0
25	133.33	181.87	212.79	249.21	342.60	471.98	898.09	1706.8	3226.8	6053.0
26	150.33	208.33	245.71	290.09	405.27	567.38	1114.6	2185.7	4260.4	8233.1
27	169.37	238.50	283.57	337.50	479.22	681.85	1383.1	2798.7	5624.8	11198.0
28	190.70	272.89	327.10	392.50	566.48	819.22	1716.1	3583.3	7225.7	15230.3
29	214.58	312.09	377.17	456.30	669.45	984.07	2129.0	4587.7	9802.9	20714.2
30	241.33	356.79	434.75	530.31	790.95	1181.9	2640.9	5873.2	12940.9	28172.3
40	767.09	1342.0	1779.1	2360.8	4163.2	7343.2	9.2272	9.69377	*	*
50	2400.0	4994.5	7217.7	10435.7	21813.1	45497.2	*	*	*	*
60	7471.6	18535.1	29220.0	46058.0	*	*	*	*	*	*

* <99999

（等额/多次支付）年金现值系数表 $(P/A, i, n)$　　　　表 C-4

期数	1%	2%	3%	4%	5%	6%	7%	8%	9%
1	0.9901	0.9804	0.9709	0.9615	0.9524	0.9434	0.9346	0.9259	0.9174
2	1.9704	1.9416	1.9135	1.8861	1.8594	1.8334	1.8080	1.7833	1.7591
3	2.9410	2.8839	2.8286	2.7751	2.7232	2.6730	2.6243	2.5771	2.5313
4	3.9000	3.8077	3.7171	3.6299	3.5460	3.4651	3.3872	3.3121	3.2397
5	4.8534	4.7135	4.5797	4.4518	4.3295	4.2124	4.1002	3.9927	3.8897
6	5.7955	5.6014	5.4172	5.2421	5.0757	4.9173	4.7665	4.6229	4.4859
7	6.7282	6.4720	6.2303	6.0021	5.7864	5.5824	5.3893	5.2064	5.0330
8	7.6517	7.3255	7.0197	6.7327	6.4632	6.2098	5.9713	5.7466	5.5348
9	8.5660	8.1622	7.7861	7.4353	7.1078	6.8017	6.5152	6.2469	5.9952
10	9.4713	8.9826	8.5302	8.1109	7.7217	7.3601	7.0236	6.7101	6.4177
11	10.3676	9.7868	9.2526	8.7605	8.3064	7.8869	7.4987	7.1390	6.8052
12	11.2551	10.5753	9.9540	9.3851	8.8633	8.3838	7.9427	7.5361	7.1607
13	12.1337	11.3484	10.6350	9.9856	9.3936	8.8527	8.3577	7.9038	7.4869
14	13.0037	12.1062	11.2961	10.5631	9.8986	9.2950	8.7455	8.2442	7.7862
15	13.8651	12.8493	11.9379	11.1184	10.3797	9.7122	9.1079	8.5595	8.0607
16	14.7179	13.5777	12.5611	11.6523	10.8378	10.1059	9.4466	8.8514	8.3126
17	15.5623	14.2919	13.1661	12.1657	11.2741	10.4773	9.7632	9.1216	8.5436
18	16.3983	14.9920	13.7535	12.6593	11.6896	10.8276	10.0591	9.3719	8.7556
19	17.2260	15.6785	14.3238	13.1339	12.0853	11.1581	10.3356	9.6036	8.9501
20	18.0456	16.3514	14.8775	13.5903	12.4622	11.4699	10.5940	9.8181	9.1285

期数	1%	2%	3%	4%	5%	6%	7%	8%	9%
21	18.8570	17.0112	15.4150	14.0292	12.8212	11.7641	10.8355	10.0168	9.2922
22	19.6604	17.6580	15.9369	14.4511	13.1630	12.0416	11.0612	10.2007	9.4424
23	20.4558	18.2922	16.4436	14.8568	13.4886	12.3034	11.2722	10.3711	9.5802
24	21.2434	18.9139	16.9355	15.2470	13.7986	12.5504	11.4693	10.5288	9.7066
25	22.0232	19.5235	17.4131	15.6221	14.0939	12.7834	11.6536	10.6748	9.8226
26	22.7952	20.1210	17.8768	15.9828	14.3752	13.0032	11.8258	10.8100	9.9290
27	23.5596	20.7059	18.3270	16.3296	14.6430	13.2105	11.9867	10.9352	10.0266
28	24.3164	21.2813	18.7641	16.6631	14.8981	13.4062	12.1371	11.0511	10.1161
29	25.0658	21.8444	19.1885	16.9637	15.1411	13.5907	12.2777	11.1584	10.1983
30	25.8077	22.3965	19.6004	17.2920	15.3725	13.7648	12.4090	11.2578	10.2737
35	29.4066	24.9986	21.4872	18.6646	16.3742	14.4982	12.9477	11.6546	10.5668
40	32.8347	27.3555	23.1148	19.7928	17.1591	15.0463	13.3317	11.9246	10.7574
45	36.0945	29.4902	24.5187	20.7200	17.7741	15.4558	13.6055	12.1084	10.8812
50	39.1961	31.4236	25.7298	21.4822	18.2559	15.7619	13.8007	12.2335	10.9617
55	42.1472	33.1748	26.7744	22.1086	18.6335	15.9905	13.9399	12.3186	11.0140

期数	10%	12%	14%	15%	16%	18%	20%	24%	28%	32%
1	0.9091	0.8929	0.8772	0.8696	0.8621	0.8475	0.8333	0.8065	0.7813	0.7576
2	1.7355	1.6901	1.6467	1.6257	1.6052	1.5656	1.5278	1.4568	1.3916	1.3315
3	2.4869	2.4018	2.3216	2.2832	2.2459	2.1743	2.1065	1.9813	1.8684	1.7663
4	3.1699	3.0373	2.9137	2.8550	2.7982	2.6901	2.5887	2.4043	2.2410	2.0957
5	3.7908	3.6048	3.4331	3.3522	3.2743	3.1272	2.9906	2.7454	2.5320	2.3452
6	4.3553	4.1114	3.8887	3.7845	3.6847	3.4976	3.3255	3.0205	2.7594	2.5342
7	4.8684	4.5638	4.2882	4.1604	4.0386	3.8115	3.6046	3.2423	2.9370	2.6775
8	5.3349	4.9676	4.6389	4.4873	4.3436	4.0776	3.8372	3.4212	3.0758	2.7860
9	5.7590	5.3282	4.9464	4.7716	4.6065	4.3030	4.0310	3.5655	3.1842	2.8681
10	6.1446	5.6502	5.2161	5.0188	4.8332	4.4941	4.1925	3.6819	3.2689	2.9304
11	6.4951	5.9377	5.4527	5.2337	5.0286	4.6560	4.3271	3.7757	3.3351	2.9776
12	6.8137	6.1944	5.6603	5.4206	5.1971	4.7932	4.4392	3.8514	3.3868	3.0133
13	7.1034	6.4235	5.8424	5.5831	5.3423	4.9095	4.5327	3.9124	3.4272	3.0404
14	7.3667	6.6282	6.0021	6.7245	5.4675	5.0081	4.6106	3.9616	3.4587	3.0609
15	7.6061	6.8109	6.1422	5.8474	5.5755	5.0916	4.6755	4.0013	3.4834	3.0764
16	7.8237	6.9740	6.2651	5.9542	5.6685	5.1624	4.7296	4.0333	3.5026	3.0882
17	8.0214	7.1196	6.3729	6.0472	5.7487	5.2223	4.7746	4.0591	3.5177	3.0971
18	8.2014	7.2497	6.4674	6.1280	5.8178	5.2732	4.8122	4.0799	3.5294	3.1039
19	8.3649	7.3658	6.5504	6.1982	5.8775	5.3162	4.8435	4.0967	3.5386	3.1090
20	8.5136	7.4694	6.6231	6.2593	5.9288	5.3527	4.8696	4.1103	3.5458	3.1129
21	8.6487	7.5620	6.6870	6.3125	5.9731	5.3837	4.8913	4.1212	3.5514	3.1158
22	8.7715	7.6446	6.7429	6.3587	6.0113	5.4099	4.9094	4.1300	3.5558	3.1180
23	8.8832	7.7184	6.7921	6.3988	6.0442	5.4321	4.9245	4.1371	3.5592	3.1197
24	8.9847	7.7843	6.8351	6.4338	6.0726	5.4509	4.9371	4.1428	3.5619	3.1210
25	9.0770	7.8431	6.8729	6.4641	6.0971	5.4669	4.9476	4.1474	3.5640	3.1220
26	9.1609	7.8957	6.9061	6.4906	6.1182	5.4804	4.9563	4.1511	3.5656	3.1227

期数	10%	12%	14%	15%	16%	18%	20%	24%	28%	32%
27	9.2372	7.9426	6.9352	6.5135	6.1364	5.4919	4.9636	4.1542	3.5669	3.1233
28	9.3066	7.9844	6.9607	6.5335	6.1520	5.5016	4.9697	4.1566	3.5679	3.1237
29	9.3696	8.0218	6.9830	6.5509	6.1656	5.5098	4.9747	4.1585	3.5687	3.1240
30	9.4269	8.0552	7.0027	6.5660	6.1772	5.5168	4.9789	4.1601	3.5693	3.1242
35	9.6442	8.1755	7.0700	6.6166	6.2153	5.5386	4.9915	1.1644	3.5706	3.1248
40	9.7791	8.2438	7.1050	6.6418	6.2335	5.5482	4.9966	4.1659	3.5712	3.1250
45	9.8628	8.2825	7.1232	6.6543	6.2421	5.5523	4.9986	4.1664	3.5714	3.1250
50	9.9148	8.3045	7.1327	6.6605	6.2463	5.5541	4.9995	4.1666	3.5714	3.1250
55	9.9471	8.3170	7.1376	6.6636	6.2482	5.5549	4.9998	4.1666	3.5714	3.1250

参 考 文 献

[1] 王勇. 跨国并购与绿地投资孰优孰劣？［J］国际工程与劳务，2012（7）.

[2] 王勇. 投资项目前期管理［M］. 北京：电子工业出版社，2012.

[3] 王勇. 投资项目可行性分析——理论精要与案例解析（第 2 版）［M］. 北京：电子工业出版社，2012.

[4] 宋伟，等. 工程项目管理（第二版）［M］. 北京：科学出版社，2012.

[5] 王勇. 项目可行性研究与评估（第 2 版）［M］. 北京：中国建筑工业出版社，2011.

[6] 中国（双法）项目管理研究委员会. 中国现代项目管理发展报告（2011）［M］. 北京：电子工业出版社，2011.

[7] 王勇. 浅议建设项目前期可行性研究工作的项目化管理［J］建筑经济，2010（9）.

[8] 陈世清. 中国经济解释与重建. 北京：中国时代经济出版社，2009.

[9] 王勇，陈延辉. 项目可行性研究与评估典型案例精选［M］. 北京：中国建筑工业出版社，2008.

[10] 乌云娜，等. 项目管理策划［M］. 北京：电子工业出版社，2008.

[11] 陈伟珂. 工程项目风险管理［M］. 北京：人民交通出版社，2008.

[12] 汤伟钢 李丽红. 工程项目投资与融资［M］. 北京：人民交通出版社，2008.

[13] 王勇. 试论对投资项目可行性研究实施必要性审计［J］. 建筑经济，2008（1）.

[14] 王勇. 浅谈改进投资项目前期研究工作的基本思路［C］. 项目管理技术（第 6 届中国项目管理大会论文集），2007（10）.

[15] 宋伟，王恩茂. 工程经济学［M］. 北京：人民交通出版社，2007.

[16] 王勇 陈延辉. 项目可行性研究工作中的问题与对策探讨［J］. 建筑经济，2007（2）.

[17] 马旭晨. 国际贸易企业项目化管理［M］. 北京：机械工业出版社，2007.

[18] 王勇 陈延辉. 关于完善投资项目可行性研究工作的思考［J］. 国际工程与劳务，2006（11）.

[19] 国家发展与改革委员会建设部. 建设项目经济评价方法与参数（第 3 版）［M］. 北京：中国计划出版社，2006.

[20] 中国（双法）项目管理研究委员会. 中国现代项目管理发展报告（2006）［M］. 北京：电子工业出版社，2006.

[21] 刘玉明. 工程经济学［M］. 北京：清华大学出版社北京交通大学出版社，2006.

[22] 徐莉，等. 项目评估与决策［M］. 北京：科学出版社，2006.

[23] 王勇，陈延辉. 项目前期管理的一种科学方法——可行性研究工作［J］. 项目管理技术，2005（11）.

[24] 盛天宝，等. 工程项目管理与案例［M］. 北京：冶金工业出版社，2005.

[25] 白思俊. 项目管理案例教程［M］. 北京：机械工业出版，2005.

[26] 戚安邦. 项目论证与评估［M］. 北京：机械工业出版社，2004.

[27] 邓国胜. 公益项目评估［M］. 北京：社会科学文献出版，2003.

[28] 白思俊. 现代项目管理（上）［M］. 北京：机械工业出版，2003.

[29] 周惠珍. 投资项目评估方法与实务［M］. 北京：中国计划出版社，2003.

[30] 邱菀华，等. 现代项目管理导论［M］. 北京：机械工业出版，2003.

[31] 崔卫华. 旅游投资项目评价 [M]. 大连：东北财经大学出版社，2003.

[32] 成虎. 工程项目管理 [M]. 北京：中国建筑工业出版社，2001.

[33] 王立国，等. 可行性研究与项目评估 [M]. 大连：东北财经大学出版社，2001.

[34] 曹玲，等. 项目评估 [M]. 海口：南海出版公司，2001.

[35] 何俊德. 项目评估——理论与方法 [M]. 武汉：华中理工大学出版社，2000.

[36] 赵国杰. 可行性研究与项目评估 [M]. 天津：天津大学出版社，1999.

[37] 林正国. 投资决策分析 [M]. 上海：华东理工大学出版社，1998.

[38] 傅家冀，等. 工业技术经济学（第三版）[M] 北京：清华大学出版社，1996.

[39] 游达明，等. 工业投资项目可行性研究 [M]. 长沙：中南工业大学出版社，1995.

[40] 中国房地产估价师学会编. 房地产估价案例与分析 [M]. 北京：中国物价出版社，1995.

[41] 刘玉珂. 涉外项目可行性研究与管理 [M]. 昆明：云南人民出版社，1994.

[42] 周惠珍. 可行性研究与项目评价 [M]. 北京：中国科学技术出版社，1992.

[43] 周惠珍. 项目可行性研究 [M]. 北京：中国计划出版社，1992.